刘大櫆研究会文化系列丛书

刘大櫆传

钱王刚 ◎ 著

安徽师范大学出版社

· 芜湖 ·

图书在版编目（CIP）数据

刘大櫆传 / 钱王刚著. -- 芜湖：安徽师范大学出版社，2025.8. --（刘大櫆研究会文化系列丛书）.
ISBN 978-7-5676-7380-9

Ⅰ．K825.6

中国国家版本馆CIP数据核字第2025NH5606号

刘大櫆传

钱王刚 ◎ 著

责任编辑：房国贵　　　　　　　责任校对：李克非
装帧设计：张　玲　张德宝　　　责任印制：桑国磊
出版发行：安徽师范大学出版社
　　　　　芜湖市北京中路2号安徽师范大学赭山校区　　邮政编码：241000
网　　　址：http://press.ahnu.edu.cn
发 行 部：0553-3883578　5910327　5910310（传真）
印　　　刷：安徽联众印刷有限公司
版　　　次：2025年8月第1版
印　　　次：2025年8月第1次印刷
规　　　格：700 mm×1000 mm　1/16
印　　　张：28.25　　插　页：6
字　　　数：461千字
书　　　号：978-7-5676-7380-9
定　　　价：99.00元

刘大櫆画像（储群力画，刘方摄）

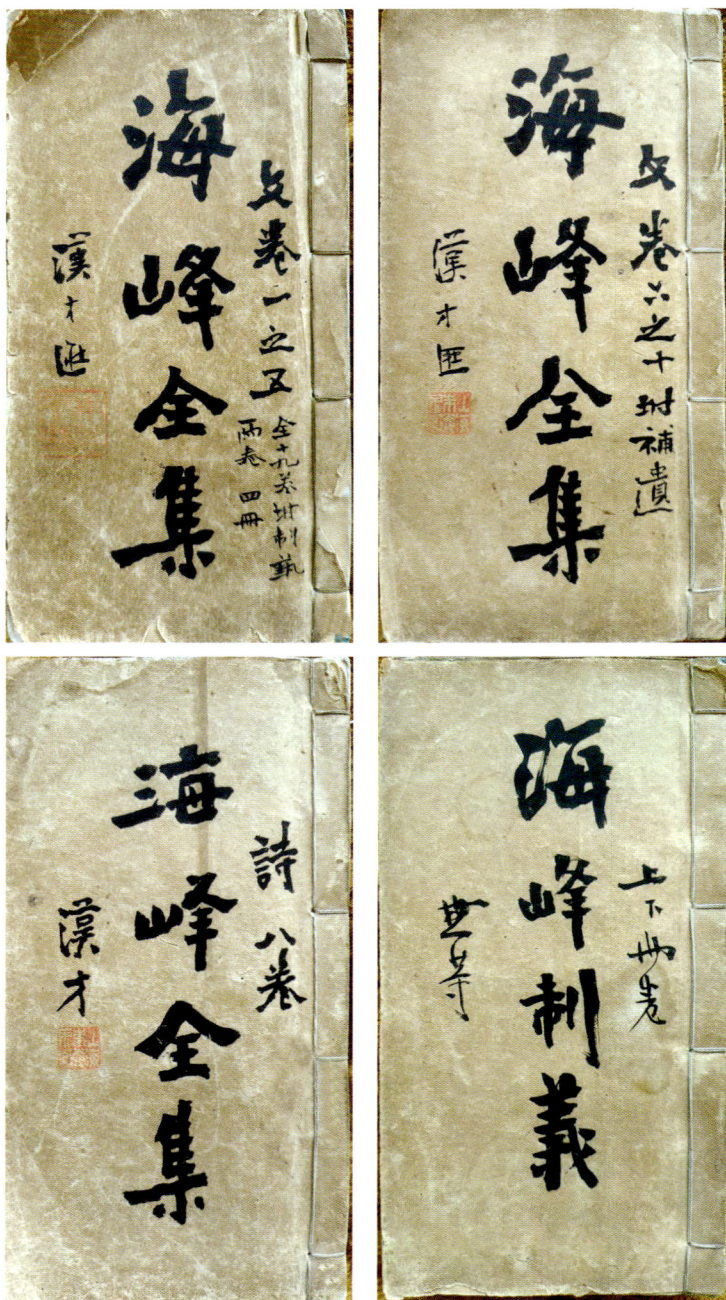

《海峰全集》《海峰制义》封面（刘方摄）

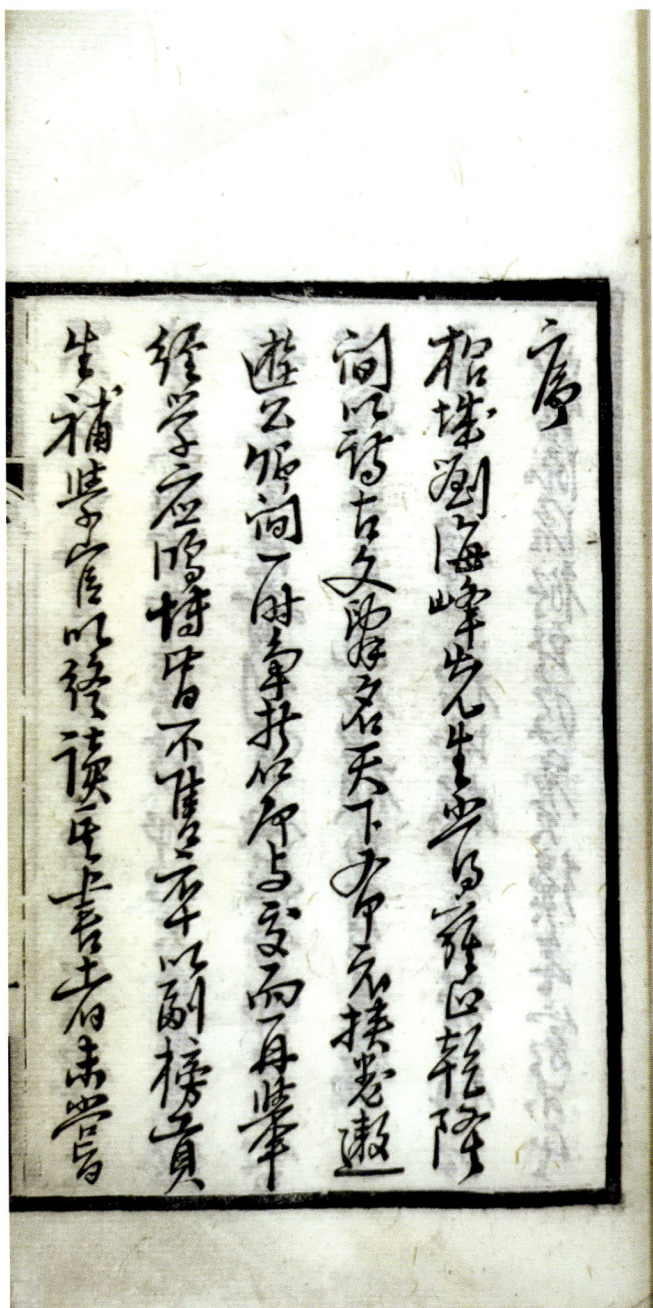

序

稽諸劉海峰先生當乾隆間以詩古文辭名天下方其挾卷遊進公卿間所事並不得與受而再舉經學應鴻博皆不售至平以副榜貢生補學官以後讀書者未嘗

《海峰全集·序》部分书影（刘方摄）

時文論

八比時文是代聖賢說話追古人神理於千載之上須是逼真聖賢意所本有我不得減之使無聖賢意所本無我不得增之使有然又非訓詁之謂取左馬韓歐的神氣音節曲折興題相赴乃為其至者作時文要不是自我作論又不是傳注訓詁始得要文字做得好纔不是傳注訓詁要合聖賢當日神聖纔不是自我作而起滅由我八字是要言作時文使不得才情使不得議論使不得學問並使不得意思只看當日神理如何看得定時郤用韓歐之文如題赴之須先洗滌心地加以

《时文论》部分书影（刘方摄）

傳狀類

吏部侍郎博野尹公行狀　　　　合肥後學湯松桂軒重校

尹氏故山西洪洞人後遷保定之博野九傳而至公之曾祖邑庠生諱先知有隱德鄉里咸稱之祖諱澤升邑庠生父諱公弼業儒以公貴俱贈河南巡撫母李氏庠生諱宗白之女也旌節孝封太夫人公生三歲而孤太夫人苦節食貧口授論語諸經教之以義方其所以課督之者甚辟其於四方之士必賢豪長者然後與之交故卒其所成就爲天下之碩德名儒公既長爲顯官而太夫人猶嬰兒視

《吏部侍郎博野尹公行狀》部分書影（劉方攝）

刘大櫆故里芮庄（钱娇娇摄）

刘氏宗祠（刘方摄）

海峰馆（刘方摄）

刘大櫆题"问政书院"匾额（刘方摄）

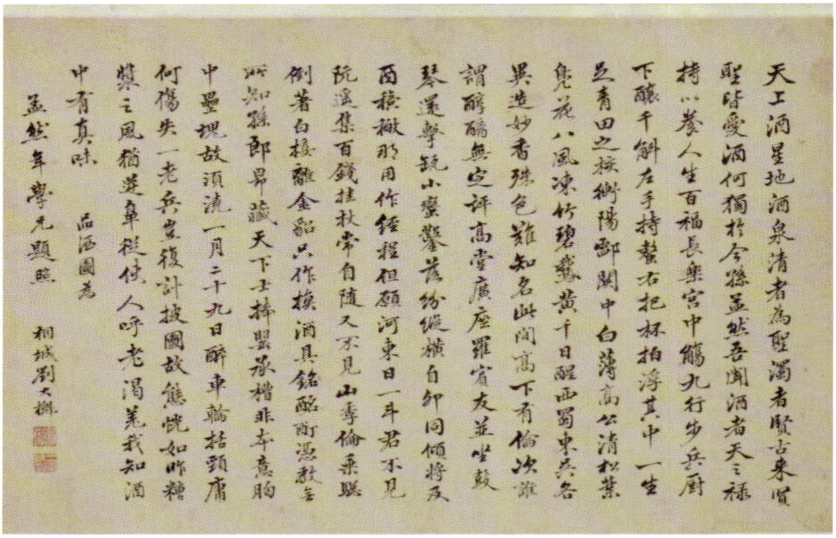

刘大櫆手迹一（陈靖提供）

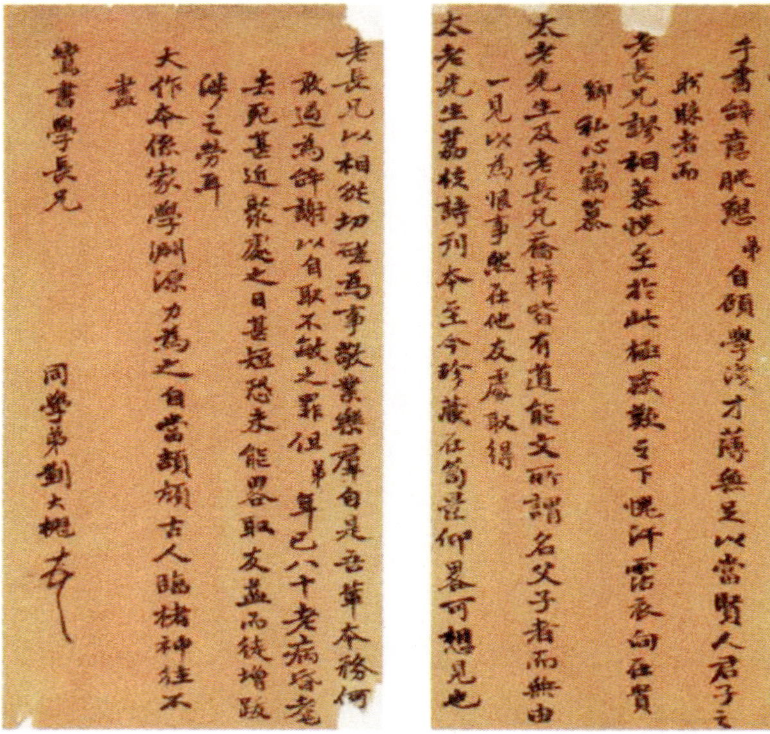

刘大櫆手迹二（陈靖提供）

頃識一善接樹花姓者云好梅必須用單
辦野梅過枝又出頃六月最快許於六月
為我到小川主樓但要預蓄小野梅一株
戎已訪求野梅於梅雨前先行栽活多
兄可乞覓野梅一株於六月好同往過枝也餘
面

易田同學長兄

同研弟屬大櫆頓手

刘大櫆手迹三（陈靖提供）

託興永言情文畫致

和懷慮抱將相齊躰

海峰大櫆

刘大櫆书"托兴和怀"联（中国国家博物馆藏）

刘大櫆研究会文化系列丛书编委会

序　一

为历史人物作传，确乎不易。其难处大概来自两个方面。一是文献材料方面的难处。这一方面的难处大致又分为两点。第一是缺材料。这表现在很多历史人物在其所生活的时代，并非有显赫的名声，时人也未必多有关注。因此有关这些历史人物的第一手材料就有可能留下得不多。当人们回顾历史，发现这些历史人物当时虽然没有引起社会的关注，但是其身后的影响却慢慢大起来。为了说明这些历史人物何以能够有越来越大的影响，就需要追溯其生活的具体细节，为他们立传也就顺理成章了。但是这时候，人们发现，为他们立传又是很难的，因为缺少第一手的材料。第二是文献材料要辨别。有些历史人物的人生经历起伏不定，本人留下了很多材料，如日记、通信、著述等，以及时人对他们的看法。为这些人物立传就有材料辨别的困难。一个历史人物如果得到了时人非常多的评价，而且这些评价方向不一致，那么选取合理的评价无疑就存在难处。除了时人的评价，历史人物在各类史志文献中都有记载，这些记载随着时间的推移，其真实性往往值得推敲。辨别这些文献也有相当的难处。

二是历史人物本身带来的困难。能够成为历史人物，大多数经历都很丰富，交游相当广泛，思想也一定有多角度的阐发。从传主的角度说，他们未必承望后人为他们作传。因此不会有某个人从小就准备着把自己的生平材料留在那里，等着百年之后有人为之作传。更有甚者，有些历史人物要么自诩甚高，要么有很强的历史意识，他们在世的时候就为自己做了自传。因为自传多少带有传主的自我选择，有可能会出现避重就轻、报喜不报忧的情况，其完整性、真实性往往难以保证。对待这些历史人物，后人要想写好他们的传记，其难度就变得更大。其中最为主要的就是如何描写这些人物的心路历程，或者说如何深入他们的内心，去描写和表达他们的精神世界。而这又是传记作品中最难于表达的部分。

当钱王刚先生将《刘大櫆传》发给我的时候，我拜读了其中的一部分，就深感作者创作的不易。虽然和作者只有一次面缘，但是通过对其文字的阅读，我却感受到作者内心世界的丰富，以及他对桐城派文学和桐城地方文化的热爱之情。

在我和作者电话交流的过程中，就传记题材的文字作品如何撰写的问题作了较为深入的探讨。钱王刚先生也认为传记写作有难处。他认为传记难写，历史人物的传记又甚之。首先是材料要做到"真实不伪"。真实需要更多地掌握资料，需要作者投入更多的研究精力，真实也容易束缚一般底气不足的作者的手脚。其次是表达要"准确生动"。准确要在研究与真实的前提下，对人物的思想情感以及行为表现叙述要合适得体、精准到位，力求写什么是什么，不可夹杂主观好恶。方苞的《孙征君传》为人所称，然写一个大学者，只叙述其品格，而于学问简略不提，便是不准确不得体的例子。中国作协近年组织撰写历史人物传记，有一剧作家著《王阳明传》，关于阳明学说的叙述只有极小的篇幅，就有失偏颇。针对钱王刚先生的上述观点，我深表赞同。

钱王刚先生在创作《刘大櫆传》的过程中，善于总结经验，确立自己创作的思路。他说写《刘大櫆传》，需要总结传记古今创作经验以及自己以前所写二传之得失（钱王刚先生之前著有《方以智传》《钱澄之传》）。其中有两点值得重视。一是如何克服传主生平不清楚、经历简单平淡的困难，既将其真实完整的生平叙述明白，还要通过文学描写，尽力去表现和塑造一个才志不凡却经历坎坷苦难而又抗争不屈的人物品质与形象。二是兼顾传主作为诗人、古文家以及学者的多重身份，尤其要聚焦其在桐城派形成过程中的地位、贡献与影响，勉力去作多方面的探讨展示。钱王刚先生非常自觉地检讨自己写作《钱澄之传》时，所表现出的重其诗文而略于其治学与学术贡献的缺点。

这种谦逊的学术态度值得我们学习。其实钱王刚先生在创作《钱澄之传》的过程中，对很多因陈已久的流行的观点就进行了辨析。如方苞在《田间先生墓表》中就曾经说钱澄之北归后杜足田间课耕自给，俨然是一个隐居乡间闭门不出的遗逸。钱王刚针对这种说法作了大量考证和阐述，指出钱澄之不仅没有杜足田间，反而是数十年风尘仆仆，不忘自己心中的理想而四处奔走。

正是这种自觉反省的态度，以及实事求是的治学精神，促使《刘大櫆传》的创作呈现出很多新的面貌。钱王刚先生说自己在创作过程中，除了研究熟悉人物生平与资料，还本着阐明传主的文学思想以及乡土文化对其产生的影响，写作中尽可能避免内容表达与行文的干涩僵硬。为此《刘大櫆传》做了几个以前未做过的尝试。

一是夹叙夹议，也就是史论结合，论从史出，尽可能把每一个问题讲深讲透。如作者在考证刘大櫆出生地这一问题方面，就充分运用了多种史料。"大櫆自然出生在他父母包括曾祖父母一家所居的地方。这个地方在哪？因后来大櫆本人没有明说，其他史料也不见记载，后世便有根据其曾祖隐居合明山而指其诞生于彼的看法，这是失考不确的。欲知大櫆的出生处，尚须做一点细致分析。"作者既讨论了刘大櫆祖父刘日耀隐居合明山的历史，对刘大櫆父辈三兄弟析家分居的情况也做了考证，最后引用了传主本人的诗，"余生黄炎后，家世本农人……长夏往南亩，遇事皆可欣。田禾际渚草，瞻望碧无垠。""出户步除阴，兰芽亦已长。鱼依曲岸浮，鸟溯青霞上。"作者认为这都是说他的家居，是在水畔。这是怎样的水畔呢？"相看无一言，湖水当门碧"，"湖水日当门，青山澹无语"，原来他是居于濒湖之地，家门的前方便是碧波荡漾的湖水。作者的结论是刘大櫆出生地应该在湖畔芮庄。这种史论结合的方法是让人能够信服的。

二是化史入叙，对历史材料不是简单地堆积排比，而是化作叙述的材料，以丰富传主的形象。作者在写传主受本土先贤影响的过程中，不是简单地介绍，而是以简略的叙评之语交代刘大櫆成长过程中心路历程的变化。如写刘大櫆跟随吴直学习的过程中，非常敬佩吴直不喜八股、偏爱诗文，对吴直抱有较为激进的学术观点也常常表示认同。作者写道，"其（指吴直）思想态度如此，可以想见他于合明山中执教课徒时，势必会谆谆教导他的学生，要做一个古之君子那样的纯粹之人，不与功利虚伪丑陋的时俗随波逐流，以正确的心态与学风去治经学习，努力做一个正学善学而有益于世的真正读书人！这种教育，对于学生们来说，无疑是很重要的。只是此时的社会环境下，老师的教诲意见肯定是有些人听得进去，有些人听不进去，有些人入耳而未入心，有些人则记忆深刻难忘。十四岁的大櫆，显然便是这后者——他日后关于读书治学包括对儒学经学的态度看法，除了少数地方与乃师有着明显区别与分歧，大多是吴直的翻版；有些方面，虽面目有异，然也是缘之师风而变化。"这类叙述不是凭空议论，而是帮助读者更为深入地了解传主独特的人生经历，也为读者更好地把握传主的思想取向提供了参考。

三是改绍介评论为活泼叙文，将传主的文学态度与主张化成寻常的对话来表现，较之大段的平铺绍述则效果不同，姚鼐问艺一节便如此。我们节选一段，读者可以先睹为快。

> 姚鼐说："我朝自康雍以来，古文复兴，嗜好者众，号称能者亦不少。然据学生阅读体会，作品多属平凡而精彩迷人者极少，可为借鉴启发者更鲜寡，让人怅惘且感叹！"大櫆道："其实非仅本朝如此。明人倡复古文，张口闭口诗古文辞，可除了少数方家，如今人所仿效学习之归茅辈，你看当时文坛上，又有多少上乘传世的佳作？"姚鼐惑问道："这是什么缘故呢？是作者缺乏天赋才能？抑或是文运不兴，以致文坛世衰不振？"大櫆沉吟一会，道："这里面的原因，颇为复杂。汝说的天赋文运，自然都是不可忽视的影响因素。世无其才，文星自寥，而有才无世运，亦难振兴。但在我看来，还有一些重要的原因，影响古文创作甚大……""愿听，请老师喻教！"

一步步被引入文学深处的姚鼐，闻听之下激动不已。而接下来，他便听到了一番为他打开古文创作新视野的议论。这就是刘大櫆的神气说。这种对话式的描述，一改平铺直叙的陋习，让传主在读者面前变得更为鲜活。对话式的表达，明白晓畅，通俗易懂，便于读者更好地领会对话双方的观点。刘大櫆的文学主张不知不觉间就进入了读者的视野。这种借助对话来叙述传主思想的细节，丰富了传记作品的表达方式，富有新意。

以上三点突出体现在钱王刚先生创作的《刘大櫆传》中。读者在阅读的过程中可以细加品味。就这本传记创作的总体过程来看，作者也是下了一番苦功夫的。据作者介绍，他在创作初期，拟出了二十章二十万字的初稿。但是随着新资料的发现，作者又不断增加章节，扩充内容，形成了第二稿。之后在修改的过程中，重新审视传记所述与目标要求，复又对其中几个章节做了大幅的调整修改，成了现在的模样。应该算是三易其稿吧。

在准备和写作过程中，作者又从各个途径查阅史料。凡遇某时某事某人有不清楚的，便放下写作去查找资料，以明确写作的方向。其中在谱载与方志史料方面，除了查阅陈洲刘氏宗谱及传主所在房支的家谱外，还因着传主的交游所涉之人物，或自己查阅或委友人查问谱记。这些资料涉及桐城当时望族桂林方氏、高甸吴氏、清河张氏、麻溪姚氏、宕里左氏、项家河叶氏等。方志则包括清桐城县志、歙县志。此外，作者为了写清楚传主在雍乾时期所涉人物情况及当时的政治形势与相关事件，反复查阅雍乾二帝实录，以求实证明确，不为虚文臆断。读者阅读本传的过程中，可以看到大量第一手的资料。这些资料的搜集和展示，也为后续学者研究刘大櫆提供了很好的参考。这样的传记不仅有文化传承的价值，还有学术参考的价值。

刘大櫆作为桐城派三祖之一，生活于方苞和姚鼐之间。对于桐城派来说，方苞是一个奠基性的人物，其早年虽然因为《南山集》案入狱，出狱后以程朱理学为宗编修《钦定四书文》，开启了桐城派和桐城文的端绪。刘大櫆继承了方苞的学术衣钵，寓居京城期间写下了《游大慧寺记》等散文，充分展示其独立反思的精神。刘大櫆因科场不顺，日后以教谕培养后学为任，培养了大量人才。姚鼐师从刘大櫆，也在继承乃师学术精神的基础上，编写《古文辞类纂》确立文体分类标准。到姚鼐这里，桐城派和桐城文的理论可谓基本成型。这一学术发展的脉络，在《刘大櫆传》中也得到了清晰的体现。

如果说刘大櫆的生平经历是这本传记的外显的线索，那么刘大櫆承上启下的学术思想发展则成为内隐的线索。这两条线索相经纬，为读者呈现了一个立体的文人形象，一个值得后世不断揣摩深究的学者形象，一个桐城派形成时期关键人物的形象。对此我们也可以借助传文的内容作一粗线条的梳理。

早在十几岁时，刘大櫆随吴直学习，就已经表现出文学方面的天赋，开始展示其独立思考的能力。吴直归里后，刘大櫆兄弟在家自学。这个时候的刘大櫆开始对自然万物、社会人生进行自觉反思。"这个智慧而有思想的少年，于田事农作歇息之余，又或释卷漫步之际，时常会对着广袤沉凝的山水大地、苍冥深邃的高天星空，以及侵临感官的万千自然与生命的气息，独自怔怔地陷入沉思，如同古往今来许多为之而迷茫困惑的智者那样，在脑海心底禁不住一遍遍地发出疑问。"为此刘大櫆创作了《辨异》一文。

通过分析这篇文章，作者指出刘大櫆已经形成了自己的世界观。从《辨异》的文字可以看出，"没有什么上帝或神的创世，所谓鬼神亦不过是天地的化育现象而已；我们身外的宇宙和世界，都是客观的存在，是太极阴阳五行运动变化和人类性情生活需求发展之结果：有天地自然，而有万物人类；有人类之生活争乱，而有国家社会与文明文化之形成。这样的认识，是与数千载以来包括知识界在内的世人普遍迷信超自然的力量，并将天象灾异与人世生活联系在一起的所谓天人相感的思想观念明确对立的。它在尊重客观存在并隐察自然与人世各循其规律而发展的基础上，将天道与人道区分开来，并明确地宣称：即使圣人（人间帝王），亦不能干预人民'天之固有'的生存生活权利！""一个年轻的学子，却在探究天地大道的过程中，凭着'吾以为天地之气化，万变不穷，则天下之理亦不可以一端尽'的洞察睿见和追求真理的精神"，对程朱理学的权威予以质疑，更对其荼毒社会最深的人性论主张提出挑战。这是非常可贵的精神品质。

虽然此时的刘大櫆已经初步形成了自己对于世界的看法，但彼时的自学和之前的私塾学习不可能有系统的教学安排，因而刘大櫆对一些问题的看法也就带有个人色彩。此时他写了一篇文章《心知》，其思想观点就带有很强的主观意味。对此钱王刚先生指出，《心知》中所谓"盈天地之间，皆吾心也"，不过是儒家与心学"人者天地之心""宇宙便是吾心"的翻版衍说；而通过去除感官干扰昏昧，让人的心灵中正无妄、精神敛约至空明之境而可感知一切云云，亦是类如禅定壁观、宣称"意之灵明处谓之知"、倡言所谓"至诚之心"的阳明心学的具体解读与应用而已。

刘大櫆的思想为何会转向主观的一面，而不顾及客观的事实呢？作者对此作了较为详细的分析。钱王刚先生认为：早在王学盛行之际，包括故乡在内的学者先贤们便看到了阳明"致良知"之说会导致不学空虚之弊病。如方以智就于批判中提出了"欲挽虚窃，必重实学"的口号。为何此际的大櫆，正当人生求学长知识的青春年纪，却写出《心知》这样的文章，要学那位阳明先生，去那灵台方寸之间寻求神秘唯我的真觉和至诚呢？深入地分析一下，它是否与《南山集》案的影响所导致的风气之变尚有关联？——当时政与经世的关注可能会招来无妄之灾时，读书人出于谨慎保护的心理，会自觉不自觉地将治学求知的视线途径，由外在的学习获取更多地转向内在的修省提升。后来，因大櫆于自己治学极少谈论，偶有所涉也只鳞片爪语焉不详；而其思想观点与治学倾向，亦只存于为数不多的文论杂著中，给人以浅薄之感。故世人多有讥其学养不足者，这自是时代偏见所致的失允之论。然有一点，他读书不甚丰博，治学也惟重要理大义之洞明，却也是一个客观事实。根据钱王刚先生的阐述，我们似乎也可以得出这样一个结论，桐城派和桐城文之著名于世，更多是其文章，以及文章创作的理论，而不是思想方面的创新。其中只有方以智是一个例外。

当然，刘大櫆显然也非常清楚程朱理学对于举业的重要性。任何想通过举业获得向上机会的年轻人都不可能不顾及这一点。刘大櫆虽然不喜欢朱熹的理论，但是为了举业，也必须了解和掌握理学的一些基本理论。刘大櫆对北宋五子的思想产生了兴趣，尤其是重视张载的学术观点。钱王刚先生分析了刘大櫆这一时期的文章，特别对其《观化》一文做了评论。

"大櫆的《观化》一文，应便依此清浊之说而论物之殊异。而这个承自于张载的'气质之性'，后来更是常被他挂在嘴边：在为他人所作的序文中，他往往据此而议论人物的天赋与文字，言之凿凿而不疑。可以说，张载的思想观念，在世界观方法论以及认识论方面，都对年轻的大櫆产生了重要影响。他日后在对待和认识世界事物上，所持朴素的唯物辩证态度，不信鬼神之说等固与此密不可分，即其在有关人性、社会问题认识以及治学方面的一些意见主张，亦同样可从张载学说中找到思想认识的来源。甚至还可以说，他在人生观价值观上，也受到了张载的明显影响。"

从刘大櫆对张载思想的重视可以看出其思想主张是多元的。刘大櫆早年对心知的阐发，到对性理之说的反感，再到欣赏张载的气质之性理论，这种思想的变化说明刘大櫆并没有给自己确立一个终身服膺的哲学主张，这也是他最终没有走上哲学思想创造者道路的根本原因。

在精神的世界中，刘大櫆更为关注文学的使命和价值。这就是他继承方苞，又有所独立创造，最后启发姚鼐，为桐城派和桐城文的最终形成贡献了自己的智慧。这一点在《刘大櫆传》中得到了充分的表达。作者用了大量篇幅对此进行了描述。

方苞倡导的义法理论，是对中国传统文学理论的综合，对于文章学的发展是一个创造性的贡献。刘大櫆接触方苞的义法说后，并没有盲目地信从，而是以此为基础，逐渐发展出自己的文学主张。这种对文学理论的探索也体现了刘大櫆精神世界复杂性的一面。作者在《刘大櫆传》中说：

> "方苞之义法说，以内容与形式的调和阐述，不仅融合了前人文道合一的文论，也总结了古文写作的基本方式与标准。是对文章学的一个创新贡献，于古文的现实创作，有一定的启发规范作用。故自提出后，也赢得了不少人的称许肯定。但他新认的门人大櫆，于他这义法之说，却似乎并不太赞同，二人谈论越具体深入，双方之间的歧异便越明显越多，而大櫆也颇坚持自己的意见，不因先生的主张而改变其态度观点。"

对此作者做了非常详细的阐述。

方苞虽将文章的内容形式的关系喻作经纬，义法互不可缺，但在实际上他更偏重"义"，认为"有其理而法自随之"；而大櫆尽管也承认义理在文章中的作用，但却更重视法度，探讨古文的创作规律与技巧，谈论他所谓的"文人之能事"。

方苞认为古文的写作，是本于经术而依于事物之理，所以要写好古文，前提必须学好经学，得其义理；但大櫆虽也说"读书穷理"，却于经学并不如何深研，他更多的是出入诸子与历史。

方苞认为必须洞乎于义，始能暗合于法，义为法之根据，法为义之表现。所以他于义法之外，又有"雅洁"之要求，以追求古文之朴质和气洁。而大櫆对老师说的这些似乎并不太上心，其论文与言语，更是常常离开方苞片刻不忘的"义"去谈论，说什么文人之能事，只在神气音节中求之；至于语言，他更持一种较开放的态度，认为文字是日新之物，若陈陈相因，安得不臭腐？所以为文"贵去陈言"，要像韩愈那样，勇于创意而自铸新词，以适用于时。

这些辨析，为后文姚鼐问艺一章对神气音节说的阐述准备了前奏。限于篇幅，此处对刘大櫆和姚鼐师徒讨论神气音节说的细节不再予以赘述。读者尽可以去阅读姚鼐问艺一章的精彩对话。

值得一提的是，钱王刚先生在《刘大櫆传》中，没有囿于陈说，而是就刘大櫆学术思想的发展又提出了一些新的观点。钱王刚先生通过对刘大櫆早年从学的吴直，以及刘大櫆的学生的一些学术主张的考察，进而指出刘大櫆学术思想的传承并不是单线的，而是有着多条线索。其中吴直，以及钱澄之对刘大櫆神气音节说的影响也非常大。读者在阅读的时候需要加以注意。

以上，我们从《刘大櫆传》创作的特点，以及传记本文的叙述线索的分析，较为粗线条地阐述了这本传记的特点，以及对于传记文学所作的贡献。任何一个历史人物都不是抽象的存在，其一生的活动都是由大量的生活细节构成的。这些生活细节又进一步形成了其人格形象。从某种意义上说，一个人物来到这个世界，就一定会形成其独特的生活世界。这个生活世界又都在一定的时空中展开。换言之，一个人的人生，就是其绵延不断的生活所填充的时空。当历史人物远去了，我们追溯他的人生，就是还原他曾经生活过的时空。

《刘大櫆传》洋洋洒洒几十万言，既对传主的生平事迹作了全方位的展示，也对传主生活的那个时代作了多角度的描写。其所展现的人物是具体的、鲜活的、生动的，是值得后人敬仰的、纪念的、品味的，也是需要我们不断去回顾，去深入地探掘其精神世界中尚未敞开的一些内容。至今为止，刘大櫆的全部文集还未见面世，学术界对刘大櫆学术思想的研究也相对不足。这种局面与刘大櫆的历史地位是不相称的。我相信随着钱王刚先生这本《刘大櫆传》的出版，一定会吸引更多的研究桐城派和桐城文的学者去关注刘大櫆。作为一名出版人，我也真心希望能够早日见到《刘大櫆全集》的出版，看到更多的有分量的研究刘大櫆的作品问世。

我的祖父出生于桐城，八岁时随他父母迁居皖南宣城。我所出生的村落居民也都是由桐城迁入的。熟悉的桐城乡音，以及耳熟能详的桐城故事，从小就让我对桐城派和桐城文心生向往。读大学期间，我还专程到桐城故地探访祖居地。安徽师范大学的同事王少仁博士有一次遇到我，说枞阳刘大櫆研究会准备出一本书，请我们出版社予以支持。之后我便和刘大櫆研究会的前任会长刘继承先生取得了联系，然后就和钱王刚先生结识。钱王刚先生和刘继承先生是多年的老友。受刘先生所托，钱先生花了近5年的时间创作了《刘大櫆传》。其间我带着出版社的几位编辑又去实地考察枞阳刘大櫆研究会、海峰纪念馆等处。

钱王刚先生写完《刘大櫆传》后，出版社安排我参与审稿。在审读的过程中，我深感刘大櫆在桐城派和桐城文形成和发展中的关键作用，也感受到撰写刘大櫆生平传记的不容易。这方面前人虽然做了不少工作，但是从生平经历与思想发展的双重角度还原刘大櫆的人生，仍然有许多值得开拓的空间。

在与钱王刚先生交流的过程中，他嘱咐我写一篇序。对于钱王刚先生的信任，我深表感谢。但是我知道自己学力不逮，尤其是对桐城派和桐城文没有专门的研究，担心辜负了钱先生的期望。经过激烈的思想斗争，我最后同意了钱先生安排的任务，并对他做了书面的采访，还请他帮助梳理了一些关键材料。因为书稿要急于下厂印刷，我撰写此文的时间很有限，对很多问题就未予展开。以上文字只是一个初学者的读书心得，其中若有表达不清楚，表述不恰当，都是我的责任。希望读者批评指正。

最后，我以刘大櫆的一首诗《寄翁兆溁》作结：

> 年少高才始发硎，小桃花下户长扃。
> 承欢切至多容色，汲古精微入杳冥。
> 前辈风流今已邈，后堂丝竹汝曾听。
> 西州门外山如旧，从此扁舟不忍停。

戴兆国

2025 年 7 月 17 日

序　二

枞阳素有"文章之府、气节之乡"的美誉，说到文章，就不能不提到清代影响最大的古文流派——桐城派。桐城派著述丰厚，文论精深，作家众多，在中国文学发展史上占有重要地位。桐城派文统源远流长，成为中华民族传统文化中一座令人瞩目的丰碑。

桐城派以方苞、刘大櫆、姚鼐为"三祖"。他们都是当时的桐城人，而土生土长在枞阳的，只有陈洲刘氏十八世祖刘大櫆一人。陈洲刘氏，系出汉冑，滨江望族。始祖刘伯二公因叛军南下而由池阳迁徙至桐城东乡𫚉牌洲（后名陈家洲，即今枞阳县汤沟镇），在此繁衍生息，诗书传家。至八世时，刘昶以太学生入京师参修《永乐大典》，书成有功，得明成祖朱棣御赐书名，并亲自题写了序言，家声遂显，代不乏人。

刘大櫆父、祖均为秀才，曾祖明末贡生，官歙县训导。刘大櫆出生在这样一个书香之家，自幼就展现出惊人才华。年二十八贡入京师，被方苞称赞为"当世之韩欧"，以"国士"相论，朝中公卿一时多与之结交。后科举失利，两登副榜，遂游历四方，以入幕僚为生，广收门徒，传授古文与诗词的创作之法。晚年出为学官，并为安庆敬敷书院主讲、歙县问政书院山长，培养了一大批人才。

刘大櫆是陈洲刘氏的一个代表性人物，也是明清两朝陈洲刘氏六百多名秀才、贡生的一个人生缩影，开始希望通过科举博取功名经世致用，落第后只好以教书为生。但刘大櫆又是幸运而不凡的：他生活在文风蔚盛的枞阳，受到了故乡先贤的很大影响，后来又遇到了吴士玉、方苞、沈德潜等一些赏识他的当朝名士、文坛名家，也教出了如姚鼐、吴定、王灼等诸多优秀的门人弟子，并以其文学创作与理论为当时的古文发展作出了杰出的贡献。过去人们议论桐城派与桐城派三祖，都说他是方苞之徒、姚鼐之师，似乎他只在其中起到了一点接续的作用，甚至当作二人的陪衬，长期存在着尊方姚而轻刘的倾向。其实，通过对桐城派深入的研究就会发现，刘大櫆才是整个文派的柱石之一：他的为文理念主张，既与方苞等有较大的不同，如倡导的"神气音节说"将古文的创作发展，从一般文章的写作应用延伸至对散文审美艺术的追求，又以名义上的方苞弟子将方苞推上了文派始祖之位，以事实上的姚鼐老师，而使后者成为文派之集大成者。可以说，刘大櫆作为桐城派三祖之一，实至名归。

对于陈洲刘氏乃至文乡枞阳而言，刘大櫆这位清代散文家，桐城派"三祖"之一，无疑是后人的极大骄傲，而其学术思想尤其是文学贡献，也是我们新时代文化建设中继承弘扬中华优秀传统文化的重要内容。为此，早在2012年，陈洲刘氏便在刘继承等人的倡议下，联络社会有识之士，发起成立了枞阳县刘大櫆研究会，利用各种条件，开展研究宣传活动，进而创办会刊《海碧峰青》，作为研究宣传刘大櫆的生平思想以及优良家风家教的重要平台。此后，我们又积极筹资，于2018年建成海峰馆，使之成为纪念及研究宣传刘大櫆的基地，更于2020年邀请熟悉桐城派历史文化的本土作家钱王刚先生来撰写《刘大櫆传》。

钱王刚先生是枞阳籍著名的人物传记作家、文化学者，他治学严谨，文字简练生动，所作传记，务求真实不妄，而又重文学之表现。《刘大櫆传》亦是如此。此传创作，从准备构思到最终成稿，历时整整四年。为保证传记的真实无误，作者在进行实地考察广泛搜集资料的同时，花费大量的时间，查阅和研究陈洲刘氏宗谱以及当时的《桐城县志》《歙县志》等相关历史文献的记载，其中哪怕只字片语的疑惑不确，也要参照各方资料，仔细推敲反复考证后才予结论。在生平之外的治学、思想及文学的渊源方面，作者也同样秉着这种态度，以其对地方文化的认识了解，作了认真的研究探讨，厘清了一些为世人所忽视或未认识到的问题。凭借着这份认真努力，使得此传真实客观地对刘大櫆的生平及治学，进行了全面而翔实的传述介绍，在纠正以往模糊舛误的同时，更借助文学的描写，展示了一代文坛巨匠真实而立体的形象。相比其他关于刘大櫆的传记与年谱，本传无疑更具可读性、准确性。

《刘大櫆传》的出版问世，当会得到所有热心了解传统文化和桐城派人士的喜爱欢迎，并助益于桐城派文化研究尤其是刘大櫆研究的进一步深入。

枞阳县刘大櫆研究会会长　　刘杏海

2024 年 8 月 18 日

序

二

自 序

十年前，安徽一次正常的行政区划调整，却引起了不小的轰动与热议，连媒体都纷纷关注并加入进来。

那是原属安庆市的枞阳县被划入铜陵市管辖。

为何一次普通的区划改变，会令人们有如此不同寻常的关注呢？

澎湃新闻的记者，专访新属地的负责人、时任铜陵市委书记的宋国权时的提问，揭示了个中原因：

历史上的枞阳，作为安庆府辖下的桐城县的一部分，与享誉海内的桐城文化、"桐城派"密切关联，划入铜陵后，会不会造成文化的割裂与影响呢？

回答是令人鼓舞的：

作为同属于历史上的皖江文化圈，我们一样热爱珍视前人留下的文化遗产；枞阳划入铜陵后，因应新情况和发展的格局，我们将以极大的热忱与重视，认真做好对枞阳历史文化的保护研究、传承与弘扬。

是啊，对待历史文化，关键的是态度重视与传承弘扬的实际努力，而非其他。

其后不久，宋书记来枞调研。他知我于地方历史文化有所了解，邀我晤谈。几个小时里，我们的话题，基本是围绕枞阳明清时期丰富的文化与人物展开的，我们谈到了那一代伟大的思想家方以智以及著名的诗人文学家钱澄之，也谈到了影响清代文坛两百年的"桐城派"，谈到了桐城派"三祖"的方苞、刘大櫆与姚鼐。

我很敬佩他的工作热忱与文化意识，像这样真正重视历史文化一谈就是几小时的地方领导，其实并不常见。而我于感动之外，则还有不小的触动。

因为性情喜爱，我自二十世纪八九十年代起，个人兴趣便已转向文学尤其是传奇文学的研习，摸索着写了一些散文、小说与剧本，稍令自己满意的还是反映华夏人文始祖轩辕故事的《黄帝传奇》。其非传记，至今也仍躺在一些旧稿中，却由之开启了我对传记文学的兴趣，使我于二十一世纪初，正式潜心研究创作我所热爱崇敬的一个家乡先贤，明清之际"百科全书式"的学者，那个时代杰出的哲学家、思想家、科学家之一的方以智的传记。该传出版后，颇获肯定称誉，遂又乘兴为方以智的友人，著名的学者、诗人、文学家及遗民志士钱澄之撰写了传记。

也许是受方、钱二位尤其是方以智在思想及科学成就上的影响，又研读梁启超的《中国近三百年学术史》，见他极是推崇以智"尊疑、尊证、尊今"的求实学风，叹惜"后来桐城学风并不循着密之的路走，而循着灵皋（方苞）的路走"，我思想上对近代以后邑人心中最看重也常挂在嘴边的"桐城派"，不免有点轻视。

然经枞阳改划一事，耳闻目睹社会各界人士的关注反映，感触反省之中，便觉得自己此前的认识，未免有些任性偏颇了：以智的思想与科学精神，固然珍贵伟大；桐城派诸人的文学成就，亦自有其不可忽视的光彩贡献！

从这时起，"桐城派"这三个字，也便留在我心中。之前，人有请为桐城派三祖立传者，我皆笑而辞谢，不以为意。然此刻人或再有建言，辄会在脑中停留浮荡，不能迅去。

我知道，自己的心有些蠢蠢欲动了，它已不自觉地与两百多年前的桐城派有了纠缠。那一根无形"藤蔓"所牵的，是对先贤的崇敬，也是对故乡文学的热爱。我似觉得：作为一个能为他人作传的后辈作者，我也有责任去宣传"桐城派"的大师们。

可心念虽具，我却犹豫了很长一段时间，也未作决定，其中不乏对耗费时日精力的考虑，但主要的还是传主人物的确定。

宣扬桐城派文化，离不开桐城派"三祖"。他们各以其影响、贡献，皆于桐城派有鼎立之功；然又以生平显微与思想主张的不同，而有世推崇方姚而抑刘之殊异。而在后世一般人的眼里，方苞、姚鼐的名头与吸引力，那也是大于刘大櫆的。

由之而言，传述桐城派，若从方姚入手，影响效果其实更佳。又传记创作循真忌伪，故人物生平清楚、资料翔实非常重要。桐城派"三祖"中，方苞、姚鼐以宦显于世，其经历交游多有记载，生平传述无几碍难；而刘大櫆则穷微困顿、史料不丰，以致生平诸事多有不详。是亦以传方苞、姚鼐为宜。

然而最终，我却先选择了刘大櫆，要为他作传，以为颂扬。

之所以如此，那是因为这个人物的身上，有更多令我为之仰慕惊叹感动的地方——

他为人正直豪爽，古道热肠，交游以心，处事以诚，受人恩惠帮助，细微不忘；又不鄙穷贱，不畏权贵，见不幸则恻恻，遇不平则愤然，是敢恨敢爱的性情中人，俗世中的大丈夫真君子；

他才具器识不凡，抱负远大，是那个时代读书人中少见的心关天下而又具经世之能的豪杰之士，方苞一见即以"国士"誉之。然而，他却不幸扼于八股取士制度而不得一展其用世才志，以致郁悒而终，令人喟叹；

他是一个传统文人，却又具有一定的叛逆精神，在那个封建专制统治达之极端，程朱理学桎梏社会至深，绝大多数的文化人在思想上或为顺从的奴隶，或为头埋沙土的鸵鸟，或为狂热卫道者的年代，他却以一个思想者的表现和启蒙意识，在他的文字中屡屡抨击封建统治的腐朽以及理学礼法对人的束缚迫害，以致后来论桐城派及桐城文者，常将他视之另类而抑之；

他一生迭经挫折打击，生活艰难，处境穷困潦倒，且因思想性情不与世合以及身处社会下层而多遭讥议嘲讽与诋毁，却不畏困苦坚守其心，励志文学创作，肆力古文的改革发展，以风格鲜明的文学实践与"神气音节"说的散文理论，在影响清代文坛的同时亦为桐城派的创立发展起到了重大而关键的作用，开辟了古文的新天地！

这样的人物，这样的先贤，怎能不让人为之崇怀感动而欲讴歌以颂呢？！

此外，还有一点，亦成为我欲为刘大櫆立传的重要考虑。

那便是桐城派与故乡文化的关系问题。

旧日，世人虽称说"桐城派""桐城文"，然溯论其源，不是唐宋诸家，便是明代的归芽诸人。这样的议论做法，你也不能说他不对：清人为文，包括桐城派的作者在内，当然会有向前人大家借鉴学习的情形。

但这显然忽视了一个问题，即"桐城"这个地域标志所代表的意义：为何"桐城派""桐城文"的始创代表人物，皆出自"桐城"而非他处——既不在唐宋明诸名家的故里，亦不在时称文风最盛的三吴之地？是则"桐城派""桐城文"之诞生，必有其地方的人文渊源的影响，必与其代表人物的家乡有着不可忽视的文化因缘关系。忽视和绕开这种地方文化的关联性，是难以正确认知与评议桐城派文化的。

近数十年来，这种情况正得到改变。人们在深入研究中，逐渐注意到了作为桐城派故里的桐城在明清时期繁盛灿烂的地方文化，注意到了桐城文派之外还有称誉海内的桐城学派与诗派，注意到了它们在学术思想及文学上对桐城派及其代表人物的一些显晦不同的影响。

这种影响，在桐城派"三祖"之中，又以刘大櫆较为明显。刘大櫆之所以成为桐城派中思想观念与文学风格主张皆表现特异的人物，除了他个人的一些主客观条件因素外，方学渐、方以智、钱澄之、方文等乡贤先驱以及同时的师友吴直、胡宗绪、姚范诸人在思想治学和文学方面对他有着直接且重要的影响。

因此，我亦希望借为刘大櫆作传，尽可能地介绍故乡在明清那个历史时期所形成的丰厚文化，将一个"人文桐城"与"人文枞阳"展示给世人，企望人们在观览感知的过程中，进一步加深对桐城派的了解与认知。

桐城派的研究，进入新时代后，以党和国家对中华优秀传统文化的重视而得到很大发展，不断有新成果出现。如果说本传也算其中之一的话，便希望它能为此后的桐城派研究尤其是刘大櫆的研究，发挥一些有益的作用。至于传中或有与传统看法不同的观点，阅者视为一家之言参考即可。

钱王刚

2024 年 8 月

自序

目　录

刘大櫆传

第一章　湖畔人家

秋风萧瑟，残阳欲坠。

篷舟的橹桨划开水面，顺着入江的水道摇入内河。一个身材高大长须飘飘的老者，从篷舱内移步而出，回首望了一会身后余晖惨淡江流映赤的景象，悲容忽现，喃喃自语："末世将临日欲坠，鲁阳即在挑不回……"之后盘坐舟前久久不语。

篷舟沿着河道，拐了几个弯，然后进入一片碧波万顷的大湖之中。这时，从舟尾传来船家的询问声："先生，还有多长时间可到？"

老者答道："快了，天黑前一准可到。"向船家指点了一下方向，看着湖上的点点帆影，还有远处的苍暝山峦，沉郁哀伤的心情，终是阻不住近家的温暖与亲切，他的脸上不禁露出了一丝兴奋之色，眼眶也有些湿润：夕阳下那往东的前方，水之涯，岗之下，便是他魂牵梦萦的家园所在！

"半生逐梦……终于可以回家了……"

他喃喃自语，声音却有些哽咽。凝向前方的眼神，有些温柔，有些恍惚，还有些抹之不去的伤感……

人多有梦想，总想走出乡里，去外面闯荡，建一番功名事业。他亦是如此。年轻时自恃才学过人，不甘于人下，数十年间，一次又一次出外游学打拼。谁知时运不济，科场蹭蹬，过了四十岁仍是一领青衿。后来不得已，才于明崇祯六年，以岁贡入京①，希望获得出仕报国的机遇。却又不幸遭逢变故。甲申南渡后，因为家人的影响，本已心灰意冷的他，无奈选授了个新安

---

① 见道光《桐城县志•卷七•选举》。

歙县训导①。

这虽非素日志向，但他仍希望通过致力人才培养，为朝廷救危振衰的中兴事业尽一份心力。然而迅疾恶化的形势，使他这一点希望也落空了：他上任仅仅半载，偏安昏昧而又内斗不已的南明弘光政权，便在南下清兵的铁蹄下迅速灭亡。天崩地坼中的他，在无限的伤愤绝望中，只落得凄惶孤舟哀哀归里……

篷舟在不住的橹声、水声和风声中，呜咽前行。向晚的湖面上，散发着阵阵侵入的寒气，但他似未有知觉。凝睇着前方越来越熟悉的景物，他似已看见了他的家、他的妻儿，还有那些熟悉的乡亲与生活场景——那里，是他这只倦鸟的归栖之巢，也将是心灰志残的他，告别过往，静静地舔抚那无尽的伤痛，委心寓形以苟活的终老之地。

当天边只剩下一抹血红的时候，他终于踏上了湖边的岸地，回到了他魂牵梦萦的故园——吴家嘴芮庄。

吴家嘴位于大湖东梢，是北岸楔向湖中的尖突之地。坐落在丘岗下的芮庄，其前方一片田地滩头的旁边，便是那碧澄的湖水，风起浪涌之时，人们坐在家里也能听到那不歇的涛声。庄中最早居住几户芮姓人家，故称芮庄，若干年前，老者举家移居这里，成了这湖畔人家的一员。

"呀，是刘先生！"

"刘先生，你回来了！"

"……回来就好哦，你家里人都担心着。"

不时响起的问候和感叹，来自那些仍在田边地头和屋场上干活劳作的庄民。这些以耕渔为生的农人很淳朴，对读书做官的人家，也向来很尊敬。虽然当时天下已变，江以北已归属清朝，但他们对前朝这些做官的人敬重的态度并没有变。他们也听说，这几年大乱中，许多人在外面或丢了性命，或下落不明，此刻这刘家的家主能安然归来，他们是真心替他感到高兴。

自然，更为他高兴且庆幸的，是他的家人，他的妻儿们。自三月明将左

①《陈洲刘氏宗谱》载左海《广文南高公传》："甲申乙酉间，干戈倥偬，公已绝意仕进。迫弟侄之从臾，乃就选建康，授新安徽县学之广文。"又清乾隆三十六年张佩芳修、刘大櫆纂的《歙县志·卷四·职官·学职记》：明左训导刘日耀，桐城人，贡生。

良玉引武昌兵东下，到后来清兵南下江淮，破南京，六月下江南，半年多来，战火烧遍大江南北，死人无数。居于安庆府桐城县东滨江之地的家人，在提心吊胆避乱的同时，更是为在外面不知消息的他担心不已，恐其遭遇不测。此时盼得平安归来，俱是泪湿眼眶，悲喜不禁。

昏暗的香油灯下，一家人又哭又笑，又笑又哭，细细叨叨地诉说着别离后的诸事，抒泄着久郁的忧怀情思。可当团聚的喜悦渐渐过去，现实的深深忧虑又摆在了冷静下来的他们面前：今后怎么办？他们一家人将怎样才能在这个沧桑巨变的世界生存下去？

是的，天地已变，悬挂在他们头顶上的，是入主中原的统治者高高举起的屠刀，大地上驰骋的，是骄横残暴曾无情屠戮无数明朝子弟的清兵，还有那些也拖着辫子，到处逼着人们剃发违令即杀的清朝吏卒！在这年代，他们这些人，尤其是像他这样曾为前朝官员的人家，该当怎样才能保得平安生存？

"我是大明的官吏，国家遇难，江山沦陷，我不能杀身成仁以报国恩，已极是羞愧，又岂会心安理得去做顺民，抑或像那些贰臣一样，贪图权势富贵而委身事敌甘为鹰犬……且世事演变如此，我心痛如灰，此后唯愿家人相守，终老乡间。至于外界之事，你们也无须过虑害怕，他们再凶残，也不至于把天下不顺者都赶尽杀绝……"

这是他向妻儿吐露的心迹，也是此后他将要向外界表明的态度：作为前朝的官吏，他是绝不会低头的。他无力反抗，但他起码可以高蹈自守，做一个不与新政权合作的志节遗民！这就是他，刘日耀，一个前朝的卑微小官，在这个天翻地覆的时代，所做的选择。

也许，这样的选择，不为外界的人们所理解，也会给他及家人带来不利的影响甚至麻烦，造成今后生活的艰难困顿，但他并不怕，也不会后悔……

而后来不久，他更是做出了一个甚至令家人亲友都有些惊讶的决定：他要离开水滨之地，迁徙至合明山中。

合明山在吴家嘴北面数十里处，距县城百余里，为东乡戚家山西南分支之余脉，牛角尖诸峰之末。山处丘岗起伏屏围之中，榛莽遮道，谷野荒幽，少见人踪。

离开熟悉的生活环境与交通相对便利之地，而移居人烟稀少的闭塞山中，无疑会给生活带来很大的不便与影响。但他无视这些，而且家人也给予他充分的理解与支持。

他的妻子，是湖南岸滦漕秀才钱懋忠之女。作为一个出身书香人家知书识礼的妇人，一个共同生活几十年的枕边人，她知道丈夫眼前的选择，是为着骨子里那一份不屈的反抗，心中那一种顽强的坚守，她应该支持成全他。

而理解父母心思的孩子们，也皆默默支持了这一徙居的行动。钱氏为刘家共生育五个儿女，排行第三的女儿已卒，余皆为男丁：长子珏（后易名朋），字连玉，现年二十八岁，妻为舅家之女；次子甡，字亚瞻，及冠之年，亦娶妻于滦漕钱氏①；老三林（字木若），十六岁；老四喆（字睿贮，后以字为名），十一岁。这些自幼便读圣贤书受中华文化影响的儿子们，尤其是已成年的老大老二，或比乃母更能理解父亲欲隐山中之遗民志节，遂能成之而无怨。

于是此后，荒寂的合明山西麓②，多了一户人家，多了一道常徘徊在坡谷间与青溪白云为伍的孤傲老人的身影，伴着他的，是常置身旁读辄唏嘘的忠孝古篇，还有从东边不远处传来的合明寺日复一日的悠悠钟声……

光阴荏苒，时光流逝，栖身的草庐渐成了稍有规模的别业山庄，年少的孩子们如庭间散开枝叶的双桂那样，已悄然长大并重新走出山外，融入了红尘之中，老人挺拔的身躯也变得伛偻，稀疏的鬓发已尽如霜雪，然而，他的生活神情一如既往，徜徉在山野之间，超然于风尘之外，数十年间，足迹不

———————

①《陈洲刘氏宗谱》记：甡原配为"滦漕文学钱润长女，生于明天启丁卯五月，卒于清顺治乙酉九月"。对于这个只活了十九岁而青春早逝的女子，刘家人并没有更多的记忆和记叙，除了交代其生卒外，只是依照对先人坟茔的重视，指明了她的葬处："原配葬吴家嘴芮庄宅后，壬山丙向，与行三姑合墓。"但这个简单的记载，却向后世的我们透露了两个明确的信息：一是依"与行三姑合葬"，刘日耀夫妇应曾有一个排行老三（甡之后）的女儿，或未成年或也青春早卒，故葬于本家。二是"葬吴家嘴芮庄宅后"，表明刘日耀隐居合明山前应家居于此。"宅后"是谓刘家住宅后面，而二女皆是年少而亡，身份轻微，不可能行厝后再隆举葬事（至于后人为之修坟树碑，则是另一回事），当是逝后便葬于居所之背。2020年清明前，作者与若干友人及刘氏族人一行，按谱载寻觅，在芮庄（今名庙岗）实地找到此合葬墓，其碑记与谱载完全吻合。

② 一说，刘日耀隐居之处在合明山西峰。

履城市①。

只是，在他那看向山外世界的目光中，添了更多的沧桑与悲凉：

是的，外面的世界已变。南方轰轰烈烈的抗清复明斗争已渐被镇压，清人的统治日益稳固，当年被迫剃发的汉人，已不再为脑后拖着的大辫子而感觉耻辱，读圣贤书的士子儒生，也不再纠结"夷夏之分"，复又走进那科举的场屋去拼搏那诱人的功名。昔日抗志而隐不与当局合作的遗民志节，不敌太平岁月和生活法则的双重浸蚀，已在大多数人心中失去它的光彩，而日益为人们所轻忽淡忘……

清康熙十七年，清人进入中原后遭际的最后一次大规模反抗行动（始于康熙十二年），历经数载波及南方数省的"三藩之乱"，被镇压下去，八月吴三桂兵败身死。也许是这最后一丝反清的希望破灭，带走了数十年苦苦期盼恢复汉家天下的遗老继续活下去的生机，十二月，刘日耀去世于合明山中。一如其生前那样，其身后也是寂寞无闻的。他的生平，只存在于保存在宗谱里的简略文字中，而他三十年不渝的遗民志行，亦长期鲜为世人所知晓。直至一个半世纪后，或因其一位大名鼎鼎的后人之影响，他才重新走进人们的视野，被补进方志中，以一个淡泊明志的隐者高士形象出现②。

他的这位后人，便是其曾孙，一代文宗刘大櫆。

清康熙三十七年五月十四日，秀才刘柱家又有获麟之喜：秀才娘子杨氏在接连养了两个儿子后，这次十月怀胎，又诞下了一子。

刘柱（字个甦，号沧洲）是个独生子，父亲刘甡在其只有十岁时，便因祖父去世伤痛成疾而过早离世了。刘柱虽说还有两个姊妹，但在以男权为中心的社会里，他们这一家，是典型的人丁单薄房头不旺的，在外面不免遭人轻视，往昔孤儿寡母的生活过得甚不容易。好在刘柱的母亲坚强地撑起了门户，更幸运的是刘柱娶亲后，家里接二连三地添丁增口，而眼下这个第三子

① 陈洲刘氏宗谱《十五世弢伯公赞》："超然于风尘之外，杜门二十余年，足不履市。"

② 道光续修《桐城县志卷之十六·人物志·隐逸》："刘日耀，字发伯，壮貌魁伟，美髭髯，渊雅博辨。所交尽知名士……明亡归里，卜居合明山麓，构别业，栽植花木，闭关诵习。遇古忠孝事辄辍卷枯坐，唏嘘不自已，足迹不入城者三十余年，乡里仰其高节，卒年九十一。"注：此文中刘日耀字"发伯"，宗谱记为"弢伯"。

的到来，在刘柱母子夫妻眼里，自是人丁兴旺家族发达的标志与希望，令他们个个欢喜非常！

而且，他们还发现，这个刚来到人世的小儿生得头大身长，小脸蛋上一张阔口，啼声洪亮，长大后定是体格魁伟，相貌堂堂。祖母钱太君还说，小伢子长得像他曾祖父，日后定有出息，能光大门楣。这令众人更是欣喜，南高公（刘日耀号南高）虽不遇时，只做了一任学官，却是宗族中少有的出仕者，才学也很出众。

于是，在给这个孩子取名时，其长辈——应该是做父亲的刘柱，也便费了心思，颇存了希望：头两个小子分别叫大宾、大醇，这个生得不俗的老三，也以大字起头，名曰大櫆。櫆者，天上的北斗也，这是以星宿寓其命格之不凡；櫆同魁，故又寄有争先夺冠他日科举占魁之期盼。满足这些含义的前提是什么呢？当然是其卓越不凡的才智了，因之，这小孩又有了个很傲人的表字：才甫。

刘柱这年二十八岁。作为一个读书的相公，虽然年纪还不算大，但家庭环境及负担的原因，他在成为县儒学的生员（俗称秀才）后，应乡试未中，便放弃了科举，转而把这方面的希望寄托在孩子们身上，盼望他的儿子们将来能通过科举获取功名，光大门楣，显扬于世。这种心情，从他给这第三个儿子的取名上，便清楚可见。

刘柱的妻子杨氏，比丈夫大一岁，是乡里的太学生杨臣思之女，按照古训将侍奉公婆相夫教子作为己责的她，无疑是这个家庭最辛苦的人。于她而言，未必似丈夫想得那样深远，但毕竟出身书香人家，对将来儿子们能出人头地，而她有诰封之荣，也肯定有些想头。不过，就眼下而言，她想得最多的，恐怕还是如何辛苦把儿子们都能顺利拉扯大，因为他们家是比较贫穷的，哪怕是多一张吃饭的嘴，也在增加家庭的压力。

刘家只是一个普通的耕读人家。所谓耕读人家，是指家中的男人多以儒为业，靠读书科举挣前途，家庭的生活，则基本依赖家里田地的产出。而刘家不过"田十数亩"，这样一点田产，以之维持人口不断增添的家庭生计，显然拮据艰难——实际地说，他们家的情况，只是比那些一点田产都没有的相对好一些。稍稍有点体面的是，作为一个读书人家，在那个时代，尚不属于社会的最底层。

这便是刘大櫆来到这个世界时，家中的大致情况。用一句话来概括，便是生活虽然艰难，但也存在着希望——这希望，便寄托在这个家庭的下一代身上，而家中这个刚添的孩子，似乎被长辈们寄了更多一些的期盼。

最后，还要说说这个婴儿出生的地点，因为这涉及他日后的生长生活环境。

大櫆自然出生在他父母包括曾祖父母一家所居的地方。这个地方在哪？因后来大櫆本人没有明说，其他史料也不见记载，后世便有根据其曾祖隐居合明山而指其诞生于彼的看法，这是失考不确的。欲知大櫆的出生处，尚须做一点细致分析。

当年刘日耀隐居合明山时，未必全家俱随之入山，因很明显，其原有的房舍田产需要留下人来照应打理。以当时的家庭情况看，这个事务显然应由成年人，即由刘珏刘甡二者之一来承担。珏是长子，理应入山随侍父母，则留在芮庄旧宅的当为刘甡。康熙七年刘珏去世，刘甡可能也曾入山侍于乃父左右，其妻儿或留芮庄，或也一同入山。然十年后南高去世，甡及其家人当不会仍留山中。原因很简单，按嫡长继承制，比之前旧宅条件要好的合明山庄，应属一直陪伴父母的长房子孙继承，此时其他兄弟与家人，在此生活俱为不便而须出山另居。

这种析家分居，实际应在南高公未去世前即早已开始。因为合明山中的环境既不利于读书人与外界的交往，其田舍条件也无法满足南高公之下四个人口逐渐增多的小家庭的生活需要。从家谱所载传记中，我们得到了印证：南高后人的生活居地，除了合明、芮庄外，尚有距芮庄五六里外的周庄（今称刘家周庄），那里当是南高三、四子刘林、睿贮居家之所在（家谱记载此二房数代多人葬于周庄宅前后或某处可证。今刘家周庄唯一保存完整的清代之后的老宅，也正属于刘林的后人。又家谱记卒葬周庄芮庄的，皆为甡以下三房家庭成员及其子孙，而长房却无一人，由此可推刘珏及其子孙与二庄之产无涉，当是继承合明之产而仍居山中）。

周庄在芮庄东北面，坐落于一片地势较高的岗岭上。南高子嗣所以有析居此者，乃因周庄本为其族聚居地之一，而南高本人亦在此生活过，后来才迁至风景环境更佳的湖畔芮庄。故其晚年子孙长大，无力再觅新地安居，乃使三、四子回归周庄依旧居生活便属自然。

而作为二房的刘牲，其出山安家，则当是返居于南高中晚年所建的芮庄居宅（这从他将卒亡的女儿及媳葬于宅后岗坡可以推知）。此地，便应是刘大櫆之出生处。

大櫆存诗中透露的信息，也证明了这个推断。我们细检大櫆的诗作，他于不同时期及场合多次提及其家，描述了其家庭生活的环境与场景。

需要注意的是，"家"这个概念的运用，在注重宗族血缘关系的旧时代，是很宽泛而异于后世的，那时的人们称其"家"或谓"家×"，是包括其家族甚至宗族成员在内的，而非仅指自己的家庭。于刘大櫆而言，他所谓的"家"，起码涵括了合明周庄芮庄诸处的家族成员及其生活之处。故单凭一个"家"字，还是难以判断他的具体住处的（丧葬中的"宅"，亦是同样情形。前言牲、林、睿贮三房人互葬于芮、周二庄，宗谱俱记为"葬宅×"，此所谓"宅"，系家族本家的房舍，若不辨而尽理解为自家居所，便会令人犯浑。唯个别以"本宅"指称的，才是明确无误的信息）。而能给我们比较准确提示的，还是大櫆诗句中那些关于其家居环境场景的描写。

诗人说："余生黄炎后，家世本农人……长夏往南亩，遇事皆可欣。田禾际渚草，瞻望碧无垠。""出户步除阴，兰芽亦已长。鱼依曲岸浮，鸟溯青霞上。"这都是说他的家居，是在水畔。

这是怎样的水畔呢？"相看无一言，湖水当门碧"，"湖水日当门，青山澹无语"，原来他是居于濒湖之地，家门的前方便是碧波荡漾的湖水。

这临湖之居是不是他成年后另觅地所建呢？不是。

他说得很清楚："敝庐在东鄙，老屋百年存。客或逾庖宴，鸡多上席喧。牯牛浮晚渡，寒雨入孤村。欲枉故人驾，何能此驻轩？"他是一直住在祖辈传下来的老宅那儿，因其鄙陋不堪待客，都不愿友人来访。

合明旧宅在山中，芮庄东北的周庄亦高岸不在水边①，湖水当门碧的百年老屋，惟白荡湖水梢的芮庄与之相符。所以，康熙三十七年仲夏刘家新添的

---

① 昔日白荡湖水域虽大于今，但据上年纪的老人回忆，也仅见一九五四年长江大水涌涨白荡湖，在周庄可眺湖水。

那个婴儿，应即降诞于此，其后来迁居（资料明确显示在晚年）之前，这里也一直是他与家人生活的家园所在。

湖水几度枯丰变化，岸边的柳树枝叶也几次由青至黄，再由黄转青。倏忽间，已是清康熙四十三年的春天。

今年打春早，过了春节，刚闹了元宵，天气便在春阳的映照里，驱逐了寒冷而日渐暖和起来。沐了一两场春雨后，湖畔田间的小草已现出一些嫩绿，四处打着花骨朵的野花已准备着绽放。

春天的生机也影响了人们，在寒冬中憋了一段时日的人闲不住了。早饭后，芮庄的男人们大多在屋前那暖日底下，敲敲打打地修整着各式农具，为即将到来的农事做着准备。女人们有的提着竹篮、木桶去湖边洗东西，有的则带着孩子在缝补晾晒一些大大小小的网罟——湖边的人家，渔猎也是他们维持生计的一个手段，荒年时更是重要，不少人家彼时皆靠着四处挖的野菜和水中的猎获，得以保命生存。

闲着无事而又精力旺盛的少年人，则又有另一种甚感兴趣的"忙"，庄中那平整的打谷场上，围聚着他们的身影，伴随着阵阵兴奋的咋舌叫喊声，却是在观人习武练拳。

原来桐城东乡素来民风剽悍，多有习武艺者，每逢农闲之时，擅武者或相聚切磋，或遨游授技于四方。久之尚武之风蔚盛，与南乡人家偏重文教子弟多读书形成对照，以致民间有"打不过东乡，文不过南乡"之谓。风习如此，这芮庄的少年们趁着风和日暖正月之闲暇，扎堆观学练武也很自然。不过，他们皆是农家子弟，像其他地方一样，这样的场合很少看到那些读书的相公们，譬如本庄秀才刘柱家的那几个小伢子就不在其内。

刘家的宅内，此时传出的是阵阵清脆的读书声，为这淳朴的乡村增加了别样的生气和韵味。读书的自然是刘家的伢子，跟着老大大宾在书斋里用功。

大宾今年十二岁，是个勤奋的少年，也是个负责任的兄长，早饭后不待大人吩咐，便领着两个弟弟在那里读书，直到他们的父亲走进来，仨兄弟方才停下。然后，老大老二便齐看向老三，而老三则不待吩咐，早掩上书卷站起身来，望向父亲，脸上显出兴奋的神色。

显然，他们都知道父亲出现所为何事——那是要带七岁的大櫆出门，去见学中的先生，以便其今年能入馆读书。

刘柱看看孩子们，没说什么，便招呼大櫆出去了。堂屋里，大櫆的母亲正将一些食品什物仔细放进盒中，见那父子俩身影，整好后提过来递与丈夫。

刘柱父子出了家门，便往湖边而去，坐着庄上人家的芦席棚的小船，径直摇向湖的南边。小船轻便，不多久已至目的地。刘柱父子登岸，穿村过庄，寻至学中先生的家。

那先生年近花甲，听见刘家父子到来，忙迎出门来，与刘柱作揖见礼，然后极客气地让进屋内，落座时又与刘柱谦让了好一会。你道他为何这般客气？原来这先生于科举久不得志，年近不惑仍未通过秀才考试，羞恼之下便断了念头，此后不再应试，只是各处教几个小学生，挣几两银子养家糊口。眼前刘柱虽领着孩子来见先生，却是个在庠的生员，身份比他这个未进学的老童生①高，他不敢自恃年长而僭越规矩，倒不全是待客的缘故。

但这先生命运虽不济，学业却是扎实的，教导学生也颇用心，远近声誉很好。所以这两年被聘在周庄作馆，刘家的一班小伢子包括刘柱的二子大宾大醇，俱随其发蒙读书，今年又准备让大櫆入馆从学。

刘柱道了来意，又替儿子作了介绍："此子这两年已识了一点字，粗读了《三字经》《千字文》《百家姓》等，虽有些顽皮，尚好学习，望先生辛苦收下。"

一般人家的儿童，八岁始入学发蒙。像大櫆这样，七岁之前便已识字读书，固是书香之家的早教，然其好学也是可见的。

那先生年纪大了，馆金又是定的，本不愿多带学生。听了刘柱的话，细打量那小学生，眉目中透着一种精神灵气，显得不俗，知是待琢之璞玉，于是便一口应承了。还很给秀才面子地说："其实刘相公不必亲自过来，待过几日开馆，让小公子自来即行了。"

刘柱道："尊师之礼岂可废？再者这伢子，以后还要劳烦先生多费精神教

---

① 明清科举制度，读书人通过县、府、道（院）三级考试，最后由提学官取中的，称为生员（俗称秀才），方有资格入府县儒学读书。未通过考试的，无论其年纪多大仍称童生，也无资格进府县儒学。

诲呢。"

遂令大榛拜了先生，并奉上贽见，里面封了几分银子。又于所携盒中取出几包芝麻糖、豆腐干之类的送上，年节内登门，不好空手的。先生谢了，叙了会话，要留刘柱吃饭，刘柱说还要往前面陈家洲一行，然后携大榛离去。

陈家洲位处江滨，土地贫瘠，明嘉靖年间桐城知县陈于阶以此处常遭水患，令圈圩筑堤以防护，民众德之，遂称其地为陈家洲，以为纪念。其实此地居民，多为刘姓，正是刘柱血脉同源的族人宗亲。

中华刘姓源自远古尧唐时期，而陈洲刘氏则是汉高祖刘邦长子齐王刘肥后裔。这支人自汉至宋，历五十世传而有伯二公者，于南宋德佑元年避元末战火，自池州黄龙矶渡江而北，卜居桐城东乡江滨的荒野芦荻洲（又称犄牌洲，后易名陈家洲），率家人垦荒养鱼，以度岁月。之后人丁繁衍，家族日益壮大，遂开枝散叶，自陈家洲播迁于东乡各处，成为邑中一巨族大姓，以"陈洲刘氏"闻名四方。

今日携子而至的刘柱，便是这以伯二公为迁桐始祖的陈洲刘氏之人，且在家族的房头支系上，属于人丁较兴旺的昺公房锦公支。这一支人，或许在十二、十三世时，也即南高公的曾祖父仪公时期[1]，便已开始了离开祖居地而向白荡湖北岸迁移的过程。但刘柱他们家离开陈洲却相对较晚，不过是乃祖南高或曾祖明易公在明末时的事。

人不管在哪里，总难忘记自己的根。对于陈洲刘氏的族众来说，这大江之滨的陈洲，就是他们的根，是他们血脉起源的祖地，家族最初的故园，念念不忘的老家。所以他们总想找机会回来，缅怀祖先，感受老家的亲切温暖，或带着后辈来寻祖认宗，使之不忘其本，体味先人创业发展的艰辛光荣。

此时的刘柱，便是这般的心思。

因忙于生计，他也很长时间没回陈洲了，后面又将离家外出去坐馆，也不知何时回来。故此便欲趁眼下年节之空闲，来与老家的一些族人宗亲见见

[1] 刘氏家谱记载:锦公有六子,仪公行四,字本端,号朱池。像他父亲一样,仪公也有六个儿子,人丁兴旺。其生平事迹虽阙,但据其具有读书人才有的称号看,显然曾受过一定的文化教育。又其死后先葬青山,再徙葬杭州西湖畔的南高峰,可知其善为生计,家资丰裕,才有力量徙葬远方名区胜境,而其子孙亦才能离开陈洲置办产业迁居新地。曾孙刘日耀号南高,当为纪念这位振兴家世的先祖而来。

面，叙叙话，也顺便领儿子前来认认祖地，增加一些对故里的印象，儿子已到上学的年龄，是该知道本家的一些过往历史了。

小学童当然还不晓得父亲的用心。但第一次出远门，又听说这儿是老家所在，自然感觉着新鲜，还有些禁不住的兴奋。尤其入了洲区，瞩目平野开阔，沟渠交错，阡陌纵横，树木掩绕的人家村落聚连成片，景象面貌与他生活的湖畔丘岗之地迥然异样，对这父亲口中的祖居之地，大是好奇且神往，一路上，不住地问东问西。

晌午时分，在一些乡人亲切的目光与问候中，父子俩来到一处炊烟袅袅的村子。刘柱告诉儿子，这便是他们本支的祖居地周庄。

小学童听了，眨巴着眼睛，有点意外迷糊：离他家路不远，也是马上他就要去上学的地方，似乎便叫"周庄"，怎么老家这儿也同样叫作周庄？

刘柱不免又给儿子叙说解释了一番。原来，他们的十一世嫡祖锦公，弟兄四人，在分家析居时，锦公便选择了在宗祠三里外的一处开阔宜居之地建宅安家。嗣后人丁兴旺，连养六子，儿孙满堂，便在四周陆续添房，渐渐便形成了一个庄子，锦公便以长孙周（锦公长子无传，周为次子儒公之子）之名，命其处曰"周庄"。后来随着户丁繁衍析分，便有人从这儿迁移至大湖对岸，现在也被叫作周庄的那个地方落脚创业，为纪念故地不忘传承，便也将其新居之地称为"周庄"。如今，族中分列房头源支，管他们这支人叫"周股"，都是因为这祖居周庄的关系。

给儿子上了堂家史课后，刘柱领着他在庄子上走家串户，拜见一些长辈族人，说来都还是未出五服的族亲，见面俱很亲切热情。嗣后，来至一处颇有些年头的老宅，主人更是热情招待，小学生听了半天，才明白了大概：此处旧宅本是他家的，是当年曾祖父继承的父辈之产。房子虽年久，但大致还能住人，现在的住户则是替他家看管房田①之产的佃农。

在旧宅吃了饭，父子俩又去观瞻了宗族的祠堂遗址，不用说，这也是刘

---

① 资料显示，刘大櫆家在陈洲故里有一些房田之产。其曾祖刘日耀为长子，自然继承了父辈的一些遗产。其后日耀先居桐城县城（见《南高公传》）后返居乡间，但陈洲故里之产仍在。大櫆《答周君书》记："仆有先人之旧庐，编茅为户，屈竹为篱，门俯长河，与岷江通流。轻舟独往，揭竿而渔，得鱼沽酒，时与牧童樵叟连行共醉。山南水北，薄田数亩，深耕熟耨，足以备饔饣。"应便指这江滨之产。晚年大櫆也在此短暂生活过一段时间。

柱欲对儿子进行家族历史教育的另一个重要场所。

刘氏祠堂修建于明初洪武时，名曰"百客堂"。永乐年间，族人刘昶（字文昭）以监生参与纂修《永乐大典》有功，家谱为此受赐宝玺。此事对振兴陈洲刘氏产生了很大的影响，家族子弟以之为激励，自后习儒读书之风渐浓；又因赐宝玺的家谱奉置于"百客堂"，大小官吏经过必远远下马下轿徒步而行，使得此祠远近闻名，陈洲刘氏也随之享誉邑内外，成为地方的望族之一。

可惜的是，这承载了家族数百年历史荣光的祠堂，后来因失修失护而倾废于明清交替之际。而今刘柱父子来看时，眼前不过是一片残垣断壁，凄寂地伫立在正月的暖阳中。

大櫆还小，尚不清楚祠堂在一个宗族人们心中的意义分量。目睹他的父亲徘徊在废墟前，久久地感慨喟叹，盼其日后能得以重建①，他对之并未有多少清晰的理解认知。但于父亲所说的故事，他还是很感兴趣的，因为他很想长大后，也能做一个像先辈昶公那样有出息的人，为陈洲刘氏及家族带来荣光……

---

① 陈洲刘氏宗祠于康熙后期曾重建，但在二十世纪中叶后以自然、历史等原因再度被毁。近年刘氏族人在刘继承诸人的共倡下，举全族之力复建再修，使这一反映陈洲刘氏历史文化和社会沧桑的建筑得以重现，而刘大櫆纪念场所"海峰馆"，亦巍然其中。

第二章　文学兴趣

"大宾，起来！大醇，大櫆，起来……上学了！"每天天还未亮，刘家的屋内便会响起一串儿的叫喊声。然后便见几个小小的身影，挎着书袋，大的牵着小的，提着纸灯笼，在昏暗中出了门，顺着庄后的小路，爬坡过岗而去，目的地是那数里外的周庄。

去周庄的这一段路程，岗岭荒野间的小道，崎岖曲折，少见人家，树林黑暗中有时还会有野兽出没。若逢刮风下雨的天气，更增行走的困难与惊悸。但这些都没有难住刘家几个孩子的步伐，日复一日，寒暑不变。

他们到达时，周庄正在清晨的宁静中醒来。

有人家的屋顶开始升起袅袅炊烟，刚从窝中被放出来的小鸡，精神抖擞地冲向房宅周边的坡岗旷地刨土觅食。鸭子摇摇摆摆地走向庄边的池塘，哧溜进水中扑腾翅膀。还有早起的农人，披着晨曦牵着牛儿悠悠地走出村庄。

敞了大门的学馆里，已传出阵阵琅琅的读书声。

一日之计在于晨。读书人的勤奋用功，也是从早晨开始的——虽然，处在成长发育中的童子们还很贪睡，但家中既有长辈催促，学中又有先生严督，还是不得不早早爬起床，揉着眼睛打着哈欠，睡眼惺忪地至馆中读书。若是无故不参加早读或迟到（在先生到来查看之前），那是轻者被罚站，重则要挨先生戒尺的！小学生们无不领教过，经历了那么几次后，也便多半变乖，不敢再有迟误。即便居处较远，像刘柱家的大宾仨兄弟，也只能摸黑起早赶来馆中。

不光早晨，其实学馆的整个白天，学生们的学习安排都是很紧张的，除了吃饭，几乎没有一点空闲。这是周庄这个由刘氏族人公设的义学，有别于一般乡村私塾的不同之处。

周庄作为仪公这一脉迁徙后的一个家族中心，在陈洲祖祠湮废后，于此地建了支祠（应即谱记之"祖堂"）。清初南高公为族长，订《家规十则》，倡于祠屋之侧建义学，以解决族中贫寒子弟读书问题，周庄义学或于此际应运而生。因是家族学馆，盼着子弟勤奋学习将来能出人头地，故要求较严格，设馆之初便订立了规约，张贴在墙上：

一，诸生清晨到齐，将昨日书读五遍即背，要极熟。再理近边带书三首熟背。背毕，将本日所授书分作两节读二三十遍，才放早饭。

一，早饭后先读上一节，再读会下一节，巳刻讲书。

一，讲书，每日诸生轮番讲，还不明者先生再讲之。

一，看书毕，仿临法帖一副送呈先生，较其美恶以行赏罚。

一，午后理远带书三首熟背。

一，下午将上午所读之书读熟。

一，将本日书背完，即上次日生书，读二十遍。

一，每日将晚讲忠孝勤学故事二条，令其背熟，空闲时常问之。

一，朔望日理半月前功课，考试等第以行赏罚。

一，诸生勤学好问，而进益守规矩者，记录在簿一分，积至十分，关白东家，给纸笔犒赏。

一，桌椅、笔砚、书籍要安顿整齐，不许杂乱欹斜。

一，诸生各坐案头勤做功课，不得彼此往来闲谈游嬉，亦不得借问难为由交头接耳。

一，先生在馆以督率学生为职业，凡一切交友、文会、庆吊、饮燕之类俱当谢绝。

刘家的一班学生伢子，就是在这样的氛围环境中度过每一天的。如果问问他们的感受，大概都是四个字：紧张疲惫。只不过因各人年纪与所习的功课之异，而有程度之不同罢了。

同其他乡村小学一样，周庄的义学，也是供八至十五岁少儿的发蒙场所，学习教育的内容主要是三个方面：基础的文字音韵知识及诗文写作；历史知识与伦理教育；儒家经典的初步了解。学生们依照入馆读书的迟早，在先生的指导下，由浅入深地接受不同课程的学习与训练。

譬如大宾仁兄弟，老大大宾入学有年，现在在习《论语》《史学提纲》《天学入门》的同时，也按先生的布置，读一些时文范本，开始八股写作的基础训练；老二大醇则学习《诗经》《声律发蒙》《发蒙算经》等课程；老三大櫆入馆最晚，本应该与同年纪的小伢一样，从《三字经》《百家姓》《千字文》这些最基础的启蒙读物学起，但因这些他在家里已随父兄习熟，先生便允许他随大些的学生学习《幼学琼林》《性理字训》《千家诗》以及声律知识。

学习的课程内容大抵如此，似乎也不是太多。但关键的是途径方法——嗯，看看那墙上的规约便清楚，除了部分的先生授课与学生讲书临书，余外便是从早到晚地读书背书了，一遍又一遍地读，一遍又一遍地背，读得一个个口干舌燥，心烦意乱，背得一个个头昏脑胀，两眼冒金星。偷懒吗？谁敢耍滑头，若被发现，抑或到时背不熟，先生可不留情！

疲惫是无疑的，日复一日下来，身体精力再好的伢子也觉苦累——每逢这时，他们很有些羡慕那些在庄外放牛的农家孩子，羡慕他们的快乐无拘束，没有一个被"可恶的"先生成天盯着，一刻不得放松——但是，效果也是自然而显著的：在反复不断经年累月的读背中，书上的知识，还有先生的讲授，也被他们刻印般地记录在脑海心田，一辈子再也忘不掉，成为他们今后用之不尽的精神财富、他年博弈科举的知识基础……

这便是小学中伢子们的日常读书情形。七岁这年入学的刘家第三子大櫆，也便在这般的情形中，开始了他童年正式的读书生活。

他很聪明，也很好学，学习于他而言，是比较轻松的。无奈他生性活泼，喜欢讲话，不大守规矩，不免影响功课与纪律，少不了被责罚甚至挨打。放学回去，家里人听了自是埋怨且心疼，尤其是家中一位身份特殊的长辈。

这位长辈，是大櫆祖父刘坐的侧室章氏。

刘坐的原配是滦漕秀才钱润的长女，青春早逝。此后滦漕另一个钱氏女子，国学生钱秉瑚的次女，成了刘坐的继配。这位钱氏嫁入刘家后，几年都未能生育。为了有后嗣，刘坐又娶了18岁的出身寒家的章氏为侧室。次年章氏生下一女，但不久就夭折。这以后章氏便再也没有生育，倒是久没开怀的钱氏，出乎意料地开始生儿育女起来：26岁时她首胎得子[1]，生得极是聪明，可惜后来死于天花。但41岁那年，她还是不负众望又为刘家养下了一个儿子刘柱。这中间她还另生育了两个女儿，长大后一嫁庠生齐树声，一适姚光祉。

钱氏扬眉吐气了，章氏却日形凄苦。妾在这个封建的时代，本就卑微如婢，没有丝毫的地位，章氏又无所出，无功于其家，亦无子嗣可依靠，其处境之可怜可想而知。待到丈夫去世，她的处境就更惨了，刘家人按照当时的一般做法，也是要将她赶走。

章氏这时已是45岁的半老妇人，且无子女，娘家又贫苦不能归，这离开刘家如何过活？悲恸绝望中，她哭着不肯去，又拉着才十岁的刘柱，跪在主母面前哀求："妾身孤零一人，出去即便死了也没什么。只是小主人还年幼，今后谁来帮你照顾他呢？"

钱氏连续生养后，大点的儿子平时便由章氏照料生活起居，无子嗣的她，也便将刘柱当作亲生一般地关爱呵护，感情不浅。此时要她离去，伤心绝望之际，实也万般不舍得。

钱氏被其打动，想想其亦可怜，而年幼的儿子，这棵刘家的独苗，确也需要人悉心照料才能健康成长，遂改了主意让章氏留下了。之后不久，章氏又因亡夫之恸，哭瞎了眼睛。但她仍尽心竭力地为家中劳作，照顾主母之儿女。待到刘柱有了孩子，又一门心思放在照顾这些小伢子身上。

大宾兄弟去周庄上学后，这年近古稀、身体不好的老人，仍替他们操着心，刮风下雨怕他们途中着凉有闪失，在学中怕他们功课不好被先生责罚。仨兄弟放学归来之前，她都巴巴地在家中等候着，即便风雪严寒的夜晚，家里的僮仆都去睡了，她仍守候在炉火前，一边给伢子们预备着热乎的汤水，等听见叩门声，便拄着拐杖摸着墙壁去开门。又挨个问兄弟几个情况，听说书背熟了，也未被先生责打，才欢颜放心。年纪最小而又有些淘气的大樾，更是其最挂念的对象，但凡听到被责打了，老人便心疼唏嘘不已，诚勉叮嘱之外，有时也抱怨先生几句，说这般小的伢子也舍得打。

她不知道，学中的先生对大樾，其实还是蛮喜欢的，所以加诸责罚，除

---

[1] 支谱《亚瞻公传》记："先是公有子曰沙弥，玉骨冰肌，聪明绝世，八岁能背诵四书五经。十二岁殇于痘。"

犯学规外，还发现这个天资很不错的小学生，有一种偏学的倾向：人文历史诗歌的内容，他听得聚精会神，背诵得很顺溜；而涉及伦理教育、规范儿童行为举止的课程，他便懒洋洋地没有多少兴趣，书背得也不熟。

这先生平日教导学生，除启蒙开智外，儒家的伦理教育也极重视。大櫆这方面不上心，他岂能放任之？再则这小学生表现出的对诗的热情兴趣，也令他不喜。虽然圣人说"不学诗，无以言"，小学也开诗歌课，但他的想法是，儒童学诗，不过是练习平仄对仗，掌握一种文体写作而已，日后无甚大用，不应该为之花费更多的精力，更不可沉溺其间而影响主业的学习。作为人师，他希望他的学生中，今后能有出人头地的秀才举人，而不是徒有虚名的诗人！

有一天，他忍不住了。

"啪！"戒尺重重敲了桌子，"刘才甫，你在读什么？"

下午，正是读书时间，先生不知何时踱至大櫆的书桌旁，见这学生捧着本诗集子，在那里摇头晃脑地吟诵，不由来了气。

"回……回先生，是……诗选。"大櫆赶紧站了起来，嗫嚅着报告，眼角余光不住地瞄向先生手中乌黑发亮的小木板。

"汝不知道现在是温课时间，却去读闲书？"

午后直至放学前，规定的是将上午所习的课程串读背记，以消化老师的讲解，熟悉巩固学习内容。

大櫆仍盯着先生的戒尺，忐忑地道："回先生，上午的课……已背会了。"

"汝将情性第二背来。"先生收回欲挥出去的木板，背着手冷着脸道。

"情性第二"，是阐释理学诸概念的《性理字训》的内容，上午刚学了前面一节。

大櫆定了定神，然后背了起来：

"元亨利贞，自然之理，是曰天道。人伦日用，当然之则，是曰人道。天理流行，赋予万物，是之谓命。人所禀受，贤愚厚薄，是之谓分……古今人物，本本原原，初无或一，是曰理一。亲疏贵贱，贤愚厚薄，万有不齐，是曰分殊。禀……禀于天者，有清有浊，有善有恶，是之谓气。受于人者，或明或昏，或粹或杂，是之谓质。天地之心，鬼神之会，灵于万物，能推……

所为，是之谓人。"

虽不怎么流畅，倒也是背了出来。

先生的脸色稍缓了些，却没有打算放过。学堂规矩固不能坏，小伢子迷诗亦当棒喝！

"那你便来讲讲，古今人物，既为理一，何又来分殊？"

"那是因为……万有不齐……人各有不同……"

"万有为何不齐？人为何有不同？"

"因为……因为……"答案书中有，上午先生也讲解过。奈何他本就对玄奥的性理无甚兴趣，加上昨日得了一本诗选，颇读得有味，心思被其勾了去，故之前只马虎着将课文背下来，也未有思考，此时先生冷不丁地一考问，便脑袋发蒙答不出。

先生扫了一眼其他学生，戒尺指着大榶训道："天道性理之学，广大精微，士子纵穷其一生，也有未窥其精髓者，尔等进学之始，便偷懒马虎，日后如何治学成才？伸手领责！"

大榶不敢违拗，乖乖献出自己的手心，任先生"叭叭叭"打了三下，痛得小脸一阵发白，泪花儿在眼眶里直打转。

这顿板子，本也可以不打的。只是先生要借大榶之"错"，教训一下其他学生：与大榶一样，对《性理字训》这样宣扬理学的课程不感兴趣的学生，也大有人在。之所以如此，是因为它专讲性理，颇为玄奥，小学生接触它既觉枯燥无味，也多云里雾里难以明了——实际地说，它并不适合启蒙阶段的儿童学习。但因宋代以后，理学一直占据着社会思想的主宰地位，故《性理字训》这类教材便成了小学的必修课程，塾师们也将其当作教育的重点，虽知小伢子们无甚兴趣甚至厌恶，却要想法哄着压着其学习。

眼前场景便是如此。先生责罚罢，看看学堂里的学生们再不敢分心，个个坐得板板正正地用功，这才将着胡须满意地离开了，临走前还带走了大榶先前看的诗卷。他要看看，是什么诗作迷住了这七龄的小学生。

隔天课余时间，先生拿出那本诗卷还给了大榶，且道："王阮亭是我朝诗誉最隆的大家，学其诗也非无益。只是你才习涉诗歌，如何知其妙处而喜欢？"

王阮亭者，王士祯也，山东新城人，字子真，一字贻上，号阮亭，别号渔洋山人。出身清华世家，清顺治八年中举，顺治十二年会试中式，年仅二十二岁，未殿试而归。顺治十五年殿试居二甲，次年授江南扬州府推官。历迁礼部主客司主事、仪制司员外郎、户部福建司郎中、翰林院侍读、国子监祭酒、都察院左副都御史，充经筵讲官、兵部右侍郎、户部右侍郎。清康熙三十八年迁刑部尚书。其一生不仅仕途畅达，官至九卿，且诗名卓著，影响日增，近年已隐隐被尊为骚坛宗主。

却说大櫆听了先生的问话，挠头想了想，然后回道："学生读了他的诗，虽不太明白其寓意诗境，却觉得他用字结构，很合古人音节①，故而喜欢诵读。"

先生听了，不由惊讶感慨。他虽不好诗，但王士祯这样名家的诗，却曾听人议论过：王士祯主张"神韵"的诗美，追求清远飘逸的诗风，于创作技巧上也颇讲究音韵声调谋篇布局。昨日收了大櫆所读的《王阮亭诗选》，也好奇读了数篇，虽未能印证时人的评论，却也感到一种清新别致的诗家风格，而其绝句，更有一种造境咏叹之美——他是积年教诗的先生，有此感觉并不奇怪，却未想到一个刚入学读《诗经》《千家诗》的童子，竟也体味到了王诗在音节声律上的不同，认为其与古诗相符合。这是偶然的感觉，还是天赋之异禀？他宁愿是前者，但却更倾向后者。

"吾不反对汝读此类佳诗。但记住：儒以学为本，艺为次，今而后要专心知识性理学习，破蒙启昧，立志修养，筑好儒业基础，将来方能出息成人。"

既知其天性偏好，他不能不再次训而警之，也是怜其才而尽己责。

大櫆唯唯。先生的话是听进去了，只是是否左耳进右耳出，或者说能否做得到，那便只有他自己才知道了。

人的贤愚，按儒家的说法，是禀受于天的清浊之气而不同，称为天分，是无法改变的；人的天性喜厌好恶，源自哪儿？恐怕理学集大成的朱子也未说清楚。但有一点可以肯定，它潜伏于人的灵性深处，或会受到各种因素条件的影响，或表露得有显有晦有早有迟，但不可否认的是，它也同样地难以改变。

---

① 《陈洲刘氏宗谱·叔曾祖海峰公传》："公七岁能识王新城诗，谓其音节合乎古人也。"

所以，此后的小学时期，可以想见大樾是不会放弃他的文学兴趣与热情的。他依然一如既往地喜欢他的诗歌，阅读之外，肯定也有他自己的习作，只是可惜这样的作品，并没有保存下来。

诗歌以外，他对文章的兴趣，亦随着年龄知识的增长和写作方法的逐渐掌握，而越来越浓，且热情难遏地投入写作的兴奋中——相较于诗歌，文章当能更畅快地抒发他的思想情感——宗谱《叔曾祖海峰公传》载："稍长，见老儒人文不协，遂拟作之。"他已不止于所学的写作，见了一些年长儒生写的文章，他认为不妥当的，便要拿来重写。是否一定写得比别人好？那不管！他就是喜爱写作呀！

这类的拟作，应是八股之文。八股是科举的"敲门砖"，有没有学问不打紧，八股做不好，那是注定与功名富贵无缘的。所以这时代的读书士子，整天挂在嘴上的便是时文墨卷，见面相互切磋的多也是股艺。而其浸染之始，便在启蒙的小学：在掌握声律知识的基础上，由究心四声虚实对仗押韵，到懂得训字增字句眼，直至进入八股时文的诸般训练习作。

很显然，喜欢写作的大樾，到了小学的后期，八股文应写得有些模样，不然也不敢嫌弃人家年长者的文章不好，而要自告奋勇地重写了。这类作品我们今天看不到，但他同时期另一类的文章，古文的习作，却幸有所遗，我们由之可窥总角之年的大樾，其文章水平究竟如何。

这是据说他十三岁时，所写的一篇古文：

吾与万物，群生于天地之中，其万有不齐邪？其有至齐者存邪？张目以视之，不可得而见也；倾耳以听之，不可得而闻也。一而二，二而三，三而四，四而五，五而十，十之十为百，百之十为千，千之十为万，其纪之不可胜纪邪？其推之而不能自己邪？清者、宁者、灵者、蠢者、动者、植者，其为物不同也，而莫非物也。

一物一声也，一物一色也。一物之声，声各声也；一物之色，色各色也。鸟声之交交也，鹊声之楂楂也。交交者，人见以为鸟也；以鸟而听鸟，则其交交也有万。楂楂者，人见以为鹊也；以鹊而听鹊，则其楂楂也亦有万。彼鸟鹊之于视人也，亦若是已矣。苍水之民呼中角，黄水之民呼中宫，白水之民呼中商，黑水之民呼中羽、徵。虽然，一国一音也，一乡一音也，一里一音也，一家一音也，一人一音也。自一人推之至于九州，渐之于近也；自九州引之至于一人，渐之于远也。楚人与越人共语，秦人不能别也；朝夕与游者，足音跫然，不出户外而辨之矣。一乳而两子，不相期而与之相遭，庸讵知伯之非仲邪？庸讵知仲之非伯邪？虽然，有辨。其父母知之，其昆弟知之，其妻知之，其子知之，其同室之人亦知之。一人之身，两手也，两足也，两眉也，两耳也，两鼻之窍也，一也，不一也。两手之持，一蛇一龙；两足之行，一云一风；两眉之峙，一"华"一"嵩"；两目之澄，一河一江；两耳之入，一纤一洪；两鼻之出，一雌一雄。群鸟方哺于林，共出求食，一鸟衔食先归，其雏望见之，轩口嘈嘈；而众巢之雏皆伏，彼必有以异其形容故也。

游蚁求膻，行乾丘，见鱼骨，归以报穴蚁。穴蚁以上于巨蚁；巨蚁下令珠中率其卒伍二十余万众取之。适齐庐过乾丘，得之以去。巨蚁至，寻之不见，则怒以游蚁为谬妄言欺我，实无鱼骨也，乃声其罪，群啮而杀之。

齐之水躁，越之水重，秦之水泔，楚之水弱，燕之水沉滞，宋之水轻清。风之蓬蓬然起于北海而入南海也，风一也，而不一也。为凯、为谷、为融、为阊阖、为不周、为广莫，隐隐铉铉者，彼何声邪？其牛鸣窌邪？其奋往而不知归者邪？虽然，有土焉，有水焉，有石焉，有火焉。石英也，钟乳也，甘遂也，大苦也，牛溲也，败鼓也，参、苓也，赤白之砒也，温凉益损之异施也。为根、为茎、为枝、为叶、为华、为实、为皮、为核、为首、为尾、为颠、为末、为中身、为要节、为近水、为附石、为精粗、为厚薄，其性之一，出焉而异宜也。食之使人寿善而光荣，或郁滞而萧索。

道之所居，气与居之。气浸假而有象，象浸假而有数。道也者，不贰者也；数也者，不一者也。奇零也，参差也，自一而长之以至于无穷也，其可以道里计邪？夫彼司化者亦乘于气数之中，而不能以自主耳；非其能为不齐，而不能使之齐也。鹰为鸠，鼬为鳖，田鼠为青鱼，蜻蛉为挞末。蛾子之为蚕也，蚕之复为蛾，而遗其子以死也，非蛾之与蚕所能自止也。

　　　结璘与郁仪遇于青冥之野。郁仪谓结璘曰：“吾与若御此轮也，自始有之而御之者，数万年于今矣；而未之或改也。”结璘曰：“若欺予哉！若今所御之轮，非若昨所御之轮也。吾今与若言，若之轮，非向若与吾言若之轮也。”郁仪曰：“若何以知之？”曰：“以吾之轮知之。”于是两人相视而嬉曰：“吾知之，若亦知之，彼外人不知也。”

　　这篇名为《观化》的文章，显然是由庄子的“齐物论”感发而来：庄子认为世界万物是相对没有区别的，最后都是一样，故曰“齐物”。

　　《观化》则以“不齐”立论，针锋相对，认为万物是各自不同的，是有区别的，“其性之一，出焉而异宜也”；究其原因，乃“司化者亦乘于气数之中，而不能以自主耳；非其能为不齐，而不能使之齐也”。文之大意如此，简单明了。

　　庄子是我国先秦时代的大哲学家，以顺应自然反对人为，主张“无用之用”，被后世归为道家学派，与老子并称“老庄”。他的思想主张，与儒家入世进取的精神相悖，故常为后世儒者所抨击；而今又被一个披发少年振振有词地反驳，其若有灵，不知做何感慨？

　　其实，庄子的思想，在其“消极”的背后，亦有不少合理而辩证的因素，对我国思想学术的发展有着积极的作用。尤其是他对人的精神心灵自由的追求，对后世包括儒者在内的文化人，产生了久远的影响，成为儒学之外的有益补充。读书做学问的文人学者，研究庄学的也代有其人。明清交替之际，不与清廷合作的隐逸遗民，更是从《庄子》中找到了他们的精神寄托，掀起了一个研究训诂《庄子》的热潮，桐城的先贤名士如方以智、钱澄之等均有关于《庄子》的著述。

　　但这些，不可能是一个总角少年所能体悟知晓的。所以在大櫆写作热情难抑、思绪跌宕飞扬的时候，他便忍不住也要拿习读的《庄子》做一做文章了——用他少年的无畏和感性认知，还有从书本课堂上学到的“理一分殊”的知识，组成一个“观化”的思考，证明“齐物论”观念些许不对之处……嗯，仅仅是证明不对而已，他可没有半点指责不敬的意思。对那位大名鼎鼎的庄老先生，讲真的他其实还是蛮崇拜喜欢的，因为那个先哲之文太美了！

庄子文思玄邈，文辞汪洋恣肆，活泼且具有丰富的想象力，其匠心独运的寓言故事，在阐发哲理的同时，又富有浪漫的色彩、浓郁的诗意，散发着巨大的艺术魅力。

读惯了那些枯燥无味抽象说教的经义文章的大櫆，在接触《庄子》后，立刻被其迷住了。通读揣摩之下，既欲与庄老夫子讲讲某些道理，又欲仿其笔法辞风，于是便有了他的《观化》之作。其虽不免浅薄拙稚，但整体上议论清楚有据，语言明快有韵，而效庄子之寓言运用，又增行文之变化，思想的深刻；尤其结尾之故事，所谓今轮非昨轮，与古希腊哲谚"人不能走过同一条河"异曲同工，很形象地阐明了事物总是处在不断的运动变化中。

一个十来岁的少年，能写出这样的文章，不管怎么说，都是很惊艳的，大约当时颇被长辈肯定，因而被保存了下来。它让世人看到了大櫆那不凡的文学天赋与才能，也看到了一个兴趣盎然的少年，通过学习阅读努力提升自己写作技艺的文学追求与热情。

清康熙五十年，结束小学学习已有些时间的大櫆，开始了他少年时代另一段从师读书的生活。

同后世的情形不同，这个时代的小学教育结束，学生是不能立即进入"中学"继续学习的。"中学"——府、县所设的儒学，是只有通过了县、府、院三级童子试，被录为生员并在儒学备案的诸生（生员按进学时的情况不同分为多种，合称诸生），才有资格在那里读书的。

因此，以科举为奋斗目标（时称习举业）的学子，在小学（俗称社学）结业后，除了极少数天赋极高的仗着才勇直接应试外，一般都会随馆塾先生学习课业一阶段，以为将到来的童子试打好基础做好准备。还有一些应试失败者，从补习提升的角度，也常常会参加此类的辅导学习。

刘家兄弟几人，这两种情况都有：老大大宾老二大醇或已应试过，却未能过关，需要通过再学习进一步提升；老三大櫆虽读书聪明，诗文也有天赋，但举业不熟，尚未下过场，更须从学受教。

然以刘家之条件，却是无力自请先生来家里教学的。为此，很是焦虑了一阵。恰好家族中其他一些家庭，也有类似情况，一起商量后，遂决定共同延师设塾，让需要的子弟一块学习。

这事说来简单，实际也酝酿了一些时候方得落实——这倒不是本地缺乏教师，相反桐城明清以来文化科举发达，县内坐馆课徒的授业者比比皆是，众多科举落魄的秀才，甚至还有一些举人，皆把这课馆执教作为养家糊口的主要生计。但越是这样的环境，人家对坐馆的先生越是讲究，总希望寻访饱学有声誉者来教授自家子弟。

刘家最后择定的先生，便是这样一位颇有声誉的才学之士。

清康熙四十六年，上年应礼部会试中了第四名，却因母病未能殿试的名士方苞，自金陵回桐城老家扫墓，在乡里住了一段时间。一日，同宗方汉良邀集邑中一帮名士作文酒社，方苞适至，询问情况，众人皆交口称赞吴直（字景梁，一字生甫，号井迁）的文章，评为社中之冠。

方苞与吴直为中表亲，一开始尚以为是因他们之间的关系，众人才这般推许。待亲阅了吴文，才讶然叹服不已，认为自己也不及他。

这方苞是新科中式举人，当时考官朝臣读其试卷，皆以为他若殿试，状元或便属之。苞自己平素也以能文自骄，不肯轻服他人。此刻却叹自己不及吴直，可见吴直之文带给他的震撼！

这位令方苞都为之折服的吴直，正是刘家新聘的课馆先生。而刘家所以能请动他，却是因了两家之间一段姻亲学友交织的亲谊关系。

吴家居桐城南乡，世为高甸吴氏。

吴直的祖父吴时逢，为崇祯间名诸生，侨居金陵，交结四方贤豪侠客，慷慨有声。入清后不忘故国，改名天放，弃科举而遨游山水间。其有一子四女，次女所嫁便是方苞的大伯方绥远。

吴直的父亲圣窑，江宁附监生，膝下四子。吴直的长兄中俊与刘柱的堂兄奕中，同娶怀宁秀才阮懋棠之女为连襟，而吴直又曾与奕中同窗学习，彼此很要好，故两家关系向来很亲密。眼下刘氏族中需请先生，自然便想到了吴直这个近年名动邑中者，力邀其来为子弟课业。吴直拗不过人情，遂应允了。

这先生的事解决了，学习的场所也费了番心思：因为刘氏同堂几房均非富裕人家，既没有宽裕房屋可作一众师生的馆学之用，其居住之村庄环境也相对嘈杂喧闹，非理想教学之处。

十年后，大櫆承师命，为吴中俊作文贺寿（《吴蕊圃先生七十寿序》），曾提及此事说："生甫先生馆于予家，予诸兄多从之游"，这里的"予家"，自是谓其同堂之家族。至于那教学的场地所在——他称之为"学舍"之处，却没有具体交代。

然则这族中共举的塾馆，究竟在哪呢？

家谱所载《石庵公传》，解开了这个谜。

石庵公者，南高第三子刘林之孙陈纪也，与大櫆为再从兄弟。传记谓其："尝与诸昆季读书于合明寺中……少从吴井迁先生游，为文清真澹远……"原来，刘家是借合明寺食宿条件，取山中之幽静无扰，作了族中一众少年子弟读书受教之处！

合明寺，位于合明山东南面的坡谷间，为宋代僧人宗善所建。元季毁于兵乱。明洪武年间，僧人文奇募资重建。寺不大，殿宇之外，僧舍十数间，平日香火亦不多。刘家自南高公隐居合明，与之为邻，平素向来不乏布施。此时出些膳宿之金借为学舍，寺中自无拒绝不允之理。

诸事落实，春节过后不久，吴直师生便在合明寺幽幽的钟声里，开始了其远离尘嚣的教学生活。

学习自是紧张且辛苦的。

这个阶段的学生，要在先生的指导下，进一步深入学习儒家经典以扎实儒学功底，尚未应试的学生还须在四书五经中选择其一攻习精熟，作为自己今后科举的治经方向（专业）。经典学习之外，还有各种写作之课程：主要的，自是被称为制义的八股文写作与训练，它是各级科举考试的重点；其次，是为应付日后的大比（乡、会试）及出仕需要，所须学习掌握的论、策、表、判、诏、诰诸文体的写作。

这是一般塾馆通常的教学内容，与官府儒学的课程差不多，目的都很明确，皆是围绕和服务于科举考试的。

然也有少数塾馆，因师生双方既有渊源关系，而先生亦是饱学才识之人，即如眼下合明塾馆这样，则情形会有所不同：先生以责任加上育才之期望，其教学生便不仅为科举考虑，而是于举业之外亦会传授些其他的知识艺能。

但无论怎样，要达至目的，教学双方其实俱不轻松——做先生的，固不敢误人子弟，需耗费心血去教；学生们，则更须刻苦以学，不敢有半点偷懒懈怠。

后来，刘氏家谱《叔曾祖海峰公传》里有段文字，便反映了吴直师生此时在合明山中让人印象甚是深刻的教学情形——

> 先生喜夜坐，每讲授达旦。而公性尤嗜学，虽盛暑与吾曾祖、仲曾祖不亲枕席者常浃。一夕倦甚，将就寝，甫入户踣卧于地，蚊啮丛之如疮疥然。

它说吴直喜欢熬夜，其讲课经常通宵达旦；而好学的大榄仁兄弟，因此也格外辛苦，盛夏暑热里，常一连旬日都不能睡个囫囵觉。有一晚，大榄因实在太疲倦顶不住，只得回寝室休息，结果打开门就卧地上睡着了，身上被蚊子叮咬得全是包，看上去就像生了疮疥似的。

可以说，这般辛苦努力的教学情形，在一般的塾馆里是难以见到的！这让人感佩之际也不免纳罕：先生虽喜夜谈讲授，但应非要求学生必听；即便有所要求，且听者也俱好学如大榄兄弟，可一帮少年人又如何便能耐住性子与困倦，陪着他们的夜猫子老师彻夜打熬呢？

显然，这中间还有缘故。

检阅有关吴直的记述，我们找到了一些解答："先生善讲论，开发后学。"

原来吴直口才很好，善于表达演讲，让人爱听，且其授课也不似一般儒学先生那样只是一味地灌输说教，而是注重启发引导，使听者在独立深入的思考中能领悟更多更深刻的学问道理。

他这样的特点，兼之才学丰盈，即饱学硕儒当面，也不免为之吸引着迷，又何况眼前合明学舍中这些好学而又易被感染之少年？故其出现随师夜学多日不即枕席之情形，倒也不是很难理解。

然而具体至大榄，仍让人有些疑惑：彼以十四岁的年纪，精力显不若年长之诸兄，却竟也与之一道坚持连轴地熬夜听讲，似就不是乃师善讲己之勤奋这些原因所能完全解释的了。

是否，还有什么我们所不知晓的情由存在？

确实还有！

在"先生善讲论，开发后学"的议论之后，那位作者继续叙述道：

> 每及暮，秉烛持杯，召诸生环侍讲学至夜分。间及古诗歌文辞，则长吟高咏，酣嬉犹舞，听者皆鼓舞而不知倦。[①]

这段文字，不仅佐证了吴直喜夜坐讲学的习性，还写实生动地记述了这位颇有个性风格的老师于正常的授课内容之外，还常与他的学生们谈论诗词文赋，乃至"长吟高咏，酣嬉犹舞"。

寥寥数语间，它已帮助我们还原了吴直夜课的场景，也揭示了当年从学者包括年少的大櫆何以不顾夜晚困倦而听讲的另一个重要缘由——

夜已静，更已深。

讲堂摇曳的烛光下，依几而坐的吴直讲完了一节经书，发现围在身侧的学生们虽在努力听讲，然神态间也已露出了抑制不住的疲乏困倦。

这是正常的现象：别说是夜晚，即便是白天，课授时间长了，听课的人也会疲倦犯困的。喜欢夜晚静寂环境中教学的他，对此早有应对之方。

他微微一笑，放下手中的书卷，饮几口茶水润润嗓子，然后便转开话头，与他的弟子们聊起诗词文赋来。

没有既定的内容，同往常一样，只是依着此刻的意兴所至抑或学生的建议，或诗或文，得个话题便漫谈开去，自古今人物作品，到文坛誉评影响，皆在议论点评之中。

文学是感性、浪漫、激情的，浸淫其中的人亦如此。每当吴直讲论至兴奋之处，或为那优美的诗文情境所感染，他辄抑制不住地放声歌咏，甚至和着那音节文字舞动身姿，如戏如痴！

[①] 此段所引，出自吴逢盛为吴直所作之《井迁先生传》。逢盛字纫甫，号綯菴，系吴直之侄孙。后为大櫆之弟子，与同门王灼交最密。他关于吴直讲学情形的记述，据其文中交代，是来自曾随吴直学习的父亲的回忆，故而真实生动。

这一刻的他，不再是严肃课教令人敬畏的师长，而是一个随性亲切而又极富才华魅力的同学伙伴，一个沉浸在诗文的世界里且以其学艺识见影响着他人的文学导师；

而在其引领下，徜徉于文学园圃里的众弟子，亦在一种"艺与美"的领略品鉴以及轻松欢愉的气氛中，似输了血般地重新活跃起来，先前的疲倦困乏早已被抛诸脑后，代替它们的，是洋溢在那一张张青春脸庞上的欢快兴奋，一双双明亮眼睛里的崇慕向往……

原来如此！

我们明白了！

这位喜夜课而善教的吴先生，聪明地借用了文人喜谈诗文的做法，将他的讲堂视作风雅的"文学沙龙"，以文学的魅力与欢悦，调节改善了学习中的疲乏与气氛，使得从学者能于漫漫长夜振作精神，坚持听讲！

而这非教学的"教学"，还有因人而异的文学影响与作用。

于一般学生而言，吴直讲堂上的文学漫谈，自是一次次令人轻松愉快的文学品味，以及不自觉的文学熏陶。然而，它之于文学的同好，尤其是有志于此者，则别具重要的影响意义了！

随诸兄一道受学的少年大櫆，正属于后者。

当时，在举世为八股科举而疯狂的社会环境里，文学被人们以"小道末技"而普遍轻之，认为它不过是文人们吟风弄月抑或遣兴寄怀的风雅闲事。故除了一些注重文化素养的世家，一般的读书人家对于子弟的文学喜好，多取不甚支持的态度，唯恐他们沉湎其中而耽误了科举学业与前途。

大櫆的家中，情况可能稍好一点。从他启蒙以后一直持有的文学热情看，家中长辈对他这方面的喜好尚有一定的包容。然包容不代表鼓励支持，其以耕读之家所殷望于子弟的，无疑还是经书读得好举业有成就的科举俊才，而非能歌善赋的风雅文人。

故大櫆这个有文学天赋与才情的少年，以往在这方面的前行努力，当是孤独寂寞和有些茫然的，身旁并不能得到他所希冀的引导与帮助。

孰料在这合明山中，先生一反世俗之见，竟于课书之余时为文学之讲谈！这于他来说，真个是喜出望外，好似在长久的饥渴中盼来了美食甘醴！当此之际，不说是少睡一点觉，即便再大的困难阻碍，也绝挡不住这个少年竭力向学的意志与热忱！

是的，他有幸遇到了一位儒林中特立独行的前辈奇人，一位已跻身文坛而能引领其弟子遨游文学天地的大匠明师！

吴直的性情，颇似其祖父，慷慨豪放喜交游，有思想而不随大流。少时生活于金陵，年二十随父回桐城故里豸源冲潜心读书，经史学问日趋扎实。人皆以为他将来必能巍科高中，前途无量。

谁知吴直见了世上的读书人为科举功名利禄所诱惑，一个个都变成了只知四书语录不懂经济实用的书呆子，抑或面目可憎惟在考场官场苟且蝇营的伪君子小人，深感悲哀厌恶，斥谓"举业之坏人心术久矣。至今世之士益不堪矣，纷纷然如景迹之争于溷厕，不幸而见之，辄令人掩鼻而过"①。遂不顾家人反对，成秀才后便不复出应试。

科举之弊害，世人也并非没有认识的。然如吴直这般公然鄙薄毅然弃之的，却是鲜见！他因之也不少遭人们议论，客气地说他性情迂僻不合群，不客气的自是诸般的讥嘲诋毁。

但吴直无视这些。其既鄙恶举业，便把精力放在真正的读书治学以及文学嗜好上。

他和好友胡宗绪一样，都受到家乡先贤方以智的影响②，注重读书知识的求实致用，凡六经四子之书，宋儒释氏之说，三才万物之理，以及史学地理音律等，无不悉心研究。

文学方面，则于诗词文赋诸艺，皆深习有得，而创作也渐成名家气象。"诗虽无意求工，而清妙灵隽，往往沁人心腑"③；其治古文，慕汉唐气骨而崇韩愈，故"其文峻洁超妙，磅礴畅达，曲尽其意，得迁史之神。放意抒词，若无纪极。至其希微要眇，感喟悲凉，尝使人唏嘘流涕而不自禁。虽不免刻意求工，而思力之矫变，议论之卓荦，成一家言，确乎可传。"④

---

① 《井迁文集·与左策顽书》。
② 吴孟复：《桐城文派述论》："吴直上承方以智，下开刘大櫆，尊闻行知，不肯苟同。"
③ 刘声木：《桐城文学渊源考》卷二。
④ 刘声木：《桐城文学渊源考》卷二。

观其种种，吴直可谓是这个时代读书人中的一个异类，一个只依自己思想性情与兴趣爱好而活的纯粹文人！而其文学艺能成就，也已出类拔萃超迈时流！如斯者，才会在课教中一弃时儒先生面目，常与其弟子们畅谈文学道艺；而其才能造诣，又足以引领有志者于追逐文学梦想的道路上载驰载驱，入深行远。

是以，合明山中吴直的每次文学随谈，于他人或只是一时提振精神的兴奋剂，然它之于同样迷恋诗文之艺的少年大櫆，却便似一场场精彩生动而又启发感悟深思的文学专题讲座：那里有对古今文学的了解看法，有对名家作品的分析评点，有对近世文坛风习潮流的议论总结，更有基于一定的旨趣理念而揭示和传授的诗文道艺规律、章法技巧……

这个学习情况，因大櫆后来文字中未有提及，世人多不知晓。但道光年间的邑志，却给了明确的交代，其传吴直指谓："同邑如刘海峰大櫆及其弟药村受学最深，于古文尤得真传。"①

而桐城派的一个重要成员，"姚门四杰"之一的刘开，在《吴生甫先生传》中，更有一段值得关注的论述：

> 自望溪宗伯、海峰先生以文章名天下，而世之言古文者，必推桐城。然吾桐当日有与方刘颉颃而世不尽知者，则为吴生甫先生。先生于海峰为师，于望溪为中表，其天资颖绝，过目即能成诵，所为文磅礴畅达曲尽其意。然秉性迂僻，不合于世。虽以望溪之盛名硕学，先生视之犹以为不可意也；而望溪先生极重先生之文……今先生殁五十年矣，望溪文集既为天下宗法，海峰先生虽未达，文亦盛行于世。独先生知之者鲜。余故为论次，以见吾桐文章宗派之渊源。

这里不仅指出大櫆与吴直的师承关系，方苞对吴直之文的看重，更从桐城文章宗派的角度，提醒世人注意吴直其人在其中的地位，肯定他是桐城文派被忽视的先驱人物之一，且以吴直对方苞的"不可意"，隐曲地表明吴刘一脉相承的古文，在桐城文派形成的初始阶段，即与方苞是歧路并行的两支。

①《道光桐城续修县志》卷十五《人物志·儒林》。

刘开是稍晚出的邑诸生，虽师事姚鼐，却并不尽守师法，后来人论其为文“天才宏肆，光气煜爚，能畅达其心所欲言”，显然他是走的师公大櫆“气肆才雄波澜壮阔”这一路，而皆承源同风于祖师吴直的“磅礴畅达曲尽其意”。兼其在桐城文章的荷薪者中，亦属身微未达之身份，较少受社会文坛的风气思想的影响束缚，故能客观地直言桐城文章宗派之渊源由来。

应该说，刘开的看法是很重要的。可惜，因为人微言轻，它并没有引起人们的关注与重视。后来论桐城派及桐城文者，只捉着大櫆曾拜入方苞门下这个由头，无视方刘为文论文之殊异，硬将二人捏成师生传承关系，不仅溯源论宗于方苞，且惟以“义法”说作为其文章家法之本源。

此事撂过，回到眼下的大櫆。

他从吴直学于合明山中，收获的当然不只在文学——严格说起来，那只是意外之“惊喜”。作为学生，他从师所学的主业，还是这个时代所谓读书根本的“经学”，即对儒家经典的学习掌握。

这方面，他那个饱学且有思想的老师，自也不会让包括大櫆在内的一干刘氏学子失望。后来邑志反映说：“大櫆及其弟药村……从弟大陛、瓯玉及从子日庄、亦肇辈，一门师友俱学有经术，工古文辞焉。”明确点出数人，皆是在经术古文方面获得吴直真传之学者。

那么，吴直又传授给其弟子怎样的“经术”呢？

《安徽通志·儒林传》介绍吴直这方面情况说：“潜心义理之学，著有《四书杂辨》五卷、《学庸释义》六卷，皆辨明诸儒之学不合于朱子者。又有《经义药石》四卷、《学庸附赘书》二卷。”

可见这位桐城的名儒，确是治经有术而颇有造诣的。依照志中所载可以知晓几点：一是吴直治经，重在掌握阐发诸经的含义道理，属于儒学研究中的义理派；二是因重义理，故以程朱理学折中诸儒；三是侧重于《四书》研究，撰有数种著述。

由之可推：当吴直馆教合明时，其课学生学经，必是重在教导学生们认识领会经典所蕴含阐述的道理，而非浅尝止步于辞章字句的表面掌握；而其课授的内容，当也以四书五经中的“四书”为主（据此可猜测：大櫆等刘氏诸子，其日后科举的治经专业，大概率便在“四书”范围）。

但这些，只是吴直治经的内容与特点，还看不见多少"术"。所谓"经术"，肯定还有其他。

来看一段吴直关于自己治经的论述：

> 直窃自谓稍有异者，在读四书耳。夫四书谁不能读？近世习举子业者，皆童而习之，然非直所谓读也。直之读之，如斫者之于木，以渐而深；如泅者之于水，以习而利。不求诸言而求诸心，不求诸心而求诸事。人之所解，非圣之所言者，不敢以为解也；圣之所言，非我之所知也，不敢以为言也。无先入之见，无穿凿之思，无强索之义，无辞章无训诂，无异端无百氏杂家。[1]

他认为学习经典，应循序渐进由浅入深，通过不断了解认识，达到熟悉掌握的目的；而在具体的研读中，须持审慎联系之态度，不仅要看书中圣贤如何说，更要联系考量其思想尤其是生平行事，以获得对经术古文的正确理解与认知；他主张在读书治学的过程中，应辨别是非谨以为学，既不盲从他人的意见，自己未理解的也不强言乱语；反对一些或不良不正或肤浅偏执或观念芜杂的学风与影响。

他是经学中的义理派，故于辞章训诂不感冒；他又是个观点鲜明的卫道人士，所以反对异端杂家的影响。但除此两点外，他从经验体会中总结出来的其他的一些学习态度、方法和意见，应该说都是中肯正确有见地的，确实算得上治经有"术"了！

这样的老师传经，从学者但凡不太愚笨且能用功，便一定会有收获，何况那些天资聪颖之辈！所以邑志说大樾药村等刘氏诸子皆随师习得经术，自非推誉夸张之语。

此外，这个老师还有一个思想态度也很值得说一下，因为它也直接关涉学生们的学经治经的努力——那是吴直强烈反对读书人心怀杂念，只为科举干进而习读经典。

这位颇有思想的学者认为："自有明至今……天下读四子书者虽多，而读

---

[1]《井迁文集·与左策顽书》。

而有得者少也"，而"明之亡也，读四子书者亡之也"。原因是这些人读书的动机不纯，心态不对，他们以"国家之取士以此，不得不读之以干进耳。夫如此读圣人之书，是以视之泛然，不切于身，不能深思详说以真知其理，君臣父子人伦之大道，懵然不知，其为天命人心之所不容已，而邪说皆得以胜之"①。

入清以后，士大夫文人总结明亡缘故，类似吴直这样反省抨击科举误世害国的看法者不乏其人，唯切责的角度不同，多是谓科举所造非是只会八股不谙世务的庸才，便是空谈心性坐而论道的迂腐先生，以致当民族国家危难之际仓皇无措，于救亡图存毫无对策作为。其中有的矛头甚已"离经叛道"，直指科举衡士之所本——儒家的经典，斥之为"损国败家之书"。

而吴直的批评，则是围绕科举以功利诱惑举子导致不良学风而展开。他斥责读书的士人以科举为进身荣华之途，视圣贤书如求利之工具，既漠然以待，更泛泛以读，固不能"究其精微""明经以致用"，亦不能执守圣贤之教而处世为人，终为邪说之所趁，沦为人所不齿的败类。

应该说，他这批评就针砭科举之弊而言，是有一定道理与火力的。然将明亡归之于读书人没有读好圣贤之书守其教导处世做人，便属去实际甚远的偏识浅见了，也反映出他作为传统儒者的思想局限和卫道立场——他是认识不到被科举奉为必学之经典的儒学对国人思想心理危害的一面的。所以论"明之亡也，读四子书者亡之也"的他，又绝不同意时人对儒学之病的抨击，辩驳说"夫四子之书，岂亡国败家之书哉？彼以亡国败家之心读之，则亡国败家之书也"。

虽然如此，他敢于在这个天下为科举而疯狂的时代发出对其弊病的批评、对士人以功利心态和投机心理去读书治学予以斥责反对，还是不能不令人为之钦佩的！

其思想态度如此，可以想见他于合明山中执教课徒时，势必会谆谆教导他的学生，要做一个古之君子那样的纯粹之人，不与功利虚伪丑陋的时俗随波逐流，以正确的心态与学风去治经学习，努力做一个正学善学而有益于世的真正读书人！

———————————
① 《井迁文集·读四书论》。

这种教育，对于学生们来说，无疑是很重要的。只是此时的社会环境下，老师的教诲意见肯定是有些人听不进去，有些人听得进去；有些人入耳而未入心，有些人则记忆深刻难忘。

十四岁的大櫆，显然便是这后者——他日后关于读书治学包括对儒学经学的态度看法，除了少数地方与乃师有着明显区别与分歧，大多是吴直的翻版；有些方面，虽面目有异，然也是缘之师风而变化。而在对科举及其学风的认识批评上，则更明显地表现出了思想态度的继承。

总体说来，合明山中的这段学习，于大櫆而言，那是如海绵吸水一样，从丰学多才的先生那里，接受着其所传授的一切，其中应还包括与文学相关的音律之学——因为，他的老师"素精音律，工棋弈，虽专技者或不逮也"。

甚至在学习之外的其他方面，这个少年似也受到了乃师的一定影响：他后来性情行止上表现得豪放洒脱，喜饮善谑谈，其实都能找到吴直的一些影子。

这也不怪。他这个年纪，正是心性不定易受周围人群影响的时期，适遇吴直这样一个才学见识风度各方面皆让人叹服倾倒的先生，敬慕之下的效仿思齐，自是在情理之中了。

第三章　风气之变

当吴直师生栖学于合明山中时，是年下半年，山外发生了一件令合邑震惊的大事：

康熙朝的又一场文字狱，因桐城人戴名世的一本《南山集》而爆发，桐城戴、方两族涉案者及其亲属家人数百人尽被逮捕下狱。

戴名世，字田有，先世自桐城东乡白云迁居孔城。他52岁中举，康熙四十八年二赴南宫，中会试第一，殿试以一甲第二名进士及第，授翰林院编修，时已56岁，属大器晚成。

戴名世古文写得很好，尤以史传和游记散文为佳。年轻时他受曾祖父不与清廷合作之事影响，有一些想法和故国情怀，因忧明史资料散佚且无人撰述，遂欲仿《史记》而为明史著作。故广游天下，访问故老，考证野史，搜求明代逸事。

康熙四十一年，他的弟子尤云鹗将抄录其师的古文百余篇刊刻行世，命名为《南山集偶钞》。是书风行江南诸省，很好地播扬了老师文名，但也就此埋下了祸根。

古今有才者，不免恃才傲物，易得罪人，戴名世也是这样。其未遇时，常"极饮大醉，嘲谑骂讥"，发泄不满，使达官要人为之侧目。入仕后，这毛病也未完全改掉。他因会试第一，殿试却只得了个榜眼，状元反被素无才名会试在第二十七名的赵熊诏得去，心中甚是郁闷不平，认为康熙所以点赵某为状元，是因其父巡抚赵申乔之缘故。他不敢埋怨皇帝，但对赵家父子，人前背后却颇多愤语，为之所记恨。待至赵申乔迁职都察院左都御史，便于当年十月以"狂妄不谨"参了戴名世一本，说他"妄窃文名，恃才放荡。前为诸生时，私刻文集，肆口游谈，倒置是非，语多狂悖……似此狂诞之徒，岂容滥厕清华"①！要求敕部严加议处。

"恃才放荡"，是入不了罪的。关键的，是戴名世私刻文集中的"倒置是非，语多狂悖"。

原来戴名世在《南山集》中，录有南明朝事，并用了南明三个皇帝的年号，还有一些认其为当时正统的议论。这本是文人史家的一些载言，说到底亦不过是有点失当。然若将之上升至心怀不轨反对清朝统治的高度，问题就严重了。赵申乔正是抓住了这个利害，欲置戴名世于绝地。

果然，康熙在看到参折后，没有任何犹疑即下旨刑部严察，审明具奏。戴名世很快便被逮捕予以刑审，根据戴之口供及《南山集》《孑遗录》（戴氏另一部刊刻之书）书中所涉，以大逆罪定狱，并将凡为二书刊刻、作序以及文字涉及者数十人，俱于京都和地方分别抓捕归案，而正犯戴名世和方孝标这两个家族，自祖至孙的亲属男女及家人（仆奴）三百多口，只要活着的全部锒铛入狱，下于刑部大牢。一时间，风声鹤唳，天下震惊！

桐城更是人心惶惶。

戴、方为邑中名门望族，亲好交谊众多，许多人在案发后不知情况，十分害怕被株连牵累。至于二氏本族之人，则更不用说，尤其是入案甚众的方家。

戴名世在《南山集》文中，引用了乡人方孝标涉及南明永历政权并论为正统的《滇黔纪闻》一书内容，而方孝标又曾在后来起事反清的吴三桂手下任过"伪职"，遂被刑部定为大逆不道的正犯之一，其虽已死，却累及子孙；方苞与戴名世为表兄弟，交往亲密，《南山集》成书时为之作序，案发于金陵被逮；另一房头的方正玉，系方以智之孙、方中德之子，以资助刊刻戴氏的另一书《孑遗录》，在山东投案自首。当案情汹汹议论不绝之际，方氏族人可谓举族惊畏，寝食难安。至于戴家人更不用说，名世的一个姐姐，案发之际便在家中生生被吓死！

清康熙五十年这个冬天，无数人因为《南山集》案而愈觉异于往常之"寒冷"：人们不知道这个案子究竟会牵涉多少人，又有多少无辜的生命会成为这个文字狱的牺牲品？

---

① 《东华录·康熙》。

五十年前，同是文字之祸而掀起的一场腥风血雨——浙江湖州的"《明史》"一案，亦是牵连入罪数百人，而最终被杀者七十余口，其中凌迟极刑者十八人。悲剧在前，五十年后这场类似的大狱结果如何，人们不敢想象。

事实上，如同世人恐惧的那样，清廷的屠刀已然举起：当戴名世等人入狱招供后，吏议及刑部上奏的意见，便是要将《南山集》案所涉及的数十人皆判死刑，主犯子孙亲族十六岁以上的皆处斩，戴名世则凌迟，已死了的方孝标判碎尸骸。

所幸的是，先前勃然大怒着有司严查究办的康熙，此时觉得事关重大，犹豫了起来。

犹豫者，不是觉着这些人没罪不该死，或者罪不至死。真要这样的话，他就不会仅依着赵申乔的一纸参奏，便下令刑部严查。作为一言九鼎决人生死的皇帝，又有不少文字狱之经验，他岂不知其令一下，司法官员以"悖逆"起狱入罪，涉案者便难逃一死？——因为很显然，司法部门不过是揣测"圣意"承旨办案而已，起头要杀人的就是皇帝自己！

清人入主中原七十年来，反抗清廷的活动从未停止过，就在几年前，江苏太仓与浙江四明，还发生了以"朱三太子"为号召的反清暴动。这样的威胁，令康熙时常忧惧不安，他怕清朝有一天也步了当年元朝的后尘，要被汉人撵走。所以，他虽嘴上常挂着"满汉一家"，但其内心对汉人却深怀戒备警惕之心："朕临御多年，每以汉人为难治，以其不能一心之故。"①

为了防备汉人之"不轨"，他在一方面采取怀柔政策，以祭孔庙、荐举山林隐逸、博学鸿儒、开明史馆等手段拉拢汉族士人学者，另一方面又实行禁聚集、禁结社、禁海、禁外国传教士来华传教等多种戒备措施，而对汉人言论思想的控制，也极是重视，逮住机会便会毫不留情地加以处罪。

康熙二十一年，汉阳名医朱方旦，只因在其著述中提出人的意志思想记忆是出自大脑，而非是儒家传统认为的"心"，便被康熙以"诡立异说，煽惑愚民"理由，将他及一众门人砍了头。"异说"尚要论罪处死，现在像戴名世这般怀念前明否定清政权正统的"悖逆"之行，在他这里更是罪不容赦，势必要砍脑袋的了！他就是要借涉案者的人头，震慑天下的汉人！

① 《东华录·康熙》。

但他或未料到，戴氏一案的结果竟牵涉如此之广，要杀那么多的人。作为一个精明的政治家，一个着力为自己打造"仁政爱民"形象的帝王，他不能不顾忌大开杀戒的负面影响：同清人刚入关时不一样，此时各地的反清势力皆已被镇压剿灭，国家的政权已很稳固，在这种情况下，还因为文字狱便屠戮包括官员、士人和无辜百姓在内的众多涉案者，不仅要毁掉自己的形象，亦会在汉族读书人中造成不良反应，损害数十年来他通过种种手段笼络汉族士人之心的努力，就是朝廷上下的那些汉官，恐怕也觉着无趣心寒……所以，杀心勃起的他，又久久不敢让那屠刀爽快地砍下去。

杀，还是不杀？

案子拖了一年多，反复权衡利弊的康熙，政治家的理智终占了上风，饶了戴名世以外的众人性命，最后下旨："戴名世从宽免凌迟，著即处斩。方登峄、方云旅、方世樵，俱从宽免死，并伊妻子发配黑龙江。此案内干连人犯俱从宽免治罪，著入旗。"

于是，在狱中还幻想着"尧仁千古仰宽容"的戴名世，在京城菜市口被砍了头；已死了的方孝标，被捣毁棺材锉骨扬灰；众涉案者及其亲属，除了已先死或后来死在狱中的，凡数百口人俱发配苦寒的黑龙江宁古塔等地，做了旗人的奴隶。

案中唯有两人，康熙做了耐人寻味的特殊处置：为《孑遗录》作序的翰林汪灏，康熙以其"效力勤劳，着从宽免死释放"，只将他的妻子家人隶旗。方苞以其文名学问，亦被从宽释放，且不久即以布衣被召，入直南书房。

什么用意呢？稍加揣摩即可明白：释放汪灏，是要安抚汉官，告诉他们忠心为清廷服务的，即便一时糊涂犯事，仍能被主子从宽处理。而于方苞，则是做给天下读书的士子文人看的。这边虽"无奈"杀了个会试第一的名士，那边却赦用了一个曾经会试第四的才俊，这不说明皇帝还是爱惜人才的吗？一打一摸，真的让人不能不佩服康熙这个封建帝王高明的政治手腕！

轰动天下的《南山集》案，至此告结。那个——确切地说，是那些为着自己的私心利益，嫉妒陷害或漠视同胞性命，只为讨好清廷主子，不敢站出来说一句公道话为之辩冤的无良汉官们，并不是赢家，不说民间的咒骂与鄙视，其在主子的眼里也并不光彩。康熙事后便对大学士李光地说："你们相倾相害，满洲谁害汝？"这是推卸自己的责任，但也反映出他眼中那一班汉臣的形象。

赢家只有康熙，只有以他为代表的清廷统治者。

随着《南山集》狱起，一把叫作"民族压迫"的屠刀，再次明晃晃地高悬天空，令天下汉人心惊胆战，不寒而栗，不得不在它的恐吓威压下更逆来顺受，做一个大清统治下的乖乖臣民；而一张叫作"思想文化专制"的禁网，也再次露出它狰狞可怕的面目，进一步禁锢摧残荼毒着知识学者的思想灵魂——让他们从此不得不更加谨言慎行，远离现实和政治，把自己的思想关注、读书治学乃至诗文艺术的活动追求，都规束于统治者所期所允的范围内，沉溺于无涉现实没有思想的学问文化研究，成为大清朝精神上的另类顺民。

但康熙虽赢了一时，却输掉了长远。

《南山集》狱的悲剧，戴名世等人的鲜血，还有众多家庭的破碎和数百人的苦难，暴露了清政府在思想文化上的极不自信。即便康熙这样颇有智慧作为的人物，在国家已处升平时期的情况下，仍对外奉行闭关锁国政策，对内承袭清人初进中原时的专制思想，大搞文字狱，极大地阻碍了这个东方帝国文明文化的发展与进步。

《南山集》案的影响，很快便波及千千万万仕宦读书人的生活。桐城作为受案件冲击最严重的地方，反应尤为迅烈。

邑中缙绅与业儒人家，家中只要有书籍的，莫说《南山集》《孑遗录》这类的"悖书"，即便是其他的诗文著述，若发现有干时愤世之作的，也多予以销毁。实在不舍的，也必束之高阁深藏起来。至于家中有年轻子弟的，必反复叮咛其谨言慎行以免招祸，有些人家还不放心，干脆禁止子弟外出交游，那些在外坐馆教书的，亦被招回家。

在合明教书的吴直，便是这样的情形。

他是当时即歇了馆还是挨到了年底不清楚，但下年是不来了——通常情况下，是不应如此的：一则学馆时间短了，达不到目的；二则以吴刘两家的关系，也不会行此中途而废的教学之事。然若事关形势，便可理解了。

桐城的名门大姓尤其是一些世家之间，以世代通婚构成了复杂而紧密的关系网，状类小说《红楼梦》中的几大家族的情形。故当戴方二氏众人被逮，与其关系亲密的家族包括吴家在内，自是忧惧担心或被牵连。而吴直又是出名的不合于时的性情，常有愤世嫉俗之语，家中亲长如何能放心？

传记载他合明课教后："以亲老构讲堂于居室之旁。"那显是家中长辈惮他于《南山集》案有不慎犯忌之言行，令罢其外馆，收几个学生窝在家里教书了。

如此管束，站在家长的角度，自有必要。

然对吴直而言，庭院深束不过令其闭了嘴巴，却又如何能隔绝消除《南山集》案对其心灵思想的刺激影响？不说几家之间的关系，即作为邑中同期的才俊人物，方苞、戴名世的被罪系狱，也会令素有主见的吴直在激愤世道昏暗文网禁密的同时，深有兔死狐悲之哀，物伤其类之痛，前车之鉴之警！

他后来坚决不入仕，或许与此大有关联。

戴名世狱中曾作诗云："岁月骎骎去不还，当年遗恨出柴关。秋风蟹舍乾坤大，春雨牛栏日月间。"

这是深悔自己不该追逐功名利禄，以老龄还入复杂险恶的宦途，终作了恶狱死因，欲复当年山间林下虽清寒却自在的生活而不可得！

戴氏入仕前的情形，类似吴直眼下之现状。吴直本就厌恶士人为科名利禄所诱，此时见戴氏的下场，无疑更坚定了其既有的认识与心志。后来他被家人逼不过，无奈去挣了个举人功名以应付，却绝不愿出仕为官，宁可为人作幕潜心治学以度余生。

这是依吴直情况所作的一点推测。因为此时恐怕所有的读书人都会因《南山集》案，而作出自己的反应，伴之以一定的检讨反思的。只是当时那种政治社会的环境，人们不敢将自己的心情思想宣之于口彰之于文，以致后世很难找到这方面的文字资料而已。

但有一个少年，却给我们留下了一篇相关的文字。

这便是辑录于《刘大櫆集》中的《解毁》。

《解毁》虽未注明时间，但其比较稚嫩简单的论述显示，它是撰于作者早年；而其短小的篇幅内容，则似一则随笔日记，不过后来加了个题目而已——这恰与《南山集》案发时的情形相符合：闻听了戴氏之难以及当时的议论，少年的大櫆有所感思，遂用笔记录了下来：

世皆谓毁人者己之不修，而畏人之修，是其罪莫大焉。呜呼！此其毁于人者，盖亦与有责也。

孟子曰："行有不得者，皆反求诸己。"小人虽畏人之修，必不能无端而肆其非议之言；虽无端而肆其言，人且将不信。彼其毁之者，必其为阔绝之行，而与其言相近似、不相远者也。虫之所生，物必先腐。昭昭然白黑之分，必不能指白以为黑。小人虽善用其毁，吾未见其能加于圣人也。

说者曰："宰我以孔子贤于尧、舜，虽未有以知其必然，而要以孔子之圣为可以止也，桓魋犹且欲杀之。"夫以人之疾孔子且至于欲杀，而吾未闻其有毁孔子之言，此其所以为孔子，惟以孔子之不为阔绝之行也。曰："叔孙武叔则毁之矣。"夫惟武叔毁孔子，而后知天下之不毁孔子也。彼其言未既，而天下已笑之矣，此所谓无端而为非议之言，而人不之信也。

说者曰："人安得圣如孔子？"夫人惟以不得如孔子，而不以孔子自待其身，此其所以终为庸众人且不可得也。夫人必有不敢难视乎孔子之心，而求必以至之，然后可以不为庸众人，虽使人之毁誉交至于吾前，而吾不动于其心。故曰：毁于人者之与有责也。

文章的意思，是说被谗害的人，因其行事粗疏不谨，不大考虑后果，授柄于人以致被谗毁，所以他自己也是有责任的。如果能像圣贤那样，做到冰清玉洁，别人即使想害你、攻击你，也找不到理由证据，那些无端的攻击也没人肯信。一句话，修身律己的人，不畏人毁，亦能远害。

《南山集》案，戴名世若不是因其"阔绝之行"，被人抓住把柄要害，也不致惹祸被毁——这恐怕是当时人们较公开的一种议论和看法。十几岁的少年，并不能深刻认识事件发生的背景原因，只是因着邑人的议论而触然有思，慨然有省，遂乃讲论人之处世，唯"修"能"立"——单纯从这个角度说，他是对的，有道理的。然一个人是不是修如孔子，就一定不会被毁誉杀头，那便只能视作少年对圣贤的迷信盲从和对世事的天真单纯，无须深究。

不过，他认为人只要不畏难，亦是可以做到如孔子那般的，倒是令人敬佩。在世人普遍的意识里，孔子那可是高不可及的圣人，一般的凡人如何能学得来？然大櫆却认为可以且告诉世人，他们是可以以孔子自待的。一个束发不久的少年，如此无畏如此心志，实是难能可贵！

但此文真正的价值，其实并不在于这个少年说了些什么，而是在文章写作之本身：透过它，我们不仅看到了《南山集》案带给时人尤其是读书人的片面影响，还看到了他们自觉与不自觉的检讨反思，看到了他们思想心灵深处产生的忧惊惕厉，自觉与扬弃……当这些思想精神的因子，作用于他们今后的生活时，所有相关的一切，读书、交游、治学、著述、诗文，都会发生或迟或早或显或晦的变化。而桐城的士人，以其显明的缘故，无可避免地被卷入这种变化之中，将以其苦难甚至牺牲而影响着它的发展，就像风暴肆虐过后的大地，在那些被摧折的草树底下，终会生发出几枝摇曳新姿的殊样小花来……

且说吴直归里后，很长一段时间，芮庄的刘家兄弟俱未再有入馆就学之事，只在家里自个儿读书用功。

这是无须从师学习了？

当然不是。原因只在于家庭的生计艰难，已无力支持这兄弟几个继续就学。

此时的刘家，一改往昔人丁单薄的情形，早已成了一个儿女众多三代同堂的大家庭。从大櫆这里算起，他三岁时，母亲给他添了个妹妹，隔四年小妹出生，再隔四年又有了个弟弟大兴。吴直谢馆这年，已娶妻的长兄大宾，又有了长子云标。一大家人再加上婢仆，里里外外，总共十多口了。

由于吃饭人数的不断增添，加上家里的田地很少，导致完了赋税后，剩下的只勉强维持全家温饱，其他日常用度、子弟读书、人情婚丧等，便是日益沉重的经济负担。

而近十年间，刘家还办了几件大事：康熙四十二年，刘柱因父亲久厝未葬，谋买杨家市坟山，前后两年费银近四十两。康熙四十九年，以钱太君去世，倾力治丧归山。次年，又为长男大宾成家婚娶。他们本是没有什么底子的耕读人家，这几件花费不小的事办下来，家中的一点积蓄尽去不说，势必还要背些债务。

如此景况下，这个耕读之家为科举奋斗的目标虽不会变，然涉及大櫆兄弟的举业与读书，则须根据实际来考量了。

举业方面，为了进学，获得进一步的科举资格，家里总的态度自是尽力支持的，但具体到应试，兄弟几人便不一定每次皆能参加。

原因有二：一是考试频繁，三年两试；二是科举有规定，为保证考生无冒籍顶替与家世清白，县考中考生自己找"认保"（由本县廪生担任），府考院考则由官府另派廪生进行监督，称为"派保"。这"二保"俱是有偿服务，需要给付保费。

想一想，刘家兄弟若每次皆同去应试，其保费加上其他开支的压力，显然是这个生计艰难的家庭所不能承受的。所以他们家现实的选择，当是权衡考虑后有重点有计划地去安排诸人的考试。

刘家四兄弟中，大櫆的天赋才情最胜，大醇次之，里中曾有"二刘"之称誉。家中长辈的希望，自然会放在他们身上，科举考试的支持亦会有所偏重。

应试尚且如此，择师从学进一步研修，则更难考虑了。况且他们尚要为家中农事生计尽心致力——耕读人家的境况现实，是不允许几个大小伙子"两耳不闻窗外事，一心只读圣贤书"的。

然而，书还是要读的。

读书人家的子弟不读书，将来何以自立？除非你准备弃儒从商去谋生计。刘家自南高公始，已转向知识家庭，数代业儒读书，欲从科举发家，自不会考虑为世所轻的商道。

不过，作为长子的大宾，亦不排除一段时间内，随人去做一点买卖营生，以纾解家庭艰困。此事民间并不少见，康熙年间的著名学者唐甄，有田四十亩尚不足赡养其家，便曾一度无奈行商。

桐城的东南二乡，乃汉之"古枞阳"境，临江濒湖，交通便利，素来商贾贸易发达，百姓民众多有以此为生者。近代桐城刘氏族中，亦不乏经商致富之情形。大宾的十二世祖仪公或便凭之发家，卒后乃有财力被徙葬杭州西湖之南高峰。所以说大宾此时因生计艰难而临时去做些生意买卖，并非不可能。

但因为物产丰富经济活跃，明代以后随着社会安定，这二乡又率先变化转型，逐渐成为文化繁盛之区。一些人家在勤劳发家后，倾力于子弟的读书教育，以出仕做官改变家族的社会地位，邑中的世家望姓名门大户亦多由之而形成发展起来。久之，地方文教风气之盛，远非他处可比：科举的热衷追求自不必说，读书向学也深植人心——它不仅是身份地位的代表体现，更是精神信仰的坚守。

如果说，"穷不丢书"这个人们常挂在嘴边的话，在其他的地方还普遍与学以致仕以及"君子固穷"的儒教相联系，而在枞阳，它则更多的是读书人人生价值、理想追求和情感快乐寄托之所在；而当其与久蕴的文明以及社会的现实联系结合起来，便铸就了中晚明以降这片土地有史以来最浓墨重彩、风流辈出的人文景观，留下了一长串灿若星河的英杰逸才之名：

那里有正身立朝的姚参政旭、钱尚书如京，蜚声诗坛的吴参政橄，东南抗倭的阮巡抚鄂，"天下廉吏"之张金事泽，不畏权贵的吴布政一介，惠政爱民的吴通判承恩；

那里有布衣讲学的方学渐、童自澄、钱志立，一门易学相传的方少卿大镇、方巡抚孔炤，学通儒释贯天人的吴编修应宾；闺阁画家、诗人方孟式、方维仪、方维则、吴令则、吴令仪；

那里有六皖开先的何宰相如宠，蓟辽御边之吴司马用先，铁骨御史之左光斗，疾恶如仇之光给事时亨，危城殉国之阮知县之钿；

那里还有百科全书式的学者一代伟人方以智，以经学文章开启学派的钱澄之，博雅好奇的文人周歧，永历抗清志士吴德操，遗民诗人方文，数学家方中通……

二百年间，这些宗绪相承踵继而起者，无论志行成就光耀如何，其共同之骄傲，实可以南乡文人姚康生前自题墓碑的"读书人"三字作为表达——他们皆是这片土地孕养的读书人，从读书中吸取智慧、信念、力量和快乐，又用其一生的努力与执着去践行其理想信念，追求世间正道与善美的读书人！

第三章 风气之变

而今，这群读书人的队伍里，又多了一个踏着前辈足迹前行的名叫大櫆的勇敢少年！

虽然，和所有走上科举之路的人一样，这个少年需要在目标达到之前坚持不懈地进行这方面的努力，不能置它于不顾。

但他又与大多数人不一样，在那些为应试而学的经典与墨卷选文之外，他还在用心地读另一部"书"，一部他这个年纪的人少读的、既是用文字又是用天地人世的复杂现象与道理写就的"书"！

世人管这部书叫"天人之学"，又称"三才之学"。

他第一次接触这部"书"，是在合明山中，吴先生侃侃而谈，说它是世间一切学问的根基与灵魂，只有懂得它，才能更好地读书治学。先生还以极崇敬的口吻说，乡中先贤浮山愚者以智先生，便是过往数百年来最了不起、成就最大的"天人"学者，"三才"大师！

那给他留下了极深刻的印象。

后来他读书，咀嚼诸子与历史经典，在那众说纷纭的说教思想中，似总能看见"天、地、人"三字浮荡闪现，愈觉先生之言不虚，三才之道，才是涵容一切自然世间现象道理的根本之道，古之圣贤不过是各洞其秘而阐述之，乃有千载流传之诸学。

这感知令他兴奋，更是神往。他也想做一个像古之贤哲那样能洞窥世界奥秘而知其大道者，若不能起码也可如他老师那样，深知三才之理而不为谬乱之说所眩惑，可以认清世间人生真善之所在。

于是，烟波浩渺的白荡湖畔，在那个山麓下名叫芮庄的小村，这个智慧而有思想的少年，于田事农作歇息之余，又或释卷漫步之际，时常会对着广袤沉凝的山水大地、苍冥深邃的高天星空，以及侵临感官的万千自然与生命的气息，独自怔怔地陷入沉思，如同古往今来许多为之而迷茫困惑的智者那样，在脑海心底禁不住一遍遍地发出疑问："遂古之初，谁传道之？上下未形，何由考之？冥昭瞢暗，谁能极之？冯翼惟象，何以识之？明明暗暗，惟时何为？阴阳三合，何本何化？……"

是啊，展现在我们面前的宇宙世界，日月星辰，山川大地，风雷水火，春夏秋冬，还有千姿百态万象纷呈的生命及其活动，它们是如何形成的呢，又是如何运动变化的呢？而万物之长的人与天地之间，又是依着怎样的关系而相偕共存呢？……

远古传说，鸿蒙之初的宇宙只是一片混沌，是盘古劈开混沌而有了天地，是女娲抟泥造人而有了人世。但那不过是神话，是洪荒时代的人们不明白宇宙世界的真相奥秘而想象出来的创世之说。所以两千多年前的屈原，才有其著名的"天问"，而无数的古之贤哲也竭其心智探索于其间，遂有天人之说、三才之论、阴阳五行之学，纷然以究天地万物之理，人世存亡兴衰之端，吉凶善恶之报……

然则，数千载间，人们各据其理，各执其说，先秦有百家争鸣，汉之后有儒释道之别，唐代韩愈排斥佛老，至宋时又有洛蜀朱陆之异争……令世人为之眩惑，不知天地人世之大道真理之所归……

带着这些思绪，也带着一颗蠢动而欲求解之心，少年努力去读书，去学习，去思考，欲从先哲大儒的言语包括师长的教导中，参悟明了那穆然存在纠然于心的大道至理，以开启智识助益于将来。

寒暑交替，时光流逝。

少年在读书思考中渐渐长大，也在不懈求索中为他关于宇宙人世的神秘复杂现象的好奇困惑，找到了一些解答，逐渐深化了对它们的理解认知，并在这种理解认知中变得日益睿智自信起来——

由太极有阴阳，由阴阳有五行。其于天也，为日、为月、为辰、为星；其于地也，为水火、为土石。郁之而为雷，烁之而为电，散之而为风，凝之而为雪霜，蒸之而为雨露为云霞，行之而为川，止之而为山。是数者，天地之所以化鬼而育神也。有天地然后万物生焉……而人为贵。于是有五常之性……于是有七发之情……循是而往焉，于是有学以为人之术：曰格物、曰致知、曰诚意、曰正心、曰修身、曰齐家、治国、平天下。有人则必有男女，有男女则必有夫妇。由夫妇有父子，由父子有兄弟，由兄弟有朋友。人之不能无欲而相与聚处以为生也，则争且乱，于是乎有君臣……而农工商贾以差，各职其所务……是故敬以主之，德以先之，礼以率之，政以明之，刑以恐之，而乐以化之……是故天下之

民有以各安其生，而复其所得于天之固有，而圣人固非有勉强于其间也。（《辨异》）

这便是通过长时间的读书思考，而最终形成的他对宇宙、自然及人们生活的世界生成运动变化的基本看法。

没有什么上帝或神的创世，所谓鬼神亦不过是天地的化育现象而已；我们身外的宇宙和世界，都是客观的存在，是太极阴阳五行运动变化和人类性情生活需求发展之结果：有天地自然，而有万物人类；有人类之生活争乱，而有国家社会与文明文化之形成。

这样的认识，是与数千载以来包括知识界在内的世人普遍迷信超自然的力量，并将天象灾异与人世生活联系在一起的所谓天人相感的思想观念明确对立的。它在尊重客观存在并隐察自然与人世各循其规律而发展的基础上，将天道与人道区分开来，并明确地宣称：即使圣人（人间帝王），亦不能干预人民"天之固有"的生存生活权利！

这样的思想，对于破除世人的蒙昧，无疑颇有积极之意义，而对数千载以来统治者利用"天人感应"学说将君权与神权结合起来成为自己的工具而强化统治、奴役人民，也隐具批判挑战之意味！

而其中涉及的人性欲望之说，更别具现实的意义：这位年轻的思想者认为，人的性情是客观之存在，而人的欲望亦是自然而合理的，它是构成家庭、社会、国家各种关系的前提和基础。且这般的思想看法，被他前前后后于此时期的一系列文章中，自不同角度多次予以申言表述——

"嗜欲之所在，智之所不能谋，威之所不能胁，夺其所甘而易以所苦，势不能以终日。"（《慎始》）；"尽其性，治其贼性之性"（《养性》）；"本人情以通天下之和"（《男子三十而娶，女子二十而嫁》）。

这些与其世界观相一致的人性论说，充斥着一种思想反抗的精神而带有现实的批判性——其矛头，显然是对着将人的欲望视为罪恶的程朱理学而去的！

自宋代晚期以降，在历代官方的着意推崇下，"程朱理学"一直被奉为儒学正宗而占据着思想学说的主宰地位，并深刻地影响着社会和人们的思想及生活。不单天下的士人开口闭口都是"程朱之言，朱子之教"，便是世间的小民百姓也因听惯了官府老爷和读书人的说教，晓得"程朱"是仅次于圣人的人物，他讲的"道理"如同官府的律法一样，皆是必须遵守不可违背的。

所以，在这个时代，"程朱理学"便是学问的标签，道德真理的化身，衡量一切社会及个人行为是非对错的准则。谁若违背了它，又或者不满诋毁了它，那便是不遵圣言的"叛逆不道"，是蛊惑人心的"异端邪说"，必将招致身边乃至社会的口诛笔伐的声讨谩骂与攻击。

然而眼下，一个年轻的学子，却在探究天地大道的过程中，凭着"吾以为天地之气化，万变不穷，则天下之理亦不可以一端尽"的洞察睿见和追求真理的精神，在对程朱理学的权威予以质疑的同时，更对其荼毒社会最深的人性论主张直接提出挑战，进行了大胆的驳斥与否定！

程朱一派认为："视听言动非理不为，即是礼，礼即是理。不是天理，便是私欲，人虽有意于为善，亦是非礼，无人欲即皆天理""天理与人欲不两立，惟人欲净尽，斯天理流行"。

要之，人的行为符合封建之礼的，就是天理，不合于礼的，便是人欲。为了维护天理，必须尽除人欲，这便是程朱人性论中著名的"存天理灭人欲"主张。

显然，它的目的，是为了维护体现封建统治和伦理关系的"理（礼）"，而手法就是将"天理"与"人欲"绝对对立起来，视人欲为害"理（礼）"的猛兽，世间一切罪恶之根源。

儒家曾围绕人性与欲望、善与恶、功利与义利等，曾有过诸多的争论。"存天理灭人欲"的主张，为之画上了不容置疑的句号，也给中国的社会与人民，从此套上了一条压制人性与生活的沉重锁链。

数百年间，在一片"非礼勿视，非礼勿听，非礼勿言，非礼勿动""革尽人欲，复尽天理"的叫嚣中，这片土地上的人民仿佛进入了一个了无生气的宗教场所，变成了远离红尘的禁欲僧侣，战战兢兢地生活在绝情寡欲的集体修行中，唯恐一不小心便犯了"性规理戒"，陷入万劫不复的"罪恶"境地，被獠牙森森的"礼教"所吞噬！

压迫中，曾有人欲为反抗，却被撕得粉碎。

也有人愤怒地控诉，这"理欲"幽灵游荡的世界，是在"以理杀人"！

芮庄的年轻思想者，在批判反人性的荒谬同时，更企望为这被"理欲""礼教"麻痹欺骗的世间和人民，指出新的生活及道德遵循方向：

他呼吁社会正确地认识人性，看到人的性情以及由之而来的欲望，是自然存在而不容忽视的，不要虚伪地避谈无视，更无须噤若洪水猛兽。正确的态度，是在承认人的欲望合理的基础上，倡扬个人品行节制以摒弃过度追求的嗜欲，并依据人性人情之实际教化施济，通过保障人民的生存与生活追求，达到天下的和谐安定。

这是一个怀着悲悯情怀的思想者，向着"理欲"笼罩的黑暗，投射的一缕启蒙破愚的亮光！

…………

同所有欲图打开认识之门的哲人一样，白荡湖畔的这位年轻学子，其思想的眼光触角，并不会仅仅停留在外部存在的世界上。

他的思考认识，也曾深入人的内在的主观意识世界，试图解开它迷幻玄奇的奥秘。

遗憾的是，在这个方面，他却走入了一个误区。

来看一篇他的专论文章《心知》：

> 东海之产，有铅松、怪石焉，吾未之见也，不得而知之。西海之产，有锡铁、银镂焉，吾未之见也，不得而知之。百世之上，百世之下，方名器数之委曲而繁多，吾未之见也，不得而知之。
>
> 然则心果块然独守于方隅乎？曰：是其施之不能以骤及者然也。盈天地之间，皆吾心也。是故为吉、为凶、为悔、为咎，人物事为之变，苟有先见之微，则吾心必觉之。然而朱黄黼黻之色，蔽吾之明；琴瑟枳敔钟鼓之喤喤，乱吾之聪；山海之珍异，爽吾之口；椒兰苾芷之芬香，朽吾之骨；疏房邃宇，使吾之盘乐而燕私，吾惛不复能觉之矣。惟天下至诚，主之以中正无妄而常虚，故其心之几，与天地之几，常出于一，是惟无触，触则知焉。
>
> 吾有友在吾家数里之外，时其相遇，则先是夜必梦见之。夫天下之

人盖无一不在吾心蕴蓄之中，而未尝与之相接，则两人相与之几伏而未作，其精神不足以相维系也。吾友之于吾，如丝之牵也，如绳之引也，如水之循行乎故洫也，其可知也已。夫彼之过我门而造访也，必其心意之相属，其几有先至于我者也。方吾旦昼之间，纷华缛饰，罨然沓至于耳目之前，出入之无乡，往来之无常，激水而使其光烛须眉，必不几矣。日之夕矣，群动其皆寂矣，而息深深，而百为无足以相侵。敛吾之精，约吾之神，敛之又敛，约之又约，而乃返其真，真则觉矣。呜呼！此至诚之心也。

很清楚，它是探讨"心"（传统观念以"心"作为人的思维主宰）的认知功能的。

作者的见解如下：许多东西我没见过，故不知道它。这说明心的作用很有限吗？不是。那些未知事物，不过是心的神明觉识尚未骤及之而已，没有什么是心所不知的，因为"盈天地之间，皆吾心也"，一切都在心的蕴含之中！世间吉凶祸福人事变化，只要一有苗头征兆（几），心一定就能感知到。生活中之所以会出现心未能感知的情况，那是因为那些物质的浮华燕乐遮蔽扰乱侵害了人们的感官身体，使心处在了昏昧状态。如果我们能使心保持中正无妄而常虚，达到至诚之境，使心之几与天地之几同一，那么二者不交触则罢，交触则必能得到认知。

他举了个例子论证——

我们有时与相隔很远的朋友相聚，头天晚上一定先会梦到（不知这是他自己的经验还是听人说的）。何以会如此呢？那是因为天下之人皆在我的心里。当我们未与对方交接时，关联的苗头尚在潜伏着，故感觉不到；当友人与我已有交接，他欲来访心里想着我，便有一种精神会传至于我。白天因为种种干扰，我且感知不到它。晚上夜深人静，我的精神心灵沉寂敛束至一种灵明之境至诚之状态，便会以梦的感知与将访的友人相见。

真是一种奇思奇论呀!

若干年后,阅读此文的一些文友,也正用一个"奇"字,评论他的这篇作品:谓"东海之产"起句"来得飘忽甚奇";谓"盈天地之间,皆吾心也""夫天下之人,盖无一不在吾心"之说,是"奇语至理";谓整篇文章,乃"发千古人所未发,及发出又如在人人意中,奇绝!"总之,章法语句义理,皆可称奇①。

真的如此吗?

合明学习以后的大櫆,受其师吴直影响,文章极是推崇韩愈。而韩愈为文,崇尚奇险,出语峻峭。此文手法风格,显便仿此而来,兼以思议奇怪,有人所未言之语,宜之诸评以"奇"为赞。

但文则奇也,"至理"却谈不上。

所谓"盈天地之间,皆吾心也",不过是儒家心学"人者天地之心""宇宙便是吾心"的翻版衍说;而通过祛除感官干扰,让人的心灵中正无妄、精神敛约至空明之境而可感知一切云云,亦是类如禅定壁观、宣称"意之灵明处谓之知"、倡言所谓"至诚之心"的阳明心学的具体解读与应用而已。

明代晚期,中国的知识界刮起了一股由浙江余姚人王守仁引领的心学思潮,其风头甚至一度盖过程朱理学,成为社会广泛趋从的思想。

王守仁,字伯安,学者称阳明先生。他二十八岁中进士,后因得罪宦官,被谪贬为贵州龙场驿丞,其思想学说也大致形成于此时。正德五年起复知江西庐陵县,后累官至江西巡抚、南京兵部尚书,并以平定宁王叛乱功封新建伯。

在南、赣、汀、漳等处任巡抚期间,王守仁多次镇压了地方流民的造反起义。在镇压起义的过程中,他体验出"破山中贼易,破心中贼难",遂积极倡扬其"致良知"学说,企图通过加强封建道德的灌输和整饬人心,去缓解晚明由各种矛盾激化而导致的社会危机。

王守仁的新学说,并没有离开理学的范畴,其所宣扬的核心,仍是宋儒那一个"理"字。只是他反对朱熹"格物穷理"的说法,说他自己对着竹子格了整整七天,也没有格出一个道理来,何况世间事物千千万,又如何能一

①刘大櫆《小称集》之批语。

一去格？所以朱熹的办法不利于人们去认识"理"。

于是，他借用南宋陆九渊"心即理"和孟子"良知、良能"的说法，提出"心外无理""心外无物"。这个心，便是"良知"，便是"天理"（他有时又称之为"灵明"）。它是先天的道德观念，人人具备，不教自能，"见父自然知孝，见兄自然知弟，见孺子入井自然知恻隐"；同时，它也是自然界天地万物赖以存在的根据："若草木瓦石无人的良知，不可以为草木瓦石矣。岂惟草木瓦石为然，天地无人的良知，亦不可以为天地矣。"

换句话说，天地间一切抽象复杂的道理法则，又或者说"圣人之道"，本就在人的心中，"不假外求"，不需要像朱熹那样去"格物穷理"。一定要说格物，那便是"致知格物"，将我心之天理良知贯彻到事物中去，格其不正，去恶存善。从这个意义来说，格物便是《大学》所谓之"正义""诚心"，致良知的过程和目的，也就是努力使我们能在"知行合一"中臻于圣贤所倡导的"至诚之心"，"惟天下之至诚，然后能立天下之大本"。

王守仁便是以这样简易明白的话语道理，表达了他的"致良知"学说，相较于程朱理学的玄奥深繁，它却通俗易懂，言简意赅；而吾性自足"不假外求"的认知，又以一种客观的平等精神，证明所有能"致良知"者，都可以成为明白大道真理的圣贤。这样的特征与吸引力，使得阳明心学一经宣扬，便很快赢得无数的信徒而风靡四方！

桐城作为文教昌盛之地，当时受王学影响甚大，很长一段时期内，学者们纷纷在各地聚众讲学，宣扬阳明的"致良知"之学，成为王学极为盛行的地区之一，并影响了几代人的思想治学。直至入清以后，随着朝廷对程朱理学的力挺，王学受到冲击，情形才有所改变。然读书人中，王学信徒仍然不少。

所以，年轻的大櫆在其求知治学的过程中，受到阳明之学的影响是好理解的。而当他拿着"知是心之本体，心自然会知"的观念和"不假外求"的方法去探究人的认识问题，心中如何会有什么格物、经验？他只会自然地无限夸大意识的能动作用，得出一切事物都在心的感知之中的结论，使他的认识最终陷入如其文中所描述的神秘唯我的虚诞和禅修般的静虑冥思与觉想。

他这样的表现，看似是单纯的治学与学术倾向问题，但细想一下，却颇令人惊讶疑惑。因为，早在王学盛行之际，包括故乡在内的学者先贤们便看到了阳明"致良知"之说会导致不学空虚之弊病，并于批判中提出了"欲挽虚窃，必重实学"①的口号。为何此际的大櫆，正当人生求学长知识的青春年纪，却写出《心知》这样的文章，要学那位阳明先生，去那灵台方寸之间寻求神秘唯我的真觉和至诚呢？

深入地分析一下，它是否与《南山集》案的影响所导致的风气之变有关联？——当时政与经世的关注可能会招来无妄之灾时，读书人出于谨慎保护的心理，会自觉不自觉地将治学求知的视线途径，由外在的学习获取更多地转向内在的修省提升。

观大櫆此际的情形，他以一种与之年纪学养皆不相符的条件，浸心于形而上的天人探究，似正反映了上述心理及治学的趋向；也因此故，使他更容易接受集"反观内省"说之大成的阳明心学，并在认识求知的问题上深受其影响，而对家乡先贤曾大力倡扬也是他这个年纪本该更多关注的日用经世知识，轻之不顾。

后来，因大櫆于自己治学极少谈论，偶有所涉也只鳞片爪语焉不详；而其思想观点与治学倾向，亦只存于为数不多的文论杂著中，给人以浅薄之感。故世人多有讥其学养不足者，这自是时代偏见所致的失允之论。然有一点，他读书不甚丰博，治学也惟重要理大义之洞明，却也是一个客观事实。

溯其原因虽较复杂，而那影响至大的思想根子，是否便扎在此际这个由少年至青年的学习时期，扎在这种他显然很接受且后来亦未有改变的心学思想观念的认知中：

> 德有本而学有要。不于其本而泛焉以从事，高之而虚无，卑之而支离，终亦流荡失宗而无得矣。是故君子之学惟求得其心，虽至于位天地育万物，未有出于吾心者也。②

---

① 方以智：《东西均·道艺》。
② 王阳明：《紫阳书院集序》。

第四章　少年情思

从下午起，凛冽的西北风就一刻不停地刮过湖面、田野、村庄及其背后起伏的山峦峰岗，带着阵阵尖厉的呼啸声奔向远方。天色越来越阴晦，气温也明显地在下降。

"肯定要下雪了！"

虽刚进十一月，但这天气一看便知将有雨雪降临。芮庄的人家，在外面的匆匆往回赶，家里的人则收拾物什，将猪牛鸡鸭等牲畜归栏入圈，忙着将地里铲取的菜蔬以及院外的柴火搬回屋里，以备雪后上冻时的炊烧之用。

吃晚饭时，发须很有些灰白的刘柱，听着外面不歇的风吼，看着一堂的儿女家人，不由得问长子大宾："老大，家里过冬的物事用度，可都有准备？"

大宾回道："前几天买了些米炭油盐，也叫小翠大旺他们（家中婢仆）从湖上买了一些鱼腌了，还打了几箱豆腐，管冬天大概差不多。就是原想着给弟妹们添置一些新棉衣，却耽搁了。"

"大哥，我有衣穿，不需要做！"

老小大兴听了接话道。虽然其衣服多是哥哥姐姐的旧衣所改，但他年纪小，对穿着无所谓。

大槐也道："大哥，我衣服也还能穿，不急着换的。"

其实，他这两年个头蹿苗似的往上长，一件衣裳穿了年把就吊在身上。不过他晓得兄长说是耽搁，实际恐是手中拮据不能置办，为不使其为难，也便如是说。

刘柱看了看儿女们，叹了口气。他家的状况，正是俗话说的"一朝儿女荒"，将众多的子女拉扯大固是不易，而子女成长起来后的生活压力，更是巨大沉重。这两年，长子代替他操持家务后，不仅要维持一大家人的生活，还要为次第长大的弟妹们婚姻嫁娶做准备，需把家庭有限的财资往这方面集中。这就不免造成了整个家庭生活安排上的顾此失彼难以周全，眼前这换季衣服只是个例子罢了。

他想想还是对长子道："你弟弟他们，有衣遮体御寒就行，男儿立身，靠的是品学，不是靠装扮。但几个妹妹是姑娘家，吾家再穷，也不能使其穿着太寒酸，该添的衣裳，还是要给她们置的。"

虽有四个儿子撑门户，但他对几个女儿也十分疼爱，视作掌上明珠，尽管家境贫寒，却也不愿她们受丁点委屈，那种慈爱护惜，令儿子们有时都有些嫉妒羡慕。

大宾听了父亲言语，忙答应了，并对诸妹道："稍等一向，哥去市上，便给你们扯一些绢帛回来缝制衣裳，一定让你们穿着漂亮的新衣过年。"

妹妹们都高兴道谢。大宾也很感慨，大妹已许了里中方家，二妹也将至及笄之年，小妹虽尚未长成，却也到了注重妆容的年纪，自己以后拼着再苦再累，也不要让她们生活上有委屈遗憾。

次日清早，大櫆尚在睡觉，便被小弟兴奋的语声唤醒："三哥，快起来，外头下了好大的雪呢！"

寒冷的早晨，大櫆本想焐一会热被窝，但听说下雪了，却一骨碌爬了起来。趿鞋而出，果见积雪满阶，户外已是白皑皑一片，而刮了一夜的风雪也早已停歇，有邻家的孩童不怕冷，三三两两，在雪地里打雪仗堆雪人，不时发出欢悦的笑声。

大櫆看着，便待不住了。稍作盥洗，便急急忙忙地去邀召邻近的一些同学少年，要一块去赏雪。待众人聚集，吃了些食物，便兴冲冲而出，踩着绵软厚厚的积雪，嬉笑谈说，牵手拉拽，爬上了附近的山巅。

沿湖一带的丘岗山峦并不高。然此刻立于峰巅，放眼望去，但见大地素裹，银海苍茫，江山万里皆成了一个粉妆玉砌的世界，人在高处，仿佛置身神话的天宫玉阙中。这令一帮登览之少年，于纷然的惊喜赞叹中，莫不眼醉目迷，心神飞逸。

大櫆更是欣喜激动不已。

他喜欢雪，爱雪，就如同他喜爱水一样。

生长在家乡湖畔的他，与水有一种天然的亲近：于他而言，那滋润土地涵养生命的"水"，不仅是大自然恩赐于世间的圣物，亦是他朝夕相对的伙伴，既与他的生活融为一体，也浸透他的心灵精神，带给他无尽的依恋、欢悦、激情与感思。

对于雪，他既爱它如水般地涤除污秽孕养生机之伟功善德，更痴迷它惊鸿一瞥的温柔冷艳，还有那绝世无双的纯真圣洁。所以近年每至下雪，激动无比的他皆不肯错过机会，总要如眼前这般邀朋呼友，登览观赏，去拥抱这冬天的使者，欢迎翩翩降临的白色精灵：

"其为状也，散漫交错，氛氲萧索。蔼蔼浮浮，瀌瀌奕奕。联翩飞洒，徘徊委积。始缘甍而冒栋，终开帘而入隙。初便娟于墀庑，末萦盈于帷席。既因方而为珪，亦遇圆而成璧。眄隰则万顷同缟，瞻山则千岩俱白。于是台如重璧，逵似连璐。庭列瑶阶，林挺琼树。皓鹤夺鲜，白鹇失素。纨袖惭冶，玉颜掩嫮……"

景色当前，有人已忍不住朗诵起来，那是南朝文学家谢惠连的著名《雪赋》中描写雪景的一节。

"但我更喜欢结尾这一段！"

彼方诵罢，他人尚在咀嚼那些优美的文辞，便听大樾大声接诵道："白羽虽白，质以轻兮。白玉虽白，空守贞兮。未若兹雪，因时兴灭。玄阴凝不昧其洁，太阳曜不固其节。节岂我名？洁岂我贞？凭云升降，从风飘零。值物赋象，任地班形。素因遇立，污随染成。纵心皓然，何虑何营！"

至末了二句，更是挥动双臂，亢声以呼。

世人于雪，最爱其纯洁之贞，而作者却深赞雪不矜持名节，赤诚以生率性而活。在大樾的思想上，这看法态度既合圣贤之教，也契合他自己的性情，故有眼下这般激情的表达。

有伙伴受其感染，口诵着"节岂我名，洁岂我贞""纵心皓然，何虑何营"那些铿锵字句，也随大樾呐喊不已！

亦有人热烈地议论该文之写作，叹服其铺陈华丽，手法风格飘逸清新，怪不得时人誉以"高丽见奇"，而后来人也不敢再为之赋，即勉强为之亦相形见绌，颇有李白见崔颢黄鹤楼诗而罢题壁之状。

有人则道："赋虽铺陈华丽，极尽状物描写之能。然洋洋千语，婉转含蓄，虽悦人耳目，却不如诗句短语数行，便能表达情感，直抒胸臆。故吾更喜欢古今那些对景咏雪之诗，若'北风卷地白草折，胡天八月即飞雪。忽如一夜春风来，千树万树梨花开'，这是多么奇思绝妙，而又见壮逸情怀的佳作啊！"

他这一说，立即得到共鸣。

众少年面对眼前之景，正情思飞荡欲要抒发，急切间虽不得自作，然脑海中无不浮荡着古今诸多咏雪诗句。此刻听到伙伴倡说，纷以为然，齐道"不错！"当下即如接龙联句一般，拈着各人熟悉喜爱之句，嘻嘻哈哈地争吟抢颂起来——

"我喜欢'万里寒光生积雪，三边曙色动危旌。'"

"我喜欢'三千世界银成色，十二楼台玉作层。'"

"我喜欢'落尽琼花天不惜，封它梅蕊玉无香。'"

"我这里有'终南阴岭秀，积雪浮云端。'"

"我这里有'欲将轻骑逐，大雪满弓刀。'"

"我有'千山鸟飞绝，万径人踪灭。'"

"我有'玉花飞半夜，翠浪舞明年。'"

"我还有'晚来天欲雪，能饮一杯无？'"

…………

冻云之下，凝寒之中，众人你一联我一句，此起彼伏，经久不息。那充溢着欢悦的朗声笑语，带着少年们的盎然激情，一阵阵地响荡在山巅，散逸向山下的旷野村庄，与那湖中隐飘过来的渔子歌声遥相应和……①

阴消阳长，寒冬过去，倏忽又是春天。

春天里，人的心情总是比较欢愉的，因为春天不仅带来了温暖和明媚，也带来了新的梦想和希望。

但也有例外。

---

① 《刘大櫆集·题范宽雪景》："忆昔十五二十年，晓闻积雪喜不眠。急呼同学少年辈，酒酣走上南山巅。九天万里排阊阖，人在玉京高处立。布裘单薄不知寒，渔子歌声相和答。"

刘家的老三，那位因诗文做得好而在这后山湖滨一带已小有名气的檃相公①，今年春天便不快乐，一天到晚一副愁眉苦脸的样子。连同学友伴们拉去踏青游玩，亦是兴致缺缺，无精打采的。

人或不解，问之，他也闷闷恼恼地不说。

家里人当然晓得原委，有好笑的，也有劝慰的。

待春间农忙过后，家里在宅旁空地准备新筑一幢茅屋时，人才明白檃相公先前的情绪，恐跟他将要娶亲有关。

是的，过一阵子，刘家这位少年，将告别他自由自在的生活，娶迎新妇而成家了。

翻过年来，大檃虚年十九，过了五月生辰才满十八周岁。古礼男子二十而冠，三十而娶，他这个年纪，在读书人中尚属未冠之少年，如今家中却令其娶妻成亲，也难怪他有抵触而闷闷不乐了！

其实，以刘家的本意，或也并不想此时令这老三完婚，因为他们家的经济情况，决定了几个儿子办大事在依序进行的同时②，尚需一定时间间隔方能为之。所以出现眼前之情况，与大檃定亲的女方有关。

大檃将娶的女子，出自钱桥麻溪吴氏，其父吴学铎是个秀才，其母刘氏乃刘柱季叔睿贮之女，刘氏之女许给刘柱之子，属于姑舅开亲。这"亲上加亲"的做法，民间很普遍，更是一些家族间加强彼此关系的常见现象。

吴家的这女子，生在斯文之家，温娴知礼，且也曾读过书，识得一些诗文，说来与大檃倒也称良配。可能让他有些不满意的地方，就是这位表姐年纪比自己要大，今年芳龄已是二十有一了。

这个时代，女子及笄之年（十五岁）便普遍论嫁。吴氏闺中待至如今，

---

① 旧称读书人为相公,表示尊敬的意思,小说戏文中也常见。作者少时,尚闻里人用此称呼。

② 查刘氏家谱,大檃仲兄大醇一子一女,子芝标出生时,叔大檃二十岁,若大醇之女小于芝标,则大醇成婚尚在乃弟之后。

已属大龄，再不出阁的话，不说自家着急，亦会被人指指点点，嘲讽议论①。于是去岁今年一再敦促，要刘家迎娶过门。

作为男主角，大櫆自是不情愿。他与这个年纪的所有少年人一样，正享受青春的自在无束，恣意于日常邀朋呼友的交游快乐，岂肯早早便有了生活羁绊？且作为读书人，他和许多人一样，时常憧憬未来，期望博取功名后再成家，实现"洞房花烛夜，金榜题名时"人生至乐，自不愿早负家室之累而影响前程之努力。

可惜，他终是做不了自己的主。正月里，两家几番商议后，今年婚娶便定了下来。成为准新郎的他，也只有默默地顺从，在既郁闷不欢又有些忐忑好奇的复杂心情中等待那个时刻的到来。

这场婚事，大櫆后来只字未提，且因其长子早夭，以致其具体婚期也无由推测。大约是在上半年某个时间，办了婚礼，吴氏过了门。那新盖起来还带着点泥土芳香的茅屋，成了这对年轻夫妇的居巢和小家所在。

之后大櫆有首《科头》诗曰："科头茅屋下，不知谁宾主。湖水日当门，青山澹无语。"是略绘其居景状而未及新婚之生活——这许是因其本身之平淡，无可成词。但细品诗题及语句间淡淡而显的忧郁，似反映此际纠结他心头的，是最关切的科举。

具体说来，便是如何闯过童子试之关的问题。

童子试分为县、府、道（院）三个考试层次。考生只有一路斩关通过三试，被录取为生员，即俗称的秀才，才算是有了科举的初级功名（准确地说是"资格"），否则到老都是没有资格参加高层次的科举考试，在儒林社会亦没有身份地位被人轻视瞧不起的"童生"。故对于科举制度下的读书人来说，童子试虽称"小试"（相对于乡、会试的"大比"），却是其举业之路上的第一道亦是关键的关隘。

---

① 大櫆有《男子三十而娶女子二十而嫁》一文，或认为即是为其妻吴氏正名而作。吴氏归大櫆的时间，也无明确记载。刘氏族人刘振作《年谱》，以吴氏年龄及大櫆二十八岁入京前夫妇共育三子，而长子早夭、"稚子亦攀辕"（诗《喜客至》）等情况，推测吴氏于二十一岁（二十周岁）归于刘氏，合乎情理实际，本传从之。

合明学习的次年，十五岁的大櫆，首次参加了童子试①，那自是试试身手了。其后在十六、十八岁又两次下场，均遭挫败。虽说这种情况也很普遍，但这对颇有些心高气傲的大櫆来说，失望之外还多了些尴尬着急。今年又值科试②，他不仅巴望能闯关得捷，还不免存着点一鼓作气取得好成绩明年能参加乡试大比的念想。

初夏时，他又与一些伙伴一道，怀着忐忑的心情再战于安庆郡城。

这童子试，一般说来县、府试都较简单易过，难的或者说决定性的一关，是最后由一省提督学政官主持的院试。因到了这一场，提学官要按照府、县生员的定额数录取新进学者，考、取两环节之严难都远甚于前面。

而安庆这个省治所在的大府，尤其是其所辖桐城、怀宁诸县，乃皖江一带文教蔚盛之地，科举队伍庞大，竞争激烈，童子试中绝大部分人都将被淘汰出局。

所以桐城的学子，其于郡城考棚应试之难，其实比乡试大比也小不了多少，许多人俱是乘兴而来败兴而归，积年的老童生比比皆是。

第四次应试的大櫆，虽奋力鏖战一番，但事后默写出来朋友们看了也颇称赞的文字，却未获得学政的青睐，再次被弃黜。那个他盼了很久的进学"生员"，就如在水一方的"伊人"，仍是可望而不可即。

回家后，想起屡次失败，至今未脱童生之伍（那首《科头》，或便作于此际。"科头"即"童首"，喻未有功名之冠。），甚是郁闷。

家里人劝慰道："莫要灰心，习举业的，哪个不要在考场中滚多个来回？只要有志，总有成功之时。说不定下场岁试，换了新学使，便取了你的卷子呢。"

---

① 刘大櫆二十七岁遇吴士玉,诉说自己"八试不一酬"。按明清科举中,童子试三年两考,逢丑、未、辰、戌和寅、申、巳、亥年举行。大櫆在每届应试的情况下,则从其壬寅年二十五岁最后一试向前倒推至壬辰年,正符八试时间。结合壬辰上年其随吴直合明学习,或正为次年应试作准备。故以壬辰年十五岁为其童子试之始。这个过程中,中间若有停歇,则须向前推至十二三岁,但这个可能性较小。

② 明清提督学政官在任三岁,于辖区内两试诸生,一为岁试,一为科试。岁试目的单纯,是从参试的童子中录取生员。科试则兼有考核生员,为下科乡试做准备,荐举应试者的任务（乡试时间为子、午、卯、酉年）。

但安慰归安慰，眼前的失败还是要正视的。

应对的办法，便是请先生辅导，强化应试训练。

于是，几年前的刘氏合明之塾再次开办，先生亦是原先的吴直。

继续聘请吴直课教，当然是刘家人对吴直才学的信任，因为吴直不仅经学有术，且在"制义"（即八股文）方面亦精通高明，所作多为人学习传诵。而考场失败包括大櫆在内的刘氏诸子，需在经典掌握和制义写作这两方面得到有益的指点提高。

童子试的三级考，是由负责考试的知县、知府和学政自"四书""五经"中出题二道，令考生们以之作八股两篇，目的是考察考生对儒家经典义理的掌握，故称制义。后面更高级的乡会试，内容虽多了些，但主旨要求和重点并未变化。所以以科举为业的读书人，平生之努力，主要便是围着经典、制义打圈圈。

而二者之中，又以制义为重要：经书义理再精通，体现它的八股文章做不好，或者说入不了考官之眼，则所有的努力归之于零。明清科举取士被称为八股取士，缘由便在于此。

由此可以想见，再次随吴直入塾的大櫆们，在合明的二度学习，重点便是在经典制义尤其是后者上面接受指导、进一步打磨训练。而有了吴直这样的名师课教指点，学生们的进步提高，自也是可期的。

但具体到个人，也会因各人的情况而有不同。

就大櫆而言，他在八股写作上从老师那里获得教益的，便不仅止于通常的写作技能。

于他意义更大，对将来也颇有影响的，是随着这种专门训练课教的强化深入，他还从吴直那里接受了"以古文为时文"的观念主张。

时文即八股也。

那个被康熙砍了脑袋的戴名世，曾有过解说："制义者，与时为推移，故曰时文。时之所趋，遂成风气，而士子之奉以为楷模者胥会于一。然而势有所止，情有所厌，思有所穷，运有所转，于是乎数十年而变，或数年而变，或变而盛，或变而衰，往往相倚伏。"

八股制义具有应时而变之情形，所以又被世人称为时文。

然则合明山中，辅导学生攻关八股写作的吴直，为何会有"以古文为时文"的主张呢？

要清楚这个问题，尚须作一番细述。

明初，朱元璋为了掌控士子思想，在谋臣刘基的策划下，创制了科举之八股文。这种考试文体，以儒家的"四书""五经"的语句命题，要求作者在阐发题义时，须依据宋代理学代表程朱对经典的传注，模仿古人语气为之（所谓代圣贤立言），而体用排偶之形式。至永、宣时期，更形成了文分八股的规范程式。因用此文体讲解经书道理，且奉朝廷制度而作，被称为"经义"或"制义"（或称制艺），又因其八比程式要求，被人们称为"八股"。

八股自诞生起，便因其经学化性质和适应政治的需要，成为科举之灵魂：国家利用它培养、造就、选拔具有儒家正统思想的官员，也通过天下举子攻习儒家经典这个方法，达到了以孔孟思想尤其是以程朱理学控制全社会思想的目的；而读书人亦因八股取士之诱惑，往往自幼至白首，沉溺于四书五经与八股制艺中而不能自拔。自明至清数百年间，这情形从未有改变。

但作为一种应试文体，八股文却事实上处在不断发展变化之中，之所以如此，是因为不同时期的思想文化风尚，不同的选才用人标准，不同试官的见解喜好与评选要求等，都会从内容形式风格精神诸方面，影响和促使八股文的改变。而这中间重要的一次改造，则是使八股向文学化转变的运动。

明代中期，风行了百年的八股，以成熟严苛的体式将其经学化推到了极致，并造成了程朱理学对话语权的独霸，致使八股文思想愈来愈陈旧僵化，文体愈加呆滞刻板，语言重复乏味，不仅严重束缚了读书人的思想，也招致士子文人们的日益不满乃至反感厌恶。

与此同时，社会在百年承平中，也在发生着变化。明英宗后的皇帝，多为昏庸之主，以致宦官专权正人去位，政治日趋混乱腐败；而经济方面，随着城镇和商品经济的长足发展，市民队伍不断扩大，其不拘礼法、向往自由、张扬个性、逐利追新、喜好豪华的生活与思想方式，亦为社会所羡慕，风气遂为之一变。

这一切，对作为社会精英阶层的士子思想，造成了不可避免的冲击影响：人们在困惑和不满政治黑暗的同时，也开始怀疑程朱理学的价值意义，个性意识不断觉醒增强，加上对八股呆板乏味的厌恶，遂不再将科举视为实现自我价值的唯一途径，弃考从商者有之，栖隐山林者亦有之，有些不甘平庸人生者，则以疏狂放逸的异行去作隐声的抗议证明，后世被津津乐道的祝枝山唐寅辈，即是此类之典型。

感受到了这"社会乱象"的威胁挑战，为挽救程朱理学的思想统治地位，恢复科举对士子的吸引力，对八股文进行改造，便成了当时社会的卫道者与有识之士的共同选项。

于是，文坛一些推崇唐宋古文的作者大家，如王慎中、唐顺之、茅坤、归有光等，皆先后倡扬以"古文气息，时文法脉"的理念主张去改造八股，从而掀起了一场以"古文为时文"的运动。

这是怎样的概念呢？简单地说，他们认为古文与八股有相通之处，在注重经史功底的基础上，可于八股中引入古文写作的理念与技法，让写出来的文章更像古文，更具古人气味和文学生动有趣，不再像以往那样经学化且刻板枯燥，借以改变士人对八股的厌恶反感，重振科举雄风。

显然，这般的主张与实践，是积极而进步的：它既拓宽了八股的思想内容，也令八股的品格风貌焕然一新。以致此期的八股佳作，多成为后世追崇学习的典范。方苞曾评论说："至正、嘉，作者始能以古文为时文，融液经史，使题之义蕴隐显曲畅，为明文之极盛。"

这个八股文学化的运动，至万历以后的晚明，愈加蓬勃地发展。在形式上，出现了弃八股体式于不顾，以二股、四股、六股、上下两截，甚至以古文的散体结构来作文的现象，以致当时"问之儒生，皆不知八股之何谓矣"[1]；而在内容方面，因受国家政治腐败，商品经济冲击，各种社会思潮尤其是修正程朱理学的阳明心学和非孔斥圣的李贽学说的影响，以抑制人性、否定人欲为特征的程朱理学失去号召力，追求个性自由和思想解放的士子们，于八股文中不单别出己见，六经注我，甚至将诸子百家、释道禅宗的思想言论，皆堂而皇之引入八股之中，汪洋恣肆上下古今；在语言风格上，亦因内容之变化，一改昔日陈旧干枯之情景，自诸子百家、《史记》《汉书》、唐宋八大家的语言与表现手法，乃至佛经、医卜、星相、方言、俚语等都被引入，

① 顾炎武：《日知录》卷十六《试文格式》。

表现出崇新尚奇、辞采华丽、形象生动、议论激越、才气驰骋等文学风尚与特征。

此等情形，在将古文时文合二为一之际，实际上已极大地消解了八股的经学性质，背离了八股创制以孔孟程朱思想控制士人的目的。故而，它一出现，便遭到了卫道者的不断批评诋毁。

清人入关后，亦企图通过八股科举束缚士人的思想，宣扬与巩固程朱理学的统治地位。他们总结前朝的经验，沿用明代成、弘以后的八股定型体式，欲使八股返回其经学化之途。然经过清初一段时期，那八股顽疾及其影响又无可避免地重现了，于是"以古文为时文"的主张，再次被一些朝野人士和文章名家提了出来。

大櫆的老师吴直，便是其中的一个倡导者。

因为只是一个布衣士人，吴直倡导"以古文为时文"的具体情况，世人知晓的并不多。然据一些传记记载及吴直自己的一些文章分析，仍可了解吴直在这方面的大致做法：

他在古文上，追慕汉唐名家的风规气格，"得迁史之神"；以之用于时文创作，则又效仿融合了明代唐顺之、归有光的创作理念技巧；而文章义理，则本于《四书》及宋儒之学，故时人评其制义"尤粹于理"。

要之，他是坚持在掌握经典精髓的基础上，以汉唐古文气骨以及明代大家的理念技巧，来进行时文创作，使文章既能准确阐发圣贤的义理，又具古文的气骨风味，实现他"以古文为时文"的目的。

他既具此观念主张，其教学中便无可避免地会有所宣扬传播，尤其是当他专门系统辅导学生们提高八股写作水平时，这位以"以古文为时文"为追求目标的先生，那是毋庸置疑地会在讲授一般的技艺方法的同时，将他八股古文化的理念与心得也一并夹带着议论传授下去。

当然，他作为课教的先生，不会误人子弟，要求学生们须循其主张去为文；但无疑地，他肯定是希望他的这些年轻的弟子中会有这方面的同志，能与自己一道为时文改革而鼓呼，努力行远取得成就。

他没有失望。后来这帮学生中起码有二三者，热烈而坚定地贯彻了他的想法。其中突出的，便是他尤为看好的既具文学天赋又颇有创新精神的大櫆①。

从老师那里接受一种新的时文观念与主张的大櫆，这时是怎样的一种心情感受呢？我们从他下面的这首诗中，或可感受到一些：

> 莲花庵下午风轻，散步深山曲径平。
>
> 万里空青孤日影，一林浓绿乱莺声。

信步于莲花庵（在合明之巅）下的山间，微风送爽，曲径如平，年轻的诗人是那样的轻松惬意；碧空万里，满目葱茏，益映出其心灵胸次的清澈空明与爽朗欢愉。

是什么令午间散步的诗人心情如此呢？

应当是学舍里听闻的那新的时文主张，给他带来的激动惊喜吧！他从先生的叙述里，虽觉得扫除时弊破旧立新的艰难不易，但更多的则是发现一种时文新途新境的兴奋着迷与豁然开朗，即如在这片幽旷的深山中，倏然听到了那一阵打破丛林寂静的婉转清亮的莺声。

是的，这之前，他和身旁的许多人一样，习惯了那种千人一面的八股写作，也只将它当作打开科举通途的工具而不得不忍受它的刻板无趣、枯燥无味。然而现在，他的老师却给他打开了一扇窗户，告诉他八股其实也可以如古文一般写得好看有味！

他是信任这个引领他进入古文领域的老师的。虽然老师也告诉他新时文的创作，艰难不易甚至有风险，可他仍抵御不了那种诱惑——那是一个文学家对美的天性嗜好与向往——便也只能不惮艰险，勇敢探索前行了。至于那远方的情形如何，又会带来怎样的影响，他却是无法瞻望顾及。

---

① 刘开《井迁先生传》谓："当乾隆中叶，刘海峰先生始以古文为时文，窦东皋阁学应之。其体则取之震川，其气则取史汉八家，其义则取六经以及宋五子，尊之曰四书文而不敢目为时艺。厥后工此艺者，海内则陈伯思昆季，吾乡则姚惜抱先生，然其初实自先生发之也。"这段评论，明确指出了吴直早期倡导以古文为时文的事实，使我们明白刘大櫆不仅在古文上得吴直之传，也同时继承了其以古文改造时文的理念主张。

第五章　融液经史

康熙五十六年春，对于天下的读书人来说，有一件重要的事情发生：由大学士李光地等人奉旨编纂的《御纂性理精义》一书完成，刊行天下。

皇帝亲为该书作序云：

> 朕自冲龄至今，六十年来未尝少辍经书，唐虞三代以来，圣贤相传授受，言性而已。宋儒始有性理之名，使人知尽性之学不外循理也。故敦好典籍，于理道之言，尤所加意。临莅日久，玩味愈深，体之身心，验之政事，而确然知其不可易。前明纂修性理大全一书，颇谓广备矣。但取者太烦，类者居多，凡性理诸书之行世者不下数百。朕实病其矛盾也。爰命大学士李光地诠择进览，授以意指，省其品目，撮其体要，既使诸儒之阐发不杂于支芜，复使学者之披寻不苦于繁重。至于图象律历性命理气之源，前人所未畅发者，朕亦时以己意折中其间，名曰性理精义，颁示天下，读是书者自有所知也已。康熙五十六年春二月初一日。

中国上下数千年的历史文明，皇帝眯着眼睛，只看出了"性理"二字。

既如此，那自是要大力推崇宣扬了，让天下人都来进一步认识遵从"性理"之学教，牢记宋儒讲清楚了的"三纲五常""存理养性灭欲"，做个遵循"天理"无思无欲不生事端乖乖听话的臣民，如是便人心安定四海升平了。

当然，还需要防外，防止外来的"侵害"。于是，继正月定商船出洋贸易法，除日本外吕宋等处（南洋）皆不许往，并禁多携粮米卖船于外国；四月，再予严禁天主教，以免那些西人把中国人民的思想搞乱带坏了。总之，就四个字，"闭关锁国"，以杜祸患！

皇亲的这些政教举措一出，天下不免一阵轰动。当然，禁南洋贸易与外国宗教，不过涉及小众，影响最大的还是朝廷对宋代理学的隆重推崇，因为它关涉天下的读书人。

"城中好高髻，城外高一尺。"

《御纂性理精义》一出，自然生出各种跟风的反应：

那些朝廷里的大小官员，普遍为之兴奋喝彩。他们本靠八股起家，肚中除了《四书大全》《四书集注》外，也无多少其他的"墨水"，平常很怕人说他无才干能耐。现在好了，皇帝都说了只要讲"性理"，就能应付政事，治国安邦，那咱还怕什么？理政治军抚民咱不会，"性理"的文章还不信手拈来?！

那些道学、理学家们，尤是欢欣鼓舞。他们生平的学问，就是《大学》《中庸》，就是程朱的"理欲""性理"，就是教人如何"存理养性"。以往宣扬讲论这些，尚畏人讥其迂阔，不食人间烟火，净做务虚功夫。如今得了圣谕鼓励，便似被打了气般的精神，整日去与人高谈阔论，阐发朱子"主静""主敬"这些高深的学问了。

至于那些将孔孟程朱仁义道德成日挂在嘴上，而背地里却卑鄙奸恶无所不为的假道学伪君子们，亦是暗中为之窃喜。自忖有了皇帝这圣意，自今而后更方便行事，更可随心所欲略无顾忌地打着"性理""礼法"的诸般旗号，堂而皇之地去兜售其奸，满足私欲了。

当然，也不是所有人都跟了皇帝这风。

那向来只尊孔孟之教，而不买程朱帐的，自然不满朝廷如此抬高宋儒的性理之学，混淆了儒学的根本；

那虽不排斥理学，却追崇阳明心学的，晓得皇帝此举亦是为着进一步打压王学，巩固程朱之地位，自也心有不甘且愤懑；

而那些素来非鄙孔孟、唾弃程朱的，更是看破皇帝用心，皆对着那"圣序"不住冷笑，斥之为愚民害世！

…………

世间最强大的，是思想的力量；而最复杂的，也莫过于人的心思。所以，诸如上述对《御纂性理精义》的纷异反应，实在情理之中，丝毫也不奇怪。

吹风的皇帝康熙，对此心中当然有数。

但他与前明的那个高皇帝一样，都是精明地看出了宋代理学对于束缚社会思想，维护专制统治的极大好处——当天下的知识阶层尤其是庞大的士人群体都紧跟程朱理学的论调，颂扬迎合封建统治需要的"天理""天道"，集体沉陷于专注"性理"的务虚修研而漠视身外的实际，中国的社会也便成了一潭陈腐激不起一点浪花的死水，再也没有了不同的声音。而凭借着前明的余风和他的"圣谕"造势，即便人心不一，他也相信他所进行的"教化"努力，总会有其功效。

而这功效，现实中便直接落在要科举的天下举子身上：不是这些人对于宋儒理学也有天子那般"深厚"的认知情感，而是他们欲从科举取得功名富贵，就必须耐着性子去亲近这些玄乎乎的"性理学问"。因为很清楚：朝廷皇帝既煞费苦心地编制了这《御纂性理精义》，它便是今后科举的指南与标准，所谓时文，这便是明明确确最大的"时"了。谁若是马虎对待，那便是跟自己过不去。故"御著"一示，海内四方的举子士人，便在沸沸扬扬中立马行动起来。

先前抱着投机心态，成天只抱着一些名家墨卷范文仿习的，赶紧找了"朱子语录"来背诵；原先了解一点理学皮毛，以为凭之可应付考试的，慌忙去向有造诣的先生请教；连素常对着理学乏味厌恶的，现在也不得不愁眉苦脸，憋在书室豆油灯下冥思苦想朱子所谓的"静""敬"，究竟是何意思？

上面这些，是准备要应考的。

至于那些还在学堂里的小学生，也同样感到了压力，被逼着一遍遍地背诵《性理字训》，考问"义理"，还时不时听到先生和长辈在耳边絮叨教训："这可是当今圣上都重视的学问啦，尔等不好好学习，日后拿什么去进学立身？"

总之，因为"圣人"有谕，世间千万的书皆可不读，惟宋儒性理之书那是绝不可不习读，且还要认真地习读，认真地钻研，这是读书人"立志存身"的根本，就像大观园里贾宝玉身上的那块通灵之玉，一刻丢不得的。

白荡湖畔，芮庄那茅草屋里的大櫆，当然也避不开这新一波理学造势的冲击。

朝廷的风刮来时，明年要继续应童子试的他，与二三同学友好自是议论感慨了一番，明白了宋儒理学对日后考试的重要性，他们欲要过关斩将，势必要去再啃啃那些"性理"之书了。

对于大櫆来说，这情形有点像给他端来了一盘厌吃而不得不吃的食物。

他向来对程朱理学颇有反感。幼时在学堂发蒙，虽也被灌了一些程朱之教。但智识渐开后，便渐不满于理学的空虚，一味叫人做修身养性的功夫；至于程朱的扼性禁欲之说，更是抵触之际要行反对了。

然眼前朝廷崇隆宋儒之学，他又不能无视。为今后的科举计，还是要勉强去学习。

虽然如此，他还是不愿像周围多数人那样去啃"朱子"——上年合明学习，他的老师十分推崇朱子，同窗们颇受影响，而他却终不肯苟同。这是从学以来，极少出现的事。但没有办法，他不会因为老师是他极敬仰之人，便改变自己的看法态度。

他最后把自己这个应付学习的方向，放在"宋五子"上。

朱熹是南宋时期的理学家。在其前面，尚有北宋的五个重要人物，分别是周敦颐、张载、邵雍、程颢、程颐，周敦颐是理学开山祖师，余者则从不同方面推动了理学的兴起，后世称为"宋五子"。

大櫆既不喜朱子之学，而朱学又直承二程而来，故他于宋五子中，实际主学的是二程之外的另三位。这既避开了他不满的程朱之学，又不碍今后的应试：因为朝廷颁布的《御纂性理精义》，便是从周敦颐、张载、邵雍的学说讲起的。

这学习的情况如何呢？

他大致是分两个阶段，或说是两个部分来学习的，即周、邵为一部分，张为另一部分。

周敦颐是宋明理学的奠基人，自他开始提出了太极、理、气、性、命等一系列的理学范畴。他的著作都模仿《易传》《中庸》，文字简约而语气含混，故后来的学者都是从不同的角度来解释其说。

大櫆本就厌烦那些性理说教，对于周老夫子那些含糊不清的话，自然也没有多少兴趣去钻研。所以他学习周敦颐，基本是和学邵雍一样，主要是从其易学的角度对他们的思想进行了解认识。

何谓易学？

它是指关于《易经》的学问。

《易》，系我国上古时大贤智者伏羲所创，"仰则观象于天，俯则观法于地，观鸟兽之文，與地之宜，近取诸身，远取诸物，于是始作八卦，以通神明之德，以类万物之情"。后来，周文王对之作了进一步的演绎。在其发展完善的过程中，形成《连山》《归藏》《周易》三种版本的《易》典，后世所见，则是周代传下来的《周易》。

《易》是一部代表中华文化开端的奇典。它是上古用以占卜而问人事吉凶之书，却又蕴含着华夏先民在对宇宙天地万物的认识中表现出来的智慧理性与逻辑抽象思维。其"天人合一"的思想，对我国文化乃至社会影响极为深远。

《易》的价值意义如此，不单孔子为其传述，被儒家尊为六经之首，称为《易经》，自汉代以后包括阴阳家、五行家、道家等在内的各种学派宗教，也皆重《易》研《易》，希从"易道广大"的思想体系中，为自己的学说寻找需要的观点依据和理论营养。

及至宋代，因要对抗隋唐以来老庄、佛教在思想界已逐渐取得优势的倾向，改变传统儒学在形而上及思辨能力方面的缺陷与落后局面，宋儒们纷纷将眼光投向《易经》和《中庸》这两部儒家经典，从中寻求形而上学的论据，以建立更精密完备的新儒学。作为理学的代表人物，周敦颐、邵雍包括其后的二程与朱熹等莫不如此，周、邵二人更是直接从《易》的研究入手甚至以易学为核心，来阐发其理学思想体系。

而眼下，大槐主要从易学了解周敦颐、邵雍，切入点既正确，也契合他在这个时期对天人三才说的思想关注。

在这个学习过程中，他受到了这二人易学宇宙观的影响，接受了他们关于宇宙发生和构成模式的看法，即太极生阴阳万物的宇宙生成论。而邵雍将宇宙发生的过程归结为"象"和"数"的演化过程的"象数"说，似也对他产生了较大的影响——在他的论著中，甚至在治学以外的涉及对人生生活看法的地方，以后都能找到这种影响的存在。

值得注意的是，在周敦颐、邵雍那里（包括后来的程朱），那个诞生世界万物的"太极"，也就是他们所说的"道"与"理"，是离开物质的先天精神性的存在——这便是后世所说的客观唯心主义。

而大櫆却不这样看。

他以为"道之所居，气与居之"①，"道"与"气"不可分离，没有离开"气"而独立存在的"道"。这却是与周邵程朱相对立的唯物主义的观点。

在思想认识之外，他学周、邵易学，还导致了另一个附带情况的产生：他似是由之引发了对《易经》的兴趣，自此开始涉足研习。

《易经》虽表现符号单纯（只有阴阳两个符号），经传文字简约（两万四千余字），但其义理却玄奥晦涩难懂。故寻常读书士子研习较少，只有习《易》世家或有精通者指导，才愿去学习。

而大櫆因要了解周、邵易学，则势必要去研读一下《易经》。这结果不仅开启了他的习《易》之旅，且此后似乎一直兴趣未减，以至于对它有一种近乎迷信的崇拜，每逢重大的事情或处选择关口，竟必以《易》之占筮法，给自己卜上一卦！

说完周、邵，再来说说他学张载的情况。

张载是陕西眉县横渠镇人，故后来被学者称之为"横渠先生"。他虽与周敦颐、邵雍是同时期的理学家，但治学思想与二人却大不相同——按后世的观点，他是唯物主义的哲学家。

这位"横渠先生"，带给大櫆的影响，要远大于周、邵。

在宋儒应对释道二教挑战，建立思想体系更精密的新儒学过程中，最终形成了三种影响深远的形而上本体论：一是以二程及朱熹为代表的以"理"为生物之本的；一是以陆九渊等为代表的以"心"为万物主宰的；另一种，便是张载的元气本体论。

---

① 此语出自刘大櫆最早的(十三岁时作)的文章《观化》。语虽简单,却表达的是对奥秘的宇宙本原的深刻看法,这似非十多岁少儿所能认知。同文中议论事物变化运动的神秘"象数"观点,亦是如此,非较深地接触《易》之象数理论,不能为之。故《观化》的创作形成,或为后期作品,或是对早期之作进行修改而成。大櫆对自己的文字,多有修改过程,有时幅度甚至很大。如果《观化》确是早年稚嫩之作的话,后来收进《小称集》时,从思想内容上对其进行修改也是必然之事。故作者采取慎重客观的态度,虽仍将其归于早期作品叙述,而于其中重要的思想观点,则视为后来成熟的认知而于此节论说。

张载认为，人们将"虚无"或者某种精神性的本体作为万物变化存在的根源，都是错误的。世界的本原，只是一种我们眼睛看不见的运动着的物质元气；世界万物的生灭、变化只是形式的改变，其本质只是一气的运行变化。

且看他的议论：

"气块然太虚，升降飞扬未尝止息……此虚实动静之机，阴阳刚柔之始。"

"气之聚散于太虚，犹冰凝释于水，知太虚即气，则无无。"

"太虚无形，气之本体。共聚共散，变化之客形尔。"

"太和所谓道。中涵浮沉、升降、动静相感之性，是生絪缊相荡、胜负、屈伸之始。"

现在，我们再来看大樕的议论：

"理也者，有定者也；气也者，无常者也。气块然回薄于太虚之中，有阴阳则必有清浊，有清浊则必有善恶，因而鼓之，以为生物之机。"（《达命》）

"吾与万物，群生于天地之中……清者、宁者、灵者、蠢者、动者、植者，其为物不同也，而莫非物也。"（《观化》）

"吾以为天地之气化，万变不穷……"（《息争》）

"道之所居，气与居之……道也者，不二者也；数也者，不一者也。奇零也，参差也，自一而长之以至于无穷也，其可以道里计邪？夫彼司化者亦乘于气数之中，而不能以自主耳，非其能为不齐，而不能使之齐也。"（《观化》）

显然，他是接受了张载的本体论，且亦将"气"视作世界之本原，认为天地间一切包括人在内，俱不过是气化流行中形成的物。同时他也接受了张载关于气是变化的，气的变化形成万物的多种多样的变化的思想，看到了事物运动变化有其自身的客观规律。

这是他的世界观形成的基石。

除此之外，他还逻辑地从张载这里接受了其人性论认识中"气质之性"观点。

张载认为气有清浊，因而产生万殊事物。人也如此。人从气之中得到的清浊不同，便形成了其个人的"气质之性"。圣人得气最清，一般人得气之浊，而恶人是得气最浊者，这便有了人性善恶与智愚的区别。

大櫆的《观化》一文，应便依此清浊之说而论物之殊异。而这个承自于张载的"气质之性"，后来更是常被他挂在嘴边：在为他人所作的序文中，他往往据此而议论人物的天赋与文字，言之凿凿而不疑。

可以说，张载的思想观念，在世界观方法论以及认识论方面，都对年轻的大櫆产生了重要影响。他日后在对待和认识世界事物上，所持朴素的唯物辩证态度，不信鬼神之说等固与此密不可分，即其在有关人性、社会问题认识以及治学方面的一些意见主张，亦同样可从张载学说中找到思想认识的来源。

甚至还可以说，他在人生观价值观上，也受到了张载的明显影响。

因为张载这位著名的学者，不仅学识卓越超凡，且品志坚贞高远，曾发出这样的人生宏愿："为天地立心，为生民立命，为往圣继绝学，为万世开太平。"

这四句话，是一个学者的伟大理想，但也凝聚和体现着古今儒士贤者积极入世心关天下的进取精神与仁爱情怀，为后世读书人所广泛传颂。

大櫆既趋崇张载之学，又当年少奋发进取之时，其又怎能不为张载伟大的品志理想及其所迸发的器识精神所感染熏陶，而以之为人生奋斗之砥石？——事实上，在将来的岁月里，他虽一路坎坷，却于逆境中初衷不改，一边以悲天悯人的情怀，揭批统治者之反动不仁，哀愤社会政治之昏昧不公、民生之凋敝艰难；一边欲以其文字鼓吹仁治圣学弘扬道义，在砥砺人心和文章千古的双重追求中实现其人生的价值理想。其表现，直可视作"横渠四句"①在另一种人生境遇中的努力再现！

上述这些，当是他学"宋五子"的大致。

还要说一下的，是这段时期他的治学，也并未仅停留在这些"理学"上。

他的精力，仍有相当一部分给予了史籍研读。

这个时代，习举业的儒生们，不少人对历史学习无甚兴趣。原因很简单：科举不考它，何必费心于斯！

但大櫆对史学一直抱有很大热情。

后来有人从治学上分析，以为他不深于经学，则其对儒家经典的认识阐

---

① 当代著名哲学家冯友兰先生，将张载的这几句伟大志愿的话，称之为"横渠四句"。

发，须借助史学的认知与功夫，来作助力与弥补。

这并不符合事实。因为他从吴直学有"经术"，何须以之补短？若作深入之考究，他的治史兴趣与热情，当主要还是与其人生志向有直接关系。

其志若何？

当十四岁的他，宣称"人可以圣如孔子"时，当近年他放歌，"我欲乘巨浪，东揽扶桑柯"之际，少年高远不凡的志概，便已隐然显露！

而这镌在心底的志向，却非为着一己的出人头地，青史留名。

不久之后，他会与友人相期："以百世之人心为己任！"

在并不甚远的将来，他还会概然而誓："生则为国幹，死当为国殇"！

或许，那位他所崇敬的大儒新建伯，便是他的人生楷模，心欲效之的榜样！

所以，他之学习，又岂会如寻常儒生那样，一生只死读几本经书?!

牢记阳明"德有本而学有要"教导的他，为了将来报国济世的抱负，其读书学习的视野，是现实的世务，还有可以为鉴的历史！

这才是他重史、治史的初衷热情之所在。

学史，给他带来了快乐，带来了许多的感悟，亦由之留下了不少的史谈札记。

其中，颇有一些打破传统和眼光独到的见解——

譬如，以秦有所谓"焚书"之事，后世故认为"六经亡于秦火"。而大樾作《焚书辨》，勇为秦皇以辨：他认为"六经之亡，非秦亡之，汉亡之也"，指出秦时李斯下令所禁焚的只是民间私藏，而国家收藏的书籍并未烧掉。及至楚汉相争，萧何入宫，惟取"具知天下之阸塞及户口之多少、强弱所在"的律令图书，于其他书籍概弃之不问，致后来项羽入关火烧秦宫，先代书籍化为灰烬。"是故书之焚不在于李斯，而在于项籍；及其亡也，不由于始皇，而由于萧何。"

又譬如，商末孤竹君二子伯夷、叔齐，兄弟相互让国而并逃于首阳山，孔子将之视为仁爱典范，称其"求仁得仁"。及司马迁著《史记》作伯夷传，增记武王伐纣时，伯夷兄弟叩马而谏，谓其以臣弑君不仁。天下归周后，兄弟二人耻食周粟，遂饿死于首阳山。大樾很不赞成《史记》之说，作《读伯夷传》，既质疑司马迁根据闾巷传言增记所谓叩谏耻食之事未必真实，又批评司马迁借伯夷之口，责武王以臣弑君，是不明君臣之义之愚忠，没有认识到"汤、武之革命"，实是"顺天而应人"！

又譬如，汉宣帝时丞相丙吉外出，路旁有百姓群殴死伤多人，丙吉似没看见一样，车舆不停。继而见农人赶牛，牛吐舌头喘气，丙吉忙停车询之，牛行路几何？人怪其问牛不问人，回曰：民相斗死伤，是狱吏之事；牛行而喘，是时气失节，身为三公，责在调和阴阳。时人以为丙吉识大体，史家更载为美传。大櫆愤然作文（《难言一》），直斥这个"问牛丞相"漠视民命颠倒大小之荒唐，论为真不识大体！

又譬如，后世评论燕国太子丹谋使勇士荆轲刺秦王事，讥太子丹谋刺是加速燕国灭亡，而荆轲更被蔑视为盗。大櫆认为失之公允，于《书荆轲传后》中，将太子丹及荆轲视为忠臣义士，为其事迹而深感悲悼！且指出：对待历史事件，"后之学者，欲讥论古人，则必置身于古人之地，以度其心，而毋拘牵于成败之迹"。

又譬如井田之议。

井田，是周代以前奴隶制国家实行的土地制度，它体现的是奴隶主贵族对土地和奴隶的占有。随着封建生产关系的确立、土地的私有和自由买卖，井田制也必然地退出了历史舞台。但后世儒者或因崇尚所谓先王之治，或为解决社会矛盾与现实问题，倡议恢复井田之声不绝于史。

清初，鉴于明末土地的高度集中和多年战乱对农业生产的严重破坏，井田制又被当作一个良方提了出来，连黄宗羲这样颇有见识的著名学者，亦曾把恢复井田制作为解决土地问题的理想方案。

研史中的大櫆，自也听闻了这般的意见，大不以为然，乃作《井田》一文以驳。他在以社会民间之实情论证井田在现实生活中行不通的同时，亦通过对先王之时实施井田的历史环境的具体分析，指出"周室既衰，井田既坏"，后世欲像孟子当年那样，"欲使滕之君反古之初，如文武周公之初创，而其势固已不行矣！"辩论之中显具历史发展之眼光！

透过这些史论，可以看到一个年轻的读史研史者认真严谨的态度，且具一种可贵的不囿于成见敢于质疑前人的勇气和精神，正是其乡先贤方以智倡扬的"尊疑"之表现。其于历史人物的评价，重视和坚持考察历史的具体环境，以合乎时代潮流为是非判断准则，不以成败论英雄，以及对人的生命的关怀等，既是较正确的历史研究方法与态度，亦体现出一种进步的历史观。

在大樾潜心读书，并以融液经史的学习研究进一步提高自己的学问素养之际，他的生活中也迎来了一桩喜事：长子介出生了①。

这个新生命的诞生，给家庭带来了不小的欢乐。祖父祖母高兴刘家又添人丁，家族又有了后代，而刚当了父母的小夫妻更是喜悦，学习劳作之余，哺育逗弄幼儿，别是一番甜蜜幸福，茅屋中不时交响着婴啼与欢笑声。

大樾得子，家中还有一个长辈尤为高兴，那是年过八十的章氏。大樾自幼及长，老人对他甚是疼爱。及介出生，其身体已很衰弱，却仍拄杖摸索着去探望。日常见樾夫妇，辄问小伢吃奶如何，吵不吵人，是否像他老子小时那样不安生？若闻有不适，便为之担心叨念不已。

然而老人来不及看到婴儿稍大点，这年冬天便去世了。

大樾很是悲伤。老人一生很苦，却把所有的爱与心血，都给予了刘家，给予了这些没有血缘关系的子孙，是对刘家上下很有恩情的长辈。但因家庭贫困，老人到晚年不仅没有享到一点福，生活还益发凄苦。每想起这些，大樾心里哀伤之外，还有着不能报答的愧疚。

但转过年，他去安庆应试，遇到了一个人，使他有了一种借以报答章氏之恩的方式。

那人是大樾早闻其名却未相识的乡人左茧斋。

茧斋名文韩，字秀越，明末名臣左光斗之曾孙。其父左云凤，少好老庄之学，厌畏俗世交结，平素来往者只有戴名世、刘辉祖等二三乡友，尤与方苞情谊深挚，前几年方苞因《南山集》案被逮，左云凤听到消息，不顾忌讳北上探看。后又偕伴方苞赴塞上，次年秋天才告别回乡。

左茧斋性肖乃父，亦喜清净，先住城里，后恶其闹扰，举家返居东乡故里，与山野清风做伴，烟霞为伍，左图右书，啸歌适志，做了个不染风尘的隐者。与人相处，也淳朴真诚，颇有古人之风。

———————————————————
① 大樾有三子先后夭折，皆不知出生年月。此处记介出生，是依上年婚娶推定。

大櫆知其事迹，或与老师吴直有关。吴直与左茧斋品志相近，皆是特立独行不与世俗同流者，故成为声气相投关系密切的朋党。吴直课教合明时，与茧斋之居颇近，应不少来往。

对这位前辈，大櫆过去就很敬慕，但以自己年幼也不敢造次去结交。却不意这次遇之于安庆，更不意接触后，二人颇有一见如故之感，而左茧斋对他更是爱重，不仅多有期许，还请大櫆帮助商订其生平著述。

大櫆很是感动。他这次府城应试又告失败，但结交了左茧斋这个古道热肠的长者，却觉不虚此行。又因左茧斋正在写一篇《汪节妇传》，使他从中得到启发，回家后即思量为数月前过世的章氏也写篇文章，欲通过它让更多的人了解这位可怜又可敬的老人的生平，聊以报答她的恩情——

先大父侧室姓章氏，明崇祯丙子十一月二十七日生。年十八来归。逾年，生女子一人，不育。又十余年而大父卒。先大母钱氏，大母早岁无子，大父听娶章大家。三年，大母生吾父，而章大家卒无出。大家生寒族，年少，又无出。及大父卒，家人趣之使行，大家则慷慨号恸不食。时吾父才八岁，童然在侧。大家换吾父跪大母前，泣曰："妾即去，如此小弱何！"大母曰："若能志夫子之志，亦吾所荷也。"于是与大母同处四十余年，年八十一而卒。

大家事大母尽礼，大母亦善遇之，终身无间言。櫆幼时，犹及事大母。值清夜，大母倚帘帷坐，櫆侍在侧，大母念往事，忽泪落。櫆见大母垂泪，问何故，大母叹曰："予不幸，汝祖中道弃予。汝祖没时，汝父才八岁。"回首见章大家在室，因指谓櫆曰："汝父幼孤，以养以诲，俾至成人，以得有今日，章大家之力为多。汝年及长，则必无忘章大家。"櫆时虽稚昧，见言之哀，亦知从旁泣。

大家自大父卒，遂丧明。目虽无见，而操作不辍。櫆七岁，与伯兄、仲兄从塾师在处庭读书。每隆冬，阴风积雪，或夜分始归。僮奴皆睡去，独大家煨炉火以待。闻叩门，即应声策杖扶壁行启门，且执手问曰："若书熟否？先生曾扑责否？"即应以书熟，未曾扑责，乃喜。

大家垂白，吾家益贫，衣食不足以养，而大家之晚节更苦。呜呼，

其可痛也夫！（《章大家行略》）

这是大櫆第一篇传记类的文章，也是他一生仅为家中两位亲人所作的传文之一。他以饱含感情和颇具文学性的文字，记叙了一个身份卑微人物的生平，展示了一个善良和痛苦的女性形象，读来令人哀婉不已。而文字中，也蕴含着大櫆对这位长辈深深的同情敬重与感念，还有无以为报未能尽心的疚愧遗憾和伤痛，于情挚意真之中，益增感人之力。

这之前，大櫆作诗著文，人羡其有文采，然也不过如是，只以才人视之。然自《章大家行略》一出，人读后莫不称赞钦服，信其是韩、欧之流，文章妙手！

这便又导出了他的另一篇传记文。

那是为大嫂的祖母而作的《钱节妇传》。

钱氏的祖上于南宋末迁桐，与稍迟渡江的刘氏共同开发了江滨这一带，逐渐发展成为东乡的两大望族著姓。二族之间，也世代通婚不断。

大櫆此文之传主，便是这钱家之人，桐城先贤钱澄之的儿媳方氏。

明崇祯末年，方氏尚在童稚，即许字于姑家之子钱法祖（字孝则）。其后钱澄之因参加复社活动，得罪了同乡阮大铖。至南明弘光间，阮大铖掌权，报复打击东林复社人士，钱澄之及其家人乃逃亡吴中。适清兵南下，澄之参加抗清斗争，遭际震泽之难，夫人携女赴水死，幼子也被杀害，唯澄之法祖父子二人幸免。随后父子先后投奔闽中隆武、粤中永历政权效力，十数年间与家乡失去音讯联系。

此时，桐城家中的方氏业已年逾二十，家人为之忧急，常催其改嫁，且谎称法祖已死于外乡。而方氏不从，苦守闺中等待。且誓言："即便其真死，亦不会再嫁！"

其后永历兵败，澄之父子辗转北归故里，方氏得遂其志与法祖成夫妻。数年后钱家遭盗，法祖为保护继母而被害。方氏自此带着遗孤，靠纺线织布艰难过活，直至教子成人立业，年过古稀以卒。

方氏事迹，大櫆早有听闻。此时钱家人请为方氏作传以彰。大櫆既为亲戚情分，更因钱澄之是他所钦敬的明清之际的遗民志士，著名的诗人、文学家和学者，其生平治学与文学努力，于乡邑风气影响甚大；而澄之夫人方氏当生死危难之际，宁可赴水亦不愿受辱，凛然节烈而载《明史》。所以大櫆允为钱节妇传，亦是借之以赞叹其一门忠贞节烈之风①，以寄兴慨，故其传末云：

> 余尝考明亡时遗事，夫妇、父子奔走散失死亡者，何可胜道。节妇能不与人沉没，卒得令名，岂非其志之异邪？方其诈报孝则已死，乃所谓不祥人矣。节妇之姑亦方氏，死震泽水者也。一闺阁间节烈相继，岂不伟哉！悲夫！

钱澄之矢志抗清，至晚年还奔走四方，以胜国遗老闻名。大櫆于此不方便多说，但以二方为颂，而结以"伟哉、悲夫"之叹，是稍露其心迹。于中，或亦隐含着他对自己曾祖遗民事迹的一些感慨。

这段感慨文字，还透露了一个消息：好研史事的他，之前曾着意搜考过明亡时一些遗事，显是打算在这方面作一撰著。后来之不果行，想来是与《南山集》案有关——那戴名世正因所考南明史事之书而被祸。

但想法虽放弃了，一些资料尚存。

其中一则，作为代表他对明亡之祸看法态度的载体，被撰成了一篇史事记述之文《窦祠记》。

该文记述了明季桐城被农民军围攻时，一个普通的官军士卒窦成牺牲自己以救城的故事，后来桐城人为之建祠以祀。斯事虽很感人，然说到底不过是"舍生取义为人所崇"八字而已。作者所以为文以记，着力点亦不在于此。

他的关注，是由此事引发的思考：

当年农民军犯境，江北诸地多是闻风而降，独桐城因感于窦成的义行，遂坚守而得保全。危难之际，为何如窦成这样的小人物能义无反顾地舍身救城，而那些守御有责的士大夫官僚却反而都表现得那般可耻无节操？"彼其受专城之寄、百里之命，君父之恩至深且渥也，贼未至而门迎揖者，独何心与?!"

---

① 关于钱澄之以及两位方氏的具体事迹,可参看拙著《钱澄之传》。

由之进而深思，让人不禁感慨：

> 吾观有明之治，常贵士而贱民。诵读草茅之中，一日列名荐者，已安富而尊荣矣。系官于朝，则其尊至于不可指；而百姓独辛苦流亡，无所控诉。然卒亡明之天下者，百姓也。后之为人君者，可以鉴矣。

这才是文章的落脚点，是他借义卒救城之史事而要表达的看法态度之所在：卑贱者义，肉食者鄙！统治者"贵士贱民"是错误而危险的！君不见，明王朝正埋葬于民不聊生的百姓的奋起反抗之中？！

文末的最后一句话，似反映了他写此文的动机——他提醒统治者汲取教训，不要再犯类似的错误以致天下之乱。然这只是这个时代一个思想开明的知识者的良好愿望，或者说是一个不切实际的幻想罢了！

自古王朝统治，皆奉行的是上下有序，尊卑有别。孔子创儒教，其核心便是维护封建等级秩序的"礼"，维护统治阶级与士大夫的特权。到了宋代，统治者彻底以儒治国，提出"与士大夫共治天下"，士大夫的地位得到空前的强化。至明清两朝，皆沿承了这种"共治"思想，官僚士大夫阶层，成为维护封建统治和社会的基础与中坚力量。如此情形，期望统治者改变"贵士贱民"的做法以缓和社会的矛盾，当然是不可能实现的改良主义幻想。

但是，透过此文，我们仍能感受到：在大槐的思想里，确确实实地隐含着一种未说出口的"平等"观念，以及源于人文情怀又激愤于现实而形成的"尊卑贱贵"态度。唯其如此，在他的文字中，才不时会表现出对缙绅权贵阶层的鄙薄，对社会底层人民的同情和赞颂。

《窦祠记》是如此，他的另一首《乞人张氏传》亦是如此。

斯传为一乞妇所作。记叙合肥一张姓妇人，丈夫死后独自养其家人。逢岁荒，奉其老弱之翁叔三人，辗转池州、桐城乞食为生。迨二叔皆死，地方有感乞妇贤惠者愿娶之。而张氏终不忍弃翁改嫁，依人家庑下乞食，挑野菜以养。

兹事为作者亲闻，张氏于翁故后，"年已六十余，犹间至余家行乞也"。对于这微贱得不能再微贱的乞人，对于她牺牲自己的一切，宁可耻辱求活也不愿抛弃并无血缘关系的家人的高尚志行，他在为之感动的同时，忍不住要将之与那些生活富裕无忧却常常互斗矛盾的缙绅大夫之家的情形作对照比较，然后于这不禁而作且罕见于文人笔下的"乞传"之中，得出了一个宣言于世而令天下士大夫们要为之羞愤侧目的结论："近世以来，天地之气，不钟于士大夫，而钟于穷饿行乞之人！"

第六章　浮山之游

几个谈笑着的书生，沐着上午的阳光，从山坡间的小路下来，湖畔的芮庄已在眼前。

"你们猜猜，刘才甫此时在家干什么？"

说话者，名叫江化澐（字汶川），生得风流儒雅。

"时辰尚早，怕是还在给他的吴氏娘子画眉吧？"

几人中年纪最轻的书生笑嘻嘻地答道。他是里中马氏之子，名苏臣，字波贤，号湘灵。

"瞎说！这太阳都晒屁股了，他还赖在闺房里腻歪？"

这接话者年稍长点，亦是江姓之人，名有龙，字若度，号涵斋。他虽这般出言以驳，但想想那情景，也不禁莞尔。

他们打趣间，倒也有人正正经经地在猜测：

"我想呢，胡先生若在，二人定然是在讲论学问文章；胡先生若不在，他或自家把卷研读，抑或如你们两个骚人之所好，在那里吟诗作赋。"

这是个长相精干、脸有短须的中年儒生，姓倪，名之镨，字司城。他所谓两个骚人乃指江化澐、马苏臣，因彼二人皆好诗，亦有诗才。而他所谓胡先生，则是邑中硕儒名彦胡宗绪。他们这几人今日联袂而来，既是过访大概，亦是听闻胡宗绪在此而欲拜谒。

胡宗绪，字袭参，明参政胡缵之曾孙。其父石隣卒时，宗绪年甫十岁。寡母潘氏课督宗绪甚严，闻其读诵孔孟程朱之言则喜，否则便愠怒不已。

一日，宗绪偶读司马相如《美人赋》，潘氏闻而大怒，撕书掷地，恨声不绝。宗绪自此再不涉此类书而潜心学问。其母是大学者方以智夫人的妹妹，受方氏博学影响，宗绪于律历、兵刑、六书、九章、礼仪、音律等也无不悉心研究，撰述甚多，还为方家的数学专著《数度衍》作过注，是当世少见的博学鸿儒，为邑内外年轻学子所尊崇。

几人谈论之间，不觉已至大櫆居处。听得一阵诵诗声从茅屋中传出，便驻足聆听——

"疏雨鸣还寂，野花生暗馨。日边双鸟白，霞外一天青。力薄依瓜地，才微守石经。放怀应赖酒，谁忍独长醒。"

吟罢，继又评说道："这'日边双鸟白，霞外一天青'两句，纯出自然，我最喜欢！"

另一个声音接道："他这首《山居春早》三四联，'松叶忽成韵，岭云无定姿'，也是浑然天成，未经人道呢！"

…………

外面众人听了，拊掌赞叹间相偕进屋。见大櫆一旁捧卷默看，另有两人在那里摇头晃脑地讲话，显是刚才吟诵评论者，却也都认识，乃是大櫆族中的再从兄弟刘陈纪与刘万选。

"刘才甫，你不够朋友，有了新诗也不给我们欣赏！"

"对！诗是好诗，人不是好人！"

"是的，吾等来了，也不知迎接！"

"不错！今日必要惩罚一下，以戒今后！"

几位访客嘻嘻哈哈，见面便一起"声讨"。

大櫆不意诸人来访[①]，甚是惊喜。这几人皆出身邑内世家名门，素负才名，且多与大櫆一般地喜好古文诗歌，一般地举业坎坷屡试不售，是僻居乡隅的他平常比较敬服而愿结交来往的同辈学友。

他起身迎迓道："告罪！告罪！某愿意受罚……只是，今日什么风，把诸位才子，一起吹到我这寒村陋舍来了？"

马苏臣嘻嘻言道："是暖春相思之风，送吾等来会尔。汝不高兴？"

---

① 刘大櫆年青时交游活动，文献记载甚少。江有龙、江化澐、倪之鳞、马苏臣及刘万选等，日后与大櫆交往甚密，故借此节一并表出。其年少时相处情形，是交有其实而情节未必如兹。作此处理，是节省行文交代以免琐碎之意。后文所表大櫆浮山之游及所作《游浮山记》，亦不知具体时间，但应是青年时期事，故并于此章叙之。

他与大櫆同年同里，所习经业也相同，较之他人与大櫆更熟络随性些，相处间不少戏谑。

大櫆笑道："高兴之至！宋卿有言，快哉此风，寡人与尔共者矣！"

马苏臣"呸"了一声道："看把你狂的！接下来，尔是否也要做登徒子好色赋了？"

众人一齐哄然大笑。

闹了一番后，大櫆也便知晓诸人此来，是欲见胡先生。

他道："可惜你们来晚了，先生昨已离去。不然，亦能与櫆一道受教。"

众人不免遗憾。又听大櫆道了些情况，愈发觉得失去了一次好机会。

原来胡宗绪其人，以真才实学而具经世宏志，曾为之游历天下以增广见闻。奈何久困科场，年五十才中了个举人，心中怀抱不得舒展。他与左茧斋一样，皆以与吴直为同党好友的缘故，与大櫆这个才华学识志向突出的后辈折节以交。他这样的人，此次过访大櫆，二人在一起研磋讲论的，自然殊别于一般读书人间的诗文风雅浅学空谈。

他们究竟讲论些什么呢？

不久后，胡宗诸因事远行，大櫆作序以送，透露了他们这次聚讲论说的内容：

> 昔孟子当齐宣、梁惠、襄之世，天下方趋于诈谋，以富国兵争连诸侯为务。而孟子道性善，诵法尧、舜、汤、文，宜其所如者不合也。既而与其徒述道德、明仁义，作《孟子》七篇以自表，身废不用矣，尚何区区以是为哉！盖孟子晚而著书，若益之于夏，伊尹之于殷，吕望、毕、散之于周，方兴礼和乐、施德惠之暇，奚暇其他！然则著书者，圣人之不得已也。
>
> 余不自揆，闭户为空文，思以垂之于后。而先时里中胡袭参先生涵奇蓄特，周游天下，以求大行其所志。年五十，始以孝廉举于乡。既困无所合，归而与余抵掌当世之务，慨然奋发，相期以百世之人心为己任。未几，先生复以事将远出。然则，古之奔走而老于道途者，亦有所不得已与！先生行矣，请以斯言为赠。

第六章 浮山之游

原来，他们讲论的，是一般学堂先生不讲、一般儒生也不感兴趣的"当世之务"，即那些关涉国事民生的现实问题。

儒家的祖师爷孔子，给其徒孙们设定的人生目标，是"学而优则仕"，为了日后当官。这其实已开了个很不好的功利的头。但彼时起码还强调一个"学"字——虽然那个"学"的内容，亦不过是贵族阶层须掌握的一些书数射御礼乐等技艺，并不能满足治理国家的实际需要——然至近世科举，这个"学"字更被大大淡化简化，只剩下了一本经典和一篇八股，儒生们凭此便可出仕做官，那官再做得差劲，也少不了一场荣华富贵。如此，读书人也好，举子也罢，大多把眼睛只盯在那当官的敲门砖上，其他的世事如何，再也与他无关。

但总算还有些例外者，一些有理想者，他们的生平志向是能为这生活的世界作些贡献、添些光彩，在经世济民、建功立业中实现人生的价值！所以他们读书之际，那身外的世界状况变化，那国计民生的实际问题，也时时牵动着他们的心，吸引着他们关注的目光。

在芮庄茅屋抵掌而谈的一老一少，便是这样的人。

胡宗绪游历四方，考察人情风俗民生地理，在写就《方舆考》《南河论》《北河论》《胶莱河考》等多卷地理撰述的同时，对各地以及社会的情况问题也了解甚多，多有感触认识。

而年轻的大櫆，其虽受阳明心说的影响，在认识上有一些崇虚倾向，但阳明"知行合一"之论以及其人的生平事功，又促使他在治学上较重视虚实互济。近年随着年纪渐长用世之志日益强烈，兼以受横渠志慨之策励，他于社会现实问题的关注与心情，或更有甚于来访的胡宗绪。

所以这二人聚处，"抵掌当世之务"便是自然了。在胡宗绪，固以大櫆这样有志与同的小友而高兴谈兴甚浓；而在大櫆，则因珍惜向学识见闻过人的前辈讨教的机会而尤为激动兴奋。议论风发之际，被科举阻隔不能一展经世怀抱的他们，尚雄心勃勃地彼此勉励，期以文章学问影响社会人心为己任。

所谓物以类聚，大櫆同辈的友人中，亦多是才华有志之士。像今日造访的几位，文学诗歌之外，江有龙于学无不窥涉，倪之镃则抱负奇伟有经世之志，而马苏臣平时亦颇关注世事利弊，迥别于那些只知闭门读书之辈。因此，他们才会为没能赶上聆听胡宗绪的那些有益讲论而深感惋惜。

这事儿说了一阵，也便丢过去了。众人的兴致，转向眼前的聚会上。平时这么多人碰到一起的机会不多，大家都想尽情地热闹一番。于是各提建议，有欲行诗酒文会的，也有欲结伴以游的。

正未决间，大櫆的兄长大宾进来。

他是闻诸人造访之讯过来的。听他们彼此意见不一，便道："天气晴和，出外游览倒胜过在家枯坐。此去浮山不远，舟船不费时即到。我备些酒食，你们携之以游，览胜酬会，可以两兼。"

大家听了，俱拍掌称好。不多时安排罢，众人移步至湖边，登舟径向北去。

适遇东南顺风，舟行轻疾，谈笑间数十里水路不觉即过。不远处，已见海上蓬莱似的浮山身影。舟中诸人的心里，不免都有些兴奋起来，即便之前有曾游览过，神情中仍透着遏止不住的向往和期待。

你道何以如此？

皆因眼前的浮山，有着融自然与文化为一体的久远声名与独特影响。

浮山位于古枞阳县境之北，今县治之东九十里处，由大江入则六十里。其西面接陆，余皆为湖水所环绕，望之犹如浮泊之巨舟，几欲破涛而去，故得名浮山，又名浮渡，古称符度。

山为远古时火山喷发所遗，虽不甚高，外观无奇，然登临深入却见奇峰迭现，入目皆是怪石突岩，足履处更见无数的洞穴空幻幽窅，素有三十六岩七十二洞之谓；而峰前岩下，溪回洞曲，古树修篁遍掩其间。朝晖夕照里，满山奇丽幽幻，苍绀紫碧，气象万千，使人陶然如置仙府灵山，大有虚幻出尘之感。是以浮山不仅有海上蓬莱之美誉，亦有山之隐者之雅称，为古皖地五大名山之一。

俗谚"天下名山僧占多"，浮山亦是如此。

早在南陈太建年间，天台宗的创始人智恺便看重了浮山的奇丽脱俗而住锡建寺。到了宋代，曹洞宗第七代传人远禄禅师又住持浮山，以与欧阳修因棋说法而声名远振，使浮山寺院门庭日益开拓，渐成十方丛林。后虽几经兴废，但作为两宗祖庭之地，浮山佛教一直保持着很大的影响。

所谓名山胜场相得益彰，浮山佛事之盛，使得浮山之名更远播海内四方。其虽远离都市而处偏僻，但仍引得游人不断，而尤为文人雅士所激赏。自唐以降，前来探奇览胜、留有诗文碑刻可考者便有孟郊、白居易、吕岩、王安石、欧阳修、范仲淹、富弼、黄庭坚、赵孟頫等众多名士；谢灵运、李白以未能之游而为憾，王阳明亦诗述其向慕；又有张同之、雷鲤、袁宗道、钟惺等，或栖身浮山学道修性，或徘徊于此，留有诸多佳事趣闻。因浮山与文人雅士亲密如此，世人遂有"山水形胜地，文人争霸处"之赞叹。而这种名人效应与人文影响，对于桐城文化在明代以后的崛起与兴盛，起到了不可忽视的潜移默化的涵育引导作用。

到了近代，浮山于邑人而言，又增添了另一层文化的影响意义。

明万历年间，邑中著名学者方学渐卜居浮山，与其子孙一门数代阐研理、易，倡扬实学，形成名震东南的方氏学派。而它的代表人物，则是学渐之曾孙、明清之际的一代伟人方以智。

方以智，字密之，号浮山愚者。少负奇伟才志，曾为复社青年领袖，崇祯十三年进士，任翰林检讨之职，先后为定王、永王讲师。甲申国变，他艰险南归。随被弘光党祸，改变姓氏潜逃岭南。后参与南明永历政权建立，任詹事府少詹事兼翰林院侍读学士，再拜礼部侍郎、东阁大学士。清兵南下被俘，誓死不降，削发为僧。晚年于江西创建领导秘密的反清组织天地会，事泄被捕。康熙十年，在押解途中自沉于惶恐滩[1]。

方以智不仅是操守坚贞、志节高尚的政治名家，也是闻名中外的一代大学者与思想家。其幼从家学，兴趣广泛，于天文地理律数音律文字书画岐黄之术等，无不涉猎研究，更坐集千古之智，欲合三教之学而成一家之言。凡撰述百余种，成为明清之际著名的大学问家与思想哲人。浮山方氏之学，至此发扬光大而蔚然成派，影响四方学界文坛，而以智《通雅》《物理小识》等博物科学考据著作，更远传海外，影响日本、朝鲜等地。

总而言之，浮山是大自然馈赠的奇观，是世俗眼中的人间仙境，佛教僧人心中的祖庭圣地，更是文人学子钟爱崇敬的文化锦园。这样一处名山、文

---

① 关于方以智生平事迹，可参阅拙著《方以智传》。

山、伟人故里，其所蕴含的意义，早已超出了单纯的自然景观或人文意义的限制，在天下名山胜地中，具有独特罕见的魅力。故四方过境者，莫不欲往一造，而邑内的士人更是将之作为游览遣兴的首选之地，常一至再至而不减其兴。眼下大櫆一行，所以闻游便皆欣然往之的缘故也便在此。

櫓桨欸乃声中，小舟抵达浮山脚下。众人欣然上岸，从山坡间而入，穿过一片树林，前面平旷处，入目一座六角飞檐的御碑亭，其后则是身姿巍峨的华严寺。

元、明战乱间，浮山华严寺倾毁。至万历时，里人吴谕应宾，以礼佛居士伤华严之毁，发大心宏誓，偕族人吴司马用先并图恢复，资赎道场旧址，重建华严。又同地方官具疏以请，并使滇僧郎目上闻朝廷，得神宗颁名赐藏。

眼前这御碑亭中，立的便是当日神宗皇帝御赐的龙藏敕书之碑。众人走近，看那近丈高的碑上文字——

圣　旨

敕谕浮山安庆府桐城县大华严寺住持及僧众人等：朕发诚心，印造佛大藏经，颁施在京及天下名山寺院供奉。经首护敕已谕其由，尔住持及僧众人等，务要虔洁供安，朝夕礼诵，保安眇躬康泰，宫壸肃清。忏已往愆尤，祈无疆寿福，民安国泰，天下太平，俾四海八方同归仁慈善教，朕成恭己无为之治道焉！今特差汉经大阐黎司设监右少监任大用，赍请前去彼处供安，各宜仰体知悉。钦哉！故谕。

观罢，不由议论了一番。有感叹浮山华严之幸运，得此民间高士呵爱以及皇家庇护，使名山古刹益增其宏福气势；亦有讥讽那万历帝数十年不上朝，荒废国事，不恤民生，却欲靠着人民礼佛向善而保国泰民安，让他不烦心地"做无为而治"的舒服皇帝，岂非妄想？

说了一会，舍寺而去游山。一路攀登，观览那些奇峰怪石幽径曲涧，还有那岩上藤树、径旁修篁、石上青苔、涧边之花。不觉蹑过石龙峰，见前面诸岩比屋列肆，平整如削的石壁上，遍刻着不同的文字，却是著名的浮山摩崖石刻。

浮山之胜，首在遍处的奇岩怪石幽洞，历代的文人雅客至此，亦因喜爱追慕，留下各种文字石刻以为纪念。自唐时迄今，满山各处共有数百处之多，有文有诗有短句有题名，真个是一座世间罕见之文山！

眼下大櫆一行游览所至，正是摩崖石刻集中之处，分散在枕流、陆子、翠华、隐贤诸岩石壁上。众人驻足观摩了好一阵，才移步前至会圣岩。

这里正是宋时远录禅师与欧阳修说法之地。一旁的栖真岩内，便有远录坐化后的瘗骨之塔。众人观礼一番，遥想当年远公与欧阳修的因棋说法故事，颇是感慨，你一言我一语地议论起来：

"欧阳修来浮山，先不与师言，只与人弈棋，然后却请禅师因之说法，是摆明要与其为难之意。不料被禅师借着人在弈中苦思挣扎的种种情形，以一句'黑白未分时，一着落在甚么处？'之语，反将他难住了，亦是尴尬！"

"据言，欧公回去后，对同僚道'予初疑禅语为虚诞，今日见此老机锋，所得所造，非悟明于心地，安能有此妙旨哉？'又谓如此和尚，'天得一以清，地得一以宁，君王得一以治天下。'可见他当时虽被难住，后来还是有所明悟的。"

"亦不见得！其所言论，也就是赞服称妙。究竟妙在何处？他可没有道半个字。说句不敬之语，我以为他不过是在人前跌了相，事后要装出一副悟了的样子，表示他这个当世的名家，毕竟天赋不凡，连和尚那般奥深之语旨，他也能体悟得出来。"

"苛刻了！文忠一代文豪大家，岂是汝所言之虚伪不堪？不过……他所谓'君王得一治天下'，亦是谬称荒唐，一个人会弄几句玄乎乎的言语，便可治天下了，天下那么好治？"

"所论正确！远公之论，意在破欧阳之迷执，世人之迷执，不过是禅家点人之机锋手段。然其总逃不过虚无之旨，用以警心可也，拿去治世则未免扯淡！"

"永叔文章高妙，却乏治才，他说两句迂腐失当的话不必当真计较。吾却在想：当年来访之人，若是换作精知佛理、又机智捷才的苏子瞻，当禅师说什么黑白未分，一着落在何处时，子瞻一定会反问：'本来无一物，何处分黑白？'却不知远公将何以对？"

众人听至这里，皆为之拍掌大笑称妙。

之后移步，穿弓石，至一处微感冷气湿氛的巨岩前，见岩前侧壁上刻有"滴珠岩""飞雨岩"等文，而岩口石壁上则书着"水天洞口"四个大字，却是浮山三十六岩中之著名者：滴珠之岩。

岩体大而空，其上石罅宛转廓然，如覆巨瓮，腰有石阁如螺，其顶则露天开窍若龙湫，泉从其中飞流直下，喷珠溅玉，而底边四周之石下皆已虚空，击之锵然回声，是为岩中悬瀑奇观之水帘洞[①]。

一行人入得洞来，顿觉清凉，神情为之一爽。

有人去掬那清泉解渴，还不忘念几句诗："飞瀑潺潺峰顶来，珠玑错落下瑶台。已分清响消烦障，还有余甘润木莱。"却是好诗的马苏臣，所诵的是唐代诗人孟郊游浮山所赋之《滴珠岩》。

另一个好诗的江化澐不甘于后，甘泉润喉之后，也摇头晃脑地讽诵起来：

> 淙淙万里落石巅，皎皎一派当檐前。清风高吹鸾鹤唳，白日下临蛟龙涎。浮云装额自能卷，缺月琢钩相与悬。朱门欲问幽人价，翡翠鲛绡不值钱。

这同样是前人之作，乃王安石任舒州通判时游此悬瀑之诗，名曰《水帘

---

① 我国古代文学名著的作者，多存争议现象，《西游记》亦然。《西游记》旧传为元初道士丘处机所作，因其著有《长春真人西游记》。又传为明人吴承恩所著，鲁迅在《中国小说史略》中，据《天启淮安府志》所载山阳吴承恩曾著杂记《西游记》，遂论其为名著《西游记》作者。然古人所谓游记，多为游历之杂作，冠以东南西北之《游记》者甚多。资料显示清初藏书家黄虞稷撰《千顷堂书目》，便将吴承恩之《西游记》明确归于地理类，是可见其《西游记》非小说之《西游记》，当代研究者也多持这样的否定意见。巧合的是，吾邑明代亦有吴承恩者，字公赐、号平川，南直桐城（今枞阳）人，明嘉靖十二年补贡生，嘉靖二十六年任河阴县令，嘉靖三十七年任潞安通判。这个吴承恩有无可能是西游小说的作者呢？是有可能的。近年有研究者陈松郭、刘毛陆诸先生从枞阳吴承恩生平、《西游》的内容文字中包含的信息等诸方面，进行研究考证，提出了一些关联性的证明，并引起了学界的注意。本传此章介绍浮山滴珠岩水帘洞，颇觉《西游记》开篇描写石猴降诞称王于花果山水帘洞的情景环境，与浮山极是相似——这谓是巧合也可，谓本是小说的现实原型亦未尝不可。而浮山又是佛教久远之地，又值得注意，若谓桐城吴承恩受其启发，而搜集传说资料以创《西游》，亦是关联合理之推测。

洞》。浮山的名人文化，对于邑中士人的精神、治学乃至艺文的影响都很大，历代名贤游记之诗文，读书人大都很熟悉，故江化澐他们张口即来。

倪之鏴虽不如马、江那般钟爱诗词，但亦善歌赋，见他们讽得热闹，也忍不住道："先贤以'滴珠'为名赋者多，如王荆公这样以洞为题作歌者则鲜少。但我记得方明善公也有一首《水帘洞》云：'洞云长日静，流水不曾闲。坐见寒流去，悠然自闭关。'"

明善即方学渐。他中晚年仰慕王阳明心学，以为其"致良知"是承继孟子的"性善"之说而来，而他的使命便是阐扬其旨意，乃取"明善"作为己号。观其《水帘洞》辞意，当年的他，曾在此处闭关般长坐静思，而其思考体悟的对象，或正是阳明心学之奥义。

一旁的江有龙瞧得有趣，凑兴道："吾读《浮山志》诸诗文，觉无可大师所赋《滴珠岩》，具象灵动，意境深远，却非他诗可比！"默想了一下，铿锵有力地念了出来：

痴龙随我将须眠，梦在鸿蒙一滴先。吐入圆壶惊玉碎，泪从银汉借丝穿。冰弦赴节非窥管，瀿眼挥毫倒刺天。劈破空拳还拍掌，呼来风雨不容传。

"无可"乃是方以智出家后法号，此诗作于其奔父丧庐墓故里时。看似在咏滴珠岩景象，然稍加体味，便体会到那明显的比兴之意，窥见其中作者含蓄而深沉的情感心志，显是借景抒怀之作，非同寻常的咏景诗——《浮山志》同时收录的以智门人戴移孝《滴珠岩次药地本师韵》，末联云"无上门中休出指，凭君击杖响争传"，便清楚表明了这点，故江有龙有如是评说。

他们几人正热闹吟诗，未见爱诗的大櫆加入。放眼寻去，却见大櫆独坐洞口，垫簿膝上，在那里写些什么。

"刘才甫在干什么？这一路上，见他数次弄笔以记，是要赋诗还是作文？"

几人正觉着好奇，一旁有人做了解释，那是大櫆的再从兄弟万选。他道："三哥拟作浮山游记，故于所览之景物，仔细记录。"

原来数年前，大櫆读了万选的祖父刘睿仁所著之《浮山纪游》，敬羡之际对浮山甚是向往。后至浮山游玩，愈加喜爱，萌生了也作一篇游记的念头。此次随众人复至，便欲趁此机会将以往或忽视或未历至的一些情景弄清楚，以备之后写作。

诸人听了，拊掌称善，皆盼其能为浮山游记添一佳篇。

观览讲论一阵，出得洞来。此时已是中午，不觉腹中有些饥饿，便在洞口前平旷处，将着携来的酒食餐饮。高岩之上，峰壑眼前，听山鸟鸣转，观烟岚嶂漫，又良友作伴醴浆相酬，众人无不兴致勃然，心意快畅。酒至酣处，更禁不住长歌短吟，声荡幽谷：

> 浮山四面与水接，蜃气楼阁何玲珑。千重石色上天直，无数岩阿盘地空。风吹鸟鸟自得意，雨过梧竹争修容。山人野衲足伴侣，他日结庐归此中。

日头西偏时，他们才兴尽下岩，过涧中石桥，到了半山之处的金谷。其为浮山诸岩中最高广者，倚岩架石建有寺殿楼房，系浮山著名景点，又位当山之豁处，与华严并为浮山门户，是起华严则止金谷，起金谷则止华严。故凡至浮山游过之人，都很熟悉它。

大樾往昔游浮山，曾两登金谷，并留下诗二首：

> 晓色澹余霞，崇岩映朝日。苍翠难为名，因兹叩禅室。门前十丈松，高蟠对古佛。时闻山鸟鸣，流响何清越。梅花香满林，兰芽亦争苗。纵目既升崖，探奇旋入穴。峥嵘绀壁下，犹残去年雪。敷坐久忘还，余亦离言说。（《登金谷岩》）
>
> 精庐嵌层阿，上上未能已。崎岖缘反径，演漾渡清沚。雨过秋容清，天高壁色紫。古像俨庄严，飞檐纳恢诡。密树偶撝芳，晴崖长喷水。客闲僧复幽，辰良景仍美。孰能捐尘累，世外同栖止？（《金谷岩寺》）

其他人也基本游过，遂不复登。转而去拜附近的吴应宾墓——原来吴应宾生前不仅勉力恢复浮山道场，也长期居于金谷岩下，死后亦葬于此。后来，其夫人与子，也被外甥方以智合葬于该处。

斜阳下，松楸间，来到荒冢前的众人，颇有沧桑之感，又深怀敬仰之情。吴应宾是明末桐城的著名人物，其天姿颖绝，时人目为圣童，年二十二即魁于南宫，授翰林院编修，惜以目疾不久告归。此后长居浮山，自署三一居士，一面为华严护法，一面精研儒释西乾，辨析古今，学贯天人，以著《宗一圣论》而被称为宗一先生。其学说思想，为方以智所继承，对方氏会通古今融合中外的集大成之学的形成创立，有着重要的影响。

如此先贤名流，临其冢前，谁又能于肃然之中而不深怀追慕之情、崇敬之意？

于中，又以马苏臣别具一番情怀。原来他的曾祖、兵部主事马之瑛，与方以智为同堂连襟，又与应宾之子道凝及门人姚康交好；而祖父马教思，则是方以智之婿，其亦如应宾老人一样，仕为翰林编修。虽已隔了数代，但几家亲情世谊仍在，此刻伫立宗一先生与其夫人的合墓前，遥想当年，缅怀先辈事迹风范，心中无限感慨……

此后数日，众人遍游浮山各处，又乘舟出湖渡江至贵池，览齐山、游秋浦，直至兴尽才返。

回芮庄后，静下心来的大櫆，借鉴前人作了一番构思，完成了他的《游浮山记》，偿了夙日心愿：

浮山自东南路入，曰华严寺。寺在平旷中，竹树殆以万计。而石壁环寺之背，削立千尺入天，其色绀碧相错杂如霞。春夏以往，岚光照游者衣袂。

逾寺东行，循九曲涧登山之半曰金谷岩。大石中空，上下五十尺，东西百有二十尺。装岩为殿，架石为楼，凿壁为石佛，而栖丈六金像于其中。其石宇覆荫佛阁，而宇之峻削直上者，犹二丈余，望之如丹障，四时檐溜滴沥。其左为僧厨，厨亦在岩石之中。岩之北壁有洞，窥之甚黑，以火烛之，深邃殆不可穷。丹障之西，障垂欲尽，石坼而水出，小桥跨之。过桥，而巨石塞其口。沿涧曲折循石蠔以入。至其中，则廓然甚广而圆，如覆大瓮，如蜗螺旋折而上。上有复阁，其顶开圆窍见天，飞流从中直下数十尺，如喷珠然。岩底四周皆石，岸可容百人，可步，可环坐而观焉。以石击其壁，响处处殊，燃火炮于其中，则如崖崩石裂，声闻十里外。其中承溜为石池，溢而至于岩口，则伏而不见，此所谓滴珠之岩也。若时值冬寒雨雪，或凝为冰柱，屹立岩石之下，尤为瑰丽奇绝。然不常有，盖数十年乃一得之云。

自滴珠西转，是为闻虚之峰，绿萝岩在焉。峭壁倚天，古藤盘结，石楠、女贞，相与攲侧，被之无寸土而坚，而壁石中拆一罅，水从罅中出，注而为垂虹之井。出金谷而左，陟其肩，有大石穹起，当道两枨，中虚如植玉环，而埋其半于地。自远望之，天光见其下，如弦月焉。其旁怪石森列，如狮、如象、如鹦鹉甚众，不可名状。而首楞岩在狮石口吻内，其中凿石为几榻，可弈可饮，可以望江南九华诸峰，如在宇下。自首楞缘仄径西行，有泉滴沥不断者，上方岩也。往时泉漫流，悬注金谷之额，自岩僧凿石连枧，引其水入厨，而金谷之檐溜微矣。自上方复西行，有圩陂广可数亩，其形如漏卮，其口则滴珠之飞流所自来也。

自华严之寺西行，径山麓田野中，至松坪，入之甚深而隐。背金谷而当山之豁者，会胜岩也。岩纵三十尺，横五十尺，即岩内为殿，而架阁于其右。一日，坐阁上，值大雷雨，云雾窈冥，阁前老松数十株。隐见云际，森然如群龙欲上腾之状。自岩左拾级而上，为堂三间，曰九带之堂。石三面抱之。门外植四松，松下则会胜之檐溜也。会胜之右，有岩曰松涛，有洞曰三曲，洞中乳石成柱，委宛覆折。而古木苍藤，蔽亏掩映，冬夏常蔚然。有泉泠然出其下，南流入峡中。而朝旸洞在峡西石壁之半，梯之以登。至亭午，日景始去。自会胜左出，石壁西向，岩洞鳞次，曰栖真、曰栖隐、曰翠华、曰枕流，而五云岩在翠华之上，望之如层楼。至壁之将尽，则嵌石覆出如廊。廊西，乳石下垂，如象蹄，对峙为柱者二，如辟三门焉。金谷岩洞类宫廷，会胜廊成列肆。自三门南出，有石龙蜿蜒南行数百丈。人亭其上，左右皆俯临大壑，群木覆之。溪水自荫翳中流去，锵然有声。自三门左转，一径甚狭，垂泉为帘者，雷公洞也，中有石池，以闽人雷鲤读书于此，故名。

自会胜迤西而北，入石门，则山之顶也。其上平旷，天池出焉。有大小三天池，菰蒲被之，虾鱼群戏于其中。又有大石坦夷，上可立千人。石理成芙蕖，经雨则红艳如绘。石尽则菜畦麦陇，弥望如在原野。畦陇尽，则又出石骨坡陀，其侧可以俯瞰连云之峡，而危险不可下。

连云峡在会胜、石龙之西。峡三方皆石壁如城，而阙其西南一面。有岩在峡口之右，石镤如蜂房。架石为寺，凿石为磴而登之。冬时得南日最暖。自寺左行，有崖巍然高覆，其承雨溜者，岁久正黑；雨所不到，石色犹赭。赭黑相间，斑驳不可状。崖腹有岩曰野同。自野同又左，崖檐有泉悬注。侧足循危径以行，人在悬泉之内。至峡之将尽有岩，石理凹凸纤密，如浮沤，如浪波之沄沄。而崖檐之泉铿訇击越，如闻风涛之声，名之曰海岛。

出连云之峡，又西北行，有岩曰壁立之岩。即岩内为殿，而于其前架楼以居。其上有重岩，曰石楼；其下有井不涸。其前有石台，台之下有洞曰鼎炉。其右有泉，自峡而出，曰桃花之涧。跨涧为桥。洞以全石为底，雨后泉穿桥而堕。游其下者自鼎炉以趋桃花之涧，则必越涧之委，仰见飞流如喷雪，其声轰然，人语不能相闻也。逾桥而西而岩，石壁陡立不可入，乃穴石为门，架石为楼而居之，名之曰啸月。循其西壁而转，有小洞。洞内石穴如蜂房，其数盖百有八，名之曰总岩。

壁立之右有岩曰半月，折而北有岩高敞曰西封。旧有大石，可罗百席，石工采其石以去，既久而洼，积水深二丈焉。旁岩三，不知其名，皆可游。又其西则云锦廊也。自壁立之左南出，石壁峭削不可攀。好事者凿石为磴，磴才受足，凡百余级，五折而上，名之曰绕云之梯。自壁立来者，上梯以天池；自会胜来者，下梯以趋壁立。绕云之南，有岩曰披云，登其梯之半，其旁有洞，曰夏玉。

浮山在桐城县治之东九十里。登山而望之，盖东西南北皆水汇，而山石嶵空虚，几欲乘风而去，故名之曰浮山。是山也，自樅山迤逦而来，北起而为黄鹄峰。峰之西，石壁削立千尺，上丰而下敛，其势欲倾，有洞在其上，曰金鸡，大如车轮。四分石壁而金鸡高得其三，崭绝不可登。当其壛然下敛，有二岩，曰毕陶，临水而幽；曰晚翠，日西夕则岩受之，盖与朝旸之洞平分一日云。黄鹄之南，有岩曰摘星，地峻而险，其径不容足。岩之前有绝涧横焉，游者皆苦其难至。自摘星而下，其右有瓮岩，其口隘而其腹甚广，其左有两石屹立，高数丈，中距二尺许，若人斧以斯之者，名之曰夹槎之石。石之右，断虹峡也。峡中有洞，曰涵苍，曰横云。自黄鹄东南复起而为妙高峰。妙高者，浮山之最高处也。峰之半有岩，曰凌霄，登之则飞鸟皆在其下。自妙高之凌霄折而下，至西北直上，又得醉翁之岩。下临平原，其岩石覆压欲坠；有僧构而居之，窗楗皆如支拄然。中有泉，甘洌异于他水。其旁有关岩，他岩三面石，而此独四面，一户一牖，皆石以为之。

自妙高东南再起而为余莱峰。余莱之南则华岩之背。所谓石壁削立千尺者也。壁有洞二：曰定心、曰宝藏。自定心、宝藏而东，有洞二：曰长虹、曰剑谷。登妙高、余莱之巅，其间多大石，皆奇。有一石直立余莱峰上，当额一孔如秦碑，而其下方石整立，如连屏折叠，烺然可数。

自黄鹄北迤，是为翠微峰。翠微峰之西南壑中，其水流而为胡麻溪。由石龙之左，循溪以入，其石壁之洞有三：曰深邃、曰石驻、曰蛾眉。折而南，有小峡，峡有岩曰谈玄。出峡而北，有石梁二，相并而跨于溪上，溪以全石为底，而仰承二梁为一石，名之曰仙人之桥。雨则登桥而下见溪水之奔流；霁则桥下可通往来，可罗几榻而居之。

自翠微之东，别起而为抱龙峰。抱龙与余莱并峙金谷之前。金谷则黄鹄之东面也。登抱龙之巅，有大石上平如砥，曰露台，四望无所蔽，而风自远来甚劲，立其上则人辄欲仆。台之后有洞穹然跨峰之脊，左右豁达。自东入，则西见山之林壑；自西入则东见野之原隰。台前有老松，枝干虬曲，盖千岁物云。

自翠微西衍，是为翠盖峰。自翠盖转而西南，则会胜、连云、壁立、啸月诸岩也。自啸月而更西北，浮山之西面也。从其西以望之，山如石几，正方，而丹丘、一掌二岩并立方几之下。山之北戴土，无岩洞。

而山中有青鸟，其声百啭，独时往来于白云桐城山名，东去浮山二十里。金谷之间，他山未之见也。又有鸟，状类博劳，日将入则鸣，其声如木鱼。

名山胜地，自古不乏游记之文，浮山亦如此。宋、明以后，关于浮山的各种游记，康熙初由方以智门徒山足和尚主持，遗民吴道新采录编辑的《浮山志》收录多篇。其中，详细记述浮山地理与峰岩洞石具体风貌的，有钟惺、方学渐、方以智等人的作品。

大櫆这篇浮山游记，不仅继承了这种风格，更效仿了方学渐式的略去时间情节过程介绍的方式，只以游览之视野口吻，备述浮山峰岩洞石涧壑之况的写作形式①，令人在阅读中于浮山地理以及岩洞瑰奇之胜，既有个体印象又有总体认知。二人之区别者，除了路径与景物的描述不同外，是刘文将这种游记写法发挥至极致，起则单刀直入无交代，收则戛然而止无叹议，游起游终，略无他语，明快简洁，更像一篇叙而有序却语言精致的导游文辞。

然而，浮山并非仅是天然瑰丽的旅游胜境，它还有着深厚的历史人文的背景与内容。故大櫆这样的写法，其瑕疵不足也显而易见：在方学渐游记中，还稍为兼顾了一些人文展示，而大櫆之记则几乎不涉，人乍读之，是毫不知晓浮山尚有洋洋人文之盛矣！

虽然如此，其仍不失为别具一格之游记，给人一种新颖的感觉，仔细读来，浮山之瑰丽奇异，已宛若画卷般摊展于面前，迷人眼目而令人神往。

此后不数年，从京师请假南归的方苞回桐城省墓，过浮山时，写了篇《再至浮山记》，对他眼中的浮山，作了另一番记载：

> 昔吾友未生、北固在京师数言白云、浮渡之胜，相期筑室课耕于此。康熙己丑，余至浮山，二君子犹未归，独与宗六上人游。每天气澄清，步山下，岩影倒入方池；及月初出，坐华严寺门庑，望最高峰之出木末者，心融神释，莫可名状。将行，宗六谓余曰："兹山之胜，吾身所历，殆未有也。然有患焉！望春时，士女杂至，吾常闭特室，外键以避之。夫山而名，尚为游者所败坏若此！"辛卯冬，《南山集》祸作，余牵连被逮，窃自恨曰："是宗六所谓也。"
>
> 又十有二年雍正甲辰，始荷圣恩，给假归葬。八月上旬至枞阳，卜日奉大父柩改葬江宁，因展先墓在桐者。时未生已死，其子移居东乡；

---

① 方学渐既是当时著名的理学家,亦颇有文学之能。明万历二十年,郡守赵某、县令黎某游浮山,学渐乃为之作《游浮山记》(载于《浮山志》卷五)。他对浮山熟习,彼时大约作了导游,遂也从此角度撰了游记,除起首交代作记之由及末尾几句感慨外,自"山有石,长数百丈,蜿蜒出谷,状若游龙,一峰耸崿居首,曰石龙峰。此入岩首径也。峰前石池,方广盈丈,曰洗心池。蹑龙背而上,有巨人迹,长尺有咫。稍前则龙亭遗址,因石为础。穿石窦,为龙虎关。越此多洞,一曰洞关。石屹然成柱者,曰洞天石柱。山臂出石斜覆若廊,为岩廊,一曰穿云径。前为陆子岩,深广四丈许,奥有井,其泉洌……"一路具体写去,通篇俱循着游览路线细叙浮山诸岩洞溪石景物印象。

将往哭，而取道白云以返于枞。至浮山，计日已迫，乃为一昔之期，招未生子秀起会于宗六之居而遂行。

白云去浮山三十里，道曲艱，遇阴雨辄不达，又无僧舍旅庐可讬宿。故余再欲往观而未能。既与宗六别，忽忆其前者之言为不必然。盖路远处幽，而游者无所取资，则其迹自希，不系乎山之名不名也。既而思楚、蜀、百粤间，与永、柳之山比胜而人莫知者众矣；惟子厚所经，则游者亦浮慕焉。今白云之游者，特不若浮渡之杂然耳；既为众所指目，徒以路远处幽，无所取资而幸至者之希，则曷若一无闻焉者，为能常保其清淑之气，而无游者猝至之患哉！然则宗六之言盖终无以易也。余之再至浮山，非游也，无可记者，而斯言之义则不可没，故总前后之事而并识之。

面对着"浮渡之胜"，作者吝不着笔，却在那里借宗六和尚之口，抒发他奇怪的感思：山出名了，会被游者破坏它的美，所以还不如默默无闻不出名。他实际想说的是，人也是这样，不然会有声名之累。

名山当前，人为之倾倒痴迷，他则心无涟漪，只顾叙其感慨思考，实在是有些煞风景——没有办法，这就是方苞，他就要这样写的！

如果你以为他这次不过是因事过浮山，若真是游记未必如此，那你便错了！他后来正儿八经游雁荡，所作《记寻大龙湫瀑布》《游雁荡记》，你根本看不见瀑布的影子，只是听他借着寻找之情节，发了一通"先王之道之榛芜久矣""孔、孟、程朱皆困于众厮舆"的感慨；而雁荡之岩壑风光，在他眼底笔下，与浙地其他那些号为名山的都差不多，没有什么美丽可夸之处，不过给了他两点类同至浮山的感受，知道了"修士守身涉世之学，圣贤成己成物之道"。

为什么非要这样写呢？非要将游记之文变成说教之作？他是专门探秘世界奥秘思考人生道理的哲人吗？不是。他是在坚守贯彻他的文学主张，即所谓"义法"："义"指文章的内涵，"法"谓表现形式。而在这二者中，他更强调突出"义"或者说"义理"，要从所写的事物本身发掘出某种思想内涵或道理，而这种思想内涵或道理，又总是与他所推崇的儒家说教和程朱理学相联系。

上述几篇文章，皆是这种文学理念的体现，而这种文学理念的形成，既源于他作为一个理学家的虔诚，亦与庙堂之上的统治者的要求息息相关：

自甲申挥师入关取得天下，清朝历经20余年，至此已趋于稳固，经济也渐见复苏，遂越发重视和强化文治教化，康熙四十二年，皇帝就多次训示"文章以发挥义理，关系世道为贵""凡其指归，务期于正"，对文章宣扬儒教服务于政治作了明确要求。

在《南山集》案中捡了一命而变得小心谨慎的方苞，对这样的要求岂敢不遵？何况它又与他的卫道立场相符，自是要把"文章发挥义理关系世道"时时刻刻放在心上了！所以，他的游记之作也便只能写成这样了。只是他这样的实践，固能给人以一些思想启发，却丢掉了游记散文写作的特点，而不免沦于议论说教枯燥无味了。

若干年后，大櫆拜入方苞门下，或也受到后者的一定影响。但在为文主张及创作风格上，大櫆并没有改变自己的特点。原因在于各人的理念兴趣才情经历的差异不同，还有一点亦不容忽视：相较于远离故乡的方苞，大櫆乃至他后来的门人姚鼐，受到乡土文化的影响，无疑要更大更深些。大櫆的《游浮山记》，直接借鉴方学渐等人的游记手法，便是一个明显的例子。而他另外的游记，则有借鉴钱澄之游记的印迹。

第七章　坐馆勺园

桐城县城西南隅，靠近西城门边的城墙下，坐落着一处名唤勺园的建筑，人称张氏勺园，因为它是邑内名门显族之一的张氏建于明季之别业。

明隆庆时，有张淳者以进士仕宦，历官至参政，家声始显。此后，其子孙冠缨不绝。至康熙年间，参政曾孙张英累官至文华殿大学士兼礼部尚书，位极人臣，而诸子亦多为官在朝，成为声震海内的显宦巨族，第一等的名门世家。

勺园，便是张英父亲张秉彝所建，现为三房西渠公张杰（秉彝第三子）子孙之产业。园不大，方广不过盈亩，但垣墙之内，荷池嘉树映庭院，曲榭回廊掩幽深。因其环境雅静，如今便成为本房子弟的读书之处。

康熙六十年，勺园添了一位年轻的西宾：应友人张若矩之延请，二十四岁的刘大櫆坐馆勺园，教导若矩的几个幼弟读书。

若矩，字闲中，号椒麓。其生父张廷琰，康熙戊戌以贡生选授陕西泾州州判。若矩在兄弟五人中行二（长兄若眹，字长黎；三弟若星，字东临），以伯父候选教谕廷莹无子，自幼过继于其家。

若矩虽出身世家名门，但为人却笃诚义气重交游，他与大櫆偶然相识，既敬其才识过人，又感其正直豪爽，遂倾心相交。为能绸缪相处，亦为帮助生活颇有些困境的友人，乃邀大櫆来勺园课教。

大櫆对此很是感激。

他虽自负才华，奈何时运不济，六考败北，至今仍是个不能进学的童生。这招来不少的白眼轻视，身旁周围的各种讽刺嘲笑也很多。这种情境下，出身名门世家的张若矩不仅真诚交结，还请他这个秀才身份都没有的人去府上课教，这份爱重情义，在给他知己之感的同时，也温暖了他的心，令他甚是感动难忘。多年以后，他在祭文中尚念念感叹："举一世以权丫，子独揄芬而匿秒。信两情之无疵，与草木同其臭味。"是可见此时与张若矩交往以及若矩对他的肯定爱敬，带给困境中的他思想精神上怎样的欣悦慰藉！

他便是怀着这样的感念，同时也带着对豪族世家的些许好奇，走进了勺园，开始了生平首次的课徒生活。

教学是比较轻松的，因为只有张廷琰及其弟廷珫两家的几个小学生。大櫆的任务，不过是给他们教教诗文，讲讲蒙学经书。

过往多年，他总是向别人求学。而今自己当起了课教的先生，坐在书斋里的大櫆，既新鲜又感慨，写了一首《授徒》诗：

> 授徒一室内，少长各有仪。童子听弗问，冠者学安诗。
> 欣欣日相对，是以忘朝饥。我生累代下，窭言怀皋夔。
> 望古每兴慨，流涕及今兹。岂第托空言，行将见设施。
> 天命不吾与，吾徒其共之。自强在知困，所患好为师。

诗的后半部分，直白地道出了他徒有抱负而时运不济的困境，以及不甘现状而欲努力自强的盼望。但这些抒怀感叹之外，一句"欣欣日相对"，仍清楚地表露出坐馆勺园的他，总的来说心情还是很惬意的。

这是好理解的。因为来到勺园，于他而言有着多个人生的"第一次"：第一次离开寂寥落后的乡村，生活于繁华热闹的县城和环境优美的勺园；二十多年来依靠父兄生活，第一次能以作馆之酬谢，为日渐穷困的家庭作点贡献；在人生的旅途上，第一次遇见一个倾心交结慷慨帮助的知己友人，且能与之朝夕相处，彼此关怀激励……当然，还有第一次作为先生，课教学生的新鲜体面。这一切的感受叠加，焉能不使人暂忘人生的烦恼而觉生活之欢悦！

而馆客勺园带来的欣喜，尚不止于此。

入勺园后，大櫆很快结交了一群年龄相仿的新朋友：先是张清少（廷璇）、张长黍、张东临、张渭南等一干张氏诸子，其后又有与诸子来往的姚范、叶酉、方泽、方辅读兄弟。

这些朋友，或为人热情豪爽，或志趣相投，或富才艺学识，大櫆课教之余，时与之过从聚会：或在美丽的勺园中，谈艺论学，畅抒怀抱；或结伴出游于龙眠郊野，探幽揽胜，搏村醪之一醉。

年轻人相处，本就真诚热情，况又多具才华彼此敬重，友谊也便在这交往中，不觉建立起来。

对大櫆而言，这份友情无疑是幸运且可贵的。它不仅愉悦着他目前的生活，亦会在将来的岁月里，成为其交游及生活里不可忽视之部分。其中姚范、叶酉二人，尤值一提。

姚范，字南菁，号薑坞，出身邑中著名的官宦世家。其曾祖姚文然入清后官至刑部尚书，祖父姚士基官罗田知县，父亲姚孔钦增监生，青年早卒。

姚范虽早孤，却能发愤策励，读书博涉多闻，诗文亦力追古人。他与大櫆结识后，志同道合，彼此敬爱。后尚与大櫆、方泽等人相约，拟登楼共学十年不下。事虽不果，然可见其向学之决心及与诸人之情谊。在以后漫长岁月里，他无论出仕为官，还是乡绅居里，都一直保持着与大櫆的友情不渝，且将这段情谊延续至家中晚辈。

叶酉，字书山，号花南，亦出身邑内世家，其再从伯曾祖叶灿，明崇祯间官至南京礼部尚书。叶酉的父亲叶珑，亦是学问之人，与方苞、胡宗绪关系甚好。叶酉少承家学，后来师事方苞，邃于经学，亦颇工诗。

叶酉自成秀才后，屡应乡试而不获荐。其为人有些孤冷清傲，平素不随便与人结交。但对年岁比自己小点的大櫆，他却很是敬佩而另眼相看，还请大櫆这个擅于文章的新友为他的时文集作序。

叶酉在治学上，受方苞影响较大。其孜孜于科举，晚年亦中进士入翰林。但他与大櫆的关系，在其入仕后似乎有一些微妙变化，以致后来逐渐不见二人文字之联系。

夏日的一个晚上。

当月亮升起，凉风送进勺园的时候，荷叶轻摇的池水边，响起了一阵叮叮咚咚的琴声。

勺园里的人们听了，便知那是张登临公子纳凉之际，又在弹琴遣兴了。

张登临在一帮同祖的兄弟中，颇具才艺，而尤擅琴技，闲暇有兴总爱弹上一曲。眼下大约因外面晚风送爽，遂抚琴于荷香浮漾的池畔水边。

琴声振响回荡中，很快便有人被吸引了过去。

那是客于勺园的大櫆，还有一个胡须飘飘的老者。

老者姓程，因为诊医府中也暂寓园内。此人聪明过人，年轻时读书之外，举凡琴棋书画篆刻及医卜这些技艺，皆喜爱学习，是个多艺能的杂家。此时闻听琴音，不免被吸引过来。

与不擅琴艺的大櫆不一样，这程老是内行，一旁聆听之际，也注意弹者的手法技巧，见其或轻挑慢剔，或散泛相错，或吟揉披拂，指法巧妙，心下甚是佩服，自愧不如——这也不怪，他当年习琴不过为着自娱，并未如何下功夫钻研，而眼前的张府公子，却显是经过明师调教颇具技艺的。

琴是古乐器，上古周代即已出现。以琴面张弦七根，又称七弦琴。其音域较宽，音色变化丰富，在长期的发展过程中，形成了独特的演奏艺术和多种手法，亦为文人雅士所爱好。

古琴虽可自学，但要弹奏好，除了悟性，尚需在老师的指导下，加深对琴艺的理解掌握，尤其是那些丰富的手法技巧。不然，乐曲音色的表达能力就跟不上。故眼下这程老见了张登临手法娴熟精妙，便猜其从过师，与自己全凭《太音大全》之类的琴书而自学的技艺，不在一个层次。

凉风习习，琴声不断。忽而轻慢悠柔，猗猗靡靡；忽而清脆有力，磊磊落落。忽而疾繁激荡，如江天急雨，河汉倒倾，须臾之后，却一转平缓宁淡，似天静风轻，云净月明。

不知何时，一曲终了。几人皆一时静默未作声：在弹者固是沉于其境而未能自己；而听者则仍恍恍惚惚，若余音在耳，清响未绝，静夜月光之中，只觉心神空寂出尘，一时仿佛置身于混沌初开的太古之境。良久，始出声赞叹。

大櫆深受感染，央求再弹一曲。张东临也未推辞，便又弹了几段《高山》。刘、程二人不由又赞叹了一番。

张登临笑道："此乃上古之曲，吾勉强为之，也不知所奏是否合乎当时音律？"又邀道："二位可有雅兴，亦抚一曲？"

精艺在前，程老不敢卖弄。大櫆本不熟，却一时兴起，要试奏一下。奈何虽粗知音律琴理，但那双手按抚弦上，却如冬天里僵硬了一般，难以屈伸活动，勉强发了几个音，却不成调。

他讪然而止，起身叹道："先前见君运指如风，神乎其技，吾却笨拙如此。俗谓看花容易绣花难，委实不假！"

张登临嘻嘻笑道："你这双手，生来是写诗著文的，却与这琴无缘。这样吧，汝看吾弹了半天，赋首诗来，算是慰酬一下如何？"

大櫆哈哈一笑应了。月下徘徊，略作构思，便朗朗讽诵起来：

> 大声宫，小声羽，阴阳二气选宾主。
> 大弦君，小弦臣，赓扬仿佛虞廷人。
> 我生不解律与吕，但谓婴儿初学语。
> 江天急雨河汉倾，须臾云静月痕生。
> 夜静月明如太古，请君一弹还再鼓。
> 弹罢却成开口笑，此音未必谐匏土。
> 激昂我且试一扪，十指挛卷如不伸。
> 推琴遽止勿相诮，知我得意当忘言。

张登临听了，拍掌称善。他也会诗，然如大櫆这般能出口成章的本事，却学不来，亦是佩服。这又是第一次得大櫆之诗，且专为他弹琴而作，自是十分高兴。

一旁的程老见了，有些眼热，趁机对大櫆央道："刘君文采，人皆钦佩。老朽冒昧，欲求一传记之文以传微姓，不知肯否？"

这程老不仅多艺能，其性情为人也朴质无伪，淡泊疏放而不趋炎势，颇得大櫆好感。此刻见其央求，也便颔首应允下来。

隔了几日，大櫆捉闲为程翁作了篇《樵髯传》：

> 樵髯翁姓程氏，名骏。世居桐城县之西鄙。性疏放，无文饰，而多髭须，因自号曰樵髯云。
> 少读书，聪颖拔出凡辈。于艺术匠巧之事，靡不涉猎，然皆不肯穷

竟其学，曰："吾以自娱而已。"尤嗜弈棋，常与里人弈。翁不任苦思，里人或注局凝神，翁辄鼙顾曰："我等岂真知弈者，聊用为戏耳！乃复效小儿辈强为解事。"时时为人治病，亦不用以为意。诸富家尝与往来者病作，欲得翁诊视，使僮奴候之，翁方据棋局，哓哓然，竟不往也。

翁季父官建宁，翁随至建宁官廨，得以恣情山水，其言武夷九曲，幽绝可爱，令人遗弃世事，欲往游焉。

刘子曰：余寓居张氏勺园中，翁亦以医至。余久与翁处，识其性情。翁见余为文，亟求余书其名氏，以传于无穷。余悲之而作樵髯传。

这是大櫆首次为生人作传。

他很用心地创作，那个时代里一个多才艺而富个性，不迎合时俗而自在地生活，被社会忽视的普通士人形象，得以被保存下来。

从兹文的字里行间，可以感受到作者对社会下层人物及其生活一如既往的关注同情；细细地品味，在对人物不加掩饰的赞赏怜惜里，其实尚可以捕捉到一些作者自己的影子：同样的不合时俗易为世议的个性，同样的聪颖抱才却生活卑微的现状——只是一为替人看病的郎中，一为课徒教书的塾师而已。文末作者忽然而发的"余悲之"之叹，似便是由樵髯而触发自家之幽怀也。

勺园的馆客生活，是相对安逸且充实的。

对于身处困境中的大櫆来说，在科举未逞之前，他肯定希望能维持这样的现状。然而，天不遂人愿，影响其勺园生活的变化，于入秋不久便纷然出现了。

先是他的一个九岁的小学生张若盼，也不知是体质太弱，还是本有隐疾，七月头里一病不起，医诊无效，不过旬日就死了。

若盼九龄而夭，自是不幸。大櫆与之师生一场，虽只半年，但也很难过。他为这个小弟子作文以祭，复写《下殇子张十二郎圹铭》以寄哀思：

下殇子张十二郎，名若盼，康熙癸巳十月二十六日生，辛丑七月十日死，瘗龙眠山社坛之麓。

盼九岁从余受书，学句读，甫六月余日而病，病未及旬而死，悲夫！

盼性缓，每垂髫自内庭徐徐行，至学舍，北向端拱立，长揖，乃就座。又徐徐以手开书册，低声读，读一句，视他人殆三四句者。读毕，或归早餐，又徐徐行如来时状。余尝指其兄以为笑。

一日，日已入午，所授书未能诵，余挞之。呜呼！余早知其如此，而督责之奚为也？

铭曰：龙眠之山兮幽且阻。惟汝之居兮，与汝之兄聚。式相好兮终古！

一个早夭的童子，本无多少可言状的；但作者以悲怜之情而驱生花之笔，使这篇不足两百字的铭文却颇吸人眼球而别具特色。

这归功于作者于宛转痛惜之际，着墨特征描写，而令人物形象鲜活生动，如在眼前。

他借用小说白描的手法，用"北向端拱立，长揖，乃就座"寥寥数语，展示了张府这样世家的子弟对于礼教的恪守；又在叙事中叠用几个"徐徐"的副词，生动地刻画了一个行止缓慢的儿童形象，反映出其与众不同的性格，读来令人印象深刻。

排行十二的若盼，生命是短促不幸的。然其何幸又遇到了乃师大樾，使其朝露般短暂的生命，得以凝存于如此永恒的文字中！

若盼死在令人伤感的秋天，本只是一段短暂师生情缘的结束，然而却似拉开了曲终人散的序幕。之后不久，勺园一帮相处火热的友人，便开始相继远出。

先是张长黎，要迢迢数千里至京师，去为在西北平凉泾州那个地僻民顽之地任通判的父亲活动，企其能改任至环境好点的地方。大樾感其辛劳不得已，亦为鼓励友人而殷勤作序以送。

长黎之后，接着又是科场不气馁的叶酉，亦要北上京华，去为功名再拼搏。

原来叶酉在本省考了几次失败，便改了主意，以贡监的身份去国子监读书，拟参加明年的顺天乡试。其离开前夕，大櫆亦怅然为之作序相送：

　　予友叶君书山将适京师，里之与叶君交游者皆为叶君喜，而予独以为戚。

　　方今明天子在上，汲汲乎徵才如有所不及，士之以才称而至大官者，鱼贯相属也。叶君志足以希古，权足以济今，射策于甲科以取爵位，可拭目相待。而乃以为戚者，何哉？

　　盖予穷于世，为乡人所共嗤笑。叶君未尝苟与为同，而独相信以与为往还。今年，予客张氏之馆，每相与饮酒论文，至夜分不散。不聚首而或出三日，未之尝有；今叶君则又去矣。

　　夫叶君之穷而与予聚首论文，予之幸也。叶君而射策于甲科，以取爵位，焦明矫翼，天宇苍苍，使予不得持罝罘而视乎薮数，岂予之所以望叶君者哉！

好友此一去或青云直上，别人都为之欢喜，他却心有戚戚。为何这般呢？只为彼之于己殊然看重，而恐此后不得与之盘桓，一腔感佩之意和绸缪之情萦绕心间，而不舍分离也！

这是眼前挥手告别的。

此外，还有人正准备着离开故乡。

那是邀他坐馆的张若矩。

若矩同叶酉一样，也走了出监之路。不过他没有继续应试的打算，而只是以监生身份赴部考职以求选官。候了一段时间，被选至河防工程效力。得讯后，也便整束行装将赴淮上任事。

诸友分别或将离去，这情形真个似人们常说的风流云散，让人对之无法不为之深深惆怅与伤感！

　　粤自余多艰，欣与子相遇。好友倾素怀，芳园有嘉树。
　　花天共浊醪，月地连幽步。襟披曲榭风，履湿寒塘露。
　　纵达时方春，流连日旋暮。好景终古然，人生岂常聚！

这首《客勺园赠张闲中》诗，应便作于这个时间段，感怀的对象虽是若矩，却可视作大椭至勺园后这段生活的留恋难忘以及面对"席终人散"情形时的那种难以言喻的惆怅不舍与伤叹。

是的，馆客勺园不仅带给了他前所未有的生活经历与体验，令他不自觉地被吸引；勺园优美舒畅的环境，友朋时聚的场景，相伴谈学论艺的氛围，茬茬都令他为之喜欢着迷；而最令他感怀难忘的，是若矩诸人那一份份珍贵的友情。

他来勺园后结交的诸友，多出身于荣华之族，张府诸子不说，姚范、叶酉、方辅读辈虽家道中落，其祖上也俱曾显贵宦达。然而，他们并没有因他家世寒微没有任何功名而轻鄙嫌弃，反是热忱交往，待之以亲切之友朋。这些情谊伴着感动，点点滴滴都已镌刻在他的心底。如今，眼见诸人曲终人散般纷然离别，教他如何舍得？又如何不怅然伤叹好景不长人生难常聚？

当然，在这聚会不常的怅叹背后，还隐含着随着若矩离去勺园课教自然结束，他将重新面对生活压力的忧愁：他不坐馆教书，家中的妻儿——他这时已是两个孩子的父亲——靠什么来养活？

好在，这惆怅没有持续多久。

友人方辅读兄弟，这时向他伸出了援手。

方辅读兄弟也是大椭在府城考试时结识的。辅读字颂椒，年稍长于大椭；其弟辅华及从弟方汉（字篠坡）等，与大椭年纪相仿若。

这兄弟几人，对大椭的学行诗文皆很敬慕，以为当世少见。大椭坐馆勺园后，方氏兄弟常来访聚，彼此情感日厚。大椭勺园解馆，方辅读兄弟亦如大椭那般不舍分别。遂禀告家中尊长，言邀大椭至其家坐馆共学。

篠坡的父亲方元礼，曾受《南山集》案牵连而流放北边。这对家族成员的思想，产生了很大影响。所以元礼之子方汉，成年后无意科举仕途，守在家中奉养父母之余诗书自娱。辅读的父亲元醴，也不以仕途为意，其对后辈的要求，惟重读书品行。又方家传统爱习诗文，家中子弟因此皆为趣好。

有此家庭背景，辅读方汉兄弟欲邀大椭这个学行诗文皆出众的朋友来其家坐馆共学，便得到了长辈们的支持。故大椭离开勺园后，下年便得以改馆方家，而与辅读兄弟朝夕相处。

方氏诸兄弟中，后来有二人邑志有载——

《桐城续修县志·人物·孝友》："方辅读，字颂椒，号耕石。性肫挚，笃信好学，善诗古文词，与同里刘大櫆、姚范、江有龙、张辅赟、方泽结诗文社。补县学生，屡试不售，去而幕游，当代巨公咸倚重之。从伯元恺遗腹生伯兄辅世中年与嫂俱卒，力为从父营圹，以伯兄嫂祔焉，一时称其孝友。其昆季友爱，尤可矜法。年八十三卒。著《北垞集》，以孙长庚贵赠朝议大夫。"

《桐城续修县志·人物·文苑》："方汉，字篠坡。年十三父元礼以族难株连，挈母偕往，汉只身依妇家。痛自刻苦，弱冠能文。迨父奉诏放还，始受室。依依怙恃，色养匪懈。年廿余补诸生，与从兄辅读、同里刘大櫆等结诗社，名声籍甚。"

由之可知，颂椒篠坡兄弟，既是具孝友之行的真性情之人，亦是科举环境中仍有文学追求的那一类书生。其与大櫆的友爱交好，应正缘此品行趣好之近同吧。此外也表明：大櫆之馆客方家，殊于寻常的坐馆，其在兼为一些课教之事外，尚与方氏兄弟一起研究诗文砥砺品志，即所谓"以文会而相辅以仁者"（《方氏学舍记》）。而这种文会，后来又发展为结"诗文社"，入社者除了大櫆与方氏昆弟，尚有姚范、江有龙、张辅赟、方泽等一干有志于文学者，一时在邑中造成不小的声响。

这个透露在县志中的结社活动，看似寻常，当时及后世的人们，也并未如何注意它。但究其对桐城文学在清中期的崛起以及"桐城派"的酝酿形成而言，它实则颇具独特而重要的意义——

清代明令禁结社。康熙末年方家的这次结社，大概是因清廷统治至此已很稳固，结社方面已有所松弛才敢为之。但它也颇能说明，发轫于明且曾以不凡的身姿而享誉于世的桐城文学，在经历一段历史的静寂与积蕴后再次因缘而兴，有志于此的人们已正式集合于文学的旗帜下，准备着新时代的文学追求与攀登；

撇开诗歌不论，参加方家文社的大櫆及姚范、江有龙诸人，后来皆是世所谓"桐城派"的早期人物。方辅读兄弟之文，憾未闻诸于世。然方泽之文，其受经弟子姚鼐曾评谓："先生为文高言洁韵，远出尘埃之外。"至于张辅赟，则曾与方泽一道，甄选江左同人之文，集尽一时名士，而《桐旧集》称其"为文极深妙之旨"。由斯二评可窥方、张古文之艺能，亦略知其为文追求文学之高洁深妙，而非囿步于传统的文以载道，所走的也正是刘大櫆姚范后来所展现的重视古文文学性的追求之路；

是可知社中诸人有志于同，且努力追求方向一致（其中江有龙后来学方苞义法而有所变化），因而聚集到了一起；相较于在京华之地迎合卫道要求，偏重义理阐发而倡扬古文义法的方苞，可知在桐城文派酝酿形成的早期，在其故乡就客观存在着另一条异于方苞，而以吴直、刘大櫆、姚范、方泽、张辅赟等所代表的古文振兴之径。

方家的文会结社活动，很是热闹地持续了一段时间。

它的情景，当时虽未有文字记述，但仍可以想象那些画面：

一个个或阴或晴的白天，一个个或明或晦的夜晚，一众年轻的文学爱好者，或聚于学舍，或漫步于原野，或沐着霞光，或就着明烛，三三两两，手拿着诗卷文稿，在那里热烈地讽诵，意气风发地讲论；

他们谈着《诗经》《离骚》《乐府》《古诗》《左传》《庄子》《史记》《文选》《唐诗》《宋词》《元曲》，谈着左丘明屈原司马迁宋玉扬雄李白杜甫韩愈苏轼，从中华灿烂的文学宝库里和那些辉耀古今的名家巨匠身上，汲取着文学的营养与力量；

他们也谈着乡邑的文学，谈着他们家中珍藏世代相传的《蓉川集》《澹然斋集》《龙眠风雅》《桐山名媛诗抄》《田间诗集》《盍山诗文集》《东游记》《南游记》《怀兹堂文集》《解愠堂文集》《浮山文集》《田间文集》《南高文集》《羹湖文集》《覆瓿文集》《雁湖古文》，谈着吴楸、齐之鸾、钱元善、刘允昌、方学渐、吴应宾、阮自华、叶灿、方维仪、方文、方以智、钱澄之、姚文燮、马之瑛这些乡邑的著名前辈诗人与文学家，在学习中去弘扬他们的文学传统与精华……

于他们而言，这后一方面的谈论学习，或许更自然，更重要，更亲切，因为他们便是在这早被文学艺术之风吹拂，历经数百年发展繁荣，散发着浓郁芬芳的乡邑文学气息下成长，一些耳熟能详的前辈名流，或便是他们引以为骄傲的祖上！

所以，他们的眼光思绪，会时常穿梭于古今之间乡邑内外。

讽诵《离骚》之际，他们会不由自主地想到明初"靖难"中，不肯附从的桐城人方法，在如屈原一般地投江自沉前写下的气节凛然感人泣下的《绝命诗》。还有，他的两位文才出众而在明清之际亦同样赴水完节的后人——方孟氏方以智姑侄；

品读唐宋诗文，他们辄会想起自明入清那些曾踵着名家足迹遨游浮山，感受和汲取前人留下的文学风采精神，而终以文采风流称誉于世的一代代乡邑文学的前辈先人：

"流渤海之膏狎主吟坛"的姚旭；

为诗"沉雄高古，时流崇重"的余珊；

"天才宏丽，桐城文学推为先导"的齐之鸾；

其作被誉为"嘉靖八才子叹为绝唱"的吴檄；

能诗而兼工书画的钱元善、钱元鼎兄弟；

其作被公安袁氏尊为"大雅"的吴应宾；

风流跌宕耽于吟咏之阮自华；

出口成章"词有仙气"的刘胤昌；

诗歌古文"真气溟溟"之叶灿；

下笔"春容尔雅"之何如宠；

风节凛然慷慨悲歌之左光斗；

忧患坎壈庄谐怒骂化为诗文之方孔炤；

声振文坛的方以智、钱澄之；

撰成《龙眠风雅》宏著的诗人潘江；

名噪一时的齐鼎名、吴道约、吴道新、孙晋、孙临、姚康、方拱乾、左国材、马之瑛；

彤管摇落的闺阁诗人方孟式、方维仪、姚宛、姚凤仪、姚如兰、左如芬、胡师韫；

还有不计其数的各逞其才各有造诣的文学诗人……

正是："家握灵蛇，人裁绣虎，莫不咀汉魏之芬芷，鼓六代之笙簧"，可谓是十步之内，必有芳草；百里之乡，骚客遍地！

然其辉煌动人，可资后辈学习借鉴的，又岂止如此！

研究《诗品》《文心雕龙》诸著，观前明前后七子及唐顺之茅坤归有光诸家说诗论文，探阐诗文道艺规律与技法，他们总是不能忘记乡邑两位先贤大家的文绪与贡献。

桐城文学至明末，已由实践之波澜壮阔，进入了理论的探讨总结，代表人物便是方以智与其友人钱澄之。

这二人既是年轻时积极批判文坛空疏不实之风的复社精英，亦是明季以学者、哲人而驰名于文学之林的魁杰大家，凭此异于他者之条件，使其在文学活动和批评中，注重深入文学理论之研探，形成了鲜明且较系统的文学主张和观念。

方以智有《文论》《诗说》《文章薪火》等专著，在主张"道寓于艺"、重视探讨诗文艺术的基础上，进一步地提出了中统中边、中寓中边的"中边诗说"和性道文章合一的"仁树说"。

钱澄之亦同样重视对诗文艺术本身的探讨，他响亮地提出诗有"别才""别学"的口号，在"诗以道性情"宗旨下，强调和注重对诗歌艺术的锤炼；其古文观念主张，则在情道合一中，围绕"明理御气而轨于法"和"无所倚附、本色为佳"的要求，对读书明理养气、行文法度、语言文风等进行了多方面多角度的论述。

二人富有批判性、开创性和颇具个性特色的文学议论和认识，在明清之际的文坛颇具影响，亦成为乡邑后辈踵其足迹进行文学探索的重要理论遗产。

眼下便是如此，当结社方家的诸人意气风发地朝着他们的文学目标努力迈进时，他们固欲从文坛流行的观念认知中获得启发，也难忘且珍视乡邑先贤的指引……

文社的众人在努力研学的同时，也并不囿限于坐而论艺，闭门谈美。

似从先秦"乘物以游心"的庄子那里受到启发，中国的文人无不喜山乐水，爱作庄子似的逍遥之游，从中感悟天地自然之道，也于天地的造化神奇和山川胜景的钟灵毓秀中，发现和体悟大自然的壮观美丽与奇魅，以之陶铸他们的精神心灵，涵养他们的才思，寻找更多的创作灵感与原力。

所以，当天气晴好，或众人聚集，社中诸子也时常丢下书卷，寄兴于远足之游。

这一日，他们去了龙眠山中，探览碾玉峡。

龙眠山，是天柱余脉在桐城境内的延伸，位处县治之北数里外。因其景色幽丽，又距城池近处，故成为文人雅士的常游之地，历代乡宦缙绅也多有建别业于此者。宋代有画家李公麟曾归隐此处，自号龙眠居士，又将山中景胜画了十二幅图，碾玉峡便是其中最著名者。

去岁在勺园，友人张筠（字渭南）曾于大櫆面前称赞过碾玉峡的风景，其后大櫆虽游龙眠却未至是处，心中颇为遗憾。故此次出游，众人乃遂其愿而专访碾玉峡。

碾玉峡距城最近，景色又丽过他处，古往今来游者无数，明末方学渐之仲子方大铉曾迷而筑斋其中，且以玉峡为号，可见其爱慕之情。而游者赞颂之诗赋，也不知凡几。

今日来游诸子，莫不擅诗，留下一些诗歌自不在话下。然或虑前人诗作甚多而乏记文，故众人遂有补缺之意。结果便是被公认为文章作手的大櫆，为此行留下了一篇佳文《游碾玉峡记》：

"去桐城县治之北六里许，为境主庙。自境主庙北行，稍折而东，为东龙眠。山之幽丽出奇可喜者无穷，而最近治、最善为碾玉峡。

峡形长二十丈，溪水自西北奔入，每往益杀，其中旁陷迫束，水激而鸣，声琮然，为跳珠喷玉之状。又前行，稍平，乃卒归于壑。旁皆石壁削立，有树生石上，枝纷叶披，倒影横垂，列坐其荫，寒入肌骨。

予与二三子扪萝涉险，相扳联以下，决丛棘，芟秽草，引觞而酌。既醉，瞪目相向，恍惚自以为仙人也。噫！方余客勺园时，张君渭南为余言此峡之胜，因约与游。余神往，以不得即游为憾。今之游，渭南独不与，人生之会合，其果有常乎？桐虽予故里，然予以饥驱，方欲奔走四方，则其复来于此，不知在何日？今未逾年遂两至，盖偶也，而独非兹山之幸与！"

第八章　前路迷茫

康熙六十一年十一月，清圣祖玄烨崩，皇四子雍亲王胤禛嗣位，明年改元雍正。

这是在和平年代皇权的交替，它虽会导致朝廷政治格局的变化，带来一些势力的重新洗牌，但在民间并未引起多大的震动，一般的百姓不过知晓了一件事：老皇帝死了，换了一个新皇帝，新坐龙椅的天子，称作雍正。至于这个天下的新统治者，能否让他们以后的日子好过一点，生计事业能否有新的变化，他们并不太去想，因为想也没用，日子该怎么过，还是怎么过。

雍正元年，已经二十六岁的大榴，自方家卸馆后，又回到了以前的乡间耕读生活，农忙时去田地里帮助做些农活，暇则教教弟侄读书。

这是他们这样的人家惯常的日子，许多人终其一生的情形大多如此，性情淡泊的，也安适于其中，即如大榴在诗中所描写的那样：

> 后稷教树艺，艰食乃无虞。孰能希满腹，而不任灾畜。家世皖江侧，薄田十亩余。侵星赴陇首，落日返茅庐。长夏新雨足，禾苗满村墟。何必待收获，秀色已堪娱。荒郊道路阔，坦步心神舒。时逢相识人，大半皆荷锄。相邀坐树下，浊酒不须沽。一觞互酬劝，聊以解勤劬。
>
> 寰区总万类，争夺互嚣喧。惟有田舍老，不闻尘世言。农谈止菽粟，社集无衣冠。陂塘明白水，桑竹含青烟。北邻犬鸣吠，声与南村连。人生渔樵外，谁当与周旋。栖身向陇亩，亦得终百年。（《田居杂诗二首》）
>
> 田家事耕作，终岁常勤劳。素业苟无失，称心同禹皋。日暮群鸟息，羊牛各归牢。携瓶汲涧水，仰见山月高。人影忽在地，草露时沾袍。浩

歌返茅舍，檐际风飔飔。坐对一尊酒，宁知尘世嚣。（《田居诗》）

余生黄炎后，家世本农人。三坟素非习，四体敢辞勤。长夏往南亩，遇事皆可近。田禾际渚草，瞻望碧无垠。繁阴落茂树，疏烟霭遥村。落日檐下坐，清无车马尘。欢然偕鹿豕，耕稼将终身。（《夏日田间》）

春鸟檐际鸣，欣然念晴旭。缓步出中林，平皋纵游目。烟澹迷松关，花深隐茅屋。朝霞散余红，江水遥新绿。地迥情欲忘，身闲意自足。如何尘世人，心乃贱农牧！（《晓望》）

"结庐负山麓，门外临重湖。微云过疏雨，高天澄霁初。夕阳欲西下，曳屦往观鱼。垂杨四交阴，风来凉有余。轻阴覆水面，澹碧浮云裾。从容以出游，鱼乐固何如！所以古贤达，不受尘垢污。不见玄真子，烟波称钓徒！"（《观鱼》）

朝晖照瓮牖，独居鲜尘想。出户步除阴，兰芽亦已长。鱼依曲岸浮，鸟溯青霞上。早花散余荣，高泉流异响。安得一无事，中园长偃仰。（《斋居》）

这些田园村居诗，大约陆续写于大櫆弱冠以后的青年时期。自大櫆的曾祖父南高公起，刘家实际已以儒为业，衍为书香人家，其田耕只是维持家庭生计的一个副业罢了。然大櫆毫不讳言"家世本农人"的过往，也不以其躬耕农事为辱贱，且于诗中表现出对农事劳动、农家质朴生活以及田园风光的热爱赞美，申言自己亦愿长偃中园耕稼终身，所以他给自己另取了一个似含有明志意味的表字——"耕南"。

这样看，似乎他也打算和大多数生活在乡间的人一样，将安适于秀美的家园，过极其平淡的田居生活了。

是这样的吗？

应该说，也是，也不是。

与一些出生官宦世家的友人不同，"家世本农人"的大櫆，对田园生活确有一种殊然深厚亲切的感情；而作为情感丰富的文学诗人，乡村山水景色的美丽怡人，田居生活及其人事风习的率真淳朴，对他都有很大的吸引；兼之其思想性格方面，亦鄙恶世俗的虚伪丑陋，以致常有与世龃龉之感慨。所以，他对纯朴的乡间耕读生活，确确实实有一种发自内心的慕恋。

他这样的情形，颇类陶渊明氏所称的"少无适俗韵，性本爱丘山"；他所作的田居诗，亦颇有陶氏之风。可以推测，这个时期的他，受了陶渊明的一些影响，不乏躬耕田园的心思。

可他终没有如是践行。

因为年轻的他，正处人生意气风发之阶段，脑子里尚有其他影响心志的东西。

首先是家族进取振兴的希望。

陈洲刘氏虽也是乡邑的望族之一，但在地方上的影响却远逊于那些著名的豪族世家，原因即在于科举不兴，出仕入宦者稀少而达者更无。这不免刺激影响着族人的心理，也令其愈加重视和督导家族子弟的科举教育，期以造就改变其家族声势的显贵人才。

大櫆的曾祖日耀公，于清初给族人订《家规十则》，倡议在祠屋边建义学，以便更多的族中贫困子弟能习文读书，应也含有这种心理。他自己的后人在早前或受他的遗民情志影响，不以入仕为意，然至孙辈尤其第四代，科举出仕以光大门楣已是家族的共识与最大目标。其中，大櫆尤被寄予厚望。

大櫆自幼聪慧过人，读书颖悟出众，稍长，即以才学文誉闻名乡里。如此才俊儿郎，自然为家族所看好，视为这一辈中最有希望者。这种情势下，即便大櫆自己不情愿，但也须遵循家中意见，沿着既定的科举出仕之路走下去；而他自身，其实也并未放弃过这方面的追求愿望。

大凡有才华的人，皆是不甘寂寞和自负的。少时就负才誉的大櫆，对自己也是相当自信的，且用这份自信很早就构筑了经世用世的远大志向。伴着年龄增长，这种自信及致用之志，自也日益强烈。

且看他笔下的文字：

"少年负勇气，志在立功勋。"

"谁云汗血姿，肯为盐车屈？"

"我欲乘巨浪，东揽扶桑柯。"

"丈夫处一世，当先天下忧！"

　　"俱有跃渊情，各怀希世宝。"

　　"豫章生高岭，遥望何苍然……徒含栋梁具，匠石止不前。"

　　"壮心吞涛江，起衰窃自负。千秋与万岁，盛事图不朽。"

　　或直言，或比兴，自命不凡而期建功立业以图不朽的经世凌云之志，展示得很清楚。以此抱负情怀，又焉能安适于西畴之事种豆南山？

　　而这些主观的情志之外，家庭的现实境遇，其实也决定着他做不成那种田园耕读似的人物：

　　因为，"薄田十余亩"而人口日益增多的刘家，仅靠躬耕田圃，是无法维持全家生计的。白荡湖畔的景色虽美丽怡人，农家的生活固然淳朴恬淡令人愉悦，然无自足之温饱，那心情也不免变样。

　　所以他的诗文中，也屡现"饥寒累""以饥驱"的字眼，更有"衣食偶不备，啼号之声满室"①的忧愁直白。可知他在现实压力面前的忧苦无奈，使那基于性情的适意与向往的田园生活，也只能停留在诗意与梦想之中。

　　田园既不可居，科举又久未逞志，年岁见长，青春倏忽将过！人生当处此际，即使他性情比较洒脱爽朗，亦不免为之彷徨苦闷且焦虑。这样的心情心境，自然也会反映于他的诗作中。

　　大櫆的诗篇，多不知具体的写作时间。然其一些仿古的杂感之作，当吟就于此期，与实际的情境心理相符合。诗中可见他那并未掩饰的情志倾诉与抒泄——

　　落日临大江，秋风扬其波。逝者无停晷，灵源一何多。高帆似鸟翼，倏忽相经过。我欲乘巨浪，东揽扶桑柯。惜哉时已迈，路远当如何？

　　秋月照梧桐，流光如碧云，恍惚窈窱间，遥见姑射人。蛾眉秀玉颊，皓齿含清芬。凌风振微步，仪态难具陈。望之有余辉，即之未可亲；翩然忽不见，令我久逡巡。高高天汉上，何路致殷勤？

　　南山有文豹，雾鏊聊藏身。狙猿据木末，俯视自称尊。竹箭在西域，无以异荆榛。一朝遇黄帝，采之为律元。凤凰鸣各六，赫然始惊人。茫

――――――――――――――
① 见家谱《叔曾祖海峰公传》

茫四海内，何者为伶伦？

　　东家有好女，婉丽故无双。自矜颜绝世，纤手独当窗。弹琴不成曲，愁坐对银釭。寒灯少气焰，孤影时幢幢。相看意气尽，悲愤填胸腔。所嗟无异术，使汝心则降。

…………

　　我的志向远大，奈何岁月流逝青春将去，前路仍遥遥漫长；我的理想如那高天之上的神女，欲亲近却无路可至，让人无限恓惶；我有奏为妙乐的才具，可茫茫宇内，谁是那识材知音的伶伦；我像那绝世无双的佳人，无人赏识，只能深闺中顾影自怜，暗自悲愤神伤……

　　这些焦虑忧郁的情绪，不仅独处静思时难以抑止，即使与亲友聚会之际，也会不自禁地涌上心头：

　　日落沈鲛珠，月升荐和璧。萧序披夹衣，良夜岸高帻。既讬彼懿亲，复逢此佳客。欣然共命觞，骤尔争前席。大白竞相浮，轻红时自擘。山静鹤声高，涧虚天影碧。壮志慕鸾巢，颓晖感驹隙。尚及玉颜温，无嗟霜鬓迫。（《山中与诸昆及王设参谢师其夜酌》）

　　彷徨苦闷之中，大樾常常会想起在勺园和方家的日子，想念那朝夕相处的一帮友人，尤其是远在异地的张闲中张东临兄弟，彼二人待他情真意切若昆弟，交游闻见亦较广，倘还在乡里，他的苦恼和想法，还能对他们倾诉倾诉。奈何眼前相隔千万里，也唯有诗寄一腔思诚了：

　　高天鸣雨歇，夕阳满城闉。微风吹帘幕，相窥如有人。昔我同袍友，远隔长河津。思之成隐疾，无路致殷勤。君子坐广厦，小人逐游尘。劳逸虽不同，中心有所亲。平生重道义，四海犹比邻。区区儿女私，弃置勿复陈！（《怀张闲中》）

　　广庭芳草合，美人隔音徽。悠悠万里心，采兰以相贻。采兰日盈把，相贻当几时？思君落日尽，零露下前池。（《寄张东临》）

方氏兄弟倒是还在家中读书。只是听说先前文社的热闹学舍，已成了中闺之室，让他为之感慨，写了篇短文（《方氏学舍记》），算是对那段文社生活的追记。

因为颂椒兄弟换了差些的读书场所，所以他于文末有一段由之而来的勉励之语："夫人之所以为学，将以知性而尽心，心尽则命可立也。至于居处之安，固非所计。"

意思很明白，谓读书人知晓读书的目的意义，于所处的环境条件如何便不会介意。而所谓知性尽心云云，则引之于《孟子》：

"尽其心者，知其性也；知其性，则知天矣。""存其心，养其性，所以事天也；夭寿不贰，修身以俟之，所以立命也。"

拿孟子的话勉人以学，这似乎很正常。

但联系大櫆少时信崇阳明心学，这便有些耐人寻味：因为，阳明的"致良知"之学，虽是借孟子阐述其性善论的"良知"说而来，但他又偏离孟子的思想，说什么"无善无恶心之体"。

儒家正统的主张，是素来主性善的，你阳明说"无善无恶"是什么意思？如果大家都这样认为，岂不要动摇世人对儒学的信仰认知吗？

所以，不仅是那些反对阳明的要大加批挞，便是王学的信徒们，也很不满担心要予以纠正。万历时期的桐城宿儒方学渐，便是其著者。

他的办法就是用孟子改造阳明。具体说来，就是将阳明的"致良知"说与孟子的"性善说"紧密联系起来进行阐发，以后者的理论去纠正克服前者的"思想混乱的错误与弊病"，使其回归儒学正途。

他到处讲学宣扬他的这个办法，被人称作"明善先生"，在东南甚有影响。而家乡崇王学者承其风，后来于治学思想上大体都表现出由心学回归孟子的倾向。

大櫆以孟子之语勉学，表明他随着年纪学识的增长，也发现阳明心学的一些问题，故与家乡前辈一样，亦表现出由心学而回归孟子的变化。

这种变化，体现在《方氏学舍记》，也体现在他这个时期所写的一些文章中：

譬如，他的《养性》的基本观点："性之原于天也，无不善也。"这便是本本正正的性善之说；

譬如，他的《达命》开宗明义说："吾分之所宜然，不容以不尽也，吾为之；为之而有不利，勿问之矣。非吾分之所宜然，不可使之加身也，吾必不为之；不为之而或有利焉，勿问之矣。"这不过是孟子论性命之说的所谓"求之有道，得之有命"的注说引申。

雍正二年春。

正深处苦闷彷徨中的大櫆，因为一个人的出现，而看到了前途奋斗的希望。

这人是路过桐城的当朝名士吴士玉。

吴士玉，字荆山，号瞩庵，吴县人。其天资卓荦，为诸生时即以制义名天下。康熙四十五年进士，入史馆多年，康熙五十八年及六十年，先后奉敕撰《骈字类编》《子史精华》。雍正元年十二月丙辰，以内阁学士出为江西乡试正考官，今春自京师南下，道经桐城①。

人生际遇，冥冥之中似有定数：

吴士玉至桐城，赶上春雨绵绵，遂暂歇旅舍；而大櫆因事，恰也宿于彼处。

多年前，大櫆便听闻吴士玉不光诗文方面是当世名家，且生平极是爱惜人才，与其乡前辈徐乾学、韩菼一样，在朝为官皆以奖励后进为己任。

这样的人物，大櫆自是很仰慕，惜无缘得见。此时邂逅于旅栈，喜出望外，那一颗欲与交结获其提携之心，又如何按捺得了？

---

① 吴士玉道经桐城旅栈遇刘大櫆事，二人俱有文字可证。其有所疑问的，只是具体的年份时间。查《大清世宗宪皇帝实录》卷十四载：雍正元年癸卯十二月丙辰：(以)内阁学士吴士玉为江西乡试正考官、国子监司业孙嘉淦为副考官。次年甲辰，本非试年，却因雍正元年开了恩科，而将癸卯正科改移到了二年，乡试期为二月(见实录卷之二)，故有履任的吴士玉道经桐城事。吴后来在《小稔集序》开头说"去年春，予遇刘子耕南于旅舍。"；给大櫆的诗中又说"我食龙眠雨暂留"，交代了时间地点及逗留的原因，却没有说是在赴任前还是卸任后——试期在二月，两种可能性其实都有。考虑早春时雨水较多，故本节将吴刘相遇归之于赴任时。

然以吴士玉之显宦名流之身份，即便同处一栈，又岂是他这样一个寻常的书生想见便能得见的？

他在客房踟蹰半晌，最后鼓起勇气，仿效前人投诗文以自荐——唐代文人，为获得宦达权贵的赏识举荐，常先投诸诗文于其门上。主人若爱重斯文，便会热情迎待，反之则不予见。时人谓之"投石问路"。

这"石"投出去后，他心中甚是忐忑不安，亦不知吴士玉态度如何，能否允见？便见了，对他的冒昧求援，又会是怎样的态度？毕竟，吴公好扶植人伦奖掖后进之事，他也只是听说。

他这里胡思乱想之际，后院一幢雅舍中，一位身着常服的花甲老人，正在聚精会神地翻阅着面前摊开的一卷诗文抄稿。

他便是大櫆所欲谒见的吴学士，而其阅览的，正是大櫆献呈进去的诗文与制义稿。

学士生平，不少遇这类投文门上之事。但也未想到在这旅中，还有人送来了文字。他既惊讶又好奇，将思绪从脑中缠绕的考试方面抽回，打开其中的诗文观览起来。

也只看得数首，便觉着一股遮掩不住的才气扑面而来，炫人眼目，打动心田；再仔细品味，这位文坛名家于敬佩感动的同时，更是难禁其兴奋欢喜之情！

你道为何？

原来，吴士玉在深感大櫆才气非凡的同时，又嚼味出其诗文有韩柳之风，而他亦正是"韩门追籍湜，走僵不敢停"，典型的韩粉一个，这便令他自然生出若遇同志知音的亲近之感与喜爱之情！

诗文如此，制义如何呢？

他按捺着心情，又去看几篇制义。这一看，愈加兴奋称妙——眼前的制义，于破承转合之际阐述议论之间，义理灿然而显，同时又焕发着一种让人耳目一新又印象深刻的古文气息，迥然不同于寻常所见之八股！

他作为制义高手，往时在京都，常有学子以作品求教而难入其眼——原因虽多，但主要还是兼为诗文名家的他，瞧不上那些干瘪无味的无文之作。此时读面前作品，那感觉便似喝惯了寡淡的白水，换饮了一杯浓郁芬芳的香茶那般舒服清爽！

放下文稿，心中感叹遇到了一个旷世才子，即吩咐身边从侍之人，去请那刘生来见。

不一会，侍者便领着一个青年书生进来。吴公打量间，见其生得广额阔面，大口能入拳头，身躯长大魁伟，虽着一袭布衣长衫立在那里，仍透着一股掩饰不住的雄壮之气豪杰之态。

他心中惊异，愈觉此子不凡。见礼看座后，观其拘谨之际不失温谦气度，再考查其学识，从容以对略无窒碍，显示出其扎实丰厚的学养，对一些问题的认识深刻、见解精辟，连他也叹服不如。

"此子非寻常人也！"

这是吴公此刻的明确印象。

既具此感观认识，又加文学上的赏识感佩，这个素来怜才惜才的学士名流，不仅心下已萌生扶掖之念，也愿同眼前青年亲近相处折节以交。

这便一下子拉近了两个初识者之间的距离：

在学士，固放低身段，亲切地以友人相待，关怀备至；

而在大櫆，则为学士所感动，去了陌生拘谨而尽吐衷肠。他向学士详细诉说了家庭及生活情况，自己八试不得入泮的坎坷遭遇，还有困顿中的迷茫彷徨，等等。

学士于惜叹安慰之际，勉励他以挫折为砺石，努力振作进取。而于其困塞处境，亦表示将会尽力予以帮助：

"明公不嗤笑以为狂惑，而悯其穷屈，施之赏叹，慨然以乐育天下之材自任，恩款周详，意思高厚，实非櫆之初念所望……荷明公以为知己，既有推引之力，又有哀怜之意，窃用私心自喜，以为获所依归。"

这个细雨润物的春日，两个一见便引为知己的忘年新交，在旅舍之中畅谈了很久。

叙事之外，自然还有彼此皆喜爱的诗赋古文辞，尤其是此际二人更愿意讨论的制义。

作为大櫆，他与吴公这个制义名家相遇，当然珍惜这个难得的当面求教机会；而吴公素以此艺自傲，不久又将主持乡试大考，此刻恰睹大櫆"以古文为时文"之新颖，便抑制不住地欲要与之探讨。

于是剩下的许多时间，这一老一少两位文家的话题，便围绕着大櫆今日携来的数篇八股制义而展开。

其一为《学而时习之·全章》：

圣人历举学中之所得，皆反之于心而自知也。

盖说乐君子诣之愈进而愈深者，皆必于学焉。得之而可见，学之有益于人矣。

且夫斯道之大，学之者每患其难成，不知深造于其中，而固有无穷之境也。

是故，我不得与古之人并世而生，古之人奋乎百世之上，而我乃不能兴起于百世之下，我之心不容以自已也。然使其或作或辍，而非有勒求之功，则亦无如之何者。

若夫务时敏以几，厥修自来，而始终皆念典与学，行之乎仁义之途，游之乎诗书之府，则神明之地，无复有扞格之端，而日用动履之间，不待言而相喻于其故。自顾生平，其亦可快然而自适矣。

我与斯人同受天地之中以生，我已豁然贯通，而彼犹茫然其未觉，我之心又不容以自已也。然使其离群索居，而非有景行之慕，则亦无如之何者。

若夫暗于一室之中，而人自景从于千里之外，声相应而气相求，乐其群而敬其业，海内之闻风而起者，莫非三代之英，而狂简之不知所裁者，皆有以尽其裁成之道，环顾吾徒，其亦可畅然而无憾矣。

至于我与天下之人分形而异体，我虽以古人自期，而彼或以众人相待，要亦事势之常，而与我无与也。然使其抑郁无聊而有遁世不见知之悔，则亦未为纯粹之诣耳。

若乃好古敏求而有以殚精于义，下学上达而陶然自乐其天，一任夫毁誉之交乱于当前，而我之所以为我者，无所改于其素，乐则行之，忧则违之，则亦庶乎其德之成矣。

吁！此学之全功夫，子殆举其平生之所得以示人也。

"学而时习之"，出自《论语》开篇（学而篇第一）首章："子曰，'学而时习之，不亦说乎？有朋自远方来，不亦乐乎？人不知，而不愠，不亦君子乎？'"以"学而时习之"为题，而以全章之义发阐其旨，在八股考试中，属于普通的出题作法，明面上看也不甚难。然越是这样的文章，要写好其实并不容易。

所以，大櫆虽有如斯作文，写时亦觉尚可。但此刻与吴公仔细讨论，却也不很自信。

他在禀告自己的写作考虑后，便道："《论语》此章，看去极是平近，却极深微广大，圣人境地已尽于此。我虽如此作来，却不知是否称题妥当。"

吴公很赞赏他这种认真态度。但给出的意见评价，于他还是很大的鼓舞。

"汝之言虽是，然作家亦分庸妙。吾以为你此文，不仅独得题之真际，且声大而远，而回旋盘礴如天马行空，此子长千古擅场而归太仆得之以雄一代者也！"①

子长即司马迁，太仆乃归有光，二者一为千古尊崇的文学大家，一为近世著名作者，吴士玉以之论大櫆斯文之风神气概，着实誉评很高。

接下来换了一篇：

《凤鸟不至·一节》

圣人于文明之兆不见，而知其身之已也。

夫圣人之出而为用于天下，必有兆之先见者也。兆之不见，明王其不与也已，而夫子又何望乎？想其穆然而叹曰：以吾之初念，盖将布吾

---

① 吴士玉此处之评论，实是作者糅合几家批语而为之。"独得题之真际"，出自方苞；"声大而远"为士玉之评；末句则为周白民（振彩）语。下篇《凤鸟不至》之评，亦是如此，"抑扬反复……"是方苞之言，后句乃士玉之批。所以如此，只是行文需要。又：此节所录诸篇，皆出诸《刘海峰稿》。目的是通过它们介绍海峰"以古文为时文"之具体情况，使读了解八股时文亦是文学体裁之一，以及海峰于这方面的贡献，明白在海峰的文誉中，时文亦是重要的方面，在当时来说，甚或比小品散文更重要。

之文章于斯世也，而今顾何如？

彼舜文之世，凤鸟尝至矣。此以知凤鸟之文为舜文兆也。今则天爱其道于古之世，而至者而今不至矣。

彼伏羲之世，河尝出图矣。此以知河图之文，为伏羲兆也。今则地爱其宝于古之世，而出者而今不出矣。

始吾以今之世未必不为舜文之世也。自今思之，吾其已也。置身虞周之上，而相与兴礼和乐于其间，岂有幸乎诚有之，宜其有休徵之至如凤鸟者矣。而何以卒不至也。岂休徵而不必符乎古者哉？则信乎吾文之终隐也已，而又何望耶？

始吾以今之世，未必不为伏羲之世也。自今思之，吾其已矣。神游皇古之初，而相与仰观俯察于其际，岂有幸乎诚有之！宜其有嘉瑞之出如河图者矣。而何以卒不出也，岂嘉瑞有不必符乎古者哉？则信乎吾文之终蔽也已，而又何望耶？

吁！夫子自知其身之已也，如此亦可为斯世伤矣！

这是就《子罕篇》的一节文字"子曰：凤鸟不至，河不出图，吾已矣夫！"的出题作文。

古代传说，凤凰是一种神鸟，祥瑞的象征，出现就是表示天下太平。又说圣人受命，黄河就出现图画。孔子这几句话，是借之以喻当时天下无清明之望。

八股文代圣人而言。孔子这里的意思情感，容易把握，关键在于表达如何。

吴士玉将此文朗诵了一阵，品味了一番，然后赞叹道："抑扬反复，如闻叹息之声；淡绝高绝，前辈惟唐义修办此！"

唐义修，即明代八股名家唐顺之，他和归有光是倡扬"以古文为时文"的代表人物。吴士玉所言"抑扬反复，如闻叹息之声"，反映出大櫆学习古人抑扬顿挫之法而用之时文的特点，且认为这篇文章呈现的"淡绝高绝"风格，只有唐顺之那样的高手才能达到。

这仍是很高的评价。

兴趣盎然之际，不觉又换一篇《子之武城·一章》：

"圣人慨礼乐之不作，而于武城三致意焉。

夫子游能用礼乐于武城之中，固夫子所深嘉而乐与之者也。乃因戏言而其理益明，而门人亦可以无疑矣。

盖甚哉，吾党之笃信圣人而不疑也。一言入于耳，无不默识之而奉行惟谨。此子游之宰武城所以有弦歌之也。

虽然，弦歌之声宜闻于天下也，而其不闻也久矣。偃也独能以之试于武城欤？夫偃也，而仅得以之试于武城欤？于夫子，闻之莞尔而笑曰：'割鸡焉用牛刀？'。夫子之情深矣。

然以视向者之教二三子，而曰：'君子学道则爱人，小人学道则易使者'，殊不相侔，故子游疑之。即二三子之侍于其侧者，亦莫不愕然以为怪骇，而孰知其出于戏乎？迨夫子呼二三子而告之也，而疑乃释焉矣。

且夫尧舜三代之时，别物以序，化物以和。以爱心感也，而声以柔；以敬心感也，而声以廉。故其君子蔼然莫不有慈祥恺悌之休，其小人循然莫不有礼义忠信之意，呜呼盛哉！

迄于今，宫乱而荒，商乱而陂，以微则哀，而事以勤，以角则忧，而民以怨。故其吏皆务为苛政以绳下，其民皆相与诬上而行私，何其衰也！

教以礼乐则治，不教以礼乐则不治。偃之言，岂不然欤？岂不然欤？"

题出《论语》阳货篇："子之武城，闻弦歌之声。夫子莞而笑曰：'割鸡焉用牛刀？'子游对曰：'昔者，偃也闻诸夫子曰：君子学道则爱人，小人学道则易使也。'子曰：'二三子，偃之言是也。前言戏之耳。'"

孔子到了子游（偃）治理的武城，听见弦歌之声，微笑说"割鸡焉用牛刀？"子游用孔子教导过的话加以回答。孔子对随从的学生说，偃是对的，我刚才不过是开玩笑。

"兴于诗，立于礼，成于乐"，礼乐治国是孔子一生坚定的主张理想。可惜他生活的春秋时代，早已是礼崩乐坏，此际不意于武城听到弦歌之声，心旌摇荡，十分感怀。他以戏言的方式表达，实则内心是非常地激赏！

大櫆之文，扣此意思破题以阐，将孔子的情态心理委曲描述，层层递进，气格浑厚。故后来方苞评谓："摹绘圣人深情如见。"蔡芳三说："落木萧萧长江滚滚。"兰谷言："浑古之气咫尺万里。"陈力夫则论道："丘壑变化，古调独弹。"

而吴士玉此时给出的评价，仍袭了之前的思路，口中说着，还取过笔来写下批语："其调古厚而逸，此庐陵以后，惟震川鹿门得之者也。"

庐陵谓欧阳修；鹿门者，茅坤也，亦是与归有光等一样宗宋古文之名家。又一次以明代文坛诸家与之相比拟甚至相等誉，足见吴士玉对大櫆之文的惊艳与推崇！

也无怪乎吴士玉之惊艳推崇，大櫆以古文为时文，与通常的八股文比，已异乎其精神面貌，且著有鲜明动人之风采：没有常见相因的陈词滥调，没有勉强立异的穿凿附会，没有空而无物的虚言赘语，也不做拘于股比形式的文字游戏，大櫆之新时文，破题释义循从经典之本义（故被称为"得题之真际"），文字简洁明快舒卷通畅，而行文笔法又丘壑变化波澜起伏，声气健雄格调高古，读之既见说理之精核，又觉文学之美灿！

八股文章，常被人诟病为无病呻吟，枯燥乏味，废话连篇，形同老妪之裹脚，又长又臭！即便是个中高手熟家，也难免其害。然大櫆之文，扫除其病，一变而为可喜可赏之美文，是才气之使然，大家之高妙，亦是以古文为时文之典范。故以吴士玉制义名家高手，亦不能不为之作色动容，折服赞叹不已。

············

雨过天晴之后，吴公走了，带去了大櫆的依依不舍，留下了刻在他脑海里的激励，还有萦绕在心头的希望。

第九章　援例入贡

再过几天便是小年了。乡村里的人家，多在为年节做着准备，忙碌着去近处的街市上买些年货。

这日，大櫆也早早就出了门，直到下午才怏怏归来。手中除了一小包哄孩子的糕点糖食，也不见他物。进家后，便待在书房里，半晌没动静。

吴氏娘子进来，见丈夫闷闷地坐在那里，问道："尚未有京中音讯？"

大櫆摇头叹气道："没有。今日去急递铺查询，也未有书信。"

吴氏劝道："郎君也不要太着急。也许年前事多有耽搁，抑或者，那位大人自有安排……且再等等。说不定，年后便有消息来呢。"

她知道丈夫的心情，这大半年来，一直都在等待那个在春上给了大櫆希望的贵人的消息，七月间丈夫去了一封信，现在仍未见回音，丈夫为之甚是忐忑焦虑，故而这般劝慰。

大櫆听了，虽知其言在理，但患得患失的心理，仍令他放不下心来。

"不行！我还要……给吴公作书，再次呈情。"

> 十二月二十一日，櫆再拜，谨奉书内阁学士吴公阁下：
>
> 向上书后，待命凡四月有余，不见还示，乃复敢毕其说，伏惟明公鉴其愚。
>
> 櫆闻之，人有失足九仞之井者，乌获持长绠千寻，方欲拔而起之，而井中之号呼不止，何者？幸生之期愈近，望救之心愈迫也。櫆不肖，朴駮粗鄙，才能无可采，而名声不闻于里巷，为世俗之后共弃久矣。明公不知其愚，猝然于道途之间、羁旅之际，一见而以为可取，归于中朝，执缙绅大夫之裾而告之曰："桐城刘生者，今之昌黎也。"自东汉文坏，

旷数百年，以至于唐，唐兴百有余年，而韩愈氏出而振之，至今未有伦比。以櫆之不肖，一旦而得以肩随其际，明公之知櫆者至矣，其所以待櫆者厚矣。而櫆复有所云云，则九仞号呼之说也。

自古布衣以大臣之荐闻蒙显擢者，史传中不乏其人。况今天子新即位，勤于政理，求贤如有所不及。明公方荷眷注之隆，立便殿，朝夕与天子相呼俞。四方之士，争得明公之一言以为重。明公不言也，明公而有言，九仞之坠，宜无不起者。

夫明公之于櫆，固不惜一施手之劳也。设使以櫆之见知于明公，而櫆之溺卒不可拯，则命也。虽有知櫆者千百人，非所敢望矣！抑又闻之：韩愈氏四举于礼部而不遇，皇皇乎饥不得食，寒不得衣，乃卒至宰相之门，上书自请。櫆之穷何足道？然独悲夫古之为韩愈氏者之穷至此也。

夜晚的油灯下，几经斟酌修改，大櫆终于写好这封再次呈情求助的书信。坐在那里，仍难平静心情与思绪，不知吴士玉见到此书后如何看待，也不知他这个"现代的韩愈氏"，究竟能不能得到吴公的提携，帮助他实现入京发展的愿景目标……

近几年，受叶酉等人的影响，大櫆一直有游学京师的念头——这有两方面的考虑：从科举需要说，若能在京都参加顺天乡试，能减少诸多麻烦尤其是经济压力，这对于家境贫困的他来说无疑很重要；而从个人发展的角度，他也渴望走出乡邑，为实现自己的奋斗目标与人生价值获得更大的活动舞台和更多的发展机遇，而庙堂所在的京城，不用说便是最理想的去处。

但能够这样的前提，是他须取得贡生的资格，且能在京城立足。而要具备这两个条件，则需要有力量者的帮助，使他能经过推荐而入贡，并在入京后给予生活照顾，不致陷于漂泊无依的困顿之境——近年，他在诗文中屡言"欲奔走四方"，但却不见行动，原因也便在此。

就在他彷徨无措有些绝望的时候，却不意旅栈邂逅吴士玉，而吴士玉怜惜赏识之下更有提携帮助之意。这令他如暗夜中见到光明一般为之兴奋激动，感戴之际也对这个贵人寄予了深切的期望。吴士玉返京后，仲秋时他曾抑制不住期盼的心情，致书表明了欲在京城应举求官盼得其照拂的具体想法。但让他忐忑不安的是，四个多月过去，他并没有等到京中回信，吴公只是托人来告诉，正在京中广向同僚友好推介他的诗文，并寄赠《刘生诗学昌黎即用其韵》一首，诗云：

生名大櫆其姓刘，意气纵横凌九州。赤骥执足丝络头，哀歌欲放泪莫收。我食龙眼雨暂留，邂逅执礼以业投。盈纸怪发夺两眸，干将出匣光射虬。蒙庄滉漾无缪悠，间仿韩柳劲以遒。诗赋峭蒨穷雕搜，此才矗矗信寡俦。自言八试不一酬，泮水迢隔逾瀛洲。分甘长往山之陬，呜呼生言匪良筹。天生名材必有由，风霜饱历涧壑幽。匠石一顾回万牛，况乃才命每不谋，人世坎壈何其稠。我昨豫章驻旆斿，有客晨谒辞咿嚘。小品清韵鸣珮璎，义仍鲁叟之风流。沉埋童子四十秋，搔首诉天天应愁。戒以坚壮志勿休，勉耘其业追前修。力未能振心百忧，聊为刘生商声讴。

大櫆读了此诗，心中自是既感动，却又有些犯嘀咕：感动者，是吴公对他的赞誉、眷怜与勉励；犯嘀咕者，是吴公以豫章所遇"沉埋童子四十秋"之例劝勉努力耕耘，又加一句"力未能振心百忧"，让他有事难如愿之猜度。

因此猜度，兼之一直未获吴公书信示复，便令他心中越来越焦虑不安，以至此刻年节在即，还按捺不住地要作书往寄京都。

莫怪他如此迫不及待：他科举淹蹇多年，岁已二十七，青春将逝，思之怎不焦忧？且科举一耽搁，便是三年光阴，若明年他仍没有改变起色，面对的便将是而立之年不能立的难堪处境！虽然，读书人多数如此，但对于早抱用世之志的他来说，却又如何能安耽于这久困无为之境况？

这心情是可以理解的。但此时他其实不必如此着急忙慌：因为以吴士玉之身份，其要在科举求官的前程上助力大櫆，是不能公开张扬的。为此，他只好不回书以复，或不便说，或在等待。只是大櫆以其心情之迫与阅历之欠缺而没有明白其中之关窍，所以要再去信求证。

心情如此，可以想象自年末至次年初夏考试前，他的心里都是很不踏实的。好在这折磨人的时间，亦不算长，而情况也朝着乐观的方向开始转变。

雍正三年，安庆府的童子试如期举行。这一次，大櫆终于突围而出，不仅获得了学校生员的资格，且在学使大人的成全下援例入贡，成为可去京城太学（国子监）学习的贡生。

从十多年的坎坷挫折中挣扎出来，又朝着京城应举求官的愿景迈出了关键一步，大櫆的感慨激动不言而喻，而对将他从众多童生中选拔出来的新的学使大人俞兆晟，自也十分感激。

俞兆晟，字叔颖，号颖园，浙江海盐人。康熙四十五年进士，后选翰林院庶吉士，授编修。上年十一月，以翰林院侍读提督江南学政。从翰林院出来的官员，学问不用说都是棒棒的，而俞学士还是多才艺之人，工书擅丹青，诗赋亦为康熙朝的大诗人王士祯所激赏。

这样一位提督学使来典考，当然是欣赏那些有才气的文字而厌恶俗文，所以大櫆被选拔出来并不意外。后来大櫆在文字中说"拔我于众，如获明珠"，便反映了俞兆晟对大櫆文章的赏识。

但在俞公的赏识背后，有否来自吴士玉的影响呢？这是不排除的：俞、吴二人，系进士同年，又同在翰林供职，同以文学知名。这样的关系，俞督学江南，吴即不嘱言，以其对同僚友好（俞恐怕就在其中）宣扬称誉大櫆诗文之态度，俞公也会予此"桐城刘生"以适当照拂，况以大櫆之才学文章，荐之于庠校，原也实至名归无碍公正。

不管怎样说吧，俞兆晟都是大櫆在人生困塞之际，有幸遇到的又一个贵人，一个慨然援手令他铭感难忘的师友！而在将来的岁月里，俞兆晟于他仍不乏眷顾关照。这是后话不提。

秋天的时候，大櫆动身北上。

临行之际，妻子牵着稚子相送出门，最后眼泪汪汪地问他：何时归来？

自丈夫决定要去京城应举，她便处在一种恓惶忧伤的状态中。她知道男儿志在四方，不可能守在家中；她也知道空闺孤寂，是妇人生来的命运。可她却害怕这分离的到来，似乎良人此去，便是他们的生死别离。而当分别来临，似乎也唯有一个明确的归期，才会消除她内心的哀忧恐惧，给她增添一些安心与期望。

此时的大櫆，或许并不很清楚妻子的心理，他只是怜其眼前的凄惶，哀其今后之孤苦，心酸伤痛而含泪应允：三年以还。

那是正常走完应试程序所需的时间。

但此去究竟如何，能否在京城立足、能否顺利应举、能否科场取捷？这一切，实也是茫然而寄于命数，他又如何能保证三年便可顺利以还？况世事变幻难料，谁又能知晓？

眼前这样说，也只是安慰妻子，同时安慰自己罢了。

妻子当然也明白。在他身后哀然难禁，泣声而吟：

> 行行重行行，与君生别离。
> 相去万余里，各在天一涯。
> 道路阻且长，会面安可知？
> 胡马依北风，越鸟巢南枝。
> …………

她像千古以来无数送良人远行的妇人一样，在为眼前的离别和不可测的将来而感伤凄悲着。

听着妻子的悲声，回眸一望妻儿的身影，登舟将行的他，那一刻，忽地感到一种难以言喻的心痛如裂：

> 曲房结幽幔，光风泛崇兰。丈夫志四海，焉得久怀安！妻孥送我出，握手涕汍澜。此会在何日，薄言三载还。谁知天所命，未可人力干。贫贱如宿昔，徒令芳卉残。侯封是何物？重之比泰山。出门一长望，断绝我心肝。

古今离别，凄然难堪，然如大槻这般"断绝心肝"者，却属罕见之不祥——是在那一刻，一种为隐藏心底的忧患所驱使的潜意识出现，才使他产生这般生离死别的殊然伤痛，且形之于这首《感别诗》中？

似也非也，让人叹叹。

总之，北征觅封侯的他，并没有通常的意气兴奋，反带着一种极沉重悲伤的心情离开故乡和亲人。

所幸的是，他的身边，还有一个偕行的亲密伙伴绸缪相慰，使他不至于一直悒郁于途。

那是他的再从兄弟，妻子二舅家的独子刘万选。

刘万选，字药村。其在一班同堂兄弟中年纪较小，然才名却与大櫆相仿（家谱传记称其"英奇卓荦，才空天下"），当年刘氏众子弟随吴直学习，他与大櫆二人，被称为得其古文真传者。这一次，他同样是以贡生去京师太学读书，准备参加顺天乡试。

兄弟二人做了伴，相互照应慰藉，沿途看看景物，谈谈学业诗文，倒也不感行旅寂寞，离家时那一份乡愁感伤，也便渐渐冲淡。

他们是经运河北上的。这一日舟行淮上，大櫆思念在此任事的好友张若矩，恳请船家稍作停滞，在岸畔与闻信赶来的张若矩见了一面。

数年不见，二人都很激动，欲为聚饮畅谈。奈何船家不愿耽搁，催促要行。他们一肚子的话，也只能化作一番感慨，还有几声祝福珍重。

船行了很远，大櫆还望见若矩立在那里的身影，心中无限感慨怅叹：既怀念往昔勺园的生活，又为彼此的前途忧怀，不知好友在此能否得到发展，而自己此番进京能否顺利如愿……

秋冬之际，在通州码头上岸的大櫆兄弟俩，驮着行李，随着络绎不绝的车马人流，终于进入了向往已久的京师。

立足天子脚下之处，看着宏丽繁华的通衢街市，置身熙熙攘攘的人群之中，兄弟二人惊喜兴奋之际，又不免有些茫然忐忑，不知在这举目无亲的京师，此后可能落足生存下去？

应该说，他们是冲着有吴士玉这层关系，才敢毅然而至京师这陌生之地的。但此时既是兄弟偕行，自不便投吴公生活，必须自己解决立足生存之问题。

似乎运气还不错，也凭着二人才学出众，进城不久，他们便在城北人家找到了坐馆授徒的机会，在天气寒冷之前，安顿了下来。在这中间，有一个新结识的朋友，帮了很大的忙。

这人是家住城北的徐炎（号崑山）。徐炎隶属于汉军正蓝旗，是个嗜学待举的秀才，为人古道热肠。当刘氏兄弟寻求解决眼前生计安身问题时，刚与之结识的徐氏给予了热忱帮助，急其所急地代为筹划经营，才使得在京城人生地不熟而又囊无余赀的大櫆兄弟二人，较快地在城北落地安身，避免了初至异乡的饥寒困顿。

而大櫆能与徐炎结识，则又因为此前结交的另一个新友高仰亭。高仰亭也是个寓居京城的应试举子，与大櫆年纪相若。之后通过他，大櫆认识了徐炎并得其相助，这也是一段缘分。

这期间，大櫆自然去拜望了分别年余的吴公。

吴士玉此时较忙，因他此时不仅仍兼着内阁职事，还于春三月里升为户部右侍郎①，实管着一大摊子部务——此时青海虽平，然朝廷仍在向西北用兵，粮草饷银催征不断，而库帑又因积年亏空二百五十余万两，入不敷出，左支右绌。故士玉一上任，也便忙得团团转。

虽然如此，但他见到大櫆仍很高兴，为着旅栈一别后的重逢，也为着大櫆没有辜负他的期勉，在科举的艰途上坚持了下来，获得了向更高目标冲刺的机会。

为着"孺子可教"，更怜其才华，之后吴公一本初衷与热忱，无论在家里还是在朝中，只要场合适宜，他都着意向人推奖他所器重的这个晚辈兼小友，为其造势宣扬，建立人脉关系。

当然，这些人大多是朝廷内外享有盛誉的风雅之士，文坛名流。

大櫆与方苞的结识，应也与吴士玉的这种推介相关。

方苞于康熙六十一年，奉命回京充武英殿修书总裁。雍正即位后，赦免隶汉军旗的方苞及族人归其原籍。去岁二月请假归乡葬亲，今年春间回京。

他以文章学问得康熙青睐，在文坛影响很大。吴士玉在朝中亦被文誉，这样的二人平时见面，吴又知苞与大櫆同乡，岂不会将之引荐给方苞？

以方苞与家乡尤其是与吴直的关系，此时亟须援助的大櫆至京后，迟早也会去访谒这位乡前辈。然而有了吴公的推介，二人的相识则被提前了。

这个时间，当在雍正三年秋冬之际。

①《大清世宗宪皇帝实录》载雍正三年三月："壬寅：转户部右侍郎蒋廷锡为左侍郎。升内阁学士吴士玉为户部右侍郎，仍兼内阁学士里行。"

方苞后来所涉之文字，可为证明："公之孙大櫆为作行状。乙巳游京师，持以示余，请为立传。情词凄婉，宗伯吴公以为不减陈情泷冈二表焉。"

这段话出自方苞为大櫆祖父刘牲所作的《亚瞻公传》。"持以示余"，指的是大櫆所写的《章大家行略》；"请为立传"，则是请方苞为大櫆祖父作传。后二句则叙及吴士玉对《章大家行略》的评价，认为它不逊于欧阳修给自己父母所作的《泷冈阡表》。

这便是二人初相见时的大致情形，可以看到这两位后来名字紧密相连的古文大家，其初识固以乡情为纽带，而叙谈印象则主在文学。

乡情这方面，除了吴直的关系，方刘两家也素有姻戚之谊，大櫆的叔祖刘林所配，便是与方苞隔房的族人、清远令方孔一之女，所以大櫆初谒方苞，便能"请为立传"。

然其见面后话题，即以櫆之所携之文围绕展开，如同大櫆见吴士玉一般。而方苞亦如士玉一样，通过其文而对大櫆的文学才能，有了了解赏识，这便迅速拉近了两位初识的同乡思想情感的距离。这情形与吴士玉旅栈遇大櫆亦差不多然更甚之——方刘本有乡谊，而方苞作为古文名家且有志于古文发展者，对大櫆之文的重视或更在吴士玉之上。

此后，随着交谈的深入和接触的增加，方苞对家乡的这位后起之秀，也有了总体深刻的了解，同吴士玉一样认识到了大櫆的才智杰出与非凡，并予以很高的赞誉评价。

这有两种说法——

一是后来世人所熟知的，方苞其后对别人称说："如苞何足算耶？邑子刘生，乃国士尔！"（《国史文苑传·刘大櫆传》）

一是姚鼐《刘海峰先生传》谓："见海峰大奇之，语人曰'如苞何足言邪？吾同里刘大櫆，乃今世韩欧才也！'"

两种说法是有区别不同的。

姚说是文学之誉，而文苑传的"国士"说，是赞其有经世安邦之大才！角度固有不同，而后者显隆于前者。

或有好奇甚至疑惑：为何有这两种不同的说法？是有真伪之别？抑或是讹传所致？

真伪讹传的情况，应都不存在。

因为二说，都有其他资料佐证。

在姚鼐之说差不多的时间，大櫆的另一门人吴定在《海峰公墓志铭》叙评："而尤见赏于方侍郎暨吴荆山阁学，以为昌黎复出。"与姚说大同小异，也契合吴士玉的称誉。

而文苑传的说法，亦非无据。大櫆《祭顺天府丞余公文》云："公之知余，自望溪始。公尝相谓：'知君国士，望溪端人，友必端矣。'"。此"国士"之誉，虽出自余公之口，然据文意即来自方苞。

文苑传的议论，显是借了姚鼐的语气，然引证或便依从了大櫆是文。故两种说法，实际皆有出处，是方苞称赞大櫆时的不同评誉而皆有流传。只是到了姚鼐与文苑作传，各取所重以论之而已。

不管怎样，从中皆可见到方苞对大櫆这位才结识的小老乡，其印象之好，赏识之殊，评价之高，确是发乎真诚而非同寻常的！

他的这种态度，无疑会令大櫆感动且激动——这个家乡的前辈，可是康熙朝竖起来的一面文坛旗帜，其影响是连吴公士玉也赶不上的。自己得到他的赏识推重，当然是人生的极大幸运。

像方苞这样，经吴士玉积极推介而与大櫆结识的官场文坛的名流，此时是很有一批的，年轻的大櫆不仅成为其座上客，有些还保持了长期的友谊。

其中有两个人，这里交代一下。

其一是我们不甚清楚的另一位"吴公"。

大櫆说："我初见公，公在内阁"，显然这是通过在内阁办事的吴士玉的引荐而认识的。

这位吴公对大櫆是很不错的："留我信宿，取酒斟酌。亲布衾裯，权其厚薄。"不仅留宿款待，晚上睡觉时，还亲自抱来厚被为大櫆御寒（这说明二人相识，是在大櫆入京之冬）。后来他七十岁时，宴饮朝中友好群贤，也不忘邀大櫆这个没有功名身份的青年参与。

这个时代，一些附庸风雅以赚声名的权贵显宦，往往也会做出一些招揽交结文人雅士的样子。这位身份尊贵的吴公与他们不同，其与大櫆交往，是真诚的喜爱与平等相待，是把大櫆当人生难得的知己相处。这样的人，大櫆自是真心地敬佩！不幸的是，这老人不久病故，大櫆甚是伤痛，生平首次悲作祭文，临堂哭悼这位谥为文肃公的尊者。

还有一位李重华翰林。

此人是常州无锡人，后迁吴江，以文章名世。雍正二年进士，入职翰林。他文章做得好，当然也喜与能文之士交往。自吴公士玉返京颂扬桐城刘生文名，他便心生爱慕结交之心。故大櫆入京后，二人自然便交往起来，彼此相惜敬慕，唱酬不断。在后来的岁月里，他一直是与大櫆保持情谊的友人。乾隆间卒故，大櫆为作墓志铭。

上述这些，是大櫆初进京时与仕宦交游的大致情况。

但有一个仕宦中人，虽与大櫆有着友情，但二人的实际交往，却未必如后世所认为的那样，是始于此时。

这人便是时任四川洪雅知县的卢见曾。

卢见曾，字抱孙，号雅雨，山东德州人，前偃师知县卢道悦之子，康熙六十年进士。其为人多才智，性情豪放潇洒，且爱才好士，故人多愿与其交往。他与大櫆的交往，应与大櫆年轻时的老师吴直相关，而时间也较迟。

吴直于雍正初北游入京，因得通政参议孙勷的赏识而馆于其家，并结识了孙的同乡卢见曾，彼此结下情谊。他后来在为卢父所作的《卢梦山先生传》开头记曰："雍正二年，予在京师馆于通政参议德州孙公之家，识其乡进士卢君抱孙，时抱孙授四川洪雅令，将之官。"说明卢见曾任职县令的准确时间，是在雍正二年，其离开京师赴任，最迟也只在次年上春。下半年进京的大櫆，不可能与其有交集。

不过，因为老师的关系，他与卢见曾彼此有了些了解，也应见曾的请求，为其父写了篇传。如此而已，双方谈不上有过多交往。

雍正四年，卢见曾因父亲去世离任服丧。约在雍正七年前后，服阕再至京师。大櫆与之实际接触，当在此际，而媒介仍是吴直——吴直于雍正四年离京，居游马兰关一段时间，雍正五年至德州。此后约十年间，一直依卢家做客卿——故刘、卢虽曰朋友，早期交往实有限。较密切的接触，则是在后来扬州的一段时间。

雍正三年京城的冬天，寒冷异常。

十一月中，几场风雪后，几乎一直阴沉的天气便将整个京城裹入冰天冻地之中。到了岁腊之时，更是整日朔风呼啸，寒气彻骨。城中穷苦人家和流浪贫民，已不断出现冻饿致死之事，以致朝廷不得不谕令巡视五城御史，加强巡查，防止不法之徒趁机侵害。又谕广安门、安定门外的养济院，"着将变色米，赏给一百担，煮粥赈济"。

这种情况下，让自己尽量待在室内，尽量穿得厚实些，有条件的人家，尽量保证暖炕火盆的燃烧升温，这是人们抵御严寒的不二选择。

但饶是如此，许多人还是感到"冷"不可挡，"寒"不可御，哪怕他们身着貂裘，坐炕拥炉，也无法驱赶掉那无处不在的"寒意"。这个时候的他们，觉着的"寒冷"，一点也不比那些行走在户外、衣着单薄、饥寒交迫的人们要好些，某种程度和范围里，甚至还要甚于后者。

因为，这种驱之不去的"寒冷"，并非来自外界的大自然，而是生发于紫禁城中的权力中心，并侵入他们思想心灵深处的"政治寒流"。

十二月甲戌，金銮殿上，议政大臣刑部等衙门题奏关于前抚远大将军年羹尧"反逆不道、欺罔贪残"共九十二宗罪行及处理意见。皇帝虽看在年贵妃的面上，免了年羹尧父兄族人之罪，然于年羹尧及其子孙却毫不留情："朕念年羹尧青海之功，不忍加以极刑，着交步军统领阿齐图，令其自裁……年羹尧之子甚多，惟年富居心行事，与年羹尧相类，着立斩。其余十五岁以上之子，着发遣广西云贵极边烟瘴之地充军。年羹尧之妻，系宗室之女，着遣还母家去。年羹尧及其子孙所有家赀，俱抄没入官……年羹尧族中有现任候补文武官者，俱着革职。年羹尧嫡亲子孙，将来长至十五岁者，皆陆续照例发遣，永不许赦回，亦不许为官。有匿养年羹尧之子孙者，以党附叛逆例治罪，着内阁明白记载。"

春间里，皇帝就决定要对这个在自己上位及巩固政权中给了很大帮助的大舅子动手了。办法就是在朝会上，公开指责年羹尧的不是。察言观色的群臣立即领会了皇帝的心思，开始了对年的交章弹劾。之后的事态发展，便一切顺理成章了：四月，年羹尧被免去抚远大将军等职，调任杭州将军，同时针对他的专案审查，也在紧锣密鼓地进行。

年羹尧依仗其身份地位与战功，在朝廷与同僚中颇有些骄横跋扈，得罪人不少。此时顺着皇帝的意思，政敌们便纷纷落井下石，平日一次次不谨不当之言论，一件件所谓违规违法之事迹，都被深挖罗织出来，以致"案牍等丘山之积，罪恶逾溪壑之深"，罪不可恕，不死不行！于是，一个手握重兵身旁依附甚众而令皇帝感到很是忌惮的威胁势力，就这样借着悠悠之口被除掉了！

辛巳日，朝廷再一次杀气腾腾。刑部等衙门议奏：妄作西征随笔之汪景祺，照大不敬律，拟斩立决。

此系年案中的一文字案。汪景祺是浙江人，其友人胡期恒任陕西布政使，系年羹尧之心腹。汪以此关系，做了年的幕客，并著《读书堂西征随笔》以呈。因文中颇有令雍正反感痛恨之语，而被斥为"悖谬狂乱，至于此极"，亦成了不可饶恕的年党。此际得刑部议奏，皇帝即以"汪景祺作诗讥讪圣祖仁皇帝"的名由下旨："着将汪景祺斩枭示。其妻子发遣黑龙江，给穷披甲人为奴。其期服之亲兄弟亲侄，俱着革职，发遣宁古塔。其五服以内之族人，现任及候补者，俱着查出，一一革职，令伊本籍地方官约束，不许出境。"①

于是，在年羹尧死后不数日，汪景祺被斩首示众，为了"警戒"国人，他的头颅竟长期被挂在那里！

如此的政治寒流，这般的杀气弥漫，也无怪京城里的许多人感到"冷不可御了"——当此之际，漫说身外的世界本是天寒地冻，即便是艳阳高照，人们也会因着那一阵阵从心底透出的"冷煞"之意而觉着不寒而栗，仿若置身冰窟之中。

有这种感觉的，首先自是那些作为年羹尧心腹和亲近之人的"年党"以及平日或为依附或与年羹尧有牵扯瓜葛的势众了。年羹尧的倒台，已让他们慌悸不已，而年羹尧之死，更令他们心惊胆战：皇帝即位后已屡有朋党之诚，而他们现在却是被划入"年党"及其势力范围之中，今后等待他们的，岂会有好结果好下场？

其次，便是那些从年羹尧事件中感受到危机逼近的皇室权贵及其朝中附属势力，包括在雍正上位前后曾经支持帮助他的一批人。传说雍正是在隆科

---

① 见《大清世宗宪皇帝实录》卷三十九。前引年案之谕，同见兹卷。

多、年羹尧等人的帮助支持下，靠着篡改康熙遗旨而上位的。其真假如何不说，年羹尧之死，传出了冷酷无情的皇帝决心清除一切可能危及其政权统治的势力的信号，这令这个阵营相关的人等，莫不心悸畏惧，惴惴不安，担心年羹尧的悲剧继续上演……

最后一部分人，便是那些也与官场政治关联着的京城大小官员和广大士人了。前者是见惯了政治斗争的残酷的，然饶是如此，当见到曾经风光无限权倾一时的年羹尧落得眼前的下场，许多人惊愕之余，仍不免为之唏嘘感慨，颇有兔死狐悲之心凉；后者虽于官场权力斗争认识苍白，但汪景祺那高挂的头颅，还是给他们又上了一堂触目惊心的"文字狱"课，使他们明白眼下坐在金銮殿上的那位皇帝，比他的老子更要紧束"言路"：前朝相关之事固说不得，现实的时政亦须钳口噤声。不然一顶"谤刺"的帽子扣上，脑袋随时会掉，想想便叫人惊悚害怕！

城北的一家客栈内，刘氏兄弟便是这般的心境。

"三哥，外面传言纷纷，有人说汪景祺其实并无讥讪之事，不过受年氏之累冤死；也有人说汪氏祸根，是给年羹尧的书中有'狡兔死，走狗烹'之类警语，惹恼了皇帝，也不知是真是假？"

刚从外面回来的万选，在火盆边稍暖了会手脚，就忍不住对靠在炕铺上阅稿的大檝诉说起来。

大檝放下手中的文卷，看着他叹了口气，道："真也好，假也罢，终是丢了性命，害了一族人……唉！"

万选很有些不解不忿："子产不毁乡校，孔子因谓其仁。朝廷何须防人之口，甚于防川？又以文字杀人，草菅人命，岂是明君仁政之所为？"

大檝道："自古能虚怀纳谏的帝王有几人？况今上登基不久，位不稳固，正要借机整顿朝中势力，拔除阻碍，以树帝威。以后……或不致如此吧。"

他此时的思想，还守着些传统，所以不愿指责皇帝；又听说雍正帝即位后，不仅勤劳政事，且倡言廉政，对其不免抱有一些幻想。

但万选有自己的看法："即便铲除政敌，须行重典。然汪景祺不过一儒士耳，与朝廷政治无关，其言即或有不当，论罪也未必至死；即便该死，亦不应悬首菜市，让人做个无头鬼吧？如今这般残酷无情待之，若说今后如何，我是不信的！说实话，三哥，我现在都很怀疑，这样的朝廷值不值得我辈去报效？我更害怕，今后若出仕为官，哪天稍不注意，便如年羹尧般大祸临头，下场凄悲……"

在这个寒冷的岁末，有万选这般认识感受的，肯定不在少数；甚至可以推测，在京城庞大的官员士人队伍里，当有不少人会因眼前的血腥，而影响到他们对今后前途出处的考量选择。

大櫆理解乃弟的感受，其实他自己的心里，多少也有一些类似的迷茫恐惧，只是比万选年长成熟些的他，要善于控制情感，不会轻易表露。

所以，他在万选说罢后道："药村你这些话，同我讲讲就算了，在外面千万不要随意说。昨天我去吴府，吴公还特意叮嘱，对眼下发生的事，谨言慎行，莫要妄加议论，以免惹祸。"

万选听了，沮丧地道："我知道，三哥。只是朝廷的做法，也实在太寒人心了。"想了想又提了一件事，"三哥你不晓得吧，我听寓京的同乡说，我们桐城有个叫吴泳的，亦和年羹尧有些瓜葛，所幸这次没有被牵扯进去。"

大櫆道："我知道这个人，是康熙间的贡生，曾做过八旗教习，颇有些才华。他怎么和年氏牵扯上了？"

万选乃略述了吴泳之事。原来这吴泳在任八旗教习期间，结识了年羹尧。后来年羹尧抚边，开府秦中，帐下需要效力办事的幕僚文员，便以书信招邀吴泳。其时吴泳正以屡试不获，幕游秦蜀楚豫各处，得年氏书招，思为熟人，且年大将军肩负抚靖重任，入其幕下或可能一展胸中才学抱负，遂欣然命驾，至西北行辕中效力。

"年氏帐下，幕僚文员甚众，但除其心腹朋党，一般人也不致会受到牵连，吴泳亦然。这有什么好担心的呢？"

大櫆有些不以为然，似觉得万选他们有点大惊小怪，过于忧虑。

万选道："依他们的关系，不过是一般的熟人幕从，本无多少让人忧虑害怕之事。问题是吴泳于年羹尧，亦涉及文字之事，他曾赠诗年氏，称赞其功德休风呢！"

大櫆听了，不由"哦"了一声，这才觉得事情严重。万选乃给他复诵了吴泳的一首题作《奉赠年大将军》的诗：

奇才伟略树丰功，位极人臣冠上公。

玉册琅函宣紫诰，金章铁券锡彤弓。

天颜有喜崇阶近，黼座如春礼数隆。

三接宠荣基一德，赓歌飏拜赞休风①。

"他这样的诗，若是翻出来，确实易招麻烦！"

大櫆听后，也着实有些心惊，这才明白万选前面为什么要说吴泳莘未被牵连了。

万选续道："庆幸的是，年案发作之前，他就辞去幕府之事离开了，又仅有那么一首诗，不然真可堪忧呢！"

莫要以为他们这是过度反应，"草木皆兵"。

当这里兄弟俩替同乡庆幸的同时，类似的案件其实已在发生之中，不久即会惊曝于世人面前，让人们再次领略文字案的"威风"！

且说二人感叹了一番，方将此事丢过，转而议起了另一件事，先前沮丧黯淡的心情，因而得以摆脱，眸中的眼光，面上的神情，也渐渐变得热切兴奋起来。

这令他们情绪变化的事，是与大櫆相关，从某种意义来说，亦与吴士玉相关。

原来，吴士玉自回京以后，像捡了个宝一样，逢人便夸说桐城刘生的文章如何如何的好，世间难得一见，可比古之名流大家。人有信的，也有不信的。说得多了，有些人便以为他之所以称赞刘生，不过是凭着私好偏爱，实际未必如此。吴士玉心里不爽不服，又不能拿着文章到处送人去看，便想到了助大櫆出集子的办法，让那些不相信的人到时自己去观阅判知。

文人刊刻自己的作品，明清以来很普遍。故大櫆若在吴士玉的帮助下弄个集子出来，借着它的刊行让更多的人了解大櫆及其作品，扩大大櫆在京师以及文坛社会的影响，当然很有意义，事情很快便定了下来。不久后，吴士玉为集子而作的序言，也到了大櫆的手中。

① 见《桐旧集》卷十三。

去年春，予遇刘子耕南于旅舍。与之语，温然以和。叩其胸中之藏，浩然不可以度量计，予固异刘子非寻常人。既而，出其所为诗赋古文辞及制举业之文共数十首以示余，读之，洋洋乎才力之纵恣，无所不极。而斟酌经史，未尝一出于矩矱之外。因与之订交。携其文至京师，以示缙绅大夫，莫不以刘子之文为非世俗所及。余于是益信余言之可验，而向者旅舍之遇为不虚已。逾年，刘子来京师，复时时出其近著示余，则每进益上。盖刘子之才，固足以追步古人而力为之不止，方将与古之庄骚左马杜李诸人驰骋上下，而非徒为一世之闻人已也。余非私其所好，刘子之文具在，请以质诸世之有目者，共视以为何如也。吴趋友人吴士玉书。

文章不仅充溢着对大櫆的赏识爱重与提携之意，且以坚定的认知和极大的推崇，向世人介绍一个可与古之大家比肩媲美的文学奇才，相信其亦将如"庄骚左马杜李"这些历史巨匠一样，流芳后世，称誉千古。

大櫆每读一遍，心中都充满了深深的感激。在以之为激励的同时，为不负吴公的厚爱与期望，他也打算尽快结集刊刻。眼下，他与万选俱已歇馆，正可利用年节前后进行准备，做好确定结集内容以及修改审校等事宜。

这里面，确定集子的内容，当然最重要。但正是这个方面，令他颇为踌躇犯难，与万选及徐炎高仰亭等友人议论了几次，也没个明确的意见。之所以如此，与现实的情况考虑大有关联。

他素来相信自己的文字，以后会传世。近年在实践和倡扬"以古文为时文"的过程中，他也很希望能将自己努力的结果与世人分享。但他在文坛社会毕竟属于后起之秀，影响尚有限。他的文章虽得到方苞吴士玉这些大家名流的推崇，然诗赋方面却乏词林宗匠的肯定认可。还有一个重要且不利的因素，是他在科举上的蹭蹬，至今仍只有一个贡生身份。在这个科举至上，以科举功名衡量一切，以官僚士大夫为社会核心的时代，他这个布衣士子，仍是一个被人鄙薄轻视的小人物，即使他文采如何出众，也没有多少人真正看得起他，甚至，还会因着观念派别的殊异对立，招致非议与反对……所有这些，都影响着他的考虑，使颇欲借刊刻选集而尽快获取更多文坛声名的他，在内容的编辑安排上，又患得患失，顾虑不少。

在他本就难以抉择之际，时下朝廷掀起的又一波文字案，让他于惊心动魄中又徒增了一重顾忌——尽管他的诗文自认没有牵涉时政之语，但在这个动辄可以文字罪人的社会环境中，在那些欲加之罪何患无辞的谗毁诬陷伎俩面前，一句无心之语，一篇不谨的文字，都可能成为被人攻击构陷的把柄与"罪证"——而他的文章中，真的还有不少这方面的隐患。这令惕然心警的他，愈发慎重起来。

种种的顾虑，尤其可能是受文字狱的影响，他的这个本可尽快面世的集子，在基本完成编辑改校的各项准备工作后，最终却被暂时搁置了起来。当它正式刻本问世时，已是若干年后的雍正后期了。

第十章　朝廷风云

进入清雍正四年正月的京城，积雪冰冻裹着的街市路上，人影踪迹仍很稀寥。除了清晨匆匆从各处赶往紫禁城上朝的官员，一天里坚持晃动在城市视野中的，只有那些冒冷冲寒巡逻的兵勇；若非坊市人家门前还高悬着的红灯笼，偶尔响起的一两声炮仗声，以及人们相遇时的恭贺之语，你都会怀疑这是在一年最喜庆热闹的春节新禧里……

是寒冷阻遏了人们外出的脚步吗？

当然不是。往常年节新正月里，也不少遇到严寒大冷的情况，但那也阻挡不住人们过年的热情，积雪凝寒中也纷然出门，去给亲友上司贺喜拜年，相互祝福，联络感情，一起说些新一年的想法打算——这是中华的传统、千年不易的习俗，亲情友情于兹交流延续，生活社会于兹勾连滋生，又岂会为一些自然因素而轻易地影响改变。

令人们在新正月里蜗居不出的，还是岁末朝廷官场"地震"所带来的深深畏惧——与朝廷政治紧密相连的京城，在年羹尧倒下的那一刻，便已绷紧自己的神经，知道更大更令人害怕的"政治清洗风暴"将会降临！在这个非常时刻，不说那些素来在政治旋涡中感到战战兢兢如履薄冰的皇家贵戚朝廷官员，即便是一般的平民百姓，也不敢轻易串门走动，唯恐一不小心会招致池鱼之殃与无妄之灾。

人们的忧畏，很快变成现实。

正月初四，皇帝上朝便谕责："允禟平日居心诡诈，行事乖张，从前罪犯多端……允禩、允禟、允䄄等，朋党固结，人所共知。"

初五，皇帝在西暖阁，召入诸王、贝勒、贝子、公以及文武大臣，再次谕责："廉亲王允禩，狂悖已极。"

允禩、允禟、允禵，分别是康熙第八子、第九子、第十四子，其中允禵为雍正同母弟。雍正在朝堂上一指责诸人，所有人便明白，皇帝要除去这些曾经是他上位威胁的兄弟们了，以允禩为首的政敌势力"八爷党"要倒霉垮台了。

到了正月十七，皇帝又把冷酷无情的眼光，瞄向他的舅舅隆科多，谕大学士九卿等："隆科多深负朕恩，种种罪恶，应置重典。"皇帝这一开口，于是人们也就明白：年羹尧的悲剧又在上演，隆科多一党也将完蛋了。

接下来的事情便简单了：迎合着皇帝的清除意志，王公大臣纷纷奏言"下石"，然后便去搜罗其罪行证据了。五月，皇帝以长篇谕旨历数允禩、允禟、允禵诸人之罪。六月，将其罪状颁示全国。八月，被皇帝勒令改名"塞思黑"（满语中含有蔑视轻贱之意的名字）的允禟死于禁处。九月，同样被改名为"阿其那"的允禩，也卒于监所（或传被毒死）。那个同母弟允禵幸存一命，被囚禁于景山寿皇殿。隆科多多挨了些时日，两年后死于禁所。

自年羹尧案起，至允禩、允禟、允禵、隆科多案，在这场皇帝发起的"政治大清洗"中，除了公开被定罪者外，究竟还有多少人因之丢掉了性命，多少人受到牵连被定罪或被革职罢官，向无统计，世人也多没有什么概念。但雍正四年两起相关的案子，却给人们留下了清晰的印象，知道凡是令皇帝不爽或要除掉的人，那绝对是逃不掉的——

三月壬戌，皇帝在朝堂上怒斥：

> 钱名世谄媚成性，作为诗词，颂扬奸恶，措词悖谬，有取罪戾……但其所犯，尚不至于死。伊既以文词谄媚奸恶，为名教所不容，朕即以文词为国法，示人臣之炯戒，着将钱名世革去职衔，发回原籍。朕书'名教罪人'四字，令该地方官制造匾额，张挂钱名世所居之宅。且钱名世系读书之人，不知大义，廉耻荡然，凡文学之士，必深恶痛绝，共为切齿。可令在京现任官员，由举人进士出身者，仿诗人刺恶之意，各为诗文，纪其劣迹，以儆顽邪，并使天下读书人知所激劝。其所为诗文，一并汇齐，缮写进呈，俟朕览过，给付钱名世。

这是"年案"的余绪。

钱名世，江苏武进人，康熙癸未科的探花，官翰林院编修、侍讲学士。曾与查慎行等同入武英殿校刊《佩文韵府》，与赵熊诏、杨大鹤等编纂《渊鉴类函》，与方苞等修纂《骈字类编》，素有"江左才子"之誉。

他因与年羹尧是乡试同年，交情颇好。雍正二年，年羹尧平定青海叛乱，钱名世赋诗八首赠贺，有"分陕旌旗周召伯，从天鼓角汉将军""钟鼎名勒山河誓，番藏宜刊第二碑"等颂其丰功之语，认为年的功劳可以勒碑于康熙帝的"平藏碑"之后——这便是雍正责其"谄媚颂扬奸恶"的缘由"罪实"。

朋友同僚间，赠诗相贺本属平常，即便称誉评价有点过，亦只是恭维之情，言语之失，如何就是"谄媚成性"了？况年羹尧其时是平叛的功臣，连皇帝自己在给年的谕旨中也说了许多肉麻的称誉感激的话，钱名世称其功绩如何便是颂扬奸恶了？

但没有办法，谁也不敢为名世作辩，因为皇帝的话便是不可违拗的真理，他认定你有罪，你便逃不了！律条上没有的，他可以"以文词为国法"，将你打成罪人！

于是，可怜的钱名世不仅丢了官，受到皇帝号召之下的朝廷官员的群诗檄讨，还被在大门上永远挂上了"名教罪人"的耻匾——在这个以名教作为最高道德裁判的时代，这种耻辱的诛心惩罚，实比杀了钱氏更为阴险恶毒！

过了半年多，皇帝又运用文字手段，将另一个才学大员，打翻在地，送进了大狱。

农历九月下旬的一天，在外主持江西乡试的礼部左侍郎查嗣庭，风尘仆仆刚一回到京城，便被抓了起来。

二十六日，皇帝便于朝堂上，晓谕内阁九卿及翰詹科道众官员，说自己看江西试录，查嗣庭所出的题目，"显露心怀怨望，讥刺时事之意"。又说自己"料其居心浇薄乖张，必有怨望、讥刺之记载。故遣人查其寓所及行李中，所有笔札则见伊日记二本……悖乱荒唐……讥刺时事幸灾乐祸之语甚多。最后结论："伊逆天负恩，讥刺咒诅，大干法纪……着将查嗣庭革职拿问，交三法司严审定拟。"

没有任何讯问程序，前脚进京城，后脚就被逮，直接查抄行李与居所，紧接着就公开宣布其"罪状"。显然，这是一个蓄谋已久而由皇帝亲自导演实施的阴谋，目的就是以猝不及防且雷霆一击的手段整倒查嗣庭，置其于死地。所谓试题云云，只是一个根本站不住脚的借口——明清科举试题，皆出自四书五经，说它有问题，实在是滑稽笑话。

皇帝当然知道这点。他在朝堂上也坦承，以之而罪人，不能令天下人心服——但皇帝有了这个借口，就可以堂而皇之地对一个大臣进行抓捕搜查，找到自己所需要的证据而将其定"罪"。

皇帝为何要这样处心积虑地算计一个臣下，必欲除之而后快呢？

原因也很明白简单，这就是那日皇帝对群臣说查嗣庭事的第一句话："查嗣庭向来趋附隆科多。"在皇帝眼里，查就是在朝中颇有势力的隆科多党羽。他现在要除掉隆科多，其党羽自不可能被放过。此外，查嗣庭升职礼部侍郎，是吏部尚书蔡珽举荐。蔡珽同年羹尧一样，也曾是雍正信任的心腹，但雍正近年对蔡珽也渐起疑忌，准备着要对付，所以蔡器重的查嗣庭，此时在雍正心中也便显得愈加可恶不能容忍了。

但这些都只是明面上的原因——若仅为此，寻个过错将查嗣庭踢出朝廷就行，不必要像现在这样的煞费苦心——雍正所以如此阴谋行事，其实是有他另外不可宣之于口的目的用心的。

史料显示，雍正这个清人入关后的第三位皇帝，生性多疑暴戾。而其上位，又是在"九子夺嫡"的残酷争斗中胜出的，且流传着其得位不正的说法。这令雍正益发多疑猜忌，时刻提防着别人篡位，威胁他的统治。年羹尧、隆科多、允禩、允禟、允禵这些权势对手不说，连查嗣庭这样的卿贰之流，他也是非常警惕的，因为在其眼中，查有"狼顾之相"，这样的人都是搅乱朝代风云的危险人物，史上著名的便是那篡了魏家天下的司马懿。对这类威胁到自己权力地位的势力人物，雍正是有必要无情铲除的！

这是查嗣庭被罪的一个半隐晦的原因。但雍正不惜阴谋而兴文字狱，无疑还有更隐晦更重要的用意——

一方面，为了保住和巩固好不容易争来的皇位，雍正毫不留情地将昔日的盟友与敌人，统统打倒消灭，其手段之冷酷、心性之残忍，古今罕见，也令天下咂舌惊骇，招致了很多的非议；

另一方面，他从父亲手里接过来的摊子，存在吏治败坏、土地兼并严重、国库亏空等诸多问题，使得他不得不谋划推行一些改良政策，而这必然会触犯一些人的既得利益，招致反对与阻力。

如何减少非议与阻力？他的对策就是高压与缄口，让人乖乖做事，不许议论时政。于是，继汪景祺之后，查嗣庭这个更有代表性的人物，成了他欲缄天下之口而选择的打击典型。

汪景祺只是一个普通的士人，而出身浙江海宁世家的查嗣庭，兄弟数人皆于康熙朝进士做官，朝野影响很大，查嗣庭身为礼部侍郎，更是士人学子领袖。如果说，汪景祺代表的是民间的士人，查嗣庭所代表的则是士大夫阶层与官僚群体。打击汪景祺，可以震慑民间，而打击查嗣庭，则能震慑朝廷各级大小官员。这也是雍正此后为什么将查、汪二人联系起来，说他们是"互为表里"的反对朝廷的缘故，十一月更以之为理由，说浙江风气坏（查、汪俱是浙人），停了浙江人的乡会试。他就是要以此二人为例，让天下噤声，让民间官场统统闭口！

这才是皇帝亲手炮制查嗣庭案背后的真正的用心所在！

所以，只不过在日记中表达了一些对时事朝政不同看法与批评意见（如"以戴名世获罪为文字之祸"），记载了某些事件的真实情况（如热河发大水淹死了许多人）的查嗣庭，便被安上了诽谤诅咒的帽子，被皇帝直接判为心怀异志的逆天之人。"逆天之人，岂能逃于诛戮？"[1]三法司还未审讯，查嗣庭的命运便已被决定！（次年五月，查嗣庭自尽于狱中，死后仍被戮尸枭示。子查澐斩监候。除查克上监中病死，其他年幼之子流放三千里，俱给功臣为奴，胞兄胞侄多人也同此命运。整个查家，唯查慎行因曾受康熙赏识之故，父子被放还）

当钱名世案发生时，人们还不免有些议论，为其抱屈鸣冤。而自查嗣庭文字狱起，京城也好，天下也罢，便真个鸦雀无声了。

自清人入关以来，大小文字案狱数不清，然而皇帝赤膊上阵，亲查亲定，唯此一狱！皇帝之用心，除了无知的小民，稍有点头脑的人，都能窥知一二：奴性愚忠者固不以为异，不苟同者亦不敢言；而反对的人们，更只能将一腔

---

[1] 此节多处引述雍正谕言，皆见于胤禛《雍正上谕内阁不分卷》。

的愤怒深埋于心底，成为仇恨的种子——若干年后，雍正突然暴毙于宫中，死因也成了谜。民间便流传着被吕四娘（雍正七年另一著名文字狱中吕留良的后人）刺死、被仇家用血滴子取去首级、被太监宫女勒死等多种说法，反映着人们对这位冷酷暴戾的独裁者的深刻仇恨与诅咒……

在朝廷叠兴大狱的时候，生活在天子脚下的大櫆，是怎样的认识与心情，我们不知道，想来也是惊惧且复杂的。

他是一个遵循孔孟正统思想的士人，面对残酷的朝廷斗争和文字狱，内心不可能没有触动波澜。然而经世效国的凤愿理想，入世不深的人生经历，又会使他对个人前途与国家政治，还抱有一定的幻想。有一点可以证明：尽管此时的京城，一片腥风血雨，他却没有离开的意思。

是的，他万里至此的终极目的，是为着一个读书人的科举经世之梦！这个梦想没有破灭之前，他是不会轻言放弃，轻易离开的。

不过，他的计划却有了改变——他并没有参加雍正四年的顺天乡试。这是与形势相关，还是有其他的缘故？他没有说，我们也不清楚。但这变化意味着，他还要留在京城等待三年之后的下一次科考。

身处异乡，前途未卜，又感触着京城复杂的环境，他的心情较之上年刚来时的激动兴奋已有所不同，很是有些忧愁苦闷了。

> 不寐竹窗暗，西风方渐沥
> 寒鸟噪深宵，孤灯耿尘壁。
> 燕居愁已结，离群思仍积。
> 谁能抱幽衷，卧闻更漏滴。

这首《秋夜怀南菁》诗，反映的正是这种心境。

人在苦闷忧愁中，触景感怀，最易思念故乡亲友：故乡与亲人，那是一种根系血脉的交织牵连；而同志友人，则是思想精神的慰藉伴侣。

大櫆此时，便是多么地希望能有姚范这样可以一诉幽怀衷肠的挚友在身旁啊！早些时候他诗寄方辅读兄弟，亦是这般的心情，只无奈"遥望楚云高……故人不可见!"

京城也有一些新结识的朋友,只是或有身份之别,或交情尚浅,或非同心之人,在一起说说普通的事情可以,却不能敞开心扉,与抱幽衷……

或许是感受到了他的召唤,不久故乡的一位好友来到了京城:那是在淮上河防效力而因保题入京的张若矩。

上年十月,工部根据河道总督齐苏勒疏奏,复议过后拿出了意见:治河物料,全资苇柳,请酌定附近管河文武员弁,栽种苇柳议叙,其效力各官及民人等,亦分别议叙。

所谓议叙,便是按照事迹给治河有功的人员(官民)奖励升职,以激励河工效力者。皇帝同意了这个意见。根据朝廷的决定,经过大半年的摸排叙议,河道总督齐苏勒于秋季确定了一批奖擢的人员,张若矩以勤勉能干成为被提保升职者之一,乃于秋冬之际入京。

若矩的到来,令大櫆甚是欢欣激动。

乡友之中,张若矩在大櫆的心中,是占有很重分量,有别于一般人的——这是因为若矩为人,真诚直爽且义气,是那种可以为朋友分忧解难甚至两肋插刀之人。

在张若矩到来之前,其实乡友中也有一人在京,那是应试的叶酉。然叶酉是个学究性的人物,与大櫆虽也相处不错有情谊,但性情却不若张若矩那样爽直热心,大櫆有些烦恼心思也不好和他说。

但若矩不同。我们来看这段大櫆后来写的文字:

俄相见于周京,欢肠倒而垂泪。悯余行之迍邅,遂刺讥乎当世。

这是回忆他们这次相聚时的情形:他们为重聚而欢欣不已,相互倾吐着别后的思念与情况,重情义而又直性子的若矩,不仅为着大櫆困顿不堪的境况而流下了难过的眼泪,更愤然斥责世道之不平。

由此可见刘张二人的亲密关系与深厚情感——对于大櫆来说,张若矩这样的人,才是既可以倾吐肺腑无话不说又可以同忧共难的知心至交。

所以,可以想见处在困境中的大櫆,见到年长一岁情若兄弟的张若矩入京，当是如何的欢然激动了！而若矩在京，基本上也是一个等候的状态，颇有空暇与友人绸缪。

因此年底前的一段时间，当年勺园经常聚会的几人——刘、张以及此时也未离京的叶酉，加上现在大樗身边的从弟药村，或许还有其他乡人，得以经常聚首。大樗的心情，也因之变得充实愉快不少。

这样的情形，一直持续到若矩离开——他获河道总督齐苏勒保荐，题补山东迦河通判。但入京后先须经过工部考审，再与一班题补者觐见皇帝，之后复由吏部正式任命。一套程序走下来，已是岁腊。等过完年节，动身离京时，已是雍正五年的正月元宵节以后了。

友人得官，大家都替他高兴。临行前，大樗等一干要好的乡友聚在一起，诗酒相送。岁月如逝，人生聚散无常，回忆曩昔，感慨无限！杯中酒，兄弟情，心中愿，俱化作了一行行真切的诗句——

> 昔在康熙中，其岁维辛丑。与君俱少年，意气干牛斗。游从偶然合，倾盖期白首。譬彼巨钟悬，而以寸莛叩。君家兄弟贤，东临尤我厚。同时诸俊流，心倾叶君酉。方姚二三子，来往争先后。我时寓勺园，方广才盈亩。垂杨何毵毵，池水清且浏。水中十丈花，嘉名目以藕。官梅白过雪，海棠颜胜妇。帷张四角灯，夜筵坐鹿韭。春深鸟雀喧，绿阴周户牖。诸子时过从，同声肆鲸吼。壮心吞涛江，起衰窃自负。千秋与万岁，盛事图不朽。嘉会讵可常，秋风散蒲柳。叶君早治行，千里峙粮糗。君未判迦河，三年滞淮右。君兄及君弟，从宦七闽久。惟余方与姚，尚能执其拇。我复迫饥寒，衣食于奔走。颠倒跋胡狼，愁恨丧家狗。去年过淮上，仓皇一执手。别怀何多端，未得即开口。为君立斯须，舟人苦麑趣。岂知燕市中，相逢唱千喁。叶君时在座，殷勤接杯酒。追思曩昔游，十犹记八九。儿戏多可笑，面赤增愧忸。帅师待长子，善补终无咎。方今圣天子，大化弥九有。君家受国恩，世世赐圭卣。迦河一分司，富贵何足苟！君第竭忠尽，会见龟压组。独忆故园花，一觞能对否？（《述旧三十六韵送张闲中之任迦河》）

觞咏纷然之际，大櫆作此长篇歌行。若矩叶酉等当日勺园相处者看了，莫不感怀。嗣后，情兴意遄的大櫆复作《送张闲中序》一文以纪：

> 河流自昔为中国患。禹疏九河，过家门不入，而东南巨野无溃冒浔没之害者，七百七十余年。周定王时，河徙砾溪，九河故道，浸以湮灭。自是之后，秦穿漕渠，而汉时河决酸枣、瓠子、馆陶，泛溢淮、泗、兖、豫、梁、楚诸郡，历魏、晋、唐、宋、元、明，数千百载，迄无宁岁。
>
> 皇帝御极之元年，命山东按察使齐苏勒总督河务。吾友张君若矩以通判河上事，效奔走淮水之南。乃畚乃筑，供职为勤，险阻艰虞，罔敢或避。河督称其能，以荐于天子，使署理兖之洳河。四年冬，题补入觐。而是时，河水自河南陕州至江南之宿迁，千有余里，清可照烛须眉者，凡月余日不变。可以见太平有道，元首股肱，联为一体，至治翔洽，感格幽冥，天心协而符瑞见至于此也。
>
> 张君既入觐，卒判洳河，将归其官廨。于是吾徒凤与张君有兄弟之好者，各为歌诗以为送之。

后世览此文者，以文中"四年冬"句，遂以为送行事及诗文之作即在是年，这自是误会。因为嗣后的背景之语"而是时，河水自河南陕州至江南之宿迁，千有余里，清可照烛须眉者，凡月余日不变"。既关涉朝廷一场作秀好戏，也隐含了张若矩离京的具体时间。

（雍正四年十二月）丙午（二十六日），河道总督齐苏勒疏报：臣于睢宁工次，忽见黄河之水湛然澄清。随据河营守备朱锦等呈报，自河南虞城县至江南桃源县，共六百余里，于本月十六、十七、十八等日，河水澄澈，并无浊流，两岸士民，纷纷称瑞，洵属千古罕见之奇征。

（雍正五年正月）癸巳（初六），康亲王等奏言、河道总督齐苏勒等疏报：雍正四年十二月十六日至十八日，黄河澄清六百余里，实为圣朝嘉瑞，恭请升殿受贺……

甲辰（正月十六），康亲王崇安等复奏：先经河道总督齐苏勒奏报黄河澄清，嗣据漕运总督张大有、河南巡抚田文镜、副总河稽曾筠陆续奏称，黄河之水自河南陕州至江南桃源县，约计二千里，水色澄清，略无沙滓。据各处沿河官吏呈报，自雍正四年十二月初九日起至二十九日，河水悉皆澄清，而嵇曾筠于本年正月初四奏称，亲勘河水，澄澈如前。是则河水澄清，远跨陕西、河南、江南、山东四省之境，经历二十日之久，诚亘古以来未有之瑞。伏恳升殿庆贺。

（皇帝谕）"今见数年之中，荷蒙上天皇考默佑，叠赐嘉祥，兹又有河清之上瑞。朕细推天人感应之理，自非无因……上天皇考既锡福于朕，朕即以此福及诸臣，凡属……（文武百官主事、知县、参领、参将以上）俱着加一级……自兹以往，内外臣工，当善加黾勉，精白乃心，和衷共济，矢勤矢慎，秉公去私……"

这几段文字，是雍正实录关于这次"河清"事件在岁末年初的朝堂上雍正君臣奏谕的部分记载：

先是河道总督于腊底的报告，三天"六百里河清"；翻过年来，亲王大臣便据之请求朝廷庆贺，又添了新的报告数据，说是河清共二十天，跨越四省二千里；于是皇帝龙颜大悦，接受群臣庆贺，给文武百官加级。

事情到此还没有完。此后还有群臣的纷然文字继颂，其中有一个做太常寺卿的官员进了篇颂文，还因讳辞不当，让皇帝觉得是讥讪，怒斥一番后，被"交与九卿公同严审定拟"，尝到了拍术不精的苦果。至于皇帝自己，则御制二千余言的《河清颂》，命勒石于江南清口、河南武陟以及河神庙等处，以宣扬于天下。

一个自然的现象，为何让雍正君臣如此欢呼雀跃大肆渲染呢？

自两汉开始，在"天人感应"的宗教神学影响下，谶纬迷信思想盛行泛滥，它们将自然和社会现象统统与天的意志联系起来，认为一切都是天命安排好的，并以天可以谴告人的方式，编造出许多神秘荒诞的符命说法，预测人世的祸福灾祥。

如浑浊的黄河，在特定的时期（如泥沙易下的地区水土流失减轻）和条件下（如久旱寒冷等自然因素，使水量减少、流速放缓而至泥沙沉淀），它会在某个时间点，出现局部的水清现象（史籍曾有多次记载）。这种异常的情况，在符命谶纬家的眼里，便是天的谴告了——早期，他们将它说成是社会灾难的预示，而后来附和着人们对世道太平（因黄河常为水患）的期盼，唐代著名的《推背图》则宣扬"寰中自有真龙出，九曲黄河水不黄"，在明代，又变成了"圣人出，河水清"。

"真龙""圣人"是谁？他自然是人间的最高统治者啦！这当然令皇帝们都怦然心动，希望借之以证明自己便是这样符膺天命的"真龙""圣人"——虽然事实常不如意：宋徽宗时连闹了几年"河清"，结果还是金人入了中原；元顺帝也在三次河清后，不久便看到了明朝的崛起。

但皇帝们的热忱并未消减。永乐二年，据报"十月乙酉蒲城、河津黄河清，十二月壬辰同州、韩城黄河清"。尽管河水只是分别清了一天，但在朝廷的宣扬下，刚刚夺了侄儿皇位的朱棣，还是向国人证明了他起兵"靖难"的正确，他才是奉天承运的"真命天子"！（仔细琢磨一下，这次"河清"来得如此之巧之及时，总让人觉得有一种阴谋在内的味道）

从九子夺嫡中胜出的雍正，亦是需要这种符瑞证明的。在他大肆清除政敌、力图除弊革新并已引起朝廷官员恐慌离心的当下，更需要以天命来证明他的皇权统治的合理与权威，以震慑和愚蒙天下。继宣称"休徵叠现"后，眼下的"河清"之瑞，无疑是一张更具欺骗性的好牌，他自是要精心地将它打好。

所以，在河道总督齐苏勒首报"河清"当日，他一边装作无所谓，一边借着朱家口决口的合龙，下旨嘉奖，加齐苏勒为太子太傅。修好溃决的河堤，本是河防官员的职责，温旨嘉勉即可，皇帝却予其升官加级，其醉翁之意朝廷众臣如何不知？

于是，便有了正月初六的众臣为"河清"的请贺。面对"群情激奋"，雍正一方面大谈天示灾祥，即如皇帝对臣子的奖罚，一方面又装出一副其德"岂足当上天嘉贶"，不闹"沿袭颂美之虚文"的样子，不接受群臣之请。

但众臣知其不过辞让之意，乃复有十六日扩大"河清"范围时间的再请。皇帝至此欣然同意，于是大奖文武，满朝欢庆，文颂赋歌，举国皆知大清又出"圣人"了！

所以，大櫆送友序中，也便有了"而是时……"那一段文字，它也界定了送友之具体时间，是在雍正五年正月十六之后的某个春日。

叙说这个话题插曲，不仅在于搞清这个时间，另一个重要方面，通过大櫆序文关于"河清"事件的表述，我们可以看出作者在这方面的态度和思想。

> 可以见太平有道，元首股肱，联为一体，至治翔洽，感格幽冥，天心协而符瑞见至于此也。

关于"河清"之事的记述，送给也是河防之官的友人，自是恰当的；然以这般的歌颂文字评价赞誉雍正初的朝廷政治状况，虽不排除迎合附和时事之意，却也一定程度地反映出大櫆此时的政治幼稚与幻想，以及这个时代普遍存在的崇尚天命的思想观念。

这两个方面，是相互影响作用的：因为政治幼稚与幻想，他便不易看清在天命、君权神授等包裹下的雍正王朝的专制反动的真实面目；因为相信天命、君权神授，他就会轻易接受雍正君臣玩弄的政治把戏，一个河清之"符瑞"，便让他讴歌"太平有道""至治翔洽"了。

不过，这只是时下的他。

后来，当他历尽人生曲折和世事变幻，看到了更多的社会政治现实，感受到那普遍而深刻的社会反动与黑暗、奸恶虚伪与腐朽贪婪，他所期望的理想一一破碎，才逐渐对往昔坚持的一些认知理念，包括所谓的"天命"，开始质疑并批判，成就了其思想的升华，让我们看到了另一个在岁月沉淀中出现的颇有"异端"叛逆色彩的大櫆……

第十一章　文章之法

二月里，京城渐渐从寒冷中挣脱出来，三年一度的礼部会试及殿试，也拉开了帷幕。

大櫆的友人高仰亭，参加了雍正五年的这科进士考试，结果一战成捷。

在这个科举时代，考中进士，是读书人最大的梦想，它不仅代表着科举的最高荣誉，也代表着一种清华显赫傲视天下的身份地位与功名富贵：他可以从此以"天子门生"自居（因为是被皇帝亲自录取的），今后入了仕途也绝对比举人监贡出身的官员升官来得快，因朝廷上自大学士下至翰林科道、六部九卿，皆出自进士；他即使不做官，在地方上，在社会中，也被人恭恭敬敬地称为进士老爷，州府县官见到他，也是客客气气，礼敬有加。这也是为什么许多人在中举以后，本可以铨选做官却不去，心心念念非要考进士的缘故。

进京之初，大櫆结识了高仰亭，又通过他与徐炎结交。几人所居相距不过数里路，朝夕来往，做了热热闹闹的朋友。现在高仰亭成了进士，大櫆自然是替他高兴。

然而，这个朋友一朝飞黄腾达后，便与大櫆的联系渐渐稀疏了。大櫆的文字中，除了之前因叙徐炎事而偶有一次提及，后来便不再有任何关于高仰亭的记载，说明二人的来往交情实际已断。

这种情况，在大櫆的生平交游中很少见，在他或还有些耿耿于怀——他后来有一首《结交篇》的诗，似为此类的交往情形而愤慨：

> 结交结侠烈，佩剑佩昆吾。投身喧竞地，反覆在须史。昔我有好友，贫贱共相于。夜读共膏火，晨牵共辘轳。同眠共茵席，同食共盘盂。一

朝舍我去，振翼上天衢。高骞九霄步，视我如泥途。门前足三及，未得履阶除。归来怀愤懑，顿足发长吁。语君且勿吁，何不慎厥初？丈夫譬良骥，安得侣驽驹！芳兰何不采，恶木何不锄？……

"喧竞地"当指京城，他在这里结识了一个"贫贱共相于"的友人，谁知其一朝飞黄腾达，便"反覆在须臾"，他后来几次去拜访，却连门都进不去。这真是一个势利的小人啊，怪只怪自己当初交友不慎！

他对此如此不忿，却不知它本是世之常情，古今贫贱欢洽，一旦得势便视如陌路者，也不知凡几！人之相交结，惟出诸真诚敬爱，才能历尽世事风霜而不渝，否则多不会长久。只是大樾此际还体悟不到这点，直到后来他见多了这样的人情淡薄世态炎凉，方才会明白。

此事丢开不说。

过了一向，来京年余的叶酉，趁着暑热未至也告别南返。大樾托他给家里带了家书和一点银两，也给妻子捎去一首《寄内》诗：

一别即三载，百年能几时？
相思应有泪，不敢对人垂。

人在孤旅离别之中，才会倍加思念亲人。

他其实是有很多话要对妻子说的，想告诉她在许多触景生情与反侧不眠的时候，他是怎样牵挂忆念着她的。然而千言万语，终只化作了这几行短短的诗句——所有的思念与渴望，所有的感触与情怀，在交织与煎熬中都化作了对长相离别的愧悔怅恨，化作了对岁月流逝的焦虑恐惧，最后，化作了凝在心头的几滴伤感无奈的相思之泪。

但这为情至深处而生的泪珠儿中，亦不仅仅是刻骨铭心的相思，那里面似还含着他对妻子深深愧疚——她一边以孱柔之身，上奉翁姑下抚稚子，撑起良人远出的门户；一边在苦苦等待他回去，盼望着夫妻儿女团聚。可淹留异乡的他，却兑现不了三年之诺，还要继续把家庭生活的重担，把空守闺中的寂寞与忧伤，都留给一任苦辛的她。一想起这些，他便觉着对不起妻子，辜负了她的恩情与青春……

何以慰卿？

唯有这几行含泪的诗句了！

这是他生平给妻子的唯一一封"情书"。很短，却很珍贵：它不仅显示了大櫆与妻子的感情，也反映出大櫆的真情至性和不畏世俗眼光的勇敢！

在这个被"禁欲主义"深深桎梏着人们思想生活的时代，哪怕是夫妻情爱，也是关乎风化与道德修养而被约束与禁言的。一个男人，冷漠无情地对待自己的妻子，会被视为清心寡欲的有道君子；若与妻子卿卿我我男欢女爱，则为人们所轻卑讥刺——因为在道学理学的眼中，那是迷失本性耽于欲望的表现，也是有悖风教的。

总之，这不是"红豆生南国，春来发几枝"的古时了，男人之于妻子，思念可以，而相思则不可，那是情欲的不节制与泛滥，是为世俗所不齿的。故如大櫆这般坦承为妻子大流"相思之泪"，还公然敢吟唱于诗的，是真有些"厚颜无耻"的叛逆了！

他的兄弟药村读了，便说："三哥，你这情话，只合与表姐房中悄悄说。你竟敢吟诵出来，叫人佩服！"

这是真心话，虽说他年纪还轻些，也同样与娘子一别三载，却作不出这样的诗。

还有一个人看了此诗，也表达了一番意见：

"好诗，缠绵之思，率性之情，感人肺腑。但如此文字，那些士大夫是看不惯的！素闻你的老师以道学自居，彼若见此诗，备不住要说你一顿呢。"

这是徐炎。他最喜爱大櫆的文字，凡是大櫆写的东西，不单是诗文会收集起来准备成册，即便是读书的批点评论，也都一一抄录珍藏。其为人忠厚寡言，但此时于录诗之后，却不禁出言提醒数语。

大櫆知其关心，颔首道："我的诗，只为自己抒怀，本也不是让那些了无性情的人看的。至于老师，他也不爱诗，我自不会和他谈论。"

他们二人口中的老师，乃指的是方苞。

大櫆近年先后结交了吴士玉、俞兆晟、方苞这些名士，但吴、俞二人俱以友人相待，独方苞激赏大櫆之才而收为门下，有了正式的师生名分。

方苞这人张口闭口都是"礼"与"理",是时下公认的理学先生。但徐炎这里特意提起他,却隐涉方苞生平对待原配妻子的态度。

方苞二十三岁那年春天,弟弟病死了,按照丧制要求,他要服齐衰一年;但冬十一月,父母因方苞年纪渐长,又欲给家中冲冲喜,便令方苞娶妻成婚。

所谓三年服丧,此时实际只是二十七个月。以之类推,一年期的齐衰,九个月亦可出服,故方苞十一月成婚,头尾算上也不违制。所以一心要遵循古礼的方苞虽不太情愿,也拗不过父母,勉强同意成了亲。

然而成婚后,他却以《礼记》"齐衰三月不御内"为由,拒不与妻子同房。直至次年夏秋季,女方回娘家哭诉自己还是女儿身。娘家人知此情况,惊怒斥责,方苞才迫于压力与妻子圆房。

方苞缘何这样对待妻子?其解释似乎是对他所认为的"废礼成亲"耿耿于怀。但其实当时情况并算不上废礼,即使废礼,又与同是奉命的妻子何关?分析起来,与其说他是迂腐地执着于"礼",还不如说是在"礼"的遮掩下表现出其性情的冷漠和对女性的歧视。

唯其如此,他虽勉强与蔡氏行了"周公之礼",蔡氏后来也几次给他生儿育女,但除此以外,妻子在他眼里便如路人差不多。他常借各种由头不入妻子之房,实在没法进去了,也当妻子如空气般地不存在,同榻异衾,"竟夕无言"。十六年后,蔡氏凄然病死,他在祭文中还谓妻子性憨"木强",而说自己那般冷漠待她是"执义之过"。

这般"执义"之人,如何能理解大櫆对妻子的相思?所以知道好友常去方府的徐炎,才有前面那般言语。

大櫆对此或许知晓,抑或不知。但如他所说的,方苞不爱诗,以其性情,其实也作不得诗的。大櫆既不会同其论诗,有诗作自也不会与其分享。他经常去方府,除了一些学问请教外,大多数的时间,是与方苞这位同样是文章好手的老师,讨论彼此都热忱喜好的文章创作。

原来方苞自遭《南山集》案,侥幸捡回了条性命,心里留下了很大的阴影与戒心。此后作为皇帝的文学侍从以及奉旨修书,小心谨慎之余,埋首治经,主要是以义理为准绳,研究考辨他一生崇扬的礼学;同时,这位颇擅文笔的道学先生,也花了些力气,研究唐宋以来被人们称之为"古文"的创作。

何谓"古文"？它是指古代的文章吗？

不是的。"古文"这个概念，是由唐代著名文学家和思想家韩愈提出的，指的是与当时流行的骈文相对立，以奇句单行为表现形式、以展现儒家思想为基本内容、取法先秦两汉文体的散文。

骈文始于汉末，盛行于六朝时期，下迄唐宋，是一种受辞赋发展影响并逐渐骈俪化而产生的，讲究对偶、声律、典故、辞藻的文学体裁。这种文体，能流行相当长的时期，并对当时及后来的文学活动产生影响，自有其一定的文学审美与社会适应的价值与意义，也为中华文学宝库留下了一批优秀的作品。

但骈文的写作特点，既不适于日常生活之用；而其形式的僵化、辞藻的堆砌、内容的空虚，也影响束缚了人们思想感情的表达，造成了浮靡风气的滋长蔓延。此外，在坚守儒家立场的卫道者眼中，这种言之无物专事涂泽的骈文流行，还甚是严重地限制削弱了文章的教化作用，极不利于儒家学说思想的宣传。

于是，承续着前人的反对之声，并因应着一定的社会现实因素，唐贞元、元和时期，我国文学史上一场轰轰烈烈的以恢复儒学道统、取法先秦两汉散文为主张，改革当时文体、文风与语言为特征的古文运动，在韩愈、柳宗元等人的领导倡扬下，终于有力地开展了起来，并很快取得了广泛的社会影响与认同。余波及宋，经王安石、欧阳修、曾巩、三苏（苏洵、苏轼、苏辙）等一批著名文学家的持续努力，古文遂成为文坛的主宰。这场运动中的领袖中坚人物，后来被称为唐宋八大家，他们的理论主张和创作实践，亦成为后世古文写作的仿效典范，其中尤以韩愈影响最大。

韩愈继承前人的观点，认为文章的作用在于"明道"（即以古文宣传儒家之道，圣人道德教化之道）。主张文道合一而道先于文，但文也不能忽视，"辞不足不可以为文"，要"丰而不余一言，约而不失一言"；他倡导学习先秦两汉的古文，以反对骈文革新文体，却非复古地仿效前人文字，而是主张在继承传统的基础上有所革新与创造，"师其意而不师其辞""唯陈言之务去"，做到"词必己出""文从字顺各识职"，践行语言创新，并懂得和遵从语言运用的规律性。

为此，他呼吁作家不仅要重视加强创作与文字锤炼，还需要重视个人"气"的培养，"气盛则言之短长与声之高下皆宜"。而养气之径，则是"行之乎仁义之途，游之乎《诗》《书》之原。"这便又涉及了作家修养与文的关系；他还注意到个人创作与现实的关联，提出了"大凡物不得其平则鸣"的论点，认为一切文辞就和自然的各种声音一样，都是作家不平则鸣的产物，自古以来无论圣贤之言或百家之学，都是彼时现实的反映。

古人对文章的写作，秦以前重在著述，那是形式为经史子部的著述之体，尚质尚用而不太尚文。偶有文论，亦不过是一些文道合一的要求，以及"言以足志，文以足言"以及"辞达""立诚""致意"之类的话。至汉以迄六朝，才由著述之体流为集部的单篇散文，人们方始注意一些为文之技巧，然也只重在如何遣词使事，于其他方面规矩绳墨与要求，则尚未有自觉之认识。

直至韩愈于反骈文运动中，高举古文的旗帜并结合自己的创作体会，方从文章涉及的诸多方面，对古体散文的创作进行了总结与探讨，提出了一些明确的主张观点与指导意见。他更以自己的创作实践，给后世留下了众多闪耀艺术光辉的作品，提供了古文写作的范本，而其作品中的不少精彩而脍炙人口的语言文字，也成为后世人们常用的成语典故。

这使他成了继司马迁之后最重要的古文作家，苏东坡赞其是"文起八代之衰"。宋代沿波而起的古文运动，实便是直接继承了韩愈的道统与文统。而自明入清，在以反八股文章僵化空虚而兴起的"以古文为时文"的复古运动中，亦随处可见韩愈之影响，人们论古文之作，更是开口称韩欧，闭口谓昌黎。

方苞亦是推崇韩欧的古文倡扬者。

方苞生平，自承很不喜时文，也不大看得起明人之文，连称誉文坛许多人都向其看齐学习的归有光，也颇有轻鄙之意。既如此，他的眼里也只有往上推的唐宋古文与秦汉之文了。

他评价韩愈说"韩子有言：'行之乎仁义之途，游之乎诗书之源'，兹乃所以能约六经之文，而非前后文士所可并也。"

评论欧阳修则谓："欧公最为得《史记》法，然犹未详其义，而漫效焉。"

所以，时人说他是："学行继程朱之后，文章介韩、欧之间。"可见他是推重效法韩愈欧阳修古文的。然而，他在另外的场合，又宣称六经之书，一字不能增一字不能减，似乎又拿它当写作典范。

这看似有点歧异，但在方苞这里，却是自自然然的一样，因为他的文学观点，本是服务于复古卫道的。他所以效法韩欧，也因为这两人在唐宋八家中，文采之外也是他看得最顺眼的卫道人士："韩愈、欧阳修，不欲以文士自处者，故文莫盛焉"；而他所以推崇六经之文，那不用说更是卫道者的应有之义应尽之责了。

他便是带着这样的立场与眼光，去研究古文的写作。结果，真的让他发明了一个古文"义法"出来。

"义法"这个词，并非方苞的创造。

它最早出现在墨子的《非命》篇中："凡出言谈，由文学之为道也，则不可不先立义法。"此"义法"，系标准、准则的意思。后来司马迁也使用了这个词，他在《史记·十二诸侯年表第二》中说，孔子著《春秋》，"上记隐，下至哀之获麟，约其辞文，去其烦重，以制义法，王道备，人事浃。"这里的"义法"，乃是仪法的意思。

方苞借用了司马迁"义法"之说，并按照自己的意思加以发挥说："《春秋》之制义法，自太史公发之，而后之深于文者亦具焉。义，即《易》之所谓'言有物'也；法，即《易》之所谓'言有序'也。义以为经而法纬之，然后为成体之文。"

他将"义法"的创造推给了孔子，发现归之于司马迁，说后来文章写得好的，也都遵循了作文这一"义法"。然后又借用《易》经之言，解释了义即言之有物，法即言之有序；义法二者的关系，就如经纬一样不可分割，相互作用，形成了文章的总体。这便是方苞的古文"义法说"的基本内容。

凡事物都有其规律，作文亦如是。古代的人们，虽未有清晰的文章学概念，但对如何写文章写好文章，在世代的学习与积累中，还是有一定的体悟认知的，像文章所要表达的内容道理，以及如何表达的文辞法度这两个基本的方面，古今多有探讨总结与议论，诸如"辞尚体要""言以足志，文以足言""情欲信，辞欲巧"之类的论说，频见典籍，而唐宋以后尤其是明清，学者文人关于古文创作的"义、道、规矩、法度"的见解论述，也不绝如缕。

而方苞之义法说，以内容与形式的调和阐述，不仅融合了前人文道合一的文论，也总结了古文写作的基本方式与标准。是对文章学的一个创新贡献，对古文的现实创作，也有一定的启发规范作用。故自提出后，也赢得了不少人的称许肯定。

但他新认的门人大櫆，于他这义法之说，却似乎并不太赞同，二人谈论越具体深入，双方之间的歧异便越明显越多，而大櫆也颇坚持自己的意见，不因先生的主张而改变其态度观点。

譬如，方苞虽将文章的内容形式的关系喻作经纬，义法互不可缺，但在实际上他更偏重"义"，认为"有其理而法自随之"；而大櫆尽管也承认义理在文章中的作用，但却更重视法度，探讨古文的创作规律与技巧，谈论他所谓的"文人之能事"。

又譬如，方苞认为古文的写作，是本于经术而依于事物之理，所以要写好古文，前提必须学好经学，得其义理；但大櫆虽也说"读书穷理"，却于经学并不如何深研，他更多的是出入诸子与历史。

再譬如，方苞认为必须洞乎于义，始能暗合于法，义为法之根据，法为义之表现。故其说法，又是兼指义言，法是与义相合的。所以他于义法之外，又有"雅洁"之要求，以之作为义法的同义词与标准，反对一切不合古文义法的俚语、俳语、小说语、诗歌隽语、佻巧语、释道语、台阁语，刊落那些不"明于体要"的"繁杂浮芜"之辞，以追求古文之朴质。而大櫆对老师说的这些似乎并不太上心，其论文与言语，更是常常离开方苞片刻不忘的"义"去谈论，说什么文人之能事，只在神气音节中求之；至于语言，他更持一种较开放的态度，认为文字是日新之物，若陈陈相因，安得不臭腐？所以为文"贵去陈言"，要像韩愈那样，勇于创意而自铸新词，以适用于时。

总之，这俱为文章高手的师生俩，时时讨论而常常是各说各话，谁也没有放弃自己的观点。情形有点像前明文人的复古，都是向古人学习：一派宗主秦汉欲学古人之气象，另一派却主唐宋要学古人之神明。

但这并不影响二人之间的惺惺相惜与师生情谊。

他们以文相识相重，也俱志于古文的探索革新，虽然年纪身份有差别，主张观点有不同，然在共同的目标下，仍可彼此敬重而携手同行。且在重视讲究乡域同门师友关系渊源的文坛社会，他们也不例外地需要团结声援，何况他们以乡党而兼师生，情分非一般可比，自不会以文学主张的歧异而致生隙。

不过，方苞心里还是有些遗憾的。

他很看重大櫆之才，待之为门下，未免没有借之以传其学术衣钵的心思。奈何大櫆自有主张，非是同道之人。所以他后来对着另外的学生感叹说："耕南才高而笔峻，惜学未笃。"

其所谓"学"者，经学理学也。它们是方苞学问文章的根本，大櫆不好它们，当然不能赓承其志。但他没有料到：正是有了这个思想文趣颇为另类的弟子，才使后来被文坛称为"桐城派"的出现成为可能，而他的义法说也藉之而能发扬光大，为后世更多的人所知晓……

世间得失成败，可谓实难预料。

西风渐厉，草木枯黄。

城北一处居所内，走出了两个人，却是挎着医箱的医生与神色惊惶的大櫆。

"医生，吾弟这病，就一点办法……都没有了吗？"

虽知情况不好，医生刚刚也说了，可大櫆仍不死心。

那医生叹气道："沉疴难起，恕在下无能。唉！"回首望了一眼身后的宅居，摇头离去。

十月初八，大櫆的再从弟刘万选，病卒于京都，年甫二十六岁。

万选之卒，或与许多身处异乡的读书人情形差不多：以谋生之辛苦，复加发愤举业，心血耗甚而致疾；又以旅居环境缺乏很好疗养，遂致病情日重而终致不起。这是这个时代举业士子常见的客死异乡现象，只是万选方值青年，又颇有才华，更令人惋惜伤叹！

大櫆更是悲痛不已，一时无法接受这个现实。

这也无怪，他与万选不仅是血脉相连的兄弟，亦是从小玩到大的伙伴朋友，感情本就迥异他人。而居京几年，更是互相依靠支持、彼此关心慰藉，仿若比翼之鸟连理之枝。却不意一朝际厄，阴阳两隔。这样的打击，叫他如何能接受？而其伤痛之情，又岂能轻易祛除？

且其心中，于万选之死，也有着很深的愧疚忧惶。万选随他入京，虽亦是为前途拼搏，但作为兄长，他有照顾好的责任。如今万选却殁了，他不能不自责自己没有尽到责任，也惶然不知如何向其家中言说交代。而万选又是独子，上有老母待养，下有稚子待抚，临终前托孤于他，他虽义不容辞，却忧力不能堪，恐有负亡者。

这些之外，他还面临着一个现实所致的惶惶无措、孤旅在外的治丧问题。

兄弟走了，此时的条件固谈不上如何操办丧事，但总要收殓成枢吧。可异乡漂泊的他们，哪有这样的能力？他与万选靠坐馆清苦生活，积攒的一点银子也捎回去养家，至万选治病，已欠债务，此时要买棺成殓，这一笔不小的费用又从何来？

伤心而无奈的他，只能四处哀然求告。最后在一些友人同乡的帮助下，才算勉强办了丧事，并将万选之枢暂厝于城外，待以后运回南边。

而在此期间，他从乡人那里又知道了家乡遭受水灾的实情：这年夏秋间，长江洪水侵害沿岸地区，桐城沿江与河湖直达之地，一片汪洋，许多人家不仅田地无收，甚至房屋也被淹圮，乡民出外逃荒不在少数。

这之前的八月，他从吴士玉处已闻桐城遭了水灾，朝廷正商免其赋（雍正实录：雍正五年八月辛卯，免江南泗州、桐城等十州县雍正四年分水灾额赋有差），从那时起，他便忧虑在心。现在得晓具体情形，不知家中能否平安度灾，深忧不已。又念及自己离乡背井，来京城转瞬三载，除了多了一点文誉薄名，已入而立之年的他，仍是一个穷而且困的秀才贡生，卑微辛苦地生活在都城，家庭妻小一切皆顾不上，所望的前途事业仍茫然未卜，心中便无限地焦虑恓惶且伤感不禁……

因为诸般情伤思忧的交织叠加，在给万选治丧成厝后，他也病倒了。其后虽愈，健康却受到了损害，致后来在较长的一段时期，他的身体一直都不太好，动辄便生病。

幸于此时，吴士玉伸出了援手，得知他的情况后，将他接至吴府生活将养。

离开了寓居数年的城北，却抹不去这段生活的点滴。而万选其人其情，更是一直萦绕在他的心头，时成追忆，经久难忘：

> 兄弟朋俦有凤囚，一朝化去与谁亲？
> 春郊并马时如昨，夜雨连床迹已陈。
> 死别渐欺初日诺，长贫难作托孤人。
> 鬼魂可得无知识，相见还应泪满巾。

他不仅在这首《感怀再从亡弟药村》中倾吐其情思，后来其诗文集初刊，他也一秉初愿，仍标注药村校记之名。及至他编纂自己的文集，亦不忘附上药村的两篇文章，为其传名。

药村生平所著，仅遗此二篇时文。兹也以大櫆之志，录其一章，以记这位早卒才人之文采，亦为当年刘氏兄弟从吴直学古文并倡扬以古文为时文，添一研究资料：

"大贤之见梁王，惟其义而已矣。

盖孟子非往见诸侯之人，而于梁惠王有可见之义。其见也，固常人意想之所不及耳。

昔孟子以命世亚圣之才，抗不见诸侯之节，守先待后，虽值其道之穷而无所于苟，而悲天悯人惟行其义之通而无所于执。故一旦梁惠王之招贤也，于礼有可答之义，而孟子之至梁也，亦幸其道有可行之机。

孔子既没，则世道赖我而存，尧舜其君，则生民待我而泽。穷居固将终身，而大行亦所甚乐。舍我固不得不藏，而苟有用我，胡为其不行也？

非不知明王不作，今之诸侯无足以立生民之命者，而吾身既用，则君心之非以格，而人欲之横流可以反而存天理之至正矣。

非不知天下无邦，今之诸侯无足以复先王之治者，而吾道既行，则苛政之猛悉除，而五霸之余习可以变而为三代之宏猷矣。

盖其向之不见者，所以求隐居之志；而其今之利见者，于以达行义之道。遁世而不悔，亦既常守其尊德乐义之素；相时而后动，未尝曲从平直寻柱尺之权。

　　孟子之于诸侯，所谓进以礼、退以义，而道之将行将废，一任乎莫为莫致之天命而已，不与其间也。"（《孟子见梁惠文》）

第十二章　寓居吴府

偌大的书室内，四周书架林立，架上层层叠叠都是排列整齐的古今书籍，间杂着一些书画卷轴与金石彝器。中央宽大的书案上，文房用具之外，也摆放着一些待览和已阅的卷册。

一个年轻的公子，坐在书案前，正在摊开的稿纸上用心地作文，一会儿奋笔疾书，一会儿凝神思考。间或遇有碍难，起身徘徊之际，眼光不觉看向倚在南边窗前矮榻上观书的老师，似有趋问之意。旋即又移目转首，自个儿沉吟思索。

时间静静地流逝，不远处枣木几上的燃香，已随着幽浮的香氲渐燃成灰。当自鸣钟不知从哪里响起，"当当"敲了数下的时候，年轻公子的一篇练习时文，也恰好写毕。

搓搓有些僵冷的手，舒抻了一下腰身，然后拿着写成的这几页纸稿，走向到老师身边，恭敬地说道："先生，作好了。请您点评。"

先生接过文稿，览了一遍，复读一遍，摇首道："这篇文章，却赶不上前次所作呢。"

年轻公子有些失望，道："请先生细说。"

先生道："此文破题尚可，但承题有些问题。你全以宋人的意思，去说明题目的主旨，便觉离开了经文的原义，所扣的字眼，也便不准确。这就给后面的起讲发挥，带来了窒碍与困难。起讲一要理正，二要命意高，三要遣词古，你承题有偏差，理即不正；扣的字眼不准，命意难高。这二者有问题，后面的发挥自然就受影响，文章气势也不畅。你先头徘徊踌躇，久难下笔，应便是此故。"

年轻公子听罢，细细想想，果如老师所说的那样，欢喜道："先生说得一点不错！怪不得此篇作来，不如往常顺手称意，原来是起讲犯了毛病。"

先生见其明白了，复道："如今天下皆重宋儒之学，自不能无视。然就八股制义而言，吾以为：宋说合乎圣人本义，则不妨用之以为解释；若不太相合或有偏差，还是要遵从六经之本来意义，以求其稳。但这中间如何把握，则在平时的认真琢磨与勤加练习。"

年轻公子颇觉受教，躬身道："先生之言，启人学思，学生定当牢记。"心里对这个新来的老师，又增了一份敬意。

这先生，便是才入吴府不久的大樾了。而年轻公子，则是吴士玉之子吴大椿（名乔龄，号松客）。去冬大樾移寓吴府，吴公重其学行文章，便令松客从其学习。

吴公子虽与大樾早就熟悉，但先前大多数的看法印象来自乃父。此时朝夕相从共读受教，原先的敬佩之意，也渐渐化作了具体的认识，即如眼下的情形：由作业点评，而知大樾于时文的造诣颇深，不虚好手之名。想来有这样的名师指教，自己在制艺上必会日有长进。

心中高兴，便将以往一些时文写作的困惑问题亦向老师请教，后者也一一详为解说。正谈论间，有人进室来，也是位翩翩公子。吴大椿见了，迎道："菉溪叔来了！"大樾也笑着与之见礼。

菉溪者，名士珣、字东升，吴公之族弟，与大樾入府时间差不多，刚自姑苏家乡来京。就听他操着一口吴语问道："耐哚说啥嘎？价末起劲？"

吴大椿和他说了因作文而讨论之事。菉溪取过其作看了，说了几句，在稿纸上写了"二等"，复笑看着大椿，叽里咕噜说了一通，大椿听后一脸讪讪的表情。

大樾听不懂他们那连珠的方言，问了吴大椿方知就里。却是菉溪听大椿说先生评他此次作文不如前次，因联想起其长辈这方面往事，便忍不住要打趣大椿。

原来，吴公少时，其父督课甚严。如士玉学中考试等次稍后，其父虽在隆冬也袒卧雪中，如不欲生状。必待儿子跪哭谢罪，表示今后要加倍努力，他老人家方才起身作罢，也是望子成龙严苛督教之典型。

菉溪大椿二人虽为叔侄，但以年龄相仿，性情也皆活泼爽朗，在一起时常互开玩笑。故菉溪此时因作文之事由此及彼，便拿这袒卧雪中事谑戏大椿，给他批了个二等差次，要他像乃父一样去谢罪。

大櫆听闻这故事，也被绿溪所逗乐。然亦感叹吴家对子弟督教之严。又想自己既受吴公课督之托，于大椿学习尽力之外，亦需严格要求使之进步，方不负吴公相待之恩、信任之情。

正自沉思，有仆人来禀告，道前面有个吏员来访，称是先生的乡友。这"乡友"二字，令大櫆顿然为之欢欣，兴冲冲赶至门房待客处见了其人，不由欢喜：原是阔别多年的好友倪司城。

倪司城虽比大櫆大十多岁，有年龄差距，但二人除了家世、性情差不多外，还有诸多方面的类同：既同有诗文之好，又俱怀有经世之志；而在举业上，亦同样的经历长期坎坷后选择以贡生求发展。这样的情形，确定了他们友谊的牢固基础。所以，尽管这些年他们各自为生计前途而奔波，很少能相聚，但友情并未受到影响，彼此仍时常挂念着对方。此时得以相见，欢喜之情自是不言而喻。

而大櫆于欢喜之外，也有些纳闷于倪司城以吏员出仕的变化，因他晓得司城过去是不愿这样的。之后在居处细谈，才知悉原委，心中既替友人高兴，也不免有些感慨。

原来这些年，倪司城在前途生计上诸般不顺：以其才学之丰盈，却偏偏不能科场得志登科拾紫；以其能力之出众，却还是四处奔走而不能养其家。光阴年华，也便在这坎坷蹉跎之中消逝，不觉已是鬓角成霜的向暮之年。到了此时，往昔的雄心壮志，只化作了声声嗟叹和无限的愁苦，他亦从科举梦中醒来，寻求现实的人生发展。迨至上年，终于等到了一个机遇。

雍正五年，或因为近年官场清洗的动静闹得太大，为了改变在臣民眼中的形象，皇帝表现出一副求贤若渴的样子，分别于夏四月与冬十二月，两次下旨要官员们荐举人才。倪司城得此机会，经人保举得以吏员录用。而此际朝廷上有一件事，又决定了他的具体任职。

是年十一月，川陕总督岳钟琪上疏："川省欺隐田地，请遴选贤能司官，前往查丈。"月底经户部议复，朝廷同意了这个要求，并决定"所请丈量地亩人员，着于小京堂科道内拣选，并令各部堂官将司官保送，一并带来引见。

其带往丈量人员，着于庶吉士、现任主事、内阁中书、中、行、评、博、候补候选人员内，拣选引见。"倪司城被选中，以内阁中书的身份，成为带往丈量人员之一。

叙罢这些经过，倪司城叹道："人再要强，也强不过现实。我已是往五十去奔的人，经不起蹉跎了！眼前如此，也不过图个出身，好养家糊口罢了。唉！"

走举业之途的读书人，科举功名是最大的梦想；而胸怀经世之志者，更是极重进士科甲之名，非仅为其荣耀，而是唯进士出身，日后才能于仕途有所作为，一展抱负才干。倪司城素抱奇伟之志，但现实逼得他弃了科举正途，以荐举入仕，不得已做了个文书吏员，心中的无奈与不甘自可想见！

大櫆劝道："我辈生于清寒之家，命运多舛，万般不得已，唯自救而得生存。世人唯重科甲，以贡举为偏径而轻视之，实是令人慨叹！但万事也在人为，以吾兄之能力才干，虽起步艰微，也必能磨砺自振，于荆棘丛中闯出一条道来，做一番事业！"

这一番话，是慰勉好友，其实也含着他自己的心声：因他也如倪司城这样，动过走荐举之途的心思。

去年某个时间，他便给朝中一位颇有影响的人物写过一封自荐的书信《与李侍郎书》：

　　盖闻古之怪伟磊落英多之士，负非常之志愿者，其始未尝不屏弃草野，硁然自守，不为苟合诡随以取容于当世，而卒能自致光显，以与国家建大业而成大勋。盖必有一人焉，高居云霄之上，不惜措手之劳，提携拔擢之恐后。然后上之人畅然不至以失人为憾，而下之人亦窃私心自喜，以为得其所凭依。

　　往者，明公以明聪杰出之资，任馆阁清华之地，穷金匮石室之藏，豫论道经邦之略，天子之毗，缙绅大夫之师，而乐善无穷，谦谦焉、欿欿焉，常若有所不足，虚左绝席，以待四方之士。四方之士风从云集，苟有毫毛涓滴之能，无不奋袖慷慨，愿得匍匐自致于明公之门。其有沉沦下里，不得亲明公之馨咳者，皆闭门屏息，愧赧而不敢自比于人。乡州闾左之人，见其不获礼于明公，皆轻相狎侮，不复以为可望。而当是时，士之有能自负者，果无不见收采；其不见收采，果皆无毫毛涓滴之能，而不足为士。盖伯乐过渥洼之渚，而马群为空。近古以来，号称得人之盛，未有如明公者。而櫆不肖，方伏在山林岩穴之中，学既疏芜，地复悬隔，不能稍自振厉，以窥见大贤君子之门墙。中夜涕泣沾袍，扼腕歔欷而不能自已。

近者，跋山涉水，奋身而至京师，庶几得望见君子之光矣。而运会未就，又值明公出镇远方之日，日夜翘首跂足，望西南之乡，而忽忽如有所失。士之遭逢，其果有幸不幸乎？以櫆与明公并世而生，明公之知人，櫆之可以见知于明公，而愿见不可一得。然则古之接膝而不相知者何足深怪？

今幸明公以天子之明诏，峨然远来；入内庭，为宰相，与天子相吁俞，计日可得也。是以不胜拊髀雀跃之至，而先献其平生所为文数十篇于此。

书中之意很明显，是希望得到赏识提携。于他这个贡生而言，所谓提携也就是求得其人的举荐。

这个人，便是时任工部右侍郎的李绂。

李绂，字巨来，号穆堂，江西临川人。康熙四十八年进士，由编修累官至内阁学士，兼左副都御史。康熙六十年任会试副主考，因事遭劾免官。雍正元年，起复为吏部侍郎，转兵部侍郎。二年四月任广西巡抚，三年八月擢直隶总督。雍正四年十二月，调任工部右侍郎。

李绂不仅是政坛资历丰富很有影响的人物，也是尊奉陆王心学的著名学者（后人誉为"有清一代陆王学者第一重镇"）；其诗文也以才气横溢，"直达肝肠、无所缘饰""万夫之禀"，为时人所称誉。而其生平，也颇有奖掖人才提携后进的声名。

这样一位显宦名流，自是为许多希望被提携荐举者所景仰。大櫆也不例外，而其所以有勇气向其自荐，恐怕也有吴士玉的因素，因此时李绂恰与吴公同署任事。或许，他之自荐于李绂，即出于吴公之建议。

遗憾的是，在大櫆致书后不久，八月间李绂便出事了。事涉他任直隶总督时举荐过的一个知县被继任总督所参劾，他被皇帝疑为暗受请托营私欺罔而入罪。

其实，这也只是一个由头。真正的原因，是为官正直不怕得罪人的李绂，曾数次弹劾皇帝的信臣田文镜，又为皇帝要铲除的蔡珽出言辩护，惹恼了皇帝，将他从直隶总督迁工部侍郎，此时又寻个由头入罪革职进了大狱（后刑部查抄其家，见其居室简陋，别无长物，连其夫人首饰亦是铜制品，皇帝方知其清廉无私，释之出狱）。

这件自荐的事情，随着李绂的倒霉，大櫆也将它埋在了心里，他的朋友们恐也多不知晓。但不管怎样，眼前他对倪司城的选择是很理解的；他也相信这个相知很深的友人，必能于逆境中有所作为——后来倪司城在蜀果因表现突出，被奏请留用，连任郿、洋与南郑三县令，上司也以其能干而多次举荐，然终扼于其出身而长期不得升迁，卒以县令告老。日后大櫆不再谋荐举入仕，或亦与此相关。

且说二人正在叙话，箓溪大椿叔侄笑嘻嘻来了，身后还跟着一个斯文书生，也是此时寓居吴府者，浙江乌程人沈维涓（澜）。

这几人听说大櫆故友来访，都来凑热闹。闻倪司城将出使蜀地，众人由此话头各抒己见，从古到今地论说起来。到了吃饭时，饮谈间还议论不休：诸如西川风俗殊异，多族杂处；蜀道关山之难，天下闻名。诸如四川省地域广阔，不仅物产丰富，还盛产诗人文学大家。又诸如川人如何爱吃辣子，无辣不香，等等，甚是热烈。当然这些大多是从书本上知晓的，所以他们对能亲去蜀地体历见闻的倪司城，还是颇有些羡慕的……

此时也是乍暖还寒的早春。一年前，大櫆送好友张若矩离京；一年后，又送一位故人出使远行。他的心，不能不为之所感；他的笔，不能不为之所书：

> 巴蜀僻在西南万里之外。秦昭襄王时，始并有此地。汉兴，唐蒙、司马相如开路西南，凿山通道，地广而民以疲。自是之后，或负其险远，保有一隅，以聊自完固，战争起矣。及乎明之季世，流寇入境，尽杀其

居民而夺之食，民用殄灭，广土数千里无耕农云。

　　我朝之有天下，休息涵煦，百年之久，民之散者以聚，地之草莱荒芜者以辟。庶土既正，底慎财赋，亦其理宜也。雍正五年，命御史臣四人、内阁中书九人，往计蜀之田亩，而我友倪君司城一朝得与九人之列。

　　倪君清慎自持，其奉公勤民之术，不足为倪君告。然余见倪君喜为歌诗，今马足所经，烟火稠叠，皆曩昔凋敝之余也；悯其更生，必有彷徨而赋者。他日归，余将解君之装而验之。（《送倪司城序》）

以君之能事，所为蜀务何足道哉！关山千重，可作如椽之笔；崎岖万里，正可写心中豪迈的诗情。

这是知友之赠言，是一个诗人对另一个诗人的期盼。

天气一天天暖和起来。

今年打春早，才进入二月，户外已是一派春光荡漾，绿上枝头的景象。这令京城被寒冷憋了一冬的人们很是惊喜，纷纷出外游览踏青，感受春的和煦明媚与生机。

吴府内的几个才人士子，自也不甘于后。尤其是吴棻溪才至京城，很想看看这京师景色。一起合计了一下，也得了吴公的应允，便由大櫆负责安排，由吴大椿这个最熟悉的人引导，去城内外风景秀丽之处游览。

一连数日，诸人乐此不疲，兴致勃勃，观光时酒自不少饮，而即兴之诗也连牍成篇。

这日驱车城东，本欲去郊外览胜，看那河边柳色。途中有人听闻某处有万柳堂之景胜，便不顾劝阻，执意要去。

却是至京不久的吴棻溪。旁人告诉他万柳堂徒有虚名，去了会失望，他却不信，嚷嚷道："啥叫徒有虚名，称柳无柳？耐勿要骗人哉！我是定规去仔个，且要作诗来。"

众人无奈折向，往城东南隅的万柳堂而去。一路上，也时见些车载骑乘的游人，间有女眷撩起窗幔，探看外面景色，指点嬉笑惹人注目。

一番载驰载驱后，所谓万柳堂也便到了。然而映入众人眼帘的，仅是一片荆棘荒芜的园址废墟，哪里觅见一丝柳色？

几人看着先前嚷着要来此游的吴菉溪一阵好笑，后者一脸的失望，直说京师的人也忒勿入调，就这荒不拉叽的光景，也配叫万柳堂？

说笑了一阵，再睹这荒夷旧址，却也俱觉感慨。因知眼前废园，为故大学士冯溥于康熙年间所建，至今也不过数十载时光，便荒圮废寂如是，真个是一面沧桑兴衰的镜子，叫人对之不免幽叹。

而大椒感慨更多。进京几年，他数与友伴过游此处，不单亲见园之荒废一年甚过一年，且与游之人如药村更已过世。这种感官和心理的双重刺激，所带来的世事沧桑兴废之感更超过他人。而由眼前物景，联想到入京几年来所见闻的那些随着朝廷风云而命运浮沉的权贵宦达们的诸般事迹，在慨叹时势对于人事影响的同时，也颇感愤于世人在对功名富贵追求上的迷失与溺陷，而忘掉了先圣"富贵不能淫，贫贱不能移"的教导，就像这眼前废园的主人那样，身居辅政之高位，没有想着"安得广厦千万间，大庇天下寒士俱欢颜"，却大肆挥霍着那些来自民脂民膏的资财，建美园以满足自己的享乐……

正沉思间，却被人说话声打断。

却是吴大椿在打趣意兴阑珊的菉溪，要他按头里说的作诗。那菉溪拿眼直翻他，吴语叽里呱啦地说了一大通，旁人也只听清了个大致意思，没有情绪诗兴之类。

沈维涓提了个建议，道："眼前此景，难做得诗，不若写点文字。吾观耕南若有所思，不若请他这文章妙手，做篇游记以添兴，如何？"

菉溪叔侄一齐称善。大椒因本多感思，也未推辞，整理一下思绪，待笔墨具备，不多时，一篇《游万柳堂记》即一挥而就。

　　昔之人贵极富溢，则往往为别馆以自娱，穷极土木之工而无所爱惜。既成，则不得久居其中；偶一至焉而已，有终身不得至者焉。而人之得久居其中者，力又不足以为之。夫贤公卿勤劳王事，固将不暇于此；而卑庸者类欲以此震耀其乡里之愚。

　　临朐相公冯公，其在廷时，无可訾，亦无可称。而有园在都城之东南隅，其广三十亩，无杂树，随地势之高下，尽植以柳，而榜其堂曰万柳之堂。短墙之外骑行者可望而见其中。径曲而深，因其洼以为池，而累其土以成山。池旁皆蒹葭，云水萧疏可爱。

雍正之初，予始至京师，则好游者咸为予言此地之胜。一至，犹稍有亭榭；再至，则向之飞梁架于水上者，今欹卧于水中矣；三至，则凡其所植柳，斩焉无一株之存。人世富贵之光荣，其与时升降，盖略与此园等。然则，士苟有以自得，宜其不外慕乎富贵；彼身在富贵之中者，方殷忧之不暇，又何必朘民之膏以为苑囿也哉？

诸人看了，齐拍掌道："是游记而实箴文，此可为天下富贵骄淫者诫也！"笑着离去。

春色阑珊时，吴府中的几个年轻人，早已收敛心思，沉浸于各自的读书治学之中。然学习之余，仍在一起相处得很是热火，白天夜晚、餐前饭后，总是可以见他们聚饮谈论的身影。

然而有一天，却有人遗憾地告知大家，他要离开了。

那是接到家书促其归乡的沈维涓。

原来沈维涓的父亲年届八旬，这样岁寿的老人，对儿孙的牵挂思念最是忧切，又虑自己一旦不行而亲子不在身侧，故寄书促归。

沈维涓和大櫆一样，原是要应明年的顺天乡试的。但接到家信后，他却毫不犹豫地决定南返，立即准备离京事宜。

几位友人自是不舍得他离去。

尤其是大櫆，与沈维涓俱客寓府中，居食同处，相得甚欢；而沈维涓不仅才学出众，且为人很是温良忠信，给大櫆留下了很好的印象。正庆幸在异乡能交此等朋友，欲与之多事盘桓，却谁知其且将别去！这令他不舍之际，心中也颇觉着若有所失。

因着这种心情，虽知沈维涓归意已决，他却希望其可以多留一段时间，无须匆匆即返。但沈澜说："老父年已八十，且以书趣归，吾为人子，义不容缓！"

大櫆听了，肃然起敬，乃作序以为赠别。后来，沈维涓中雍正十一年进士，又于乾隆初与大櫆同被荐应博学鸿词，在京都续有交集。

在沈维涓之前，大櫆也送别了另一个在京结交的浙江友人桑调元。调元字伊佐，钱塘著名的才学俊彦与诗人。其于雍正四年举顺天乡试，虽入礼闱不捷，但却以才学尤其是诗誉在京中颇得声名，朝臣文士竞相延揽与之交结。他与大櫆偶然相识，却以相互敬慕而订交。

桑调元比大櫆大三岁，但他与大櫆一样，也是个才华横溢之人。其治学勤奋，精于史学与性理，又强识博闻，是读书人中有真学问者，这一点同大櫆颇近类。除此而外，他们又俱是性情纯真风流儒雅的诗人。故二人结识后以惺惺相惜而成为好友，也是自然的事。遗憾的是，相处正热切时，孝心很重的桑调元要替父亲祝寿，遂离京返乡。颇觉失落与不舍的大櫆，亦写诗《送桑伊佐》送别：

> 长安三月无花柳，车辙尘边争疾走。道左相逢古丈夫，一笑轩然执其手。才名车马满京华，桑君才冠风人首。玉堂学士竞迎致，决绝将归还被肘。即今街巷行路人，侈说君民不离口。自爱骅骝世无敌，谁知荆璞人难剖。两年飘泊百不如，尘土衣衫嗟敝垢。我才与子不相当，子独论交于我厚。夜雨鸡声共读书，春风草色同携酒。谓当一世常如此，君忽治行车载糗。堂上严君白发盈，一觞欲晋南山寿。人生穷达岂有常，行矣无为伤老丑。

两位浙江友人，先后离京南返，不用说会触动大櫆的心思，撩起他自己的乡愁。

离家三年多，他同任何一个孤旅在外的人一样，思念的情绪日益滋长：家乡情况如何？亲人是否安康？这些情思不仅会经常涌上心头，还因为家境的困苦艰难而化作深深的牵挂担忧，去岁得知乡中水灾后，这种心情就更加强烈。

但没有达成来京愿望的他，又不能像桑伊佐沈维涓那样束装归去，便只有在思念与祈盼的交织中煎熬度日。也就在此时，他收到了一封久盼的家书。

信是长兄大宾写的。

先叙述了灾后家中情况，谓人畜安全，官府又免了赋税，生活虽有困难尚勉强可支，让他放心。继又报了父母双亲平安，只是很有些思念他。接着又说了其他方面的一些事体，包括与纷既伯父家商量，日后等待机会来京护运药村棺柩回南，等等。

书的后面，却告诉了一件沉痛之事：大櫆的两个幼子，在他入京后二三年间相继夭折。望他忍悲止痛，勿以幼稚之殇乱了性情，凝心聚力于明年的顺天乡试。

大櫆进京以后，其实已经受了一次丧子之痛：他的长子介，在他离家时间不长，即不幸殇逝。介已入塾中读书，又生来聪慧好学，已能熟诵一些经书诗文，颇有乃父幼时的样子，家中长辈都很看好他，却不想夭寿不永。这打击令他很长一段时间，都未能从这伤心中走出来，他未参加雍正四年的乡试，或便与此打击相关。

但那时，因尚有二子在，让他悲伤中还有着一点宽慰盼头。却谁知祸不单行凶厄连至，年余时间内，二稚又去，子息尽亡[①]！

中年丧子，已是人生之不幸；而接连丧子乃至尽殇，更是令人绝望之大悲大痛！他盯着那几行报凶字语，一时心如刀割，呼天抢地，痛哭失声。

二雏久已去人间，望里犹疑结两鬟。

忽有故园消息至，一时风雨暗燕山。

遭此沉痛打击，从去岁药村丧病中恢复不久的他，再次病倒。病中念着哭儿之句，泪流不尽。此时恍悟离家时，回望妻儿身影的一瞬间，为何突有肝肠欲断之痛？那应是对弱妻稚儿隐忧担心而产生的无言恐惧与不祥预感啊！他后悔当初的抉择，假若没有离开家乡，妻儿不致失怙，或许他的孩子们也不会出事，能平安保全……

在深深的伤痛、自责、悔恨中，他这场病，拖了很长一段时间。好在此

---

① 陈洲刘氏支谱《叔曾祖海峰公传》："公至都门，所生三子不数年相继而逝，公皆在外不得一见。"据之可知大櫆三子俱卒于其入京后几年间，故于此作一叙述。又三子尽夭，显非正常，应与其父母近亲通婚相关。

时身处吴府之中，身边不乏照料，又得吴公父子等时常劝慰，慢慢得以痊复，可以继续履行他在府中的职事。

为何说职事呢？这里有个说头。

原来大櫆至吴府后，除了课督公子大椿读书外，吴公因他既有才智又处事较稳重，且往昔在故里张府待过，知晓大户人家的规矩礼仪，便让他兼着负责府内的一些事务（故后来《菉溪书屋图记》中，有"公之服官在京师，余主其邸第"的说法）。像吴士玉这样的公卿人家，府上方方面面的事颇多，譬如因吴公之声名，常有各类文士慕名而来谒投者，其一般接待应酬，或即由大櫆主之。

这些方面，大櫆没有细说。但对吴公的惠爱信任，他是十分感激的。这种心情，在六月酷暑时，在为他人替公子大椿画的《深柳读书图》所赋诗中，也有清楚反映：

> 平生梦想韩柳欧，吴少司空乃其俦。十年愿见不可得，如从渤海求瀛洲。虔祷能使蜃结市，忽然相遇当道周。嫫母有面不自见，龙宫姑以鱼目投。公如大匠畜亲楠，追琢岂必皆琳璆。笑指孺子谓可教，逢人说尽桐城刘。我来帝里苦飘泊，公独见怜还相收。床上图书列古异，阶前竹树罗阴幽。公子趋庭守家学，手把一编时抶抽。幽人胜地各尽态，写入图画双明眸。六月炎蒸汗如洗，披图杨柳风飕飕。我缺浇灌肠枯槁，纵有好句难寻搜。属我作诗但尘土，惭愧与君朝夕游。呜呼！安得太湖汪阳三万六千顷，净洗我诗光炯炯，照见翩然读书影。

诗虽为公子读书图所赋，重点却是在叙述其父对自己的提携之德、惠顾之恩，感戴之情溢于言表，跃然纸上。

吴府的生活，安适而平静。然而秋凉之时，一件颇有影响的事件，却给府中蒙上了一层阴影。

事件缘起于国子监建立新碑亭。这事由工部负责实施，并于七月初一将图样呈送御览。皇帝当时看了一会，找出了一个问题：国子监以往所立碑亭，顶上有用黄瓦的，也有用绿瓦的，那么究竟是该用哪种呢？

于是他向奏事的工部侍郎法保、吴士玉等人询问，这几人或未留意，或以为兹事无关紧要，且前有旧例，用黄用绿皆可，也没去深究，故一时皆答不上来。

这下可不得了，皇帝当即沉了脸。斥责了一番不算，隔几日便晓谕内阁："国家建立碑亭，典礼攸关。司其事者，自当详考源委，然后入告。乃法保、吴士玉于办理陈奏之事漫不经心，有玷职守，着交部严加议处。"

在以铁血无情手段扫除反对势力、压制不同声音后，此时的雍正，不仅已完全将朝政掌控在手中，且将封建的君主专制向巅峰推进。满朝的文武官员，到此时也便只是按君主意志行事的办差奴才而已。所以皇帝的谕旨一下，内阁毫不敢辩驳，忙去找吏部商量处理意见。到月底便由领侍卫内大臣马尔赛等人出面参奏："工部所造黄册，屡经催办，乃任意迟延，特于月朔吉日进呈，显系怠玩疏忽。应将尚书黄国材、侍郎鄂尔奇、吴士玉、法保、申大成，照溺职例革职。"

皇帝当即表态："黄国材、鄂尔奇、法保俱着革职，从宽留任。吴士玉革去工部侍郎，着在内阁学士内效力行走。申大成，着革职。"

一个盖瓦的细节，闹了一场轰动朝堂的革职风波，一个部的头脑们全给撸掉了。纵观事情的前后，显非是就事论事的情形，而是皇帝对工部的工作人事不满，借个题目发挥而已。

不管如何，作为倒霉者之一，吴士玉被革了卿贰的侍郎职衔，又去他擢升前的内阁学士内效力行走了。这于他的宦途而言，自是个不小的打击；而吴府上下，也免不了一阵惊慌郁闷。

好在这雍正年间，朝廷官员因犯事罢官或降级，三天两头地来，人们都见惯了。所以无论在什么地方，都因心理上的见惯适应，遇上此类事，倒也没有怎样太过忧惧。

当然，此后更加约束自己行为、谨言慎行，则是必需的了。出了事的官员，如果不知夹着尾巴做人，那是很蠢而极容易中枪再惹祸的。

吴公也郑重地叮嘱告诫了府内人等，不许议论他被革职降级之事，也不许妄议朝政舆情。康、雍时期的特务活动之普遍厉害，那是尽人皆知的，像他这样正被皇帝处理的人，府里若有什么不当忌讳的言语传出去，那接下来等着的便不是革职降级这样轻的事了。

这般情势之下，客居于府中的大櫆，不用说也愈加地注意了，尤其是在交游方面。

他初至府中时，吴公便提醒他，京师鱼龙混杂，又在天子脚下，情况复杂敏感，人生活于斯，须格外慎其言行交往，像大櫆以往在地方喜欢且沉迷的朋游活动，京城是不提倡的，甚至视为禁忌——许多人就是在曾经的交往言语中，不觉地埋下了祸根，后来或遭其害或牵累他人。

大櫆牢记了吴公的这个教诲。此时吴公出事，这方面就更加慎重：若非必要不外出；若非至交信得过的朋友，不与之交往盘桓；即便有交往，亦慎其言行。后来他在京师的长期生活中，一直保持着这种意识与习性，所以他虽于京师生活多年，但于京师的情况在诗文中很少有反映，而朋友交往唱和之作，也是极少（除了一些诗序文序外），以致一些曾经和他有过交往，发生过关系的文友，甚至连名字在诗文中也找不到。

当然，他也不是谨慎地杜绝一切交游。大约这方面的原则，便是"择人而交"四个字，并偏重文学嗜好切磋方面。这时有个人，应便是如此而交往的。

那是杭州才子沈廷芳。

沈廷芳，字畹叔，一字荻林，号椒园。为人风流儒雅，善诗文而工书法。少从著名诗人查慎行学诗，及长又嗜好古文写作。

他比大櫆小几岁，二人认识的经过不大清楚，或由人介绍，或是沈廷芳慕名来访。然其交往，当缘于才子之间的惺惺相惜和共同的诗文爱好。不过，其中也有先辈交往的关系因素在内。

原来沈廷芳是查慎行的远甥。查慎行年轻时闻江上诗人田间（即钱澄之）之名，曾远至枞阳向田间求教学诗，而田间亦正是大櫆最崇敬的故乡文学前辈。有此一层关系，二人的情感，无形中便更亲近了。

对大櫆来说，结识沈廷芳，无疑是遇到了一个很不错的文学同志。所以二人结交后不久，他还郑重地把沈廷芳引荐给了自己的老师方苞。

为何介绍给方苞呢？或许是应沈的请求，但也或许是在相互切磋中，他发现沈廷芳的古文写作认识，更接近方苞的路子，适合向其学习。

果然，方苞见到沈廷芳，一番交谈考量后，便收下了这个弟子，并告诉他要成为自己的门人，"当以治经为务"。第二天还亲自去回访，理由是听说沈廷芳是故友查慎行的外甥之子。离开时，则又一次嘱其勤治厥业，还是那个治经为务的意思。

大櫆与方苞在古文创作上的一个分歧，便是前者虽重读书，却不愿在经学上下功夫。而方苞所以愿认沈廷芳为弟子，且谆谆教他以治经为务，当与廷芳在这个方面的表现合其心意相关。

后来沈廷芳在方苞众多门人中，不仅受其古文之法，亦果如方苞所期望的那样，重视研究经学，并有所著述成就，令方苞甚为满意——前面提过，方苞曾与人惜叹大櫆不笃经学，就是对着沈廷芳这个满意的学生而发的感慨。

第十三章　两中副榜

八月桂花飘香时，雍正七年的己酉科顺天乡试，在京城东南的贡院隆重举行。

盼望入北闱多年的大櫆，与他的兄长大宾一起①以贡生的身份，参加了考试。和其他人一样，怀着忐忑心情的刘氏兄弟，在那个狭小的号舍中，呕心沥血了数日。考罢走出考场，便把成败留给了不可知的命运。

这个时代的考试，没有标准的答案，也没有统一的品评尺度，一份考卷的优劣与否（除了明显的犯规出错外），全在于阅卷考官的个人趣好判断，就如筵席上的一道菜，只看它合不合品尝者的口味，达不达到他的美食要求。又因为实行荐卷与录取分开的办法，一份卷子哪怕有幸获得阅卷官的青睐而被推荐上来，却不入负责初步录取的副主考的法眼，也一样是个被黜弃的下场。

因为阅取的主观性，以及考官的水平、责任心乃至精力等诸多方面，皆是影响考卷评定的因素，皆决定着考生的"生死"。

谁能知道自己的试卷会摊上怎样的"判官"？既无法知道，那也就只有听天由命，看各人的运气了。

幸运没有降临于刘氏兄弟。

十来日后结果出来，二人都没有考中。不过，大櫆比乃兄好一点，入了副榜。

副榜是在正式录取的名额之外，按正榜五名取一名的比例，选取未被取中但文字优良的卷子，列其姓名于正榜之后予以榜示，称为副榜。入榜者，

_____

① 刘大宾中举以前亦曾数试。据《送沈荼园序》中"兄弟四人，在家者尚一兄、一弟"文意，大宾应为参加此年考试而在京。

称为副榜贡生，其不能如举人那样参加会试，但仍可参加下科乡试。对于落考者来说，副榜的意义主要是慰勉性的，比较起来面子上要好看那么一点。

大櫆能入副榜，说明他的文字是过了阅卷房官初荐之关的合式之卷，是有资格被录取的。问题是在录取环节，因不合副主考、主考的胃口，而被刷了下来。

此科顺天乡试的主考是满人，即是上年在工部被革职后又转任礼部左侍郎的鄂尔奇；副主考则是江南怀宁人杨汝谷，时任兵部左侍郎。

这二人虽官至公卿大僚，却于文事不甚精熟，亦无甚兴趣。所以可以想象，文章写得好的举子到了他们这里，非唯没有什么优势，甚至可能因为他们固有的思维认识与欣赏方式而被减分淘汰。首次应举的大櫆碰上了其人，亦是运气不佳无可奈何了。

知晓结果后，身边关系亲近的人，都为大櫆遗憾抱屈。遗憾的是，他就差了那么一点点便能成功；抱屈则自是为着录取者眼不识人，轻易便放过了这样一位才学文章都很优秀的俊才！

但这样的事，也是科举考试中常见的现象。许多才华横溢的人包括八股高手，便是因为考官的关系而被埋没。

前朝有一个典型的例子：

晚明八股文大家艾南英，文名传遍天下。他评选的墨卷时文，当时士子争相购买学习，士人的文章若经他评点，就如中举成进士一般感到荣耀。可就这样一个人，却七次乡试，七次遭罢黜。

其中有一次，他的首场卷子分到了同是八股高手项煜的房中（八股考试的阅卷，按四书五经分房评阅）。以项煜之能，本是不会埋没好文章的，奈何其人没有责任心，他仅将艾卷读了四行，觉得不合口味，便没再看下去，丢进了落卷堆中。八股考试，最重首艺，他这一丢便直接将艾南英踢出了局。

后来艾南英领取落卷，看到项煜如此马虎，气愤不已，便将其七篇应试制义刊刻出来传示天下，说："士子三年之困，不远数千里走京师，而房官止点四行，弃置不顾，此岂有人心者乎？"一时引起轰动与公愤，项的名声由此大损。

艾南英的事例，其实反映了科举考试中评阅录取设计的缺陷，即缺乏统一标准而由主观裁定优劣的不公正，缺乏严格有效的监督。这个时代的人或不清楚，或清楚了也无可奈何，因为八股考试几百年来基本都是如此实施，屈才了又如何？只怪你运气不好！

所以大櫆落第，众人为之遗憾也好抱屈也罢，最终也只能归之于一点劝解安慰：首战即捷的幸运儿向来少见，无须过于纠结，这次差了点，下科或便能高中。

他的兄长也道："以三弟之才，中是迟早的事，也不急在这一时。你既入了副贡，便安心在此准备下科的应试。至于家中，有我和你二哥四弟，你也无须担心。"

因为亲友们的劝慰，大櫆的心情才好些。

此外，还有一个情况，也多少给了他一些安慰，那是他的学生大椿与其族叔箓溪此次乡试皆中了。自己虽然落第，但学生能中举，没有辜负吴公所托，这使他的心里还是颇感慰藉。而箓溪作为相处不错的友人，他自也为之高兴。

虽然如此，他内心的苦涩郁忿，却还是需要时间来消释的——这也不怪他，为了这一试，他离乡背井，耗去五年光阴不说，还于家庭深感愧疚且抱丧子之痛，结果换来的却是失败的打击！这叫他一下子哪能从那些负面的情绪中解脱得出来？

这从下面的事情与文字中可以看出来。

一天，友人沈廷芳忽然来告别，说近日就将离开京师南归。这令大櫆颇感意外，因沈廷芳以往并没有说，这时却突然决定要回去。

询问之下，乃知他和去年离去的沈维涓一样，也是接到了家中要他回去的书信后作出的决定。只是与沈维涓不同，作出决定前，他也没有与任何朋友商量，且决定后便立即收拾行装准备离都，足见其去意之坚定急切。

在沈维涓去后，沈廷芳是大櫆来往较密切的友人之一，这时闻其将归，自是不舍。但沈廷芳既去意坚决，他也不好劝阻，且亦因沈廷芳的行动而勾动了自己的幽怀，在送沈廷芳的序文中感喟深深：

去父母，别兄弟妻子而游，既久而犹不欲归。潏潏阕，定省违，父母有子如未尝有子焉者，有兄弟如未尝有兄弟焉者，有夫而其妻独处，有父而其子无怙，此鳏、寡、孤、独穷民之无告者类也。虽幸而取万乘之公相，亦奚以云。

余在京师五年矣。父母年皆逾六十，兄弟四人，在家者尚一兄、一弟，幼子三人皆已死，寡妻在室，是亦可以归而不归。嗟乎，余独安能无愧于沈君哉！

沈君，杭州人，其在京师亦数年。一日，其家人遗之书曰："何归乎来！"沈君不谋于朋友，秣马束装载道。嗟乎，余独安能无愧于沈君哉！沈君行矣，余于沈君复何言！（《送沈苿园序》）

人谁无父母、兄弟、妻儿？沈廷芳为之而毅然归去，而自己却"可以归而不归"。所以，"余独安能无愧于沈君哉！""余于沈君复何言！"

一边写序送别友人，一边反躬自责自己，是有言而亦真的无言！"可以归"，所以有言相送；而"不归"，则乃愧而无语！

他也想与友人一样"可以归"，去尽一个儿子、兄弟、丈夫的责任。然而，为了那一点科举的功名，那一份人生的理想，他不得不抛家别亲于此前，亦将继续"不归"。思之念之，如何不伤感？如何不惭愧？又如何还"有言"？

一语三叹，如诉如泣。道出了他心中那复杂的苦涩伤感与深深内疚，也道出了这个时代所有背井离乡的士人那难言的悲辛与凄凉……

冬去春来，转眼到了雍正八年。

进入新的一年，已逐渐从落第的低落情绪中走出来的大櫆，生活虽平淡照旧，但心情却因陆续出现的一些友人的人事变化，而颇觉有些欣悦与振奋。

首先是正月里，他的恩师之一、在童子试中拔他于困境的俞兆晟，以翰林院侍读学士升为内阁学士兼礼部侍郎。二月，又以内阁学士协理户部侍郎事。

三月，在京新结识的友人李重华，在庶吉士授职中，授为翰林院编修。

五月，乡友胡宗绪以庚戌科新进士授职翰林编修，这是特例而授的殊荣。此外，同科新进士中，还有京中的友人徐炎、吴荭溪。

六月，俞兆晟在协理户部侍郎事几个月后，正式升为户部右侍郎。

这些人，或为新友，或为故交，年龄身份才学出处亦有殊异，但于大樾俱以欣赏关爱而真诚交往，其出仕升迁自令大樾为之欣喜。

到了七月初秋时，后来与大樾有一些文字之交的友人蔡世远，以礼部右侍郎转为左侍郎，而两年前遭了处分的吴士玉被重新起用，升为礼部右侍郎，仍兼内阁学士行走，逾月又转为左侍郎。

这件喜事，令吴府上下一片欢欣鼓舞：吴公恢复卿贰的身份，显示了皇帝的信任态度，也较之于过去他任职的工部影响更大——朝廷六部中，礼部向来排在第三，其卿贰首领向被称为学子领袖，为天下士人所崇敬——尤其是这种履新，从实际来说，也更适合以文学立朝的吴士玉本人。

所以，大樾对于吴公的这次升职，欣喜之余还有着兴奋与激动，甚至预感到这会给他个人的生活带来影响变化。果然吴公在礼部任职后，出任《大清一统志》修纂总裁，大樾因而也介入了这方面的工作。

《大清一统志》乃仿《大明一统志》而编纂，始于康熙二十五年，因工程浩大，地图绘制、资料搜集花费时间长，加上人事变动等周折，以至断断续续进行到康熙去世仍未完成。雍正继位后，续此工程重加编修。

吴士玉上年，或即已参与了此志的修纂。此时总裁此事，方方面面的工作事务繁多，都要有合适可靠的人来替他负责分担。作为他身边才学文章皆属出众之人的大樾，自然成了得力的助手，而大樾亦欣然从命，乐协其成。

古往今来，知识文化人多有治学撰述的梦想。但清代的文化专制和时见兴起的文字狱，却令士人学者在这方面惕然心警、望而却步。尤其是近年，政治文化专制皆臻其巅，文字案狱一次接着一次，仅去岁一年，朝廷审理告结的就有吕留良案（或称曾静案）、陆楠生案和谢世济案三起。那吕留良案还涉及"反清"，而工部主事陆楠生与御史谢世济，则分别是因研究《通鉴》和批点《大学》而被定罪，一个被砍头，一个当苦差效力赎"罪"。

文禁严酷如此，许多人的治学著述之志早已弃绝泯然。实在顽固于此的，或去规规矩矩研究朝廷当局倡扬的宋明理学的"义理"，或去效仿汉代的儒家学者，在故纸堆里盘弄老古董，给那些儒家尊崇的典籍，很保险地做做训诂、搞搞考据（后来的乾嘉汉学当即由此风而来）。

大櫆早年也曾做过著述之梦。但这个梦，却与他的人生抱负与经世之志相关。自少年时代起，以才干自负的他，便有建功立业、经世济民的志向，因此他不像一般儒生那样为了科举只知死读经书墨卷，而是重视经世之务的学习，尤其注重史事研究，希望从历史的经验中获得见识与实际处事之能力。这结果，便造成了他轻经而重史的治学倾向与兴趣。而这种重史的兴趣，不仅引出了他文论中篇幅最多的历史与人物的议论之文，甚至也催生了他撰作史著的念头，他曾一度搜集明末的逸闻轶事，应便为此考虑。应该说，这是一个重史的才学之人必然的追求。然而乡人戴名世的遭遇以及此后不断的文字狱，令其危崖缩足，著述也胎死腹中。

但梦虽破，心头的一丝情愫念想仍在。此时凭着吴公带来的机遇，得以参与官志的修纂工作，即便默默无名，然亦能一展才志，聊偿夙愿，此为人生之快事，又如何不欣然而与之？

所以，从吴公那里领令后，此时也没有他事羁绊的大櫆，便全身心地投入了此项工作任务之中。关于这方面的情况，他自己没说，但后来友人邵基在文中①却有述及："在昔己酉庚戌间，宗伯吴兼山先生总裁《一统志》。耕南主其家以司其成。予一日过访，翻阅志稿，见南高先生以明经司铎新安，国变归里，隐者数十年之龄不入城步。清风高节，宜其言之之重而为后人之所矜式也。"

这里，对吴士玉总裁《一统志》修纂，邵基说得有点含混：己酉吴士玉以内阁学士行走，或可参与修纂事务而未必能挂帅；总裁一事，当在其迁礼部后，这从他后来离开礼部便卸总裁也可得证明。不过邵基这段文字，倒是明确了两点：一是大櫆"主其家以司其成"，在吴府协助吴公完成这项工程；二是在大櫆那里看到了志稿，并见到有关大櫆曾祖日耀公之事迹，邵基于其气节甚是赞扬。

从邵文中，我们或可推测大櫆此期参与《一统志》的编纂工作，一是可能按照吴公的指示，负责处理编纂中的一些具体事务；二是负责志稿方面的审校尤其是文字的修订工作，因大櫆既熟于史又以文学见长，兹事很是适合他。

---

① 见《陈洲刘氏宗谱》·旧序之邵基序。

这段参与修《志》的时间，若以上年吴公介入纂修算，约在年余（如果那时大櫆即奉命助修的话）；若从本年吴公履新职算，则为半年左右，止于次年春季——因次春随着吴士玉再履新职，似便卸了总裁之任，所以邵文将时间下限明确在庚戌。

但不管怎样，由邵基这段叙述，我们知道了大櫆是曾为《一统志》的修纂，出过一份力的，付出过心血汗水的，志稿中亦留存有他的印迹。可遗憾的是，这段经历贡献，后世知之甚少，即传记年谱之著述，亦未着一笔。

修志之外，这些年大櫆的生活中，还有一件与史有关的人事值得一说。

上年冬，有两个学界知名的人物为着应试，前后脚进了京：一个是江南安徽桐城的胡宗绪，另一个是浙江仁和（今杭州）的杭世骏。这二人，除了是准备应礼部会试的举子外，还有一个令人尊敬的共同身份，那便是已闻名于世的治史学者。

杭世骏，字大宗，号堇浦，别号智光居士。自幼家境贫寒，勤奋好学，于书无所不读。长成后不仅有文学诗名，更以渊博之学养尤其是精熟于史而闻名四方，有多种史学著述。与安徽桐城的胡宗绪一样，是这个只知经学制义的时代难得一见的真才实学者与史学方家。

这样两个人进京应试，最能检验八股取士的公正性如何：以二人相同的才学志识，应该齐登皇榜吧？然而春闱的结果，却是杭世骏落榜而胡宗绪中式，后者更因学誉声名以及曾荐充明史馆纂修，以二甲五十几名的进士这样并不算突出的成绩表现，被直接授职翰林院编修，颇令人艳羡。

没有办法比较，科举就是这么个叫人痴狂然又可恨的怪物！

不过，下第的杭世骏，虽没有胡宗绪新进士编修那样的光环，却不减其影响力，身处京城的文人士子，慕名去访者甚多，大櫆便是其中之一。

大櫆所以知世骏其人，或与胡宗绪相关。胡、杭二人此前有否交集不清楚，但此时同在京城应试，又为志趣声名差不多的学者史家，相互惺惺交流在所难免。而大櫆作为宗绪的友人，这段时间不少与之接触，故从他这里听到对另一个史学同志的谈论评价，可能性极大。

胡宗绪是乡友中大櫆极尊敬之人，大櫆的治学倾向尤其是对史的热情，当与胡宗绪有较密切的关系。此时既从宗绪那里闻知杭世骏其人，焉有不去访晤之理？抑或在最初，他本就是陪着胡宗绪一块去拜访杭世骏的。

杭世骏住在京城西面的半野园。

半野园是已故大学士陈廷敬在京时的别墅。历经变迁，园此时已沦废为他人之居室。但其中一些花木楼台亭阁仍在，景色尚能娱目餍心，故杭世骏与一同入京的一干乡友便租居于此。

大櫆去访杭世骏的结果，便是他的友人行列里，自此多了一人。

这是可以想象的。二人俱非只知八股的帖括之士，皆能诗文而并闻于世，又皆重实学而浸趣于史，且才气年龄（杭略长几岁）相当，正所谓同声类而可友者。此时大櫆访晤，讲诗文而论史学，或有质疑之异见，而不碍思想情感之接近。

当然，二人亦有异别。这倒不在于声名身份之差距，主要是在性情与志向上。他们俩都是恃才傲物的人，但杭世骏的文人才子气质更重些，性情伉直，生活里也不拘小节，而大櫆虽也爽直豪放，但生活中却相对较谨慎持重。此外，杭世骏心浸于学，基本是个学者型的文人，而大櫆于文章声名之外，则心念经世致用。这些区别，也决定了二人可为益友而难深交。

不过，此时的半野园还是见证并留存了这两位同时代著名文人的友情与佳话。杭世骏后来在《词科掌录》中论及大櫆及其诗时，还清楚记得此时二人论诗情形，以及大櫆所述的吴士玉赠诗。而大櫆则因杭世骏之故，再作有关京都废园之记文，是谓《半野园图记》。

半野园者，故相国陈公说岩先生之别墅也。相国既没，距今十有余年，园已废为他室。而其中花木之荟萃，足以娱目；栏槛之回曲，足以却暑雨而生清气；楼阁之高迥，足以挹西山之爽气，如相国在时也。

庚戌之春，余友杭君大宗来京师，寓居其中。余数过从杭君，因以识半野园之概。而是时杭君之乡人有陈君者亦寓居于此。已而陈君将之官粤西，顾不能忘情于此园，令工画者为图，而介杭君请余文以为之记。

夫天下之山水，攒蹙累积于东南。而京师车马尘嚣，客游者往往萦纡郁闷，不能无故土之感。陈君家杭州，西子湖之胜，甲于天下。舍之而来京师，宜其有不屑于是园者，而低回留之，至不忍以去，则陈君于为官，其必有异于俗吏之为之已。

虽然，士当贫贱居陋巷，瓮牖绳枢自足也。间至富贵之家，见楼阁、栏槛、花木之美，心悦而慕之。一日得志，思以逞其欲，遂至朘民之生而不顾，此何异攻摽劫夺之为者乎？然则陈君其慕为相国之业，而无慕乎其为园可也！

雍正九年正月尾的一天，吴公下朝回来，对大櫆感慨地说："你们桐城的张家，今日又沐皇家新恩而获荣锡，阖朝都为之轰动羡慕呢！"

原来当日朝堂上，皇帝亲赐大学士张廷玉"赞猷硕辅"匾额，以示倚重与眷隆。这是对张廷玉忠心耿耿辅政的肯定，当然亦是皇帝拉拢人心的手段。张廷玉作为汉官，此时已位极人臣，要勉励其更尽心于朝政为自己分忧（此时朝廷正对准噶尔用兵，军政事务殷繁），也便只有靠赐匾之荣这般的精神鼓励了！

对此赞谕崇荣，张廷玉自是感激涕零。而满朝文武尤其是汉官们，亦瞧着眼热，既羡张廷玉之成功风光，亦感叹桐城张家两朝父子宰相，兄弟子孙并立庙堂，弟子门人更是遍及天下，门望之崇隆，世威之赫赫，海内无双！

作为同乡人，大櫆听了这消息，也不免觉着些荣光。

但也仅此而已。从情分上说，他更盼着听到吴先生（他其实视吴士玉如师，在府中也一直这样称呼）的好消息，希望其仕途更进一步以慰其心怀，而作为与其论交的友人和倚以生活的客卿，则更与有荣焉。

似乎要验证他的心理，仅隔了一日，果然便有了吴公的职务变动：因吏部右侍郎彭维新转为左侍郎，朝廷遂调吴士玉接替彭维新所遗之职，转任吏部右侍郎。

吏部为六部之首，掌天下官吏选授、封勋、考课之政令，以甄别人才赞天子治，相对于其他五部权势特重。吴士玉改任吏部，无升迁之名而有升迁之实，且吏部侍郎日后若改职他用，必是正卿。

宦海浮沉数十年的吴士玉，在这个早春里看到了修成正果的希望。吴府也自此起，进入了逐渐影响增加的"少宰"时期。

客于府中且倚以为靠的大櫆，此时的心境不可避免地会因这种变化受到影响。

这个时候，已中举的吴大椿下个目标是参加下科会试，大櫆或还有伴其读书之事，然馆教之任未必再兼。其主要的精力，应尽于府事方面；而因吴府情况的变化，可能比以往还要忙一些。

他与吴士玉，虽以文友而相处，但毋庸讳言，自一开始便是希望在个人前程上能得到其提携援助的。只是因为执着于科举出仕之路，至今未能有果。如今随着吴公在朝中地位影响的变化，此后给予他实际帮助的可能与机会也在增加，这令困境中的他，亦于忧思焦虑中添了些许希望所带来的心情宽纾与振奋。

或与心情尚可相关，这段时间他为朋友们写了多篇序文。其中值得一说的，是为关系近密的徐炎、汪载阳所作之二序。

徐炎进士观政后，授工部郎中，继擢屯田主事。屯田司乃工部四清吏司之一，掌修陵寝大工，办王、公、百官坟茔作度；大祭祀供薪炭，百司岁给亦如之；并监督匠役，审核海、苇、煤课等。一年到头，事务繁杂。

徐炎是个典型的文人，日常生活中唯一的爱好便是诗赋文章。此时司职屯田事务缠身，再难有心情时间从事他喜爱的文学。悒郁无奈之际，只好将整理的旧文成集，聊以自慰，并请他最崇拜的文学友人大櫆为之作序。

大櫆进京数年，徐炎是其结识最早印象最深的良友，"盖古之以文章道谊相期许，而世所称缓急可恃者，崑山一人而已。"其有所请，大櫆焉有不从？

他在序文中回顾了他们的交往情形、感伤朋友们的聚散存亡的变化，不仅以往事之悲而三叹其文，也以徐炎近于古人的高尚品质，以为其人之文必能流传下去：

"余谓自古文章之传于后世，不在圣明之作述，则必在英雄豪杰高隐旷达必士之所为，而龌龊凡猥奔趋荣利之辈，卒归泯灭无一存者。崑山直信温恭，于古之人几可以无愧，其文之传于后世无疑。"

这样的意见，不仅是文如其人的传统看法，还是进一步的品性决定论，将文章传世与否与人的道义高下紧密结合，并将后者作为衡量判断的标准。

在为徐文作序的前后，他又为此时同寓吴府的汪载阳写了诗序。

汪载阳是个颇具个性的诗人。

这个时代的读书人，自幼学的是四书五经与八股时文，成天想的是科举取士制度下的考秀才、考举人、考进士（故被称为"习举子业者"，又号称"士"），既浸心如此，其他的书多是不读的，连自古连在一起作为文化人标志的"诗书"的"诗"，也因为无用而多对之不感兴趣，甚至不会作。

但世上也有那么一些少数的"怪胎"，不为科举功名所癫狂，走自己的路，做自己喜欢做的事，读书之外也不忘记在别人眼里是无用之物的"诗"，甚至专心肆力于其中。

汪载阳便是这样的一个人。他不屑于科举之学，因而不屑于科举之业，只做一个文化人喜爱做的一些文事。他喜欢收藏刻工精美的书，好的笔墨，奇异的彝器雕刻和玩赏之具，平时摆弄它们以为自娱。其家本贫，被他这些费钱的嗜好弄得更是穷困，以致寒冷的冬天，他身上也只穿着件破烂的衣袍。别人嗤笑他，他也不顾不悔。

不过这些嗜好，只是其生活中的娱乐雅兴而已。其生平的文化志向与精力付出，则专在于诗歌而迷之研之，要做一个遗世独立的纯粹诗人。

这令为其作序的大櫆甚是感慨！

自古文人多寒士，诗人更是如此。弃科举前途，无暇于生计，心心念念于字句音律，其焉有不穷欤？然而，人也唯有不为世俗之功名富贵所累，才能心注于诗而研之精之，是穷而后方能工于诗也。

这也决定了他们的命运。

"然则，载阳其将益穷，穷且无有已时。载阳酒酣尝叹曰：'吾其长贫贱乎！'余顾载阳，今之公卿大夫无此人，农工商贾亦无此人，载阳不穷，谁当穷者？嗟乎，载阳其遂穷以至于死哉！"

这是汪载阳之悲，亦是天下古今以诗为志、以诗为业者之共悲吧！

夏日的傍晚。

当残阳在西边的山巅之上变成了一轮无力的血红，再没有了先前那灼人的炽威，天地间的阴阳作用开始凸显，于是一阵阵的凉风，便拂起在大地之上，驱散着四下里笼罩的余热，留下让一切生灵都为之欢呼的清爽与舒适。

白日里偃息无踪的鸟群，忽然间便露出了它们的身影，或逐着风儿飞翔在高高的天空，或惬意地穿梭来往于旷野丛林间，更多的则是跳跃在人家庭院内外的墙头树枝上，叽叽喳喳叫个不停，释放着先前因久伏而被压抑着的活力，欢庆着这大自然的凉爽所带来的生气与舒畅。

在暑热中蛰伏一下午的人们，也如那鸟儿一般四处出现，有在园圃菜地里浇灌的农家，有在池塘边汲水洗濯的妇人，有在旷野里追逐嬉闹的儿童，也有那三两漫步在树林边的小道上，沐着凉风眺望天边晚霞的书生。

当然，大多数人还是待在各自的庭院里，一边享受这傍晚时分的凉爽舒适，一边等待着那炊烟袅袅的厨房所准备的晚餐。有那准备早的，院子里已然飘散开诱人的酒食芳香。

"为这清风送爽的晚风——"

"为天边绚烂的彩霞——"

"为那些自由自在的鸟儿——"

"干杯!"

茅草作顶的凉亭里，三个留有短须的秀才围在石桌旁，举杯欢然。

埋首书卷，在炎热与汗湿中下了一天苦功，眼下才是他们放松而自在的时刻，觞饮是万万不可或缺的，尤其是当着这似郊野乡村一般自然宜人的夕景!

此地位于地势恢宏、殿宇崔嵬的皇家社稷坛后，背靠着御河，位置虽略偏僻，但景色自然宜人，又有闹市区所没有的安静，加上还有御河的交通便利，于是它成了城内士子读书的胜处，尤其是那些迎考的举子，更将之当作闭关攻苦最后冲刺一下的佳地。

眼前三人便是如此。天气刚热时，在方苞的府上，方苞长子道章（字用暗，号定思）与大櫆说到要觅一清净地复习迎考，便想到了社稷坛后的这个地方。不久便付诸行动，他们比邻而居，和方道章一处的还有一个江西人黄君。日间各自学习，傍晚则必聚而饮谈一番。

"耕南兄，素闻你似阮步兵一般，无酒不欢。弟一直很好奇，倘没有酒吃，身边又无钱时，汝当如何?"

对饮中，道章见大樻每举杯，仰首大口一张便一滴不剩，既赞其豪放，又不免好奇彼若无酒时，会是怎样的情形，遂有是问。

大樻抹着大嘴笑道："好办啊，第一曰蹭，就像现在这样，寻你方大公子这有酒的主儿喝上一顿；第二叫借，寻那有酒的邻居人家借，好哄哄这肚里的酒虫……嗯，吾曾为之还作过诗呢。渊明作饮酒二十五首，却没有借酒，哈哈！"

方、黄二人笑着要听他的借酒诗。

大樻吟道："提瓶到东邻，借问酒熟否？家酝幸见假，免从市中沽。邻父向我笑，浊醪止一壶。肯来相对饮，当为摘园蔬。倾卮茂阴下，酬唱互喧呼。牧人下牛背，侍立馂其余。不知有宾主，此乐信何如！"

方道章撇嘴道："诗倒写得朴质细腻且生动。只是居心不免有些奸诈，嘴上说借，其实是打定主意要蹭人家的酒喝！"

一旁黄君听了，"扑哧"笑出声来。也道："敢情是这样的借法呀，吾也佩服！"

大樻拿眼乜斜着二人，道："还秀才呢，请与蹭都分不清！人家一定要请我觞饮，我岂能拒谢？还硬要说去借，那岂非虚伪，执意若人不快？"

二人齐道："极是！极是！"一头说着，一头便拍着桌子笑了起来。

大樻也忍不住哈哈大笑。那二人敬了大樻一杯酒，复道："不知君可还有什么其他的酒理酒诗，与我等分享？"

大樻拊着胡须，看着他们道："吾确还有一首关于酒的诗。至于它有没有什么酒理，你们自去体会，先生我就不解说了……"

二人齐"切"了声，道："扮什么酒鬼先生！快念来听听！"

大樻道："有一次，一个朋友春间来访，我置酒相待，谁知他推脱不饮。我便作了首诗谏他。诗云：'故人不饮酒，枉驾欲何为？快意总无忌，衔杯应及时。鸟言殊自媚，花笑复多姿。持此空相对，春芳恐见嗤。'"

这一次方黄二人听了，却一时沉吟着未再打趣。

少顷，黄君道："昔日读李白《将进酒》，听他说'古来圣贤皆寂寞，惟有饮者留其名'，只以为是激愤之语。今听耕南诗，似觉白之言也未尝没有道理，人要学圣贤，这也顾忌那也不行，委实活得太累，还不如做个自然随性、对酒当歌的饮者，多一份让人羡慕的潇洒与快乐！"

方道章道："耕南化用李白，看似也唱些得意尽欢、及时行乐的调调，却又用宋人笔法，讲'鸟言殊自媚，花笑复多姿'的道理，教人自强自健，活得自信充实，不堕于荒庸无聊。不错，也算是好酒诗！来来来，不管他日科考如何，且无负于眼前，为这夏日怡人的晚景，为耕南的诗句，为人生的欢乐与我等的绸缪之情，将进酒，杯莫停！"

将进酒，杯莫停！

夕阳西沉，噪鸟归林，夜风更凉，一弯月亮爬上树梢，还照见几个把酒问青天的身影……

一个多月后的孟秋之末，大櫆三人与栖身这一带的其他应考举子一样，结束了这一段"下帷山中"的复习冲刺生活，带着各自的记忆感悟，渐次离开了社稷坛后这块读书胜地，回归城中居所，准备参加雍正十年壬子科乡试。

乡试在即，京城又一次为这令无数人为之疯狂的国家"抢才大典"而热闹躁动起来：偌大的北京城，不仅到处晃动着士子的身影，各色的商家店铺也皆围绕着士子们的吃穿住行以及游玩人情等诸般消费而兴奋地忙碌，坊间街头兜售文房用具与选文墨卷的叫卖声，此起彼伏，不绝于耳。

而伴随着这些人群活动的，则是无处不在的关于乡试的各种议论，从各地的举子情况、参加的考官到具体的试题内容猜测，考试的每个环节，都是人们见面关注讨论的话题。

其中最牵动人神经的，自然还是朝廷的动向——朝廷关于此科考试可有什么要求？又会派出哪位大人担任主考还是副主考？它们乃是决定此科考试走向以及应试举子成败命运的关键！

一般情况下，朝廷于每科考试，并无特别谕示，对主持各地乡试的考官也不过要他们依循体例严谨公正而已。但有时候，也会因着时势之需或皇帝的想法，提一些意见要求。而当今雍正帝是个遇事苛求的人，又力图整治革新，他要对此科考试给一些御意指示，可能性也很大。

果然，刚进入八月，便有消息流传开来：皇帝关于此科考试，上月底确有谕旨给礼部。一些人通过官场也掌握了一定内容——

"壬子（七月二十八），（皇帝）谕礼部：制科以四书文取士，所以觇士子实学。且和其声以鸣国家之盛也。语云：言为心声。文章之道，与政治通，所关巨矣。韩愈论文云：'惟陈言之务去'。柳宗元云：文者，所以明道，不徒务采色夸声音，而以为能也。况四书文号为经义，原以阐明圣贤之义蕴，而体裁格律，先正具在，典型可稽。虽风尚日新，华实并茂，而理法辞气，指则归一。近科以来，文风亦觉丕变。但士子逞其才气辞华，不免有冗长浮靡之习。是以特颁谕上□日，晓谕考官：所拔之文，务令雅正清真，理法兼备。虽尺幅不拘一律，而支蔓浮夸之言，所当屏去。秋闱期近，可行文传谕知之。"①

礼部传达的谕旨意思，就是皇帝对近来的文风不满，他认为经义考试，考的是对圣贤"义蕴"的阐述，所以对考生文章的要求，重在"文以载道"，按照格式典范讲清圣贤的道理，做到"雅正清真，理法兼备"即可，而不是依靠才气的自由发挥，那种"逞其才气辞华"的"支蔓浮夸"文章，便是当摒去而不可取的。

这是从内容与形式两方面，对文章的写作都作了限定：内容上必须是符合圣贤意蕴的"雅正清真"，不允许有背离它们的个人认识议论；形式上是主张中规中矩的"理法兼备"（所谓先正具在，典型可稽），反对才气自逞的发挥与文学追求。

不用说，这道御旨圣意，便是今科秋闱文章取向的尺度标准了。得知消息的举子们，因着各人的情况，反应殊异而复杂，忧忧喜喜，迷茫踌躇，各种心情想法不一而足。

这是好理解的。考生们通过数十年的学习训练，对于儒家经典的解读以及八股时文的写作，早已形成了固化的认识与各自的风格，不是能轻易改变的。眼下对照圣意标准，觉得差不多的自是窃为生喜，感到不是那回事的难免忧沮，而闹不清或心中无数的便必然要迷惘彷徨了。

大樾也是知情者之一。吴公身为吏部左侍郎（去岁腊月吴士玉由右侍郎转为左侍郎），得知情况后回家便转告了他。

大樾听了，心中不免有些打鼓——因为他正是那皇帝很不满的"逞其才

_____

① 见《大清世宗宪皇帝实录》卷一百二十一。

气辞华"者！

近些年来，他一直在倡行"以古文为时文"，鼓吹要把干瘪枯燥的八股制义写得生动有文采，与皇帝的主张正属相反！而八股的写作路数风格，又非能朝夕可改，若是临阵变化，自不会有好的效果。

忧虑之中，他比以前就更加期望，吴公能出任此科的主考。

顺天乡试，因在天子脚下举行，参考的不仅有京畿举子，还有入国子监学习的四方贡生，故成为乡试中规格最高的一场试事而为人所重，而朝廷中有资格的大员，对它也都很有兴趣，希望能主持这样重要的抡才大典。

吴士玉作为以文学起家的两朝老臣，自有这方面的愿望。而他不仅是被称为"湖海文章第一流"的文坛人物，素来也赞同"以古文为时文"的时文变革主张。故若其出为主考官，在目前的情势下，对于大櫆这样的考生来说，自然是有利的。

然而这个愿望，终究落空了。

八月初六，在乡试举行的前三天，朝廷的人事任命出炉：以吏部右侍郎任兰枝为本科顺天乡试正考官，翰林院侍读杨炳副之。先前颇为期待且有呼声的吴士玉，并未能如愿出任主考——也许，正因他本人的文学倾向，所以在最后的时刻，他被决定此事的内阁与皇帝放弃了。

这也便决定了大櫆此次考试的命运：秋闱结束发榜，大櫆虽通过了房考官这一关而被荐卷，却再次倒在最后取中的环节，被弃黜而入了副榜。

时也？命也？让人不禁为之扼腕长叹。

第十四章 《小称》刊行

几枚铜钱被轻轻抛起，然后在"噼啪"声中落下，或竟扑止不动，或在大理石茶几面上旋转一会儿，才渐渐偃停下来。

盯着几面上的铜钱，大櫆"吁"了一口气，紧锁的眉宇才打开，脸上也露出一抹释然宽慰的神色。

再次落榜而怏怏失意的他，面临着一个现实的考虑与抉择：是南返故里与家人团聚以后再作打算，还是继续留在京城等待下科应举？

他的心情、思想是很复杂的。

两登副榜的遭际，已颇打击了他对科举入仕的热情与向往，令他有些心灰意冷，且他久抛家园，极是思念父母亲人，所以他很想立刻束装南归。

但他的心中，又有着不甘与不舍。不甘源自少时以来的人生梦想与才华自恃，虽经两战未举之遭遇，受到他人的讥嘲，不忿的他心里并不服气，而科举功名的夙愿与诱惑，也仍顽强地存留在思想深处；不舍则是寓居京城七八年，这里不仅有已颇熟悉的生活，更有着熟悉的人事交往，尤其是一些情感深厚很关爱他的师友。

踌躇不定中，吴士玉的态度颇影响了他的决定。

落榜后数日，他在与吴公的聊谈中，谈到了此后的打算，表达了欲南返归去的想法。但吴公很不赞成，极其诚恳地说了一番话。

"汝之心情吾理解，但此时却不可因一二次挫折便轻易放弃。虽然人生多有选择，仕宦亦有其他出路，却终不若科举之荣重，能助汝实现生平之志向抱负。况你之前的蹭蹬，只是时之不遇。吾在朝多年，下届科考出任考官的几率很大，那样你便可由我门下而登第。"

这位年近古稀的老人，这些年来竭力地帮助照顾大櫆，此时又如此真诚地劝挽，令大櫆感动之余不能不认真地考虑其意见。

尽管久别乡里思亲心切，对科举也很有些失望，但若三年后果能如吴公之所言，他还是愿意再拼搏一次的，因为那是他数十年的孜孜以求的梦想！为了这个梦想，他已付出了多年的努力与抛弃家庭的代价，如今因吴公而看到了一份机遇，他当然会为之心动，当然不愿放弃。

然而，他心里仍存着一些犹豫。毕竟三年的时间不短，而世事变化自来难说，这三年间会不会发生什么？三年后他究竟又能否如愿以偿夙志？他不知道，也没人能告诉他。

踌躇了数日，他将去留的选择，竟然给了他一直颇为相信的源自《易经》的卜卦预测，希望老天告诉他若留在京城等待，会是怎样的结果。

眼下，他使用的便是最简易的掷钱占卜法。用三枚铜钱抛掷六次，以其或背或面的结果显示六爻卦象，征其祸福凶吉。而他刚才得到的，则是六十四卦之一的"谦"卦。

《易经》六十四卦，代表着事物人事的各种情况（吉凶利害成败得失等），且处于运动变化的过程中。故六十四卦中，没有全吉全凶的，惟"谦"卦是个例外，其六爻都是吉利之征，预示着其祷告之人事无往而不利。

据大櫆后来在诗注中（《医中丈人歌》）透露，在人生出处的关键节点，他曾有过数次的求卦问测的经历：大约他决定离家赴京前，也于前途卜过一次，得到了"谦"卦；这一次，又面临其人生的重要抉择，而占卜的结果，亦是预示吉利的"谦"卦。

他是相信冥冥中存在命数的。

所以，眼前的卦示，便替他在去留徘徊之间作出了最后的选择：遵从吴公的意见，继续留在京师以待下科应举。

而归乡之望，也只能在难以遏止的忧愁伤叹中，化作了无尽的思念与这些凄怆的诗句了：

> 幽燕寒事早，雨雪已霏霏。游子感物候，沉忧结心脾。越鸟既南巢，代马亦北嘶。孰云人最智，而乃长不归。遥遥望乡井，涕下谁能挥？
> 袅袅游空丝，飘扬不自持。少年客幽燕，老大犹孤羁。高秋朔风厉，

谁为纫寒衣？堂上有阿母，闺中有病妻。禾稼既云纳，鸡豚稍已肥。春稌以为饭，臘肉以为糜。当筵忽停箸，不见游子归。倚闾一长望，涕下如缏縻。

食茶畏茶苦，食桂嫌桂辛。拔剑发长啸，中心怀所亲。燕归寻旧巢，水落依旧痕。亲交虽云贵，未若故交贫。我欲致契阔，远在长江滨。谁言江水远，但恐无梁津。登彼太行山，惟见天际云。云中有好鸟，比翼同飞翻。愁心逐飞鸟，去入无穷门。

当然，他也怀着深深的愧疚，给家中父母妻子写了书信，细述了所以要继续留在京城而不能归去的原因，向父母双亲告罪，希望得到亲人们的理解和原谅，并托一同参加乡试的乡友带回去。

壬子这科顺天乡试，桐城举子包括大櫆在内有多人参加，最后有马朴臣、张筠二人中举。马朴臣乃马苏臣之兄，因其弟的缘故与大櫆也很熟悉；而张筠便是大櫆在勺园时期交游较密的友人之一，即大櫆诗文中所谓张渭南者。

张筠，字渭南，少时与大櫆一样颇有诗名于里中，二人或也因诗之共同爱好而结缘订交。后来张筠的父亲有孚出仕南川知县，张筠作为长子随宦蜀中。

大櫆曾有诗怀念这位好友："我有同袍客，乃在岷江干，思之不可见，日夕空长叹。攀条摘桂实，将以赠交欢。芳气随风陨，何由托羽翰！佳期隔重阻，怅望青云端。"此次京都重逢，二人皆是欣喜非常。

张筠中举后，考虑年纪及生活现实，与马朴臣一样都放弃了科甲出仕的梦想，选择了去吏部考选谋官之路。这中间或还通过大櫆，寻求侍郎吴士玉的关照帮助——康熙中后期以后，因举、贡人数逐年增加，在僧多粥少的情况下，许多人尽管通过了部考，却候选多年不得授职，到雍正时已出现了举人考知县，三十年不得其官的情形。要想较快地谋得官职，寻求人情关系，打通吏部关节，自然成了关键。

深秋时，张筠等相继南返，离开时也带走了大櫆捎给家里的书信。送别乡友的大櫆，在渐厉的寒风中甚是感伤惆怅，因为心头仍有一些迷茫，不知自己留在京城的决定是否正确，而此后的人生命运又将会怎样？

几场雨雪过去，冬天已踏着寒冷的脚步来临。

傍晚，一个吴府的家人敲开门，告诉宅在室内的大櫆，说是来了客人，家主请他去。临去时，他大约是见了大櫆淡淡漫应不热忱的样子，随又补了一句："哦，听公子说，这是你熟悉的朋友呢，先生早点去吧！"

一起生活在府中，他晓得刘先生前不久又没有考中举人，这一向心情都不大好，府中应酬有时都不情愿参加，即便去了亦姗姗来迟。这次管事叫他传话，他可不想因先生去晚了，自己被怪罪。

若没有那家人那临了一句交代，大櫆还真的是不想早去。

确实，他还没有从二次下第的打击中完全恢复过来，精神颇有些萎靡。难以遏制的思乡想家，也令他日夕忧郁伤感——那案头上的诗句，墨迹才干：

> 雨雪何霏霏，忧思何沉沉。沉忧不能寐，揽衣起长吟。长吟忽已久，雨雪忽已深。正有孤栖鸟，嗷嗷鸣寒林。朔风动地起，林木吐悲意。思归故闾井，涕下谁能禁。

这种状态下的他，不仅做事无情无绪，居常也颇喜静而怕闹。然而府中近日却偏偏热闹异常，而他还不免要置身于其中。

原来十月初，宦海数十年的吴士玉终于跻身九卿之列，荣升都察院左都御史，成为从一品的朝廷大员。朝命一下，前来吴府祝贺的人络绎不绝。

府中虽谨慎其事不收贺礼，然而却不能不接待，于是上下便忙了个不亦乐乎。大櫆自然不能闲着，不是帮着管事迎迓，便是相助公子陪客，有时晚上还要参与应酬，就像眼下一样。

在吴府这样显贵的人家生活，他其实已见惯并适应了这类场面。但这一阵置身其间，却令他的内心颇有些抵触与反感——之所以如此，或与他此时心情也有些关系，但主要的还是缘于接待应酬中所产生的厌恶感觉。

吴士玉虽仕宦两朝、官至高位，但其实是个较典型的文人，平日里也爱与文学之士唱酬交往，而于朝廷官场上复杂的人事圈子，则谨慎自守，不愿多涉，故其在朝中固少树敌而附会者亦不多。然而此次他出掌都察院，上至王公宗室下至朝廷官员，甚至一些素日都不交往者，都颠颠地跑来道喜称贺。

为何如此这般呢？那是因为都察院掌管监察纪律，是可以影响甚至决定朝廷中人前途命运的威慑部门。京城朝廷的各方势力，大大小小的官员，无论其背景如何，屁股干不干净，谁也不愿得罪这个随时可以参你一本的御史台。既然吴士玉为台阁首脑，与之拉近改善关系很是必要。

这些人既抱着这样的动机而来，又有几分情义真诚？虚伪客套的言辞之下，无不是阿谀谄媚逢迎取悦的鄙俗用心与嘴脸！那些平时趾高气扬的官员，忽然都变成了"谦谦君子"，一向豪横嚣张的权势人物，此刻却无比"和蔼可亲"。素日有点渊源的同僚，借此拼命拉近关系；往昔毫无情分甚至暗中作对的，此际也成了熟络友谊热情恭贺的"友好"！

大樾见了，无限感慨，心中的厌恶也日渐增加，能不参与的遂不参与。即便是吴氏父子召邀，不能不参与，也兴趣缺缺地敷衍。这时也是听闻了来客熟悉，才打点精神出舍，路上尚自琢磨是谁来了。

及自相见，方才展颜欢喜：吴氏父子陪着的客人，一是与他也有师生名分的户部左侍郎俞兆晟，一是结识好几年的友人、现在朝中任国子监祭酒的邵基。

康熙四十五年，俞兆晟与吴士玉同成进士，是所谓"同年"。官场风习，讲究各种渊源关系，"同年"亦是官场中人较为看重且凭之以拉近相互关系的一种。且俞、吴二人俱是文学才艺之人，有共同的兴趣爱好，故平日走得较近，关系较密。

相对于俞、吴二人，邵基则入仕较晚，他是浙江鄞县人，康熙六十年进士，以才干清正之名而崛起于朝廷之中。对于吴公这个仕途前辈和文学名流，他一直很敬重，吴公也颇看重这个后起之秀，值吴公升迁，遂来道贺。又因与大樾一段时间未见，正可顺便一聚。

暮色渐起时，笑语盈盈的宾主几人，围席应酬，相谈甚欢。不觉间，话题转至大樾的身上，皆为不久前大樾的科场失利而再致感慨。

作为师友，在座几人皆是非常推崇敬服大樾的才学文章的。可这样的杰出之人，却偏偏一再被阻挡于科举功名之外，这使他们于扼腕叹息之际，也难免为之抱屈不平。

吴士玉叹道："吾儿樗栎之材，得耕南雕琢益助，而得幸进。他自己却不能为时用，这话叫人从何说起！唉！"

俞兆晟道："耕南这事，害在一个'风'字上。他的文章，精妙华彩，早成自家风格。然而他这风格，却不合今日之风尚，他便做得毫无瑕疵，别人也不会看中的。那些人只顾跟风，哪管屈不屈才，误不误人？也不想想当初其座师若也如他这般杂念不公，焉有他之今天？哼！"

自己的门人遭屈，老头一直耿耿于怀，这时说起来还是难抑心情，忿忿然斥言考官之不公。

大櫆陪他喝了杯酒，道："老师息忿。学生也能想得通此事，终只怪自己时运不济罢了。"

邵基言道："也不怪两位前辈愤忿。耕南之后复写出来的卷子我也看了，其文采风流而不掩义理之粲然，与朝廷所谓支蔓浮夸完全不是一回事。我太学中一些人阅了，亦为只登副榜而不平，可见公道自在人心。"

这时，吴大椿对大櫆道："邵兄说公道在人心，倒让我想起一件事。先生数年前就准备出个集子，一直未竟。此时何不添上一些制义之文，一并刊行出来，让世人知悉先生的才学文章超迈俗流，非时庸之可比，也为先生出一口积懑之气？"

其他人听了，皆以为然。俞兆晟道："松客这主意很不错！资费我们来解决，耕南你抓紧准备，联系书坊，尽快把集子刊出来。"

大櫆本自心中也有不忿，听师友们这般说，自然无不遵从，这事便定了下来。

因为辑集的工作前几年基本完成，此时不过再斟酌增添若干内容，送去书坊付梓。于是不久后，这本取名"小称"的集子便刊印了出来[①]。

---

① 刘大櫆的诗文集，有多种版本，资料显示刊刻最早的系雍正年间的《小称集》（汪孔丰教授撰著《三种稀见刘大櫆小称集及其文献价值》）文中，论叙刻本以外尚见有两种亦以小称之名行世的诗集抄本，其成书时间或在雍正之后）。据集中所收作于吴士玉任少宰（吏部侍郎）时期的《徐崑山文序》可知，《小称集》刊行的时间下限当在雍正九年之后。故本传叙系于此时之章节。又：明年（雍正十一年）吴士玉卒，俞兆晟缘事解任，综此推测，《小称集》的刊行上限也当止此。

"小称"一词，出自《管子·小称》，后世学者校注云："称，举也，小举其过，则当权而改之。"谓管仲略举桓公之过，规劝其改正。大櫆借用此词，是亦略举其诗文以供同道指正之意。

这个小举其诗文的初集，虽也分论著、经义、诗歌三部分，却以数十篇辑文为主，诗歌仅象征性地录了《题穆西林杂拟宋元山水八幅》系列诗八首。这样的安排，自是缘于他作为文章作手的自信，更服从于此时屡遭科场蹭蹬的他想借以扩大影响，且自证其才学文章以回应社会质疑甚至嘲讽的刊集初衷与目的。"小称"谦逊的姿态之下，其实掩隐着一颗高傲又不得志的心！

三位在文坛和朝廷俱有影响的先生兼友人俞兆晟、吴士玉、方苞，皆为大櫆助阵力挺，在《小称集》中以阅批的方式，增加其影响，而俞兆晟、吴士玉（吴序见前章节）更以其序誉扬作者之其人其才其文。俞序云：

> 天之去地，八万四千里。泛视之，则浑浑尔，漠漠尔；一仰观焉，俯察焉，未尝浑浑漠漠也。有象中气，有气中象，有象外象。
>
> 山川草木，象中气也；日月星辰，气中象也；泰岱之云成，海蜃之现为楼台，点苍之石成江山，日之珥，月之华，冰之花，井之火，皆象外象也。此天地之文章也。然此其习焉者也。
>
> 他若神经怪牒齐谐述异所记载，耳目未之见闻，而理或有焉。则有又天地之文之至变者也。天地其有心邪？其无心邪？曰非然也。理生气，气生象，象之成也，至不可端倪，不可穷极。一气也，即一理也。然则天之去地，虽有八万四千里而遥，而气载夫理，以弥纶变化于八万四千里中，无渗漏，无罅隙。假而曰气不足，理不足，而天地顾自能成其文章？是犹扪烛而谈日也。
>
> 刘生之文，其气惝恍恣肆，其象不可端倪，不可穷极，而于理无渗漏、无罅隙，是故其文可以传。
>
> 抑又闻之，匠氏之庀材也，将以成国工，经涂九轨，宫隅七雉，以视辋之牙鳞之，而其气象远矣。吾知刘生又将广其业也。海盐友人俞兆晟。

以天地变化之气象，喻之大櫆之文，而断其文必将传世；又谓其人将益精其业而更上层楼，如匠师治材以成国工，气象更加远大，其推誉可谓隆也。

三人中，唯方苞未见属文。揣其原因，或为避同里乡人相阿之嫌，或因方苞此时官阶低（翰林院侍讲学士）不足以与另二人相抗，逊而不序。然其以海内名家的身份出面以荐，虽未发声而誉扬已在。

他们的推崇赞誉，还体现于遍布集中的夹批尾评：

"精微奇幻，不可思议。""海旁蜃气成楼台。""变化奇诡，不可方物。""何其明白光辉！""章法谲诡。""何等飘洒！""淋漓顿挫，风神绝世。""如峰入天，奇绝快绝！""气脉洪大，笔力高古。""怪怪奇奇，如捕龙蛇搏虎豹。""满纸皆烟云缭绕，奇绝！""语简气高，意深神厚。""奇气纵横之中出以雄浑，望之第见烟波万顷而已。""微言如屑，似经似子，具此笔力者乃可著书。""此段议论，亦可如天地无终极而存。"

"濂溪考亭真实之理，庄生列子之文。""文在司马子长韩退之之间。""其飞舞自得处，非韩公不能。""其境清奇，其味峻洁，惟昌黎集中有此。""真实微妙，发千古人所未发，及发出又如在人人意中，奇绝。""精理名言，风发泉涌而提笔直走，莽莽苍苍，若无意界画，而随手自成片段。""坚锐之笔，拗强之气，屈盘之势，奇变之神，自韩非难篇后无人能作，唐宋唯韩柳王三家得其一二。""波澜层叠，气象雄伟，若决江河浩浩洋洋而注之海。此昌黎所以冠绝古今者也。""此文最难识，以其从太史公来，其用笔极拙处乃其极工处也。平淡有味，是古人第一种境界。""其感慨生情，烟波生色，太史公而后，欧阳子所独擅也。""文亦飘飘似游天地之间矣，非太史公无此笔也。""一种幽冷峭劲之致，则柳子厚独得之以千古者也。"

这些批评，以更具说服力的具体议论，揭示出作者卓异于流俗的才识与文章高妙，及其在学习历史名家中铸炼而成的文学技巧与独特风格，在惊叹折服的笔调中宣告了一颗文坛新星的诞生。

而随着《小称集》出现在京城的书坊柜台，出现在文人儒士的案头和聊谈的话题中，越来越多的人不仅熟悉了刘大櫆这个名字，也看到了一个情志高远超迈流俗的才子学人，一个文笔精妙隐有大师气象的文学魁秀。而那些关注文坛动态且眼光犀利者，甚至从中目睹与感受到了那一脉异常的文学生机活力及其所导引的前行新径……

第十五章　九载始归

清雍正十一年，花开花谢的春间，令京人艳羡复又感叹的吴府，经历了一个由喜转悲的兴衰之变。

二月里，继吴士玉以左都御史升迁礼部尚书后，公子吴大椿又春闱获捷，成为进士。父子同时相率晋荣，门第昌隆显达如此，一时成为佳话。

然而才至三月，年未至古稀的吴公却猝然去世，不及一月的新进士也哀然举丧成服。之前的欢乐喜庆，转眼化作了一片悲氛。朝野闻之，无不伤叹。

身处吴府的大樾，更是难抑其悲！

自甲辰他与吴公在桐城相识，至今已十载。十年中，吴公给了他许多的关爱帮助，支撑着他从坎坷忧患的困顿痛苦中走了过来，他们之间，貌似朋友宾主，实则更情同师生家人。如今，这样的人却遽然离去，叫他于震惊与难以相信之中，又如何不深抱巨大而难以言喻之哀痛？！

这般的心情，化作了伤心难抑的眼泪，化作了他哭在吴公灵前无限感伤沉痛的祭语奠言：

> 呜呼！公之知余，在于旅店，一见其文，许以荷担。我来京国，茫然无归。维公授馆，悯其调饥。食之诲之，导以趋向。谓昔朋游，今非所尚。闭户屈首，我有诗书。子其纵读，与吾儿俱。迫和以唱，齐钟于缶。十年相从，孰知其久？我告南返，公留而胅。谓子登第，宜在吾门。呜呼！我穷如初，公已辞世，跪奉一觞，蠡然流涕。（《祭吴文格公文》）

怆然回首，浮在眼前的尽是一桩桩铭刻于心的往事；十年相知相从，吴公的高谊厚义、恩遇深情，难以言说也难以报答，唯有"跪奉一觞，盡然流涕"了！

而灵前这一哭拜，不仅结束了他在吴府的客卿生涯，也结束了他在京城的这一段长达九年的异乡漂泊——去岁他本因吴公的劝挽，才勉强留在京城。今吴公既逝，便再也没有什么能阻止他归去的心志了。

协助吴府办毕丧事后，京杭运河上的一只帆舟，载着他踏上了归乡之途。

客舟自通州经天津、沧州、德州、临清、聊城、济宁，沐着春天的风雨，日行夜泊，一路划波南下。鲁运河以北的河段，水流自南向北，逆舟前行缓慢。直待进入中运河后，水流改为南向，风帆顺流而下，不数日过徐州，掠淮阴，而古广陵已遥遥在望。

广陵，即江南名城扬州。康熙元年，分江南左布政使司而建安徽省，扬州尚为其辖下九府之一，至五年始割归江苏。而扬州城又临近大江，与同在江北的安庆桐城一衣带水，不过有上下江之别而已。

这令舟中的大櫆，很有如至故乡的感觉，眼前的景物也似显得熟悉亲切，先前一直沉闷伤感的心境，也变得爽快了一些，写下了千里归途中的第一首诗《将至广陵》：

> 望里广陵近，落帆春日低。
> 红桥烟树外，绿水郡楼西。
> 酒肆一笼鸟，人家两岸鸡。
> 乡心不可问，芳草更萋萋。

待得舟至广陵，诗兴已发的他，大约记诵着"故人西辞黄鹤楼，烟花三月下扬州"这样的应景诗句，又作《过扬州》以抒心情：

> 长安尘土污衣裳，日夜归心逐水流。
> 三月春愁连碧草，一帆暝色下扬州。
> 垂杨带雨临官道，画角因风到客舟。
> 燕市和歌成昨梦，青鞋又上酒家楼。

到了这临近故乡的扬州，归心已愈发强烈。然而，正如前人所谓"近乡情更怯"，他的心里也隐含着一种害怕的情绪：有对亲人状况如何的挂念关切，更有多年漂泊潦倒而归不敢面对故乡亲人的羞惭与惶恐，就如他之前在《感秋》诗中所云，"归家恐交谪，入世畏逢怒"。当年他离家，虽没有李白"仰天大笑出门去，我辈岂是蓬蒿人"的豪情，却也自恃才学，以为可取功名而荣耀归里；谁知十年的青春岁月，换来的不过是一场心酸，一场不堪回首的梦，还有布衣芒鞋上酒楼的怅惘与悒郁……

不知是客舟的滞留，还是他因着此际的心情而有些踯躅不前的缘故，他在扬州竟作了短暂的逗留，且结识了一个颇谈得来的朋友。

这人是扬州知府尹会一之子尹嘉铨。尹嘉铨（字亨中）是个很有才学的风雅之士，且没有什么贵公子的架子，不以大樾科场蹭蹬而轻视他，与大樾谈古论今，相处甚欢而引为同志。

大樾很是感慨，以诗相酬后才辞别离去。却也未料到这次短暂的结识，若干年后会对他的生活产生一定的影响。

数日后的烟雨蒙蒙中，一叶篷舟自通江河道，进入茫茫一片的白荡湖，将一位阔别多年的游子送到了故乡。

望着熟悉的水乡景色，还有远处渐渐清晰的家园所在，大樾的眼睛不由湿润，欣喜激动间，还有惶愧、怅惘、落寞诸般情绪，一并涌上心来，最后只化作几行无限伤感的诗语：

　　　　乡园去京国，足可三千里。

　　　　九载一归来，人生堪有几！

人生有几个九年啊！何况这一段正当青春奋进的人生岁月，就这样一事无成，而他也从一个意气风发的青年，变作了如今风尘满面、两鬓见霜的落拓之士模样。思之念之，情何以堪？又叫人如何不为之而喟然长叹！

回到家中，这些心情感受，仍如块石般沉重地压在他的心头。尤其是看到白发苍苍的父母，还有神色惨淡容颜早衰的妻子，他的心中更是无比的愧疚难过——虽然，亲人们并没有怨责于他，可他又如何能原谅自己？又有何颜可面对他们？

还有，那触景生情令人心碎的伤痛！

那曾经充满欢声笑语的茅屋里，而今是那样的空荡冷寂，再也见不着那几个鲜活可爱的童稚身影，而留在他们母亲幽怨悲哀眼神里的，只有无尽的伤心凄苦与绝望……

"俯仰内伤心，泪下不可挥。"无法言喻的心情，无可慰藉的怀抱！只能遣付笔下，遣付在这题为《始归》的诗中：

> 家世陇亩民，谬作京华客。
> 浮云久东西，今日归山泽。
> 积藓盈阶前，长镵挂檐隙。
> 相看无一言，湖水当门碧。

随着暑热渐盛，骄阳似火中，时节已入初伏。

这个时候，正是田地里秋熟的庄稼作物旺盛生长的重要阶段。也许是祈望丰年，抑或是答谢神灵护佑，不知从何时起，民间便有了伏祭的风俗，它和年末的腊日之祭一道，被称为伏腊之祭。

芮庄的人家，多是靠田地吃饭的，自也忘不了这个习俗。初伏日的这天早上起来，无论穷富丰简，皆弄上一点供肴祭品，虔诚地上炷香，拜一拜祖宗和谷神。当然，祭后的食品也便给平时难得开荤的乡人，打一天牙祭了。

在这个令人愉快的佳日，一直蜗居在家的大櫆，意外地迎来了一帮客人。

这些人中，除了二三亲友，余皆是邻近在他走后成长起来而不太熟识的年轻学子。对于他们来说，文誉京都乡里的大櫆虽连战不捷，但仍是一个他们心中很是敬慕的人物，所以这日相约来拜访。

大櫆归里后，心情本就郁结不堪，又知嘲讽他潦倒而归者大有人在，他不愿见到那些势利浅薄的嘴脸，故一向闭门不出，不与外界交往，就连之前在扬州结识的尹嘉铨因其父迁两淮盐运使，带信来邀他去，他也犹豫未行。

此际一众怀着敬意之客来访，他意外之下也颇为感触且感动。

这一日，茅屋里欢声不断，笑语喧哗。众人听大櫆叙说一些京中趣闻，谈各自生活学业，说一些乡中人事，叹人生变化，感彼此之殊异，更借着主人置备的酒席，相互劝酬不断，直至夜深方才散去。

借着这样纯朴的乡间生活，又日渐感到亲情的温暖抚慰，他极是感伤的心情，得以慢慢平静好转。可夏末，他又遭受了一次疾病的折磨，在病榻上很是缠绵了一段时间。

那是俗称"打摆子"的疟疾。

水乡之地蚊虫多，疟原虫以蚊虫叮咬而多致人染疾。病者忽而发冷忽而发热，备受折磨乃至于死亡，百姓不知其由，多以为恶鬼缠身而畏之。

此病虽很常见，但大櫆一回乡便染之而发，显与其之前的经历有关：多年的漂泊生活，尤其是遭受丧子之痛与人生挫折的双重打击，实已损害了他的健康而致身心皆已虚弱不堪，即便此时不是染疟，亦难免有他病发生。

好在这个病人，能给自己医治。

在京城期间，他因时常染疾抱恙，于诊治中逐渐懂了些药理医术。他又精熟易理，于中医阴阳五行表里辨证之说颇能理解掌握，久之便具有了一定的诊医能力，往时也曾为友人看过病，被戏称为为医中丈人。

故他此次染疟，自也寻药而治不烦医家。只是毕竟不是杏林高手，疗效并不理想，过程中虽不似一般感疟者那般害怕痛苦，却也拖了好几个月才将那"疟鬼"送走。

因为疟疾之困，兼之心情沉郁，归家后的这下半年，他基本是杜足湖滨，过着半隐的生活。其间，只有两次因事稍稍远出。

一次是为着族中之请去皖城，见了同宗的友人刘吴龙。

雍正四年，大櫆与在吏部任职的刘吴龙相识。刘吴龙是江西南昌人，雍正元年进士。陈洲刘氏支分于江右，明万历年间，刘吴龙的同宗先辈刘谦分府皖上，即与陈洲联宗，并为其祠书"正伦笃思"之匾。至大櫆与刘吴龙相遇京师，自然叙本末、认宗谊，相交甚笃。

今年五月，刘吴龙以光禄寺少卿出任江南安徽按察使。值巡抚徐本课士义学，使刘吴龙负责考校之事。陈洲刘氏一众儒童应其试，知晓大櫆与吴龙有交谊，遂央其去打听结果。大櫆虽病未痊愈，还是跑了一趟安庆。

这是为族中事而出门。

另外一次，则是关涉大櫆自身。

今夏四月初八，朝廷颁谕要缵续圣祖作人之盛，再开博学鸿词科，诏令京外大臣予以举荐。

康熙十七年，朝廷于科举之外另开"博学鸿儒科"。次年三月试一百四十三人于体仁阁，嗣取一等二十人，二等三十二人，命纂修明史。

"博学鸿儒"作为一种选人措施，久已存在。汉以后不同时期，或为粉饰太平，或为彰显朝廷的文治，皆采取过这种特殊的考选方式，面向社会征选学问广博的儒流。唐宋时，将之作为正常科举之外增设的取士科目之一，称为制科又称词科。

康熙初所以开词科，具有特殊背景与政治目的：经历着"三藩之乱"和各地纷起响应的反清起事，清廷再次看到了"夷夏之辨"等带来的人心向背，认识到了以武力压迫转向文化招诱而巩固政权统治的紧迫性重要性；而"士为四民之首，欲取民心必先争取士心"，士人之中那些不与清廷合作而影响甚大的遗民群体，又尤为关键。

于是吴三桂刚死，一些地方的反抗尚未平定，康熙帝便下令开"博学鸿儒科"，希图通过招揽分化士人尤其是遗民名士，以达其"嘉惠士林，消弭反侧"的目的。全祖望《词科摭言》记谓："朝廷以大科罗致遗老，于盛名之士，无不揽取。"便清楚地道出了这种借文化手段而收揽人心的政治意图。

数十年过去，清廷统治业已稳固。此时又搞一次"博学鸿词"，又是什么用意呢？

雍正在当日的上谕中说："……朕惟博学鸿词之科，所以待卓越淹通之士，俾之黼黻皇猷，润色鸿业，膺著作之任，备顾问之选。圣祖仁皇帝康熙十七年，特诏内外大臣荐举博学鸿词，召试授职。一时名儒硕彦多与其选。得人号为极盛。迄今数十年来，馆阁词林，储才虽广，而宏通博雅淹贯古今者，未尝广为搜罗以示鼓励。自古文教修明之日，必有瑰奇大雅之才。况蒙圣祖仁皇帝六十年寿考作人之盛，涵濡教泽，薄海从风，朕延揽维殷，辟门吁俊，敦崇实学。"

这段话，在说明词科意义以及赞颂康熙皇帝的所为后，表达了几层意思：其一，馆阁词林人虽不少却乏真才实学者，原因是朝廷对学识渊博者没有广为搜罗，予以鼓励；其二，他认为自己统治下的国家是"文教修明"的，应该会产生"瑰奇大雅之才"；其三，他这个皇帝重视实学人才，所以要开词科以征。

他说朝廷的文化部门缺乏人才，是眼光准确、一点没有说错的：以"八股""理学"为进士敲门砖，进入国家最高文化治学机构（翰林院等）的，不说像胡宗绪那样具有益世实学的学者人才少之又少难得一见，即便如方苞那样扎在儒家故纸堆里，埋头研究"三礼"而被认为有大学问的人，实也是凤毛麟角，屈指可数。

且何止是国家层面如此？即在民间，在惟重"性理"的理学影响和八股取士的科举诱惑下，以及清廷的文化高压专制下，哪有"真正读书治学"的社会环境？又有几人会去关注那些八股经学之外的知识学问，即使是益于国计民生与社会发展的世务与实学？

相较于前代，清人在学术方面，除了此际已有些苗头、后来在宋学汉学的争吵中出现的考据学以及一点史学外，实在是没有多少可值得说的。

雍正当然知道这情形，但却不会承认。且为了政治目的，即宣扬"文教修明"，他还是要向海内广征"宏通博雅淹贯古今"的"瑰奇大雅之才"。

作为清政权从初期向中期过渡的一个关键人物，雍正从他的父亲那里，接下了一个问题颇多且很严重的治理摊子。他没有退缩不前，用他一贯的铁血手腕与雷厉风行实行整治，在经济上实行"摊丁入亩"、在政治上整肃吏治腐败、在军事上平叛固边，这一系列的措施，确为国家带来了新的起色，是可圈可点、值得他为之骄傲的政绩。

然尽管如此，他并不能避免为世人尤其是知识文化人所诟病，那是因为他在"文治"这方面非但毫无建树，反而以持续不断且变本加厉的文字狱，对文化人进行无情地打压摧残。这样的污点，他是心知肚明的，所以他要作些纠正形象的应对：专制的文化政策既不会改变，那便打着"重才崇学"的幌子，搞一些其他的动作来为自己正名，来标榜证明雍正之世的"文教修明"，而他父亲当年运用过的开词科方法，自然便成了最好的选项！

这大概便是上谕中不可明说的潜台词了。

不管怎样吧，反正这诏谕颁下，当即引起了朝野轰动。读书人为之奔走相告或心动之际，那些奉诏的朝廷官员们，也不得不煞费苦心地要从各地搜罗自己将举荐的对象。

于是初冬的一天，窝在芮庄的大櫆，接到了友人左君的来信。信中告诉他，两淮盐运使高斌准备推荐他作为参加词科的人选，使左君征求他本人的意见。

大櫆对此颇觉意外。因为他与高公并不熟悉，亦无交往，之前也只听闻过这位盐政大人的名字和大概情况，晓得他是辽阳人，长期在内务府当差任职，雍正四年出为苏州织造，后历任粤、浙、豫、苏几省布政，于上年调任两淮盐运使，因以较擅长水利而于今年兼理江南副总河事，是一个事务型的官员，于文坛并无多少瓜葛，不想这次却举荐了他。

揣测一下原因，这高公的推荐，可能是大櫆近年在文坛渐起的声誉所致，也可能与寄信的左君有着一些关系。

这个左君，我们现在并不清楚究竟是谁。资料反映，与大櫆关系亲密的里中左姓友人有三个：一是前文有叙的左茧斋文韩；一是左贲趾文廉，大櫆《贲趾堂记》一文，便为其所作；另一人则是他后来为作祭文的左和中。左茧斋不甚喜与外界交际，与高斌结识的可能性不大；左和中情况不清；惟左文廉兼具学问文名，并以庠生中举，钦赐六品职衔（据左氏谱记，其事迹亦载县志），以其之影响，或与盐政结识并承其询而介绍友人。

不管怎样，这位后来成为乾隆朝著名大臣的高公，此时能举荐其所不熟识的布衣文士，还是令大櫆很有些欣悦感动。

感动是为着高公的青睐之举，而欣悦则是因为被肯定的兴奋与慰藉。"博学鸿词"作为制科，在朝廷是难得的特修旷典，在读书人则是社会对其学问才识的誉评肯定。无论哪个朝代，能被荐举参加这样的考试，对于重视声名的学者士人来说，都是一份很大的荣誉。

而大櫆的内心，是不拒绝这样的荣耀的；他此时的心志，并没有因前期的挫折而对仕途抱负灰心绝望。所以我们能想见，在得知高公的意见后，他应是有所反应的，包括走出门去进一步打听了解此次制科的具体情况，以为最后做决定提供参考帮助。

之后，他致信于高公，以自己"素非山林逸遗之士不求闻达以为高者"不沽其名，也非符合博学鸿词这样"美数高名"的条件而愧惧任受这两个理由，谢绝了其荐举好意（《与盐政高公书》）。

为何会做出这样的决定呢？

我们姑且认为这个决定，是他此时的真实意愿与想法，而其原因不外在家庭与判断两个方面。

大櫆客游京师九年，于家中深有亏欠。好不容易返归，不长时间后又要离家远出，这样的情形，不说他自己觉得说不过去，而家中亲人们的意见很可能也未必统一。

此外，康熙开科的目的，是在招揽山林遗逸高蹈之士；雍正绍续其风，虽未有明言，然是否也是主要面向此类人群呢？若是，则非此人群者便自然不会应征。

又朝廷颁谕对应荐的标准亦甚严明："宜有品行端醇，文才优赡，枕经菹史，殚见洽闻，足称博学鸿词之选者"，文才学问不得了之外，品行上也须端醇无瑕疵。谁敢称言自己的文才学问就是这样了？谁敢说其做人处事没有一点问题不为人所议论？如此自度之下，人们也便打消了兴趣热情，免得到时候被议难堪。

大櫆书辞高公，或便有这些思虑考量。

不过，从后来的情况看，这些都非真正的原因，抑或说并非他真实的想法——他之辞谢高公，主要是因为继高公之后，他也得到了来自京中为方苞所举荐的消息。

因为，冬天刚过的新春里，他便已准备离乡，为着应博学鸿词之荐而再次北上京都了。

这个情况，反映在他为过世的族长芥川所作的祭文中。

这位族长，与大櫆的曾祖父南高公同辈。其不仅文才品德俱为人所称，是陈洲刘氏近年一个较优秀人物，在宗族中很有威望，生前对作为晚辈的大櫆也颇器重，不少关怀与鼓励。

大櫆归里后，因心情及染疟之故，没能去探视同样卧病在床的芥川。不想十一月初，芥川即告病逝，大櫆因之十分沉痛。于离乡前的正月十六作祭文以奠于其灵前：

> 维皇清雍正十二年岁次甲寅、丙寅月、戊寅朔、越祭日癸巳，侄曾孙大櫆谨以清酌时羞之奠，昭祭于族尊曾大父行芥川先生之灵前曰：
>
> 呜呼！天祸吾家，诞降不祥。老成徂谢，典型云亡。吾宗之兴，自陶唐氏。御龙豕韦，由来已旧。绳绳世禄，立德功言。古三不朽，刘氏其兼。降及苗裔，世居江右。实维梓溪，名门华胄。桐城之刘，自江右迁。徒称诗礼，印绶无传。木有本根，亦有枝叶。凌迟衰微，藏羞在颊。维翁之生，头角崭然。谓能光显，在翁之身。翁之孝友，自其天性。翁之谈辩，四筵倾听。翁于为文，百斛独扛。十上不达，血染枫江。晚岁田园，含栖息影。种竹莳花，众醉翁醒。
>
> 呜呼！翁之才望，而不公卿。如吾徒者，安企有成？乙巳之岁，櫆适京师。沉沦漂泊，十载于兹。去岁归来，翁方缚处。将往问视，我遭疟鬼。自夏徂冬，鬼不销亡。翁遽违世，我哭在床。
>
> 呜呼！翁之于櫆，曾大父行。略分论交，携手翱翔。十年间阔，离怀缕缕。既克归来，而未一吐。归未几时，又将远行。及翁之葬，临穴未能。
>
> 呜呼！翁之庭训，诒谷一经。亦既有子，黉序哔声。不于其身，将在子孙。善无不报，古有斯言。人皆有死，翁死而生。我复何嗟，念此生平。复惟尚飨！

此文载于不久后所修的宗谱中，与后来刊梓传世的相对照，面貌大不一样。由之可见，大櫆对自己的文章，不仅注重修订，有时甚至改动很大，尽力雕琢以求完善。

这篇保持初貌的祭文，对于了解大櫆的思想以及这个阶段的行止，有两点值得关注。

其一，在追述了宗族的历史源流后，大櫆对作为"名门华胄"的陈洲刘氏无继祖先荣耀的状况，极是感慨痛心：说"徒有诗礼，印绶无传""凌迟衰微，藏羞在颊"，并为族长芥川这样的优秀人物，也因"十上不达，血染枫江"而深悲。

一族一姓在一定的历史时期，或因缘际会而兴，或历经沧桑而衰，本是世事之常态。俗谓："君子之泽，五世而斩"，其可让人为之感慨，却也无须执之成念，耿耿在怀。

然则大櫆此时，为何对家族衰微表现出如此的痛心疾首而难以遣怀呢？

分析起来，这与他此时作为族中才识突出的人物，对振兴家族的责任使命的自觉有关，亦与其反观地方望族世家的心理刺激有直接联系。

这两个方面，前者易理解，后者前文虽有涉及，却不免散略。欲清楚大櫆此际那种"藏羞在颊"的感伤沉痛，须作点专门绍述。

桐城的历史（后文有述）虽很悠久，但因处在江南北的过渡之地，易遭兵燹战乱的影响，故自古以来，居民虽杂处以生，而流动变迁甚大，少有影响大的显族望姓出现。

这种状况的改变，出现在明代。

南宋末年与元季明初，又经历了两次战火的桐城，迎来了两次移民入迁的浪潮。这些移民，主要来自江西与徽州两个文化较发达的地区。辗转入桐后的移民，带着祖先的文化传承记忆以及坚毅勇敢的拓荒精神，很快成为这片土地上不可忽视、影响日增的新居民力量和家族群体。经过数代人的辛勤努力、生计稍能保证甚或富有余力后，又适逢社会长期安定之环境，他们便逐渐将家族的发展，转向了读书仕宦之途。

明初洪武年间，就有在南宋时迁桐的钱氏钱时、方氏方法皆以举人而入朝为官风节凛然，在影响地方的同时，也使其族从此显扬光大。此后以至入清，先后有黄氏、许氏、谢氏、章氏、江氏、韩氏、姚氏、余氏、齐氏、吴氏、阮氏、张氏、何氏、盛氏、赵氏、戴氏、潘氏、左氏、光氏、倪氏、马氏、孙氏、王氏、陈氏、汪氏、杨氏、周氏、胡氏、叶氏、龙氏、贾氏等诸族之人，纷然厕身仕宦，上自宰相公卿，下至督抚御史、省府州县各级官员，贵显相继，簪缨不绝，科举文风蔚盛，形成了邑中以移民之后为主的众多名门望族。

其中，又以方氏、姚氏、张氏、吴氏、齐氏、何氏、钱氏、左氏、盛氏、阮氏、叶氏、马氏、孙氏、光氏、胡氏、倪氏等一批家族人文尤盛，声名尤显。其或以公卿著声，或以名臣享誉，或以科举旺族，或以文学驰名，风流竞舞，光耀累世。

如钱氏之如京，继家族早宦之余烈（宋咸淳间，其族便有钱贞二成进士，开迁桐移民入仕之先声），以刑部尚书而为乡邑公卿第一人。此后，族中代有仕宦者。而明清之际钱田间澄之，则以经学文学大师著名海内，影响久远；

如青山何氏之栖霞、如申、如宠，父子为宦，兄弟进士，是一门之共显、父子兄弟同贵之美谈。而如宠更尊为崇祯大学士，开六皖宰辅之先；

如齐氏之之鸾，不畏权贵，忠节立朝。又以诗文享誉文坛，引领乡里文学风气之滋生。而其族人科举兴盛，代有文名宦声；

如左氏之光前、光斗、光先、光明，或以孝友闻于乡，或以治绩声闻于朝，而光斗则为天启忠烈，天下知名。族裔后代，仕宦文学亦能承其先绪而不堕声名；

如马氏太仆孟祯，辟一门科宦文学之途，开一族人文之兴盛，著声乡邑内外，有清初"怡园六子"之诗才，又继有兵部之瑛六子的一堂文采风流。

而诸族之盛者，在明代，又以桂林方氏、麻溪姚氏、吴氏为最；在清代，则无出宰相张氏其右者。这四大家族，人文兴盛如云蒸霞蔚，晚明以后不但科举发达，举人进士不绝，其他各种人才亦似井喷，学问大儒、文学诗人乃至艺能宗匠层出不穷，各领风骚之际，亦将桐城文名推至鼎盛，扬名四海。至于入清以后，张氏父子递为宰辅，子弟多在庙堂，举族华贵显赫，则又是桐城望族世家发展之巅峰，不世之景象……

可以说，自明至清，是这些多由移民而来的仕宦声显家族，主导和谱写了桐城史无前例且绵亘数百年的风流辉煌。而它们的存在和表现，亦对邑人的生活与思想产生了巨大而深刻的影响。

眼下的大櫆，便是在这种现实的比较与刺激中，为着具有历史荣光的本族的衰微落伍，而深觉愧耻与不甘。

陈洲刘氏迁桐之后，在其繁衍发展中，为陈洲乃至白荡湖流域的开发作出了很大贡献，于地方也属有影响的家族之一。但由于文化教育的不足和人才匮乏，数百年间虽不乏科举贡监生员，却鲜有中举成进士者，未能以高官宦达影响振兴其族群，以致长期处于邑中地位不显的家族之列。

而导致其文化科举落后的原因，与其早期发展阶段中所处的生存生活环境，当有很大关系。陈洲位处江滩之地，时遭水患之侵害，生存艰难之下的刘氏族群，很难有多少精力投入子弟的文化教育与人才培养。这从宗谱《伯二公至十世年表》人物小传，便可见一些端倪。

陈洲刘氏在五世前人丁单薄，至六世始繁而分大小房。然七世竟无一人绩学，八世始有监生县廪生两人，其后九世又为空白。至十世，族内也只有两个秀才加一个所谓"文学"者（昔人对读书人或习举业者的一种美称）。读书人是有身份的，故必入谱以记，而一族五代之中竟只有上述寥寥几人，是可见刘氏子弟入学读书之稀少。

后来族人在明代晚期逐渐北向迁居，人口生活的因素之外，应也有着改变教育环境的意识与考虑。然而前期较长时间的落后，令他们起步已迟，难以追赶了：随着宦达之家越来越多地掌握了文化教育及人才培养的资源条件，一般的家族即使在这方面努力，也以明显的劣势而难望其项背。

像大櫆这一家，弟兄四人少时都是只能在义学公学读书学习，而不能像官宦世家子弟自幼便可延请名师在家课教，起步便比人家差了一截。待长成之后，既无家学可以涵养，还顶着生计压力不能专心攻读，这如何能与那些代有家学传承又有人脉关系且生活无虑的世家子弟相比？

要改变这种状况，唯企盼族内能有人才在残酷劣势的竞争中胜出，取功名跻显贵而兴家族。然要实现这个目标，又何其不易！故素有才志而被家族寄予希望的大櫆，当族长之逝，要哀然为"名门华胄"的家族悲，为本为俊才却"十上不达"的芥川悲，亦为长期科举困踬的自己而悲。

由之我们明白，大櫆之执着于科举仕途之功名，是有着很大的振兴家族的使命感的因素在内的，非仅是为着其一人一家的前程荣耀；同时也便能理解，不久前才在诗中言称"浩然还江乡"，似有归隐之意，又慨然谢绝高公举荐的他，为何翻过年来便急急乎离乡去应博学鸿词了！

其二，在这篇祭文中，大櫆也清楚地交代了他还乡后又离乡的具体时间。

后世的人们，因大櫆诗句中一会儿称"九年一归"，一会儿又谓"十载青春"，也闹不清他第一次自京师还乡究竟是何时？有谓在雍正十二年的，有谓在十三年的，有的搞不清，则干脆略过不说。

但祭文告诉我们：他临祭芥川，是在清雍正十二年（甲寅）正月十六（癸巳），而自京返乡的时间是"十载于兹，去岁以归"，"十载"不过是概言，"去岁以归"才是准确的时间。这便了了一件公案，使人们不再糊涂。

他又谓"归未几时，又将远行"，可见再离乡北上，是在此后不久。而这个情况，宗谱所载刘吴龙序给了证明。

序谓："余膺简命，持宪江上。耕南以病未见也。大中丞徐公课士义学，属余考校。汇送见试卷中有刘华渚、刘振彩、大元诸人文词秀美，皆手拔之。最后耕南来司署询之，皆其族子也……耕南旋以宏博之举，辞余入京阅两年。余升台职，复与耕南会与京师。"

文中前面部分所言之事，我们已知。后面几句话说到他与大櫆的分别及后来的重逢。"耕南旋以宏博之举，辞余入京阅两年"，明确交代他们在安庆相聚后时间不长，大櫆便因荐举之事辞别北上。这个旋辞入京的时间，他虽未具体说，但从其行文语气可判它发生较快，是距首次皖城会晤后不久，结合大櫆祭芥川文，应在甲寅十二年的上半年，再联系吴龙所说"阅两年"，甚至可判大櫆之再入京，当在是年春间——因为雍正十三年的下半年或乾隆元年，大櫆有回乡参加统考一事，算起来在京时间与吴龙所谓两年正相符合。至于吴龙与大櫆在京重逢，则是五年以后的事了：吴龙于雍正十三年二月迁光禄寺卿，总理北路军需；乾隆元年召回，职务屡变，先是提督顺天学政，继于乾隆二年改通政司通政使，仍留顺天学政任，至乾隆三年九月升都察院左副都御史，即其所谓"台职"云云。

于是我们便清楚了，雍正十一年春回乡的大櫆，归家一年后，为着其责任与前程，在春间里再次离乡远游！

而离家当日的情形，同十年前也相仿佛——

他的妻子，那位长期在孤独寂寞和艰难中独自挑着生活重担的女人，再次默默地相送丈夫出了柴门，离开村庄，在无语凝噎中望着他在水滨乘舟，开始了又一个不知归期的远游。

唯一不同的，此刻她的身边，只有一个孤单的幼小身影。

那是大櫆唯一的血脉，尚不知离别为何意义的六龄稚女①。她牵着嫡母的衣襟，望着一步三回首的父亲，断断续续地喊着："大大，早点回来！"

大櫆看不见妻子眼中的泪，却听得见女儿稚嫩的呼声，向那母女俩挥着手，心头则是一片酸楚怆然。

---

① 大櫆此女的身世谜而不清。家谱仅载吴氏夫人生子介（另两个幼殇之子未记），没有女儿的记录。侧室吴氏，也载无生育。但大櫆有女，则是事实。其成人后嫁与左周为妻，左氏谱有明确记载。大櫆弟子王灼《左叔固墓表》亦有记言。据左谱所记，知其出生于雍正己酉（雍正七年），时大櫆正滞居京都，故疑其为大櫆此期与他女所生，而其生母情况因无资料之证，遂淹而不明。

第十六章　应诏词科

春日的下午，从工部署衙中出来的徐炎没有回家，而是穿街过巷，进入胡同深处的一户人家，见到了在那里读书的大櫆。

"崑山，今日何得空闲来此？"

看到由主人陪着进屋的徐炎，大櫆高兴之际，又有些意外，因徐炎最近部中事务繁忙，二人已有旬日未能见面了。

徐炎落座后，道："适才听闻有关词科的消息，想你惦记着，故来告知。"

去岁大櫆等一些应荐者，怀着对词科的期盼兴冲冲进京。不想情况却大大出乎他们的意料：至他们进京时，朝廷关于词科之事，竟还是八字未见一撇，未有任何动静。

为何出现这样的情况呢？

原来，因雍正帝治朝以严，动辄便予惩处，官员们都很害怕。这次博学鸿词科，他对应诏对象从人品文才到学问见识，俱作具体规定，要求名实必符。这令官员们个个慎之又慎，不敢轻荐，唯恐所荐对象不符要求而使自己被皇帝问罪。加上人对词科之事本有疑虑，也不敢或不愿应荐，结果便导致一年多下来，保举上来的对象竟寥寥无几，扳手指头都算得过来。这般情形，词科还如何开？

因此，这之前喧闹了一阵的词科，便被无奈地搁置下来。朝廷对此，固是大大的尴尬，而已被荐者更觉着失望无趣，不知如何是好，有的已扫兴归去，有的则逗留观望。大櫆既入京，便趁此机会要参加下半年的顺天乡试，所以亦留京中，当然也带着等候词科消息之意。

此时他见徐炎赶来相告，且面带欣色，心中即有了猜度，道："莫非是朝廷终究还是要开此科？"

徐炎颔首道："正是。听部中长官说，今日不知是陛下问了此事，还是内阁有汇报，最后复诏督促内外臣工，当以兴贤为责，务须遴选保举，不得延误。所以这事下半年会有准音，开科则估计在明年。"

大櫆听了，不由舒了口气。他巴巴地为词科而来，若是最后事不果行，委实没意思，也没甚面子。现得了这消息，遂也放了心。

陪徐炎进来的主人，也替大櫆高兴，道："这下好了，先生无须心挂两头，可以安心准备秋闱入场之事了！"

这人叫史秉中，是大櫆这次入京后通过徐炎结交的新友。

大櫆在京的仕宦友人中，徐炎属于相对平凡者，只是一个身份较低的小京官。但二人之间的情谊，却又最诚挚深厚。

前年南返，大櫆于千里孤途中所作的唯一一首怀念京城友人之作，便是《舟夜怀徐五崑山》，是可见徐炎在他心中的情感位置与分量。这次重入京都后，徐宅更是他常至之处。也便在这过程中，他结识了年纪要小一些的史秉中。

史秉中年轻而好学，与徐炎一样很是敬佩大櫆的才学文章，常以各种问题向他请教，其态度之恭敬，如学生对待先生一般。

今春大櫆打算参加乡试，以史家居处偏隅安静，家中亦无闲杂人等打扰，这一向便暂借其处研读学习，得到了史秉中及家人的殷勤款待，令大櫆颇感触其真诚情义。

三人叙了一会儿，天已向晚。徐炎知史家拮据，便拉着两人去外面喝酒：他知大櫆爱饮，此际心情不错，更须杯中之物以佐其兴。

出得巷来，沿街寻了一酒肆，小二领至楼上雅间。才待入座，忽听有人兴奋呼唤："耕南！"回头看时，见有两人走近，其中一人清容短须，正一脸的激动之色。

大櫆定睛看去，却是故乡的至交方辅读颂椒。不由大喜，执手拥抱之际，问道："你何时至京，我却不晓得？"

方颂椒道："就这两日到的。本欲寻你，也不知你在何处。不想在这里碰上，太好了！"言罢，转首招呼一块来的同伴，"啸岩，快来见过，这便是你一向仰慕的刘耕南先生！"

那人却是位十八九岁的清秀公子，正在与徐炎说话，听得方颂椒招呼赶忙过来，躬身给大櫆庄重行礼，道："学生甘源，见过刘先生。先生文誉京华，向恨无缘奉教。今日得见，实是三生有幸！"

原来这叫甘源的公子，字道渊，号啸岩，其祖上本是江西丰城人，后徙辽东入汉军旗籍。曾祖甘文焜为清初有名将领，康熙年间，先后平定凯里、臻剖等苗部，历任直隶巡抚、云贵总督。后吴三桂反，文焜不从其叛而自刭。朝廷赞其忠节，追赠兵部尚书，谥忠果。

甘源虽出身将门之家，却不喜骑射而爱读书，好诗古文词与书法。近来读了大櫆的诗文，极是喜欢钦佩，又听方辅读细论其人性情品志，倾慕不已。不意这日在这酒楼相遇，自是十分激动。

徐炎在一旁道："耕南，啸岩是吾旗中年轻一辈的翘楚，好学多才艺，尤嗜诗古文，又性情淳朴澹逸，近世读书人中并不多见。君有余暇，可多亲近指教一二，以偿其慕淑之意。"

大櫆看二友都为之介绍夸赞，又见甘源执礼甚恭，亦颇有好感，微笑颔首。

甘源十分欢喜，亲去安排酒食。不多时酒馔上来，众人围坐一处，说些文坛读书之事，相互酬饮，甚是融洽。大櫆心情愉悦，酒酣耳热之际，纵谈古今风会之殊、文章之变，旁及诸子百家，踔厉奋发，四座皆倾。

那年轻的甘源，从未见过这般的人物，这般的学识才情，感触崇敬之际，愈发坚定了欲从其问学受教的念头。

不言当日尽欢而散。且说之后大櫆果去了甘家，与暂寓在那里的辅读绸缪了数日。因之也对甘源有了更多了解，爱其才具与好学，便认下了这个弟子。

甘源之前，有不少人都曾向大櫆学习或受到他的影响，如故乡的一些友人，他本家的一些兄弟子侄辈，以及京城的一些知交好友如徐炎、史秉中等。但正式以弟子身份而从学于大櫆的，甘源似是第一个。

师生二人对此都很高兴，老师因之也在学生家住了一段时间，指导其学习。甘源善学，后来不单在诗与古文上得师之学，其较闻名的篆刻当也传自于大櫆——大櫆生平于书画诸艺似无甚兴趣，但文学之余却好摹刻秦汉以来之篆章①，且颇有造诣，可惜后世无传。

入夏以后，进入京城的士子明显多了起来，大街上到处晃悠着他们的身影。明眼人都知道，又一个大比之典即将举行。

一批桐城的贡监生，也先后到来，其中就有大櫆的长兄大宾。大宾这年已四十三岁，须发半白，却为着那一点科举功名的念想，还夹在一群二三十岁的年轻人中赴京赶考，实也有些可怜无奈。

但真正说来，大宾这样的情景，其实还不算太难堪的，因为在这个读书人深陷科举诱惑的时代，一些五六十岁的老童生老秀才还混在一堆小青年里，一块讲论八股、出入科场的现象，平常亦不少见。他弟弟的朋友叶酉便是个例子，乡试九挫，须发如霜，仍不放弃。

大宾的憋屈，主要在一个无奈上：家境困难的现实，使他未能浸心于举业（相关的资料也都未提到他曾有多次应举的情况）。直至近年兄弟姊妹嫁娶已毕，家事稍宁，他才得以继续入闱拼搏。可以说，他是因家庭而耽误了其岁月年华和科举生涯的。

假如换个家庭环境，使大宾如他人一样一直坚持其举业，又或如叶酉那样不停歇地一届届去考，也许他在年纪并不算太大的时候，便能获得科举成功而未可知。

但人生哪有这样的假如！它只会在各种既定条件所限设的道路上前行。所以大宾也只能在这样的"二毛"年纪，带着憋屈无奈步入科场，做其人生的冲刺努力了……

几个月后，雍正十三年的顺天乡试，在包括刘家兄弟在内的万千学子的期待中，正式拉开了帷幕。

如同往常一样，经过唱名、搜检、领卷的程序后，一个个提着考篮而心情忐忑的士子们，被放进了戒备森严的贡院，准备迎接三场考试的命运挑战。

---

① 刘大櫆《赠张綱儒序》曰："余贫且贱，既一意专攻于文学。而又以其余旁及于秦、汉以来大小之篆章。凡夫前人之所作，后人之所述，殊形异状，无不摹而画之……目之所注，手之所施，怡然中理，通于万品之流行。虽宜僚之丸，轮扁之斫，丈人之承蜩，自以为莫余及也。"可见对此艺颇有造诣。而其所以习此，或与友人汪载阳相关，载阳好收藏雕刻（《汪载阳诗序》），二人同客于吴士玉府，大櫆或受其影响而习摹刻之技。

战场，就在那一间间鳞次栉比的号舍中。

号舍低矮狭小，宽深三四尺，宛如鸽子笼般，三面墙围，唯留一面空敞无门，供人出入及被监视，这就是明清读书人口中笔下的"场屋"。

整个考试期间，考生一切的坐、卧、饮、食与写作，均在这小小的"场屋"之中，身体活动极受限制不说，还要忍受阴暗潮湿及蚊虫叮咬等因素的影响侵扰，令人如坐监一般身心俱受折磨。所以，考生入其内，不仅是考才学，亦是对其体质与意志的一次严峻考验与挑战。

而这还是一般的考验。倘若你运气不好，再遇到一些特殊的号舍，很可能便未战而先自崩溃了。

看一段文字介绍：

> 一曰底号，粪溷之窝，过犹唾之，寝处则那，呕泄昏怅，是为大癙，谁能逐臭，摇笔而哦？一曰小号，广不容席，檐齐于眉，墙逼于跬，庶为僬侥，不局不蹐。一曰席号，上雨旁风，架构绵络，藩篱其中，不戒于火，延烧一空。凡此三号，魑魅所守，余在举场，十遇八九，黑发为白，韶颜变丑，逝将去汝，湖山左右，抗手告别，毋掣余肘。①

第一种是挨着厕所的，臭气熏得人呕吐欲昏，你还能做什么文章？第二是特别小的，矮仄不容舒身，让你局蹐且难受，哪还有心思去考试？第三种是临时搭建的席棚，不是被风漏雨，就是担心着火，让你战战兢兢，不胜其苦！

这总结者心有余悸地说，碰上这几种考号，你便如撞邪见鬼般地备受折磨与煎熬。因此他赌咒发誓此后要远离这令人害怕的场屋，宁可自放于山水之间，也再不走科举之路！

写此文的作者，是常熟人陈祖范。其后来还是被功名诱惑战胜了场屋恐惧而再度科举，成为雍正癸丑科进士。但他的亲身经历，却揭示了这几种特殊考舍对考生的极大影响：若非体力与精神意志特别过人，谁也不可能适应如此恶苦的考场条件与环境，而能正常应付考试。

---

① 引自《明代科举图鉴》所录之《别号舍文》。

所以，本就需要在非常不便的场屋中煎熬拼命几日的考生，无不祈祷神灵保佑，希望自己不要碰上那几种让人想想都觉得可怕的特殊号舍。

然而，场地不变的贡院里，总有一批人是倒霉鬼。

今科参试的桐城人中，便有这样的倒霉蛋：他们是第三次走进乡试考场的大櫆与其友人江化溎。

原来，今年的应试者多于号舍，那些多出来的考生便被分到了各区临时以芦席编围成的考棚中，这就是前面提到的几种特殊考舍的第三种：席号。

考号在后且相连的刘、江二人，不幸便分到了这席号。更不幸的是，在关键的首场经义考试的当天，便下起了瓢泼大雨。这简陋的席棚如何能防得了雨水的侵入，又如何能写作考试？待得大雨停歇，忍着衣衫浸湿的寒凉不适，勉强赶写了一些文字，交卷出棚时个个相顾叹息失色，情知此番科考，又是大势已去。

多年以后，大櫆在作《江汉川诗序》时，还提到了这个情节，可见在他的记忆中印象很深。我们也因此明白，前两次都考得不错的他，为何此科却遭际与江化溎"同为考官所黜"的命运，连副榜也未能登上，那显是受了考场不利的影响。

是序中，大櫆也以"仓皇别去"之语，形容了此科下第后他与江化溎那种沮丧伤别的情形。

江化溎此后似便绝意科举，纵情于远足游览，跋山涉水，崎岖燕秦万里之外，而"穷愁艰阻，可喜可惧，忿憾无聊不平之气，一皆寓之于诗"，走上了科举失意下一个"萍蓬托迹甘终老"[①]穷困诗人之路。

三次败北的大櫆，颇有些心灰意冷，以后不打算再考了。

但他如此决定，或与长兄的考试结果也有关。

幸运之神之于刘家兄弟，在关了一扇窗的同时，又打开了另一扇窗户：已逾不惑之年的大宾闱场得捷，成为此科桐城应试者中幸运的北榜举人！

中举意味着什么？

在这个时代，读书人自幼及长的各种身份（童生、生员、贡监生等）的学习考试，都不过是培训的阶段。只有通过了乡试这种国家统一组织的抡才

①《桐旧集》卷十五江化溎之《怀故人》。

第十六章　应诏词科

大典，成为一名中式举人，才算取得了科举的功名，跻身国家的后备人才之列，此后即可有资格无限期地参加更高级的会试，亦可直接进入选官出仕之途。即便不再考试，也不做官，在乡里社会上，也是一个受人尊敬、拥有一定特权影响的乡绅老爷。

因此乡试"中举"，是所有习举业者及其家庭梦寐以求的目标与荣耀。然而，不说科举考试本身之严苛弊难，即欲在千万人的大比之中竞争胜出，又是谈何容易！故对于绝大多数科举者来说，中举始终只是一个充满诱惑、让人又爱又恨甚至为之痴迷心碎的美丽梦想；而一旦成功，跻身那一小部分的幸运儿之列，其美梦成真的喜悦和鲤跃龙门的骄傲，也自是无比强烈不可抑制——民间曾有人中举后将家中的器物砸个稀巴烂，因为其后自会有攀附者送来新的，而"范进中举"式的惊喜癫狂，也大有人在！

刘家兄弟俱性情沉稳，于中举一事自不会有怎样张扬的反应。但我们完全可以想见，他们的欣喜激动一点也不会少，甚至可能会比一般人还要强烈些。

因为大宾的捷闱，不仅实现了其家几代人的梦想，将为他们带来由耕读人家向缙绅阶层的华丽转变，也同时实现了陈洲刘氏在科举功名上的零的突破。成为家族史上的首位举人，这自是非常骄傲与荣光的事情！

而长兄的成功，在给落败的弟弟以慰藉的同时，也直接影响到了其对今后的考虑：以往大櫆所以孜孜于科举，个人的抱负之外，更为着不负家庭家族的期望。如今随着情况变化心愿已偿，那已令他渐生厌恶之心的科举，便不再有左右他的压力。

不过，这并不意味着他从此放弃了可能的人生进取。

在这个阶段，他的功名心可以说仍还是炽烈的，仍还渴望着如许多成功者那样能出仕建功——读书便是为了做官，光宗耀祖，扬名立万，这是在儒家思想以及官僚政治影响下的中国读书人的普遍心理，只不过因其个人的具体情况而表现得有所不同罢了。

大櫆也没有挣脱这个束缚，个人的才智抱负及改变生活穷困状态的要求，都驱使着他不到万不得已，都不会轻易放弃这样出人头地的人生追求。譬如眼下，他虽无意于再事常规的科举，但对于博学鸿词这样的特科功名，还是思之念之，希望能够取得的。

只是此刻朝廷的一个重大变故，让他以及与其一样心情的那些应荐者，都不免觉得心存忐忑，不知这鸿词科的命运如何，到底还能不能开？

原来，就在乡试结束不久的八月下旬，头天还在处理政务的雍正，午夜时分于寝宫突然驾崩了。皇四子宝亲王弘历在庄庆王允禄、果亲王允礼、大学士鄂尔泰、张廷玉等辅政大臣的拥戴下匆匆即位，这便是清朝一统后的第四任皇帝乾隆。

雍正在位十三年，其功过是非向来褒贬不一，总的来说他还是封建社会中有为的君主之一，其所推行的摊丁入亩、火耗归公、设立养廉银以及整饬吏治、打击官场腐败等制度措施，对清王朝在中期的繁荣起了奠基性的作用。但他也通过严苛的管理尤其是强化密折制度、设立军机处等措施，将封建君主集权与独裁推向了巅峰，加上其对政敌及臣下的冷酷无情、动辄以罪以及伴其始终而从未停歇的大量文字狱，都给世人尤其是读书人留下了很大的负面印象，谓之以"冷酷暴戾的独裁者"亦不为过！

大櫆对这个"暴君"，也是没有好感甚至说是很鄙恶的（这个问题，我们以后再说）。所以紫禁城的丧音传出，他或许悄悄地喝上几杯也说不定。唯一令他有所挂怀的，则是这主张要弄博学鸿词的主儿死了，已拖了三年的特科一事会不会也随之夭折？

好在不久后，朝廷对此便有了交代。十一月，新皇下诏再促荐举之事，而具体试期亦定在来年秋天。

吃了这个定心丸，于是一众在京师的应荐者多收拾行装暂时离去。大櫆也在得到准信后不久，与兄长分别：他的兄长要应明年二月的会试，而他则须返乡参加本省先举行的特科预试。

乾隆元年初夏，大江之滨的皖城安庆，士子云集，十分热闹。

皖城历史悠久，由古皖国及汉时的皖县发展而来。后作为江北名城重镇，长期为安庆郡治所在。明末，史可法巡抚安、庐、池、太诸处，即驻地皖城。康熙元年，由江南省分建安徽省，复置巡抚驻安庆。其后，提法使司、提学使司也渐由江南所分来治。虽布政使司尚在江宁，但皖城的省会地位，早已实际形成。这使得这座颇具历史底蕴的古城，在近代益发繁荣起来，成为一个在江北一带可媲美苏、扬而影响四方的人文、政治与经济中心。

眼下，由巡抚衙门与提学使司主持组织的两项活动，又令全省的众多文化精英汇聚于此。

你道这是什么活动？却是新皇御极特开乡试恩科，故各省例外举行一次科试，以荐其应试举子。此外，参加雍正末拟开的词科的安徽应荐对象，亦将在此先行预试。这般平常难遇的旷典，如磁石一样吸引了全省的学子士人，甚至连一些不在应试之列者也闻风而至，一边瞧瞧热闹，一边会会平时难得见面的朋友故人。

于是，一个我们暌违已久的人物，此刻也出现于皖城。这便是大櫆少时的老师吴直。

吴直中年以后，长期远游在外。此时所以至皖城，主要是为家庭所影响，准备参加乡试。原来，吴家亦同许多士人家庭一样，期望自家在科举上有光大门楣者，此时吴直的兄弟俱已过世，家族中的其他长辈以及一些晚辈便固执地要求久不涉足科场却又才华出众的吴直出来应试，好为家族挣个功名荣耀。吴直被逼无奈，只得遵从家中意见勉强为之。

他的性情，本有些孤僻，治学思想又迥异于世俗，故平时交游不多，能谈得来看得上的人亦少。此次至皖城，原不过想敷衍塞责，应付一下，顺便能与几个平日爱重的门人故友聚会。不想入城以后，却少有静闲，前来访谒者相继甚众，多是乡邑内外慕其才学声名者。

这个时期，在桐城的文化人中，年纪大一点而风头正劲的学者文人，要数方苞、胡宗绪二人。因其不仅蜚声文坛，且俱出仕在朝，为庙堂显赫之辈，故天下仰慕者甚多。

但纯以文章才学论，遁迹默闻的吴直，其实一点也不逊于方胡二人。这情形，那些一心求科举腾达和钻在八股堆中的人自然不知，但一些醉心学问文章的读书人，却比较清楚，凡读过吴直著述文章的人，莫不为其才学折服。眼下知其来皖城，如何不慕名来访？

只是吴直既不好名，又要求甚高，故访者虽多，然能得其赏识而热情相待者却极少。不过也有例外。一日，遇见一个三十来岁的陌生访者，吴直却对其表现出少有的重视称许，一番畅谈之后竟生契结之意。末了还允其所求，欣然捉笔为其文集作序：

> 予年三十，饥走四方。江君若度，方少小未学。及予游京师，则故
> 乡人有来告予曰：江君之为文，能探天窟而蹑天根，以知人物之所始；
> 穷六经之蕴奥与诸子百家之得失，以去其陈而取其新。故典而奇、杂而
> 不越、蔚乎其章而炳乎其辉，所谓精气光怪如金玉之不可弃掷而埋没者
> 也。予闻而藏之于心，然犹疑告者之过也。
>
> 十年之间，予由京师而山东，由山东而颖亳，渐以南归。丙辰之夏，
> 遇江君于皖城，急索其文而读之，然后始信前所闻者。
>
> 夫吾党往时固多好故遵经能文章之士，然聚散不常，或始合而终睽，
> 或以事故分离如胡马之于越鸟，或以中道夭折，或贵贱之相隔云泥。予
> 年五十有九矣，安能言无听而倡无和，寂寞以老？欲以区区契结之私托
> 之少年，则瑰奇卓荦不群于众人如江君者，尚有六七人。而此六七人者，
> 又遭遇不齐，各以事牵而不得聚会。且今朝廷方以博学鸿词召致天下之
> 士，而江君以大臣之荐举，又得奋翅于天衢之上。然则，予之寂寞以老，
> 命也，江君其如予何哉！
>
> 于其行也，为序其文，以道其十年之前千里而相闻，且叙其倾盖之
> 乐以固其离别之心。（《江若度文序》）

原来，吴直所序者，则是邑中另一个颇有文名的才子江若度，也即本传
前面出现过的大櫆友人江有龙。吴直往昔在外，听故乡人说起后辈中有此人，
此次遇于皖城，一见如故，乃序其文而推赞之。

文虽为江有龙所作，却透露出作为前辈人物的吴直，对于乡邑文学发展
的关注。而通过他的叙述，可知在这个时期，以古文为主的桐城文学及其活
动作为一个区域现象，明显在"好古遵经能文章"的两代人中有着传承发展。
老一辈的人物有吴直、胡宗绪、方苞、戴名世诸人，而年轻一代则有吴直说
的包括江有龙在内的"六七人"，如姚范、叶酉、方泽、张尹、刘大櫆等。这
些人志在复兴古文学，倡扬清真雅正的小品文章，又通过师友家族的关系相
互探讨学习借鉴，不仅已形成了一定的团体规模，也在宗旨共奉下产生了存

233

有分歧的具体主张与风格。如江有龙、叶酉、张尹等俱师事方苞，继承的是方苞的古文法，而刘大櫆、姚范、方泽等人相近，相互影响也较大，走的则大致是吴直的路子。

这些情况我们将来还有叙论。

且说眼下，吴直既在皖城，必然也会与其门人大櫆相聚，只不过二人都没有留下有关文字，使我们不得知其详罢了。

这些年来，这对师生虽各自为其生计奔波，不在一处，但相互一直有着联系，时有讯问探望。大櫆传世的文字中虽无明据，而吴直却有相互书信往来之记载。至于聚会，二人同在京师期间，联系不少；后来吴直在外地，大櫆也似曾去访过。

后世有则传说，有一年六安举行"关帝会"，地方主持的官员欲为此征集一副对联。当地士人绞尽脑汁，也作不出满意的来。后来还是有人求到适在此地的刘大櫆，大櫆不假思索，出口而成："兄玄德，弟翼德，心中最恨曹孟德；守荆州，霸益州，神灵又到六安州。"此联公布后，官员士人无不为之称绝。

大櫆生平与六安人士少瓜葛，但驻足六安却有可能，因为乃师吴直曾客寓六安很有一段时间。大櫆或便在访师期间，有此传说之事而留下佳话。

后来刊行的《井迁文集》，保存了吴直给予大櫆的两封书信，反映了师生二人的一些情况。

其一曰："生不及吾门虽六七年，然吾每之主人馆舍或自馆舍归，必道经生舍，相与论辩诗书古人，盖未尝三月不聚，聚未尝不各尽其所得，畅然足以为乐也。而今亦不可得矣。天生我辈，绝不通晓于人世之事，而惟孜孜于古人之道德文章以为乐。言之而听、唱之而和者，又不过四三人，欲求复益一人，万万不可得……"

其二曰："卢君归，得吾子手书，如获珍异。又闻乡试几得而复失之，怅悒于心，既又思之，不足为子恨也。子所谓借科名以传世者，爱我则至矣。然八股固不足以传，传亦不荣。若古文，则诚所谓师不贤于弟子者，虽竭驽力岂能及子哉……吾所学苟不足以传，虽登金门上玉堂，亦有何益？苟足以传，有子在，而患不传耶……计将南归建业，自放于摄山牛首之间，为逸民以老而已……"

前信应写于大櫆进京初期。彼时二人于坐馆之余时为聚首，而井迁似亦希望他所看重的门人与自己一样，做一个远离世俗的烦扰而惟以道德文章为己任的纯粹文人。

后书从背景看，则作于大櫆两中副榜之际。井迁一如既往地表现出对科举的不屑与厌恶，对做一个真正文人的追求，以及对门人的期重。值得注意的是，信中透露学生反劝老师取科名以为传世之语。它让我们看到师生二人思想认识之差异：大櫆虽也恶八股之造庸才废物，害学误世甚大，却做不到如乃师一般勇敢地抛弃，而是有保留地将之当作了一种人生进取的手段，并期借之以达到传名于世的心愿——这是历史环境所折射而致的局限认知。科名不过荣其一时，当岁月不知不觉过去，当年所谓的"科举英才"又有几人尚为世所知？可见于此一事，大櫆远没有乃师看得透彻。不过，知悉了这点，我们却也能更好地理解大櫆前期在志欲振兴古文的同时，为何却又孜孜于科举追求了……

由此二信，我们亦可以想见，此年在皖城重逢，师生俩的心情也是有异的，因为二人的思想都未改变：

在大櫆，或虽知老师的应试乃勉强之举，但毕竟乐见其事，还是希望老师能取一点科名而改变生活处境的，他并不愿意看到老师遁世而终老；

而在井迁，则因为家庭所迫，老来还要奔走于平生所恶的科举之途，其内心实是悒郁而悲凉，无论如何也高兴不起来的——所以这年他应乡试中举后，从此隐居金陵而不出，还是当起了他向往的"逸民"！

多年以后，大櫆为传师文，在上述的第二书后题跋说"慷慨悲伤，读之不觉泪下"。或许彼时的他，才体会到了老师在入世遁世之间的挣扎无奈与辛酸吧。但在眼下，他是没有这样心境的，此时的他因着那一份特科功名的荣耀与诱惑，与一班同参加预试的朋友正相处火热呢！

这次被荐鸿词科的安徽文人不少。在去年冬天朝廷再下诏后，因换了新皇而胆子变大些的各地官员，一下子热情积极起来，纷纷开始举荐，少则几个，多则十数人，恨不得将那些"瑰奇英才"由他一人网罗来。

安徽被荐的林林总总，很有一批，其中光桐城籍人士即有生员方贞观、方辛元、江有龙，监生叶酉，副榜贡生刘大櫆，内阁中书马朴臣、方观承，兴化教谕姚焜，一共八位。各处再加起来，整体便洋洋可观了。地方的长官对此既高兴，又不免有些担心，怕其中有名实不符、滥竽充数者，因此便有了先行预试之事。

但这预试，其实也是走下过场：人家既被举荐，虽未必全符合诏求的条件，但多多少少是有些才学的，还惧你这省一级的考试？再则，预试的组织者亦不知这样的特科考试的深浅尺度，又如何能组织有效检验的考试？不过是大致考查一下应荐对象的才学文章罢了，哪里难得住人？

因此，参加预试者都很轻松。于他们而言，这皖城之行与其说是为考试，还不如说是为他们提供了一个会会故人、结交新友的愉快机会，尤其是那些平时闻其名而不识其人的他方才俊，正可结交一番！

大櫆亦是如此。皖城期间，与叶酉、江有龙、马朴臣这些老友盘桓聚会之际，还结识了滁州全椒的吴氏兄弟吴檠与吴敬梓。

全椒吴氏，几代人之前，兄弟五个便有四个成了进士，一下子便成了当地一等一的名门望族。现如今，这吴檠、吴敬梓两兄弟又俱负才名，同被荐试词科，更是令人羡慕的佳话。

而其至皖城后，以才子之间的相互敬慕，与包括大櫆在内的省内文誉最隆的桐城人士结识唱和便很自然，何况这吴檠兄弟二人，本都是性情豪爽而喜交游之人！

于是，此时的皖城，冥冥中出现了一个可将未来两位文学大家联系在一起，且能成为文坛佳话的结缘之机。

遗憾的是，他们只是擦肩而过。

与吴氏兄弟相识在皖城的大櫆，其后虽与吴檠保持了一份不错的友谊，还为这位颇有诗才的友人写了篇情真意挚的诗序，却与其年轻五岁的弟弟吴敬梓——后来写出一部《儒林外史》的文学巨著的作者一笑而过，止步于一般的相识。

考其原因，与吴敬梓皖城之行后因病未能北上参加词科考试或有关联。但主要的，应是与二人不同的性情与处世态度相关。

敬梓其人，生活中是出了名的豪放不羁，任性自然，言行不慎，平日里也不事生计，只尽情挥霍家财而与文友唱和以乐。据说他近年科试，虽被学政置为第一，但却得了个"文章虽好人很怪"的评语，可见其不待见于世俗的狂逸。

与之比较，大樾的性情处世，虽也有与世龃龉的一面，但为人直而不肆，谦而不卑，豪而不鲁，狂而不妄，洵洵以古之君子自期。加之近些年来，他生活在环境复杂的京师，时受吴士玉、方苞等训诲，既慎其交游，而性情处事也益发沉稳有度。故他与吴敬梓这个放浪形骸、颇有魏晋之风的"怪才"相遇，是可以相敬而难以相亲的。

当然，这不妨碍在皖城期间，他与吴敬梓有一定程度的交际。后来吴敬梓著《儒林外史》，其中颇多源于生活实际的人物：杜慎卿的原型，即其兄吴檠；而小说中的娄家原型，据说即大樾曾经坐馆的桐城张家——这极可能便是此时他从大樾这里听说了去，而后来用作小说素材的。

四月里，预试已罢的这一批人，纷纷离开皖城，趁着天气尚不太热北上赴京。

此次进京，因是以征士的身份首途公干，众人的心情不免自豪激动而又有些忐忑。大樾亦是如此，一路上连着写了两首诗以道其襟怀。

诏征博学鸿词赴都道中述怀

日余本单绪，缪尔植孤根。丘坟谢幼学，陇亩实躬亲。西畴出操耒，北山行负薪。致主既无术，趋荣宁有津。白日照幽室，清江起穷鳞。闻命只益愧，捧檄仍多欣。局踏赴周道，仓皇辞近邻。远村时见树，大车日扬尘。前瞻稍踊跃，返顾逾逡巡。岂闻荷担客，而依冠佩伦！昨宵梦故里，已觉归念殷。

旅次述怀

茫洋水奔流，嶙峋山孤断。云端辨高崖，波外分遥岸。冥冥野烟浮，绕绕飞花乱。既崇入洛情，复切思吴叹。缁衣谁咏为，白石空歌烂。聊尔曳长裾，终然息短翰。

在经历了多次的科举挫折后，他此次应征入朝，总的来说还是抱着较乐观态度的，当然也不免有些患得患失的心理。故前诗于感激欣悦之际，也不忘谦逊一下；而后诗则思绪飞荡徘徊：一会儿欲藉此机遇扬名京师，一会儿又怕成功后，自己的性情不能适应官场，一会儿感念君王的好贤求才，一会儿又恐落选而抱负无寄。正所谓："逶迤周道费驱驰，白石清泉付与谁？"

要准确描述他此时的思绪心情很难。细细琢磨，大概在两个方面：一是"捧檄"而致的激动展望，一是应征本身而带来的心理慰藉与骄傲。

这后一方面的情形，在他进京后所作的诗中屡有体现。

老师应征入京，年轻的门人甘源喜而为之接风。之后又写诗以呈，其中有"接舆诚贤达，长歌尼圣旁"云云，大约喝酒时，师生因着话题谈到了遇孔子而歌的楚狂接舆。所以甘诗中有此谓，似将自己比作了接舆，而隐有将老师尊为圣贤般的大儒之意。

见了这般的推崇，老师惶恐之际甚是感动。特特作诗答学生，发了一通人生感叹，又教学生不要说这些不着调的酒话。然其诗中"缅怀古圣贤，畴似尼山仲。道逢狂接舆，对之歌衰凤。而况我与君，谁能免饥冻"诸语，感慨谦逊之中，其实也颇有贤达自况的意味。

隔不多时，他这样的心理，更有清楚表现。

那是见到准备参加恩科乡试的好友姚范时。他与姚范自少时订交，志同道合且性情相契，彼此情谊很深。此时既同在京师，安得不聚？聚而又岂能无诗？

姚大南菁寓斋信宿却寄

人生若朝露，朋旧能几何？于此须臾内，会少离别多。所以贤达人，相见辄高歌。高歌至夜分，月照朱颜酡。朱颜亦无几，白发良已皤。念与子结交，双鬓绾青螺。俱怀迈往情，欲揽扶桑柯。十年各流落，壮志成蹉跎。一尊偶相对，对影舞婆娑。诗书傍灯火，慨叹杂吟哦。回思总角时，此梦久消磨。君看凌烟画，一片浮云过。

这里，已是明以贤达自居了！一番缅怀感叹过后，还不忘豁达地劝勉自己与友人，说是那图画凌烟阁中的功名荣耀，亦当作过眼烟云相看……这般说，达是达了，却有点脱离现实，总是那被征后的一点踌躇骄傲在作祟。当然，还有诗人的感性与天真。

不过，公道地说，这亦非他一个人这般自视，此次那些被荐举的人，没有这般心理的恐怕也找不出几个来——也不怪他们都揣着一副骄傲的模样，人家本就是海内四方选征出来，进献于皇帝陛下的瑰奇之才呀！

事实上，此时的京城，便随着这些征君的入都，掀起了一股"谒才拜贤"的热潮。

朝廷内外的宦达权贵，莫不显出重才敬贤的态度与热情，争相款迎那些或熟识或不熟的才人奇士，每日里置酒高会不休。许多人甚至不惜放下身段，主动上门去拜访，与所仰慕的英才们倾谈交往。而那些荐举成功者，也以识才之慧而被称誉羡慕，在人前大大露脸得意，不时领着骄傲的才人们四处炫耀；而荐举不成功者（所荐没得到朝廷允准），怅叹眼热之际，则理着线索关系去挖他人墙脚，揽结之前与己无干的一众高士。

这是征君们的外部情形。

其内部之间，亦同样相互慕名拜访，热火朝天。

这些人或素日仰其声名，或入京后串联悉知其俊，眼下荟萃京都，焉有不访而结交之理？尽管也还有人仍犯那文人相轻之病，对着其他的征士挂着轻蔑不屑的神气，孤傲不与交往；但大多数人至此，也都明白人家既也被征选，毕竟是有些真才实学，值得敬重的。况学无止境，人各有擅长，能与之相互交流切磋，总是于学有益。所以，不仅本省的征士们常作一处热闹，亦由着各种情形与他方之人访酬不断，添了不少新交。

大櫆的情形，大致也是如此。只是他向来对交与游比较慎重，与人交往更重志趣性情相投，故入京后于同征者中新交虽有却不多，后来能保持联系者更少。但有一个人，值得一说，这便是后来鼎鼎大名的沈德潜。

沈德潜，字确士，号归愚，长洲人。他年轻时师从著名的诗论家叶燮，善诗，亦精诗学。其虽才学俱佳，然科举极是蹭蹬，数十年间也不知考了多少次，至今年过花甲，仍还是一个秀才老廪生。这次为江苏巡抚所荐，亦来参加词科。

于是，两个后来皆闻名于诗坛的大家，就此相遇结识了①，而充当这两个诗人之间联系中介的，或是另一个诗人连云龙。

连云龙，字赓若，号耕石，才气高岸，擅诗古文词。雍正十年，他曾与大櫆同应顺天乡试，又同登副榜。二人才华相当，又同病相怜，遂成为要好的朋友。

这次词科考试，连云龙也参加了。他是吴江人，与沈德潜邻县，早有诗文之交。此时同在京师，大櫆去访他，与德潜相识便很自然。虽然二人有年龄差距，但以诗结缘则在情理之中。

时间很快过去，转眼乾隆元年的秋天到了。头尾整整哄闹了四年的博学鸿词科，也在恩科乡试结束后不久，终于开场了。

九月二十八日，二百余名被荐而获准的征士，聚集紫禁城的保和殿进行考试。据后来的《乾隆征士记》载：考试的内容是《五六天地之中合赋》《山鸡舞镜诗》《黄钟为万事根本论》《农事说论》《指佞草赋》《良玉比君子诗》《复见天心论》等诗赋与经史策问。

这所谓皇帝征选天下瑰奇之才的词科考试内容，颇有点奇怪炫目。不过也难不倒这些满腹经纶的征士们，大家都各逞才志，努力地赋诗论文。虽不免有犯规弄错的，却都在规定的时间内完成了这场特殊的考试，然后便是等候幸运的降临了。

而且许多人在步出考场的时候，脸上都挂着轻松且期待的微笑神情，因为他们知道：康熙年间那次词科考试，有一大批征士在录取后被网罗进了朝廷，所以他们揣想自己也是有很大概率能鱼跃龙门而实现华丽变身的。

然而，结果出来，却令这群征士大失所望。

这场朝野瞩目的考试，只录取了一等五人，二等十人（按：次年又从续到补试者中录了一等一人，二等三人），总共不过十五人合式中选，等待朝廷任用，余者皆予遣归。

---

① 大櫆曾以诗就正于沈德潜,也实际受到沈德潜的一定影响。但二人的交游始于何时,作者未见到明确的文字记载。而从情况分析,则以同应词科在京师时可能性最大,故叙于此节。

也就是说，在这场全国上下闹得沸沸扬扬，后来还被写了好几本书的征才之举中，绝大多数好不容易荐选出来的俊才高士，最后都成了空欢喜一场的沮丧陪客！

这确实有点扫兴。

虽说此次被荐举者中，难免有些名不副实的水货，但大多数人还是文采出众、有些真才实学的，其中有些人或早被声誉，或后来蜚声文坛政界，譬如淹通经史的桑调元、顾栋高、程廷祚、沈彤、牛运震，文章大家之厉鹗、胡天游、沈德潜、李锴、刘大櫆。还有后来成为名宦的裘曰修、钱载等，也俱是绩学能文之士。这些人才却都落选了，人便觉着不服。所以当时后来的世评，都对这次词科颇有微词，说它颇失士林之望。

为何会出现这样录者寥寥的情况呢？

这却与桐城的张大学士很有关系。

原来这次科考的阅卷，由大学士鄂尔泰、张廷玉和吏部侍郎邵基三人负责，而以廷玉主其事。廷玉托慎重之名，苛绳隘取，结果便把许多该选的卷子都黜弃了！

其中包括他的乡人刘大櫆。据说，大櫆之卷本已在录选之列，最后却不知哪点不入廷玉之眼，将之弃取了。这应该是事实，因为大櫆的友人邵基，便是这"三人小组"的成员之一，是知晓内情的。

当然，廷玉当时并不知道被他弃掉的人，是自己的小老乡。事后他知道了这情况，也颇为后悔。只是木已成舟，后悔也无用了。

至于此科总体的慎取做法，他后不后悔，人们便不知道了。也许，他也有些后悔；但也许，他认为就该如此。因为，雍正倡行词科的动机，与康熙时已大不一样：康熙当年因着缓解矛盾的政治需要，为笼络汉人之心而诏征山林隐逸之辈，其取士自是多多益善；而雍正之征，不过是要博取好贤选才之誉，以为粉饰天下太平、彰显文运昌隆而已。作为汉官老臣，张廷玉既深谙其心，知其不过象征之意，又欲在年轻的新皇面前赚点行事谨慎之名，自然也便苛选隘取、应付了事了。

所以，后来世人议论此事归咎于他，其实有点冤枉，或者说是察之不详、言之不确的，正所谓此一时彼一时也，不可一概而论。

第十七章　欲骋沙场

秋风萧瑟，草木摇落，唳雁南飞。

往常这个时候，四方聚集在京城的士人举子，早已纷纷收拾行囊，或孤身或结伴，踏上返归的路程。

然而，乾隆元年的秋末，徘徊在京城各处的士人仍然很多，即便在热闹瞩目的词科结束后，许多人尚逗留于此，似乎忘了还要归去。

因为此时的京师，还有一件可以媲美博学鸿词的征辟活动，也在吸引着这些渴望功名的读书人。

四月里，登极半年的年轻皇帝，为了表现对文教人才的重视，效仿雍正帝的征士做法，又下诏各地荐举"贤良"。

举贤良方正，是始于汉文帝时期的一种选官方式。科举诞生后，贤良方正作为国家遴才的补充形式，亦被历代沿用，成为根据需要不定期举行的制科之一。

乾隆诏举贤良，是在词科之后。所以，朝廷里的官员们，在接到诏谕后的反应，便抱了一个"等"的态度：无非是荐举才士，现既有词科搜罗当前，谁也不想重起炉灶再做一番新的察举，只待词科事了，便于落选之人中拣捡现成的，岂不省事轻松？

这便导致了词科结束，许多人还滞留于京的情形：其中不仅有那些要再被荐举者，还有陪伴他们的同乡好友，甚至还有一些人暂时留下，纯粹只是为了瞧一下热闹。

被张廷玉淘汰下来的大櫆，就遇上了再被荐举之事，且推荐者不止一人，都是大櫆的老熟人。

一个是顺天府丞余公。这便是我们前面曾提到的谓方苞以国士之誉待大槌者。余公既从方苞处了解了大槌，自对大槌颇为敬重，这时举贤良便想到了他，但大槌谢绝了余公的好意。

另一个则是与大槌情谊颇厚的邵基。

近年在京中，邵基是与大槌来往比较密切的友人之一。作为雍、乾时期的名宦，邵基不仅颇有才识，且性情耿直清廉，不肯与世俗同流合污。他在不识大槌之前，读大槌的文章，初始仅以为他是个有才华的文章之士。后来经过接触了解，亦如方苞那般叹为国之栋梁，敬爱有加。此后二人来往不断，相处热诚。可以说，此时在朝中最关心大槌且愿尽力帮助大槌的宦达名流，除了方苞之外便是邵基了。故大槌词科失利，他便欲举其贤良，再拉这个好友一把。

谁知大槌却如待余公一样地谢绝了，且非常固执，任凭好友反复劝说，他也不肯答应，弄得邵基也很不愉快。

大槌为何固辞这贤良之举呢？他有没有跟邵公说其缘故，我们不知道，但分析一下，可能有两个方面的情况左右了他的决定。

一是经过荐举之失败，他对朝廷大佬们无识人之明、于荐士不负责任感到心寒不忿。失意伤心之下，遂不肯再去经历一次不知结果的贤良之举；

另一种思想，则可能与贤良科本身相关。贤良方正，虽说是要求德才兼备，但重在品德（之前的词科则重在学问文章），故在科举时代，一般以才学自恃的士人学者对之多不热心，大槌或也如此。此外，他可能还另有一层顾忌：他的思想性情趣好，虽非离经叛道，却多有殊异于时俗之处（所以他常称自己"与世龃龉"），在社会中显得有些另类。若举贤良，无论成与不成，都很可能会被别人讥议而令他陡增烦恼郁忿。

这两方面，又以后一种可能性为大，因为对举贤良的轻视，在士人中是比较普遍的，这可以从此时不少词科失利者对诏举贤良不感兴趣得到证明。

像大槌的安徽乡友叶酉、江有龙、吴檠等，便一个也没有参加这后续的贤良之举，我们从大槌后来为吴檠所作的诗序中便看到：叶酉坚持要走他的科举之途，而吴檠则是宁可为人做幕僚，也不欲应贤良为官。

人的一生，是由诸多的选择构成的。它发生在不同的阶段，决定着下一步前行的方向，而使之然者，便是熔铸各种主客观因素而形成的思想性情的影响号令。有一天，当人们回过头来检视过往，检视那些给自己带来曲折与顺利、欢乐与痛苦、光明与灰暗的选择时，难免会涌动出诸般之感慨，其中一种最令人不堪的，便叫作"后悔"。

大櫆亦是如此。

若干年后，邵基去世。大櫆于伤悼友人之际，对当年自己固执不应贤良，深表悔恨之意：

> 呜呼！当公之举，余有二亲，薄禄之养，宜及斯辰。昧于大义，乃反逡巡。其在于今，日月淹忽，虽有母存，父已降割。公又云亡，悔痛曷辍！

是啊，彼时自己有父母需要赡养，且父母俱已年高，菽养更需及时。可自己却溺于一些声名执念，不顾家庭状况与责任，便轻率地放弃了可以使自己获得薄禄以供养父母的机会。到了今天，虽欲尽一份孝心，却是子欲养而亲不待，叫人思之如何不悔恨呢！想到当年友人苦口婆心的相劝情形，心中的那份悔痛更是难以遏止……

大櫆生平，与坎坷不幸相伴，备尝生活之艰难、丧子之伤痛、科场失意之心酸，以及不为世人理解之孤寂郁愤，这一切虽令他常为之感慨丛生百般伤叹，却鲜见其有明显的后悔，唯独的一次，似便是这次不听邵基之劝。

由之可见其思想性情上，对于孝亲之看重：他之后悔，不是悔其错失了出仕显贵之机遇，而是责其当时本末不分，昧违了儒家教导的孝道大义！

然而时光不能倒流，世上也没有后悔药可吃。

在乾隆元年的这个时候，他毕竟是与一些友人一样，做出了这样的人生选择。且邵基不久后即出任江苏巡抚，离开了京城，大櫆举贤良一事也便随之而揭过。

词科被黜，贤良又谢，今后的人生路该怎么走呢？

继续科举应试？他现在对科举既越来越厌恶，而屡遭失败后，他对应举实在也没有多少信心，不欲在这条看不见头的路上再走下去。

或者，像吴檠等友人那样，选择为人作幕？这固然可以解决一时的生计问题，但毕竟不是长久之计，他现在还不想这样做（如果他愿意，友人邵基外放巡抚，正是机会）。

那么，他究竟该当如何呢？

有一天，他独自出游，来到京郊外古易州的黄金台。

这是战国时代一个著名遗迹。公元前311年，燕昭王即位，于易水之畔修筑黄金台，广招天下人才，一时英豪之士如乐毅、邹衍、剧辛等纷纷投奔，建策效力，燕国自此强盛起来。

大櫆登临凭吊，遥想燕昭当年盛事，联系自家景况，心中无限感慨。情不自禁写下了《金台行》及一些感怀诗作，抒发积郁的情志。

> 振衣登金台，纵目眺幽燕。
> 旷野莽无际，万里横苍烟。
> 寒林叶如雨，朔吹激长天。
> 野狐忽悲啸，宾雁时高骞。
> 我本羁孤客，流离多岁年。
> 素抱未及展，华发已盈颠。
> 强怀谅难满，死灰犹欲然。
> 方今治化洽，所希在古先。
> 梦中如审象，勿谓少才贤。

> 义士有本性，结念扶皇纲。
> 忽遇边烽起，捐身赴敌场。
> 头戴曼胡缨，身著铁裲裆。
> 臂弓弯繁弱，腰剑佩含光。
> 雕鞍汗血马，挺出万夫行。
> 杀人如剪草，血溅戎衣妆。
> 不惜微躯殒，但令王慨彰。
> 生则为国干，死当为国殇。
> 岂学凡夫辈，徒牵儿女肠！

登临这一代雄主求贤揽才的黄金台，怎能不让素怀壮志的他为自己的报国无门而感触悲哀？"燕昭至竟不可见，双泪迸落难摩揩"（《金台行》）。虽然如此，其心未死，其志未灰，他仍然痴盼着现实中，能有如燕昭那样虚怀求贤者，发现他这个蒙尘的才杰，而使之能一展怀抱。

而眼前的他，似乎也发现了另一个酬志的机会："忽遇边烽起，捐身赴敌场。"他要弯弓佩剑去杀敌，"生则为国干，死当为国殇"。黄金台，令他感触流泪，亦令他热血沸腾，慷慨激昂要赴边从军，书写新的人生！

切莫认为，这只是诗人的一时兴奋与激情。科举连连碰壁而又不甘寂寞的他，在当下这个时间段里，似乎确有了这样投笔从戎的打算。因为，他在另一个场合，也是对人这样慷慨而言的。

那人是昔日同在吴士玉府的浙江友人沈惟涓。

沈惟涓当年回乡后，毕竟是有才华的人，且运气也不错，几番攻苦下，于雍正十一年终成进士，任职州县。他性情疏淡，平常又廉洁自守，不肯与污俗同流，本就在官场上过得不如意。后逢开词科，他被兵部右侍郎、署理湖北巡抚吴应棻荐举，原想借此离开地方，不想朝廷又不允许已进士者参与应试。故前些日他在寄予大櫆的信中，多具牢骚与抱怨。

夜晚，独坐无眠的大櫆，对着皎月浮云的夜空，想着自家的心思，不觉便念及近日得其书的友人，一时心情激荡，遂为长诗《秋夜独坐寄沈惟涓》：

> 高空悬明月，微风送秋云。匡坐寂无语，慨然悲忆君。
> 方今圣明世，所右在诗文。拔茅连以茹，汇征何纷纷。
> 君独不得意，闭户穷朝曛。劝君勿绩学，经术谢锄芸。
> 才华已振古，那用愧皇坟？龌龊北窗下，拘迂焉足云！
> 余将拂衣去，长揖谢儿群。万里向沙漠，横戈扫妖氛。
> 勒铭燕然石，归来册元勋。借问路旁子，何如霍冠军？

说起来，他此时与沈惟涓亦可算同病相怜：一为不能应试，一为与试被黜，皆是无缘其结果。所以，他一开口议论，情不自禁便成了颇具轻蔑讥讽之愤语。而劝解惟涓的话，更有些惊世骇俗，若叫那些生平只知经学的卫道人士听了，定要大骂批挞之！

而这有些情绪的议论，却也较真实地反映了这个在秋夜里劝人弃经绝学的"狂生"，骨子里对世人尊奉的所谓"学问"的轻蔑与反感——他所向往且自期的，是那些于治世民生有益的真知实学！所谓词科于他，不过是藉以逞志的一个途径而已，本不过于看重，失之也无须介怀。

还是要走自己的路，在无路之中努力寻找，坚持前行。所以他郑重向友人宣告：他要弃笔从戎，要在血与火的戍边中，实现自己的人生价值，搏一个青史留名！

雍正以来，边境不宁，朝廷一直在对西北用兵。一些不得志的文人，多有从征以希图功名者。此时的大樾，既绝望于科举，又败于词科，遂也希望像这些人一样投身军旅。

这个想法，不知道是何时在他脑子里冒出来的——也许肇自于黄金台之游，但也可能是在此前便有了如斯的念头与谋划，之后方有金台之行。不管怎样，有一点很清楚：乾隆元年的这个秋天，他的确有着投身军旅、驰骋疆场的打算。

认真说来，从军这个想法，倒是既符合他的才志思想，也有现实的可能。

志向不用说了。他向来是比较崇尚实学用世，而轻视鄙薄那些只知八股经典的括帖经术之士的，他自幼崇拜的对象，也是既有学问又建事功的王阳明那样的英雄豪杰。虽然因为家庭环境以及文学的爱好，他并没有潜心于实学研究，但日常生活与学习中，却很关注社会的现实，重视那些涉及国计民生的当世之务，并有一定的研究认识。这是他区别于一般读书文人的一个明显特点，他的师友如方苞、邵基等俱以国之栋梁目之，原因当也在此。所以，在科举入仕的梦想破灭后，选择从军效力，对他来说确也是一个能展示才干、实现人生进取目标的实际途径。

且他从军，也有一定的现实条件。京城十多年的生活交游，不仅使他在京都颇有才名，也认识结交了一批有影响的宦达权贵，有一定的人脉关系。尤其在当下，词科之荐给他们这些征士普遍带来了不小的声誉，且得到了一些需要幕僚的大佬的注意与青睐（如他的友人吴樾便为顺天督学所招揽，而连云龙后来则入了云南总督之幕中），这为他的从军努力又增添了一份优势与希望。

所以说，他从军的筹划是有基础的；而从他在诗中吐露的情形看，事情似也在实际进行之中，甚至已到了可以对友人宣告的程度。

然而遗憾的是，事情显然发生了什么变化而致计划最后流产了，他终没能迈出那实际从军的步子。

这个结果，对于在人生道路上艰难奋斗的他来说，又是痛苦的一击！在其随后离京返乡所作的《出都道中再述》一诗中，我们可以找到这种影响：

> 食贫私自怜，衣锦人所视。
> 尊荣稍欲来，忧苦仍丛至。
> 谁怜客子踪，重负平生志。
> 长卜王翰邻，幼蒙志公器。
> 岂知命不犹，早已心增愧。
> 公卿谅非匹，绛灌夫何忌。
> 已矣空壮猷，何庸识奇字。
> 布褐若将终，柴门可深闭。

短短数行诗句，充满了人生痛苦而激愤的慨叹！"尊荣稍欲来"，显指奉檄应荐词科之事；"谁怜客子踪，重负平生志"，在伤叹中流露出对弃黜他的大佬们的不满与幽怨；而一句"绛灌夫何忌"，借用汉周勃、灌婴谗嫉陈平、贾谊之事，则道出了其从军流产的原因（似为某权势将帅所嫉谗）与郁愤……既然世不我用，才志难展，公卿梦破、心事成灰的他也只有归隐田园、布衣以终了！

乾隆二年，天气由凉转寒之时，大櫆的父亲、沧洲公刘柱，在缠绵病榻一段时日后离世，终年六十七岁。

沧洲公，在家为房头独脉，在外不过普通的秀才，赡老养小，生计维艰，极是辛劳困苦。晚年虽以长子中举成名，稍获尊荣，然家境并无改善。可以说是生于忧患，卒于贫困，俗语所谓儿女一大堆，却一天福也没有过，便是他这样的情形。

所以他的去世，人固为之敬惜惋叹，而其家人子女之哀伤悲痛，自是不言而喻，其中又以大樾尤为悲切。冬天过去，苦块成服的他，守在父亲的灵柩旁，仍时常号泣不止，以泪洗面。

因为他的心中，无限的哀痛之余，还有着深深的愧恨自责。

自幼及长，他在家中以聪慧才智突出而备受父母的关心疼爱，父母也对他寄予厚望，以贫困的条件竭力支持他出外游学博取功名，即便多年不回，也未有怨言责语。可他辜负期望，未有任何作为与功名之荣让家人开颜欢心。每想起这些，他都为之羞惭伤心不已！

而最令他痛苦，且无法原谅自己的，是自己长期漂泊在外，尚未尽到人子奉养之责，更鲜少在父母膝前尽孝承欢。往昔在京，或逢送人之归，或于落榜之后，他未尝不为自己滞不归乡而羞惭，也未尝不为未能侍奉父母之侧而愧恨。可总是为一种不甘所驱使，而置家庭责任于未顾。待得蹉跎归来，无何老父即逝，这让他如何不深愧深责，而因无以报答而痛心？

好在，翻过年来，京都友人遥寄过来的文字，稍稍抚慰了他，于减轻心中伤痛的同时，也给了他弥补过往的启示与鼓励。

那是徐炎情感真挚的祭沧洲公文：

呜呼！炎与公之子盖有神合焉。窃尝从千里外而想见公之貌颜，意其为人必温然长者，厚德载物，使余必常欲见而叹无因缘。拟于他日从诸令君后登堂上寿，执通子弟之礼，庶此情之少宣。今顾不能得之于公也，痛可胜言！虽然，公之子长君奉之已登贤书矣，从此入清华之选其又奚艰？独公之叔子耕南，两届乙榜，更届于博学鸿词之科，不能不为之惋叹。然其人与其文，为薄海之所仰瞻，其苟有稍读书能识字者，固无不知有耕南先生也！有子如此，夫复何怨于天！盖公纯德之报，已计日其可食矣。而公又不及见也，痛可胜言！

乾隆三年孟春月，年家眷侄徐炎顿首拜撰。

是啊，既愧于其生前，也唯有报于其身后，而我所能报者，唯有励志于诗文之精进，以文章之不朽，扬刘氏之声名而慰大人于九泉！

虽然，世俗的眼光对我之孜孜于文，多有轻卑与不屑，今后前行的路上，也必定还会遭际奚落与讥诮。可我不应忧畏惧怕。记得去年春上，也是这个时候，父亲还谆谆教导过自己：人须坚守道义本心，走你想走的路，做你该做的事，莫要管他人如何看待。

他还清楚记得，当时父亲说这番言语的事由与神情——

他家居室偏东之处，左边种着芭蕉，右边植着梧桐，父亲常读书其间，觉为一片空青碧绿之色所浸染，甚为惬意喜爱，遂名其处曰"缥碧轩"。其后因病足两年，再出户至其处时，芭蕉已尽除而梧桐只余独株，那是因其有愁苦忧郁之义，被家中子弟以为不吉不利而伐。

父亲当时见了，摇摇头，笑道："这是不知道理的求安之心所致吧。人生在世，循道而为，只知当分不当分，又岂能妄信那些虚无缥缈的祸福吉凶之说教！吾当分而求之不得，便坐拥层楼曲榭，其于自身又有何益？反之，吾当分而求得之，则即置身苍凉之处、污秽之间，在我眼里它也一样是怡人的青绿一片！所以，何必要将那些芭蕉、梧桐都砍掉呢！"

他觉得父亲的话，既符合圣贤的道义，也很有人生哲理，事后便将之记了下来，写了篇《缥碧轩记》。当时也没有过多的体会，现在想来：父亲那一番言语，或许并非简单的即事感慨，也许他老人家，已隐感自己不久于世，忧我潦倒不堪之困境，将来出处之艰难，故假之而以为诫勉，让我不必在意现实如何而坚定向着自己的人生目标努力前行吧……

就在这种且伤痛且自省的状态中，两年零七个月的服丧之期①也渐渐过去。

释服之前，兄弟几人在一起商量了今后的打算，安排家事。

这个时候，大宾48岁，大醇45岁，大櫆42岁，大兴31岁，除了大宾是举人，余皆是备名国子监的太学生。于他们而言，今后的打算安排，便是如何处理好继续科举应试与照顾家庭、保证生计的矛盾。

这涉及个人进退与才干问题，实际并不好处理。

---

① 古代父母之死的服丧三年,是指三个年头。唐宋以后,实际服丧时间一般为二十七个月(另有二十五月的情形),是时举行禫祭释服。

但四兄弟素来友爱，考虑问题均从大局和实际出发，倒也不难解决。

他们家的大局是什么？

那便是已中举了的刘大宾，如何在前程上更进一步。

换句话说，大宾即使不能成进士，也须选官出仕。如此，则能使刘家从普通的耕读人家，转变成在社会上有尊荣地位的仕宦之家——这个目标，可以说是刘家几代人的盼望了。

不过要实现这个目的，却并非易事：

其一，大宾的年纪与家庭的境况，都不容许其无限期地科考下去；

其二，举人虽然可以直接通过考选出仕，任职推官、知县与府州县的教官，但获得实职却很难，尤其是知县这样的一地主官，前些年曾出现举人选知县"三十年不得任职"的情况，连雍正帝在朝堂之上都为之感叹。

什么原因呢？很简单：僧多粥少，许多人便只得长期候补着。而刘家人的想法，却也是希望大宾能任这"百里之侯"的知县。要达此愿望，不仅要等，更需要寻门路找关系。

而大宾本人并不具备这个攻关条件，其为人既不善于言语（按他兄弟的说法是"讷于口"），在京城更缺乏人际关系。能助其弥补这个不足缺陷、解决打通关节这个难题的，唯有在京城生活多年已积有一定人脉关系的三弟大樾。

这便是他们兄弟的大局与实际。他们的所有考虑，亦是围绕着它们进行的。

所以，老二大醇的一番话，便代表了几兄弟或者说这个家庭的最后决定："一切以大哥的出仕为重。三弟你也需随大哥入都，帮助大哥部选与获职。家中诸事，交给我与大兴，你们不要挂念。"

刘家四兄弟中，以眼前而论，老大、老三显然出色些，把振兴家庭的希望寄予他们身上，自是正确的。但另外的兄弟，能够做出一些牺牲，甘愿承担繁重的家务，却也非兄弟同心不能做到。

因为这个决定，原先迭遭打击而心灰意冷、在给友人的诗中声称"柴门可深闭"的大樾，此后的生活安排又出现了变化：他又将回到令其颇有些伤心的京都，在若干年中，过着似乎漫无目的的客寓生涯。

第十八章　悲慨世事

乾隆五年春，在准备再次离乡北游前，大櫆去探望了一些久别的亲友。

在周庄、陈洲等处转了一圈，与一些族亲话别后，他来到了十数里外的汤家沟。

汤家沟南临大江西浸白荡，因坐落在风景秀丽的双溪河畔，旧时得名双溪。明代以一汤姓渔民居此依河讨生，繁衍人丁，遂称河曰汤家沟，而地名也因之而改。但在读书人眼里，俗气的"汤家沟"远没有"双溪"雅致而有诗情画意之美，平常仍多以旧名呼之。

此处与陈洲一样，同为江滨土壤肥沃之圩区，而又以水陆交通便利胜之，以致四方商贾聚集、居民日增，久之便形成了商业繁盛之闹市，成为桐城四大名镇之一，号称东乡之首区。

但这商贾之天堂，却是文人之厌地。读书人学习生活，本来就爱清净而烦喧嚣，更厌见商人逐利之行径，故繁荣如斯之双溪，却鲜有士人在此栖居生活。不过这情形也非绝对，若干年前便有一个读书的士人，与他人相反，携家卜居于此。

这个士人，便是大櫆今日此来看望的对象，他的妹夫谢师其。大櫆的三个妹妹，长适方宏声，次适殷鳌，最小的便嫁了这谢师其。

谢家也是世居东乡的大姓之一。谢师其的父亲曾任山东福山知县，家境较丰饶。师其因在家为庶出，生活不愉，遂于父亲卒后，避居于双溪。近年虽以国学生考选候补同知，却知前程无望，便只在家闲居，郁郁打发时光。

大櫆与这个妹夫，一向合得来，原因是谢师其为人极是豪爽仁善，不单亲友家有困难即慷慨相助，便一般乡邻有缺衣少食的情况，见之也必解衣推食而援济。人品优良之外，其也颇有才情，诗琴书画诸艺皆通，实是个翩翩公子、风雅文人。年轻时，其与大槻以姻亲兼友爱，常作一处聚游。这些年大槻客居在外，家中之事也颇得师其夫妇照顾。此时又将远出，自要来话别一番。

双溪河边的街市，人流不息，喧闹无比；然而来至谢家的大槻，却并不觉得烦躁不适。这非是心理原因，而是主人善于安排，在临街的门屋后面，另辟地建楼起居，故尽管前面喧嚣不已，后面依然一片娴静，正是"结庐在人境，而无车马喧"。而立于斯楼之上，远处的山峦湖水田野云烟，光色掩映入目如画，令人心旷神怡。

当年大槻应主人之请，欣于此处娴静观览之佳，而命其名曰"漱润楼"。并曾赋有《漱润楼晓坐》之诗：

> 际晓起登楼，值此清和候。岭色叠青冥，湖波吹绿皱。
> 嘉树结成帷，平田错如绣。异卉各敷芳，良苗争启秀。
> 飏飏鹤归巢，悠悠云出岫。对此怡心神，何人送醇酎？

未想到，他此次来又要留下一诗。

那是午饭后，移步楼上书室，与谢师其夫妇叙话之时，谈了一会家事，瞥见几上有卷画轴，打开却是帧《九子山图》，墨迹已陈。问之，告曰："去岁有事过江，街市中见此画，也不知何人何时所作，因爱其法度气象而购之。闲时远眺九华，把玩此图，甚为乐趣。"

原来这双溪对面，便是江南池州。池州青阳境内的九华山，古称九子山，其山绵延百余里，群峰簇拥，其突出主峰望之似九个孩童背靠背围聚嬉玩故有此名。唐代大诗人李白，又以其峰簇如莲，称为九华。其山不仅以俊秀号称东南第一，亦因是地藏菩萨之道场，而为佛教四大名山之一。

大槻细致观赏了会儿，也不由拊掌称善。

他妹夫道："此画固佳，然以内兄之风雅，览之岂可无诗？"

大槻此时已颇被文誉，人多有求其诗文者。谢师其见眼前机会，自也希望彼能留下一点与此画相关的文字。

大槻哈哈一笑，道："师其有命，敢不应从！"

铺开几上纸张，略为沉吟，便写下几行诗句来：

> 我家门外长江水，江水之南山万重。
> 今日却从图画上，青天遥望九芙蓉。

谢师其看了，连声赞叹："好诗！好绝句！气韵气势，一点也不逊于当年李太白之赋九华！"复道："古人说佳作天成，说的便是你这诗了。朴素而无雕琢，意境自然连绵舒展，从我家至门外的江水，又从江水至江南群山，再从江南群山至秀出青天的九华，层次递进，视野渐阔，气势不绝而磅礴无前！是诗如画，而又具画之难写的气韵流动之美……此作一出，则此后画者难图，而诗人亦有崔颢之叹矣！"

大櫆生平，写了不少观图诗，都是应请之作。但若谓佳品，还属这首《九子山图》。这大概与情感有关，毕竟所画是家乡附近的山川，熟悉而亲切，吟唱间自有真挚充沛的情思流动。

所以他自己也有些得意。晚上席间，郎舅二人还为此情兴不住连浮大白。但他此时却不会想到，这竟是他与这个最处得来的妹婿平生所饮的最后一场酒……

离开双溪，大櫆又转向去了北面，拜别隐居山中荷庄的忘年之友左茧斋。

自多年前于安庆订交，二人联系不断，而茧斋待大櫆尤是情深意笃，大櫆在外所寄之信，茧斋俱贴于室中高柜之上，时为诵读以解思念。而大櫆回乡，茧斋闻信则必即遣人相迎至其家以绸缪欢聚。

这样的友人，在自己又将远行之际，又怎能不访之而珍重话别？而左茧斋于大櫆之到来，其欣喜亦可想而知。一连盘桓数日，方才依依不舍地目送大櫆过岭离去。

大櫆满怀感念，经白云、浮山、钱家桥、麒麟，遇友则访，一路西行北上而至县城。

他不至县城已有多年，城市基本的面貌虽然依旧，只是民居建筑、商家店铺却有了不少变化，一些熟悉的所在不见了，代之而起的是新的场景，而街坊中来往可见的人们，也多是不相识的陌生面孔，令他颇有物是人非的沧桑之感。

这样的感觉，到了置身勺园的时候，已浓郁成了堵在心头的苍凉悲伤。岁月渐蚀的勺园更显苍老，而当年朝夕相处的园中诸友，或衰然见老，或漂泊异乡，良可痛者是他情同手足的张若矩闲中，更已亡卒仙逝，天人永隔！

张闲中当年判迦河后，曾经缘事被解任，不久后起复。雍正十一年补广西桂林府通判。以政绩引荐，特升永安知府。雍正十三年腊月，在平靖兵氛骚乱中因劳碌卒于任上（据张氏家谱）。乾隆元年，大櫆在京中得其凶信，伤恸不已，遥哭以祭：

呜呼！昔在康熙之辛丑，初托子以交契，愧学业之未成，年甫臻于廿四。举一世以杈丫，子独揄芬而匿秽。信两情之无疵，与草木同其臭味。

抗高馆以相延，日以授经于两弟。实虚己以受攻治，曾不余言之鄙弃。憩勺园之闲敞，何池亭之幽邃，敷簟席以连床，历晦明而相对。值花时之蓓蕾，每肆筵而举觯。时发兴于寻山，指龙眠于天际。问伯时之书堂，披深榛之蒙翳。坐水中之磐石，观溪游之清驶。起馋思于游虾，博村醪之一醉。搜石罅之蟛蜞，因褰裳而同揭。嗟涉险之未能，谅筋骸之弱脆。行未愆于六步，已惊颓而骇坠。苦袍裤之沾濡，乞牛衣以自被。失一笑以追思，盖犹未去乎幼志。

子往判于迦河，余有门而恒闭。讬明月以舒怀，赖飘风之长逝。俄相见于周京，欢肠倒而垂泪。悯余行之迍邅，遂刺讥乎同世。嗤宵人之妨贤，垢首而蒙乎髲髢。终振起于天衢，使心摧而目刿。何会合又难常，子旋投于荒裔。彼时俗之沦胥，争贡谀以逞媚。矫云间之孤鹤，凌清秋而高唳。纵逸足之奔驰，夫岂能羁乎良骥？约异日之归来，当扬镳而并辔，追曩昔之游从，自放于山椒与水澨。

怅别泪之方新，讶凶音之遽至！岂彼苍之好殊，抑珍物之易敝？念余怀之耿介，连子并而为二。子高举以离群，余索居而寡慰。既谠论之不闻，亦芳颜之莫觑。傥异地之神魂，可潜通于梦寐。事惚慌其无凭，望南云而设祭。

此时重过勺园，回首以往，仍不胜悲怆，哀然以赋《重过勺园追忆张二闲中》：

> 暂别曾惊会面迟，他生重见更无期。
> 往来倏忽分人鬼，天地苍茫任偶奇。
> 少小追思多可笑，园林再过不胜悲。
> 长廊蝴蝶花开处，犹记持杯共对时。

所幸勺园之外的一些友人，多还安然健在，使他感伤的心情好了一些。在访晤方辅读兄弟后，他又在城北的姚家新宅初复堂，见到了前几年于京城分别的好友姚范。

乾隆元年，大櫆博学鸿词科被黜，姚范却中了顺天乡试恩科，其后会试不捷，乃返居乡里闭门静读，以期下科再战。大櫆此次至县中最想见的朋友，方氏兄弟之外，大约便是这位比他年纪略小但各方面都很投契的姚范了。

在姚家，大櫆还意外见到了勺园时期结识的旧友方泽。方泽（字苓川，号侍庐）富才情而擅文学，当年与姚范、叶酉、大櫆、王洛等人号为"龙眠十子"。以科场蹭蹬而泯入世之志，唯以诗文嗜好而自娱。后来与周振采、沈德潜等一道，被称为"江左七子"。眼下他因姚范的关系，在姚家坐馆，教其家中几个年纪不等的小学生。

相交多年的几个友人相聚，姚家自是热闹起来。不说大人们，连塾馆里的几个小伢子，也受了影响。于中有一个十岁的学生，甚是顽皮，当先生不在时，便学着来访客人的言谈举止，在学舍里装模作样，逗得众童哈哈直笑。

这个顽皮搞怪的学生，便是姚范的侄儿，后来大名鼎鼎的姚鼐。你道他为何学大櫆而戏乐？原来，这小伢生来聪慧无比，极得伯父姚范喜爱，姚范与大櫆方泽等一起谈论时，每次都令其从侍一旁。这小伢见大櫆身材魁梧，阔口宏声，威凛不凡，甚感惊异；又因他健谈风趣，爽朗动人，便不由得产生了兴趣。少年人爱玩闹，于是便在背后仿其言谈举止、神情笑貌来。虽说是戏乐，却也反映出他对这个初次见面的客人的印象之深刻。

许多年后，姚鼐还记得幼时的这则情事，而它也开启了一段影响深远的文坛缘分，将两个杰出文学家从此联系在一起[①]——后来姚鼐长大，热切地投入大櫆的门下而追随，或许便与当年的这段深刻印象不无关系吧！

大櫆在姚家盘桓数日才离去。此后又在邑中转访了一些时日。

他因这一圈子的访晤，消释了一些积年的思念，亦在亲友的热情与关爱中，得到了一些心情上的抚慰。但同时，心中也颇多遗憾与感慨：往昔青春作伴时的诸多友人，如张东临、江化澐、马苏臣、倪司城、叶酉等，皆因生活前途奔走在外，此次憾都未能见上一面；而见到的，在岁月沉浮中，或衰老困顿聊以苟活，或灰心世事绝意进取，或壮志未去仍在科场苦苦打熬。而那些已故去的亡友，则尤令人悱恻感怀，唏嘘伤痛……

满怀感触的他，回家后翻检一些与友人来往的信件书函时，忽然看到也已病故的吴士珣在前些年请他作记的书屋图，回思以往，由彼及己，心中沉郁如堵，哀怆不禁，乃作《菉溪书屋图记》，述而悲叹："忽忽已七八年，其间人事之升沉、友朋之聚散存亡，恍如隔世，而余且更历险阻，未老而病且衰。然则天之生人，而使之居此世者，其果何为也哉？"

这末了，已是悲号问苍天了！

过了炎夏，秋凉之际，大櫆准备动身入京[②]。

虽是早已决定的事，但临行前辞别，母亲仍是很难过，揩着眼泪说："汝父故去，吾已年高，只望你兄弟朝夕能在眼前，却一个个仍要远出，叫人忧虑心伤。"又道："这些年你只身在外，南北奔波，忧愁苦病，才过四十的人，便衰老如斯。此番出门，照顾好老大，亦要照顾好自己，莫要让娘担心……"

还有他的妻子，人前不敢表露，私下里难禁愁苦，默默地伤心。给丈夫

---

① 关于刘大櫆与姚鼐的初识时间，或将其定在乾隆三年。但此时刘大櫆此时正在哀哀热丧之中，按礼制是不可能外出的。据前注可知，刘家释服时间应在乾隆四年的秋末。又据《菉溪书屋图记》，是年秋冬时大櫆曾至江南（当是为其兄作人事之谋，而大宾也已赴京）一段时间，应在年底方归，此时至桐城县城可能性不大。故将其与姚鼐相识时间，系于此年以述。

② 此次入京的具体时间，未有资料记载。因乾隆七年初夏有送方苞南归事，则大櫆入京当在此前。而大櫆所以入京，如本文分析是为长兄大宾求职事，则入京宜早不宜迟，故叙于此时。

收拾行囊之际，哽咽着叮咛一番，眼泪汪汪地道："大伯的事情有了眉目，望君早归，勿使妾身在家独自凄凉！"

这个时代的女子，生活多不幸。良人远游，独守空闺，已是寂寞难堪，而吴氏又兼丧子情形，孤零凄单，了无慰藉，故于丈夫外出时尤为心伤。

大櫆这一次赴京干事，何时能归也难预期，面对伤心的老母亲与妻子，心中亦是难过复加歉疚。然事情重大又不得不行，也只能长叹奈何！

这一次北上，他似走的是陆路。因不赶时间，很可能还趁机绕路去访了些故友，故所行也慢，秋寒时尚在路上。途中作《秋望寄怀书山》诗云：

> 秋风动寒林，落叶纷晴昼。楼高客意闲，天远山容瘦。
> 欣当纳稼余，复此筑场后。鸟雀时喧阗，鸡豚忽驰骤。
> 落景淡檐楹，余赏映襟袖。倘因休暇时，为君语耕耨。

这是写给友人叶酉的。叶酉坚意科举，虽屡战屡败却不堕其志，终于上年巍然甲科，成进士入了翰林。

大櫆羁旅之中，大约是忆起乾隆元年词科落选后，与叶酉一道出京情景（事见《吴青然诗序》），遂为此诗。诗的情怀，也只在"意闲"二字，显示了他此时的心境——在断了科举念头后，见家兄的仕宦前程可望，他的心情大致有一种从焦虑怨愤中挣脱出来的相对平静与恬淡。

到了京城，与上年先至的兄长会合后，稍作安顿，便急急忙忙地去探望方苞。这倒不是急着找其帮助疏通关系，而是因这位已过古稀的老师在朝小心翼翼多年，老来还是不慎犯了错，落了个被罢职的下场，作为门下弟子，大櫆自是要去看望安慰的。

乾隆二年，方苞被擢任礼部右侍郎，成为实职的卿贰（其之前的职务是内阁学士兼礼部侍郎）。方苞素有足疾，不能如一般官员那样随班趋走，雍正时被允专司书局（修书），可以在家办公。此时乾隆也同样免其每日上朝，让他数日一赴部参与决策议事。登基不久的皇帝似乎颇器重这个文名著盛的老臣，不仅将他升了职，还时常单独召见他，就一些政事或人事征询其意见。

雍正时期，方苞除了私下里偶尔与朝中大臣以书信的方式谈一点个人意见外，对于朝政事务并不公开发表看法。此时，也许是感激报答皇帝的恩遇信任，以为皇帝要大用自己，又或许是要在皇帝面前展示自己的识见才能，且顺带发泄一下这么多年被轻忽的隐忍憋屈，没有政治觉悟与经验的他，全然不顾这些年来不上朝坐班的恩旨，早已将他自己变成了不合群的另类而为朝臣们所侧目的现状，不仅在皇帝单独召对的场合，毫无顾忌地表达自己的看法，更意气风发地就朝政事务连续上疏，陈述自己的观点意见。其中《论九卿会议事宜的札子》，更是将矛头对准大臣会议制度，批评其缺陷弊失。这下好了，一下子将内阁大佬与九卿诸臣得罪了个遍，将自己置于一个随时会被群起而攻之的危险对立面上！

这个攻击终于来了。乾隆四年五月，在翰林院学习的庶吉士散馆（通过考试确定是否可以结业任职），其中有些人因后来未赶上，身为"教习"的方苞便同意让他们补考。事情本不大，却被那些早就忌恨他的人抓住，说他所以如此不过是为着徇私，照顾与他有关系的人。交相弹劾之下，辩无可辩的方苞即被罢了朝中职务，仍回到三礼馆去修书。

但打击还不止于此。八月，御史张湄疏劾诸大臣阻塞言路，皇帝大为不快。更把账算到方苞头上，召见满汉大臣说张湄这样干，是"熏染方苞造言生事，欺世盗名之恶习"。也不知先前对方苞印象不错的皇帝为何改变看法如此，但他此言一出，方苞的政治生命算是终结了，个人声誉也一落千丈。

方苞之事，大樾上年去江南时就听说了，后来先至京师的兄长给家中寄信时也有些附言。他忧虑老师的处境，也颇为其叫屈。不过在见到方苞后，他还是稍稍放了点心。

七十三岁的方苞，虽比前几年分别时更衰老些，精气神差些，却也不至于颓丧萎靡。听了门人的安慰与一番不平言语后，嗟叹一会儿，道："我生性迂戆，易获咎戾。过去朱（轼）文端公便当众规劝过我。他病重时还说，你倘若年轻些，避免不了有国武子之祸，嘱我少言慎行。我也知他说的对，可我受天家恩重，既厕身于朝，又怎求自安而不尽心尽言以报？"

春秋时国武子好尽言而被杀。方苞不听好友前大学士朱轼之谏，终也给自己招来了祸事。但他似乎并不觉着如何后悔，此时还说着这样的话，倒也符合他给自己的形容，正是那"迂戆"二字！

不过，这"迁戆"反映的却并非全是性情，亦有思想价值观念在内：和其他的道学理学先生一样，方苞的为人处世，也处处表现出"道学"的面目，一方面是令人厌恶的顽固不化、不近人情，另一方面却也有令人尊敬的道德自信与坚守，正如朱熹所强调的那样，君子行事只管当不当为，而不应考虑利害与否。他明知会得罪全体的大臣，却不计后果地议论九卿会议之缺失，正体现了"义之所在，虽千万人吾往矣"的精神！后来世人或拾乾隆牙慧而谓其沽名钓誉，或忽略大节而讥其为"假道学"，并非公正求实之论。

大櫆是比较了解老师的。尽管他未必赞同其行事草率简单的做法，后来还有"慨彼世俗，仅识其粗"的议论，但还是非常敬重方苞这种在朝廷事务上实事求是而究是非的精神态度，认为是倡扬大义的气节行为。

眼下听其言语心声，在受到震撼的同时，更为老师的遭遇而不忿，对朝中那些攻击污蔑方苞的人深为愤恨，若干年后在文字中还不能抑制地斥骂："彼谮人者，谓公钓誉。谁实为此，嗟嗟鄙夫！"

也不怪他耿耿于怀，师尊如父，师之辱即弟子之辱，他人微言轻，拿那些诬蔑老师的人没奈何，但骂几句解解愤还是可以的！

乾隆七年春，方苞以年近八旬且时患病痛，于是上书朝廷，乞解书局之任回籍调理。从他的处境来说，他其实早就应该离开都城了。只是因为他在书局主持修纂的一些任务没有完成，心既不甘，也不敢撂下挑子招惹讥恶，便迁延至此。

皇帝也未挽留，给了他一个翰林院侍讲衔让他回家，算是对这个三朝老名士的一点额外之恩了。

四月出都时，送者寥寥，二三至交之外，也不过是几个忠心耿耿的弟子门人。

当此分别之际，不免有些感伤与不舍。有个弟子不舍得老师离去，说了几句真情流露的依恋话语，却不想惹得方苞大不高兴，沉颜愠色以训，责怪他作世俗之态——这老先生的脾性，说来真不是一般的不同于人！

不过，大櫆的这些送别诗语，想必老先生还是很爱听的，如《送望溪先生南归》：

国老古来重，浩然归故乡。人依游钓处，星到斗牛旁。

衡沁栖迟好，诗书意味长。他时南阙里，请益更登堂。

方苞去京后不久，尚处在感忿中的大櫆，因为一位乡友的来访，于人生官场又增添了一番难以消释的感慨悲怆。

那访者，乃是少年时代常在一起相伴出游并诗文酬唱、后来联系不多的马湘灵苏臣。

马湘灵这些年来，在屡试科举失败后，没奈何于雍正后期参加吏部吏员考职，被选授了一个县主簿的职事。他满腹的诗书才华，年轻时也颇有志向，没想到头来却做了个县邑的九品属吏，管管户籍文书，心中悒郁苦闷无比，平常也少与朋友联系。此次入京，听闻大櫆兄弟在此，便寻来相聚。

久别的乡友来访，大櫆兄弟二人俱是欢喜，相待饮谈之间，彼此道不尽别后的情事话语，而于各人的生活遭际尤为慨叹不已。

谈到眼下大宾欲谋出仕，却碍难重重，至今无果，向来少言寡语的大宾，也禁不住牢骚满腹、口多怨言。那马湘灵一来自家也曾遭遇过，二来也喝了点酒，热血上涌，便由着话头切责朝廷的腐败不公现象，对时下的达官权贵，数着其过往朋党勾连、排斥异己、尽用私人以及收受贿赂、卖官鬻爵的诸般污劣之迹，尽予讥刺斥骂。

大櫆听他这一通话，颇觉惊畏，不禁劝道："湘灵，祸从口出！这样的话，以后人前还是少说。"

马湘灵闻之不快，更不以为然，亢声道："耕南，你这话我不爱听！物之不平则鸣，为什么不能言说？汝以为吾只是一个泄愤而刺的俗人？又或是胆小怕事的软骨头之辈？"

那一种凛然无畏之意，令大櫆既感且佩，连称不敢。

其实大櫆的性格，亦与马湘灵相类，都是喜欢直抒胸臆之人，即便在京城的交游中也未多改，他在文章中便不止一次地谈到自己不见喜于宦达之辈。但他毕竟在京城这个最复杂的地方生活较久，见闻以言被祸的事多了，人也变得谨慎些，所以才有眼前的劝谏。只是马湘灵激愤之中一时未能体察，以为大櫆圆滑畏事，又视己为挟私泄愤而图口舌之快的俗人而有所误会。

因此，大櫆越劝而湘灵便越觉不吐不快，恨恨道："这京城里的大小官僚，虽多腐败肮脏鲜廉寡耻之辈，但毕竟身处天子脚下，百官监督之中，行事尚有些顾忌隐秘，不敢过分猖獗。到了地方上，山高皇帝远，众官吏霸凌一方，相互勾结，欺上瞒下，弄权谋私，欺压良善，鱼肉百姓，坏事做绝。那稍还有点节制的，也还只是在任时，或为政绩升迁弄虚作假肆行贿赂，或想方设法拼命捞取钱财，所谓'三年清知府，十万雪花银'；更有那黑心不仁的，为着满足一己之私欲私利，竟不知做了多少阴险歹毒欺凌陷害之事，甚至不惜害人性命灭人家族，过去说'破家的知县，灭门的刺史'，真是一点也不假啊……"

刘氏兄弟听得惊骇震撼无比。虽知其言或有偏激，却也知其身在官府宦途，所说乃是真实的见闻感受，并非道听途说之言。一时俱默默无言，只陪着这位愤懑的友人喝酒。

而马湘灵亦欲借酒以浇心中块垒，竟连饮十数杯，不觉已将大醉。此时，那积郁久忿兜兜涌涌于胸臆间，一发不可抑控，不禁怨愤大呼，已而则悲歌泣下："奸狡在上，贤良窜伏，宵小得意横行，正人曳尾涂中……彼其苍天，公道何在？惶惶吾辈，又将奚以生存？……'曾歔欷余郁邑兮，哀朕时之不当。揽茹蕙以掩涕兮，霑余襟之浪浪'……"

其愤激之色，哀苦之情，深深感染了刘氏兄弟，而大櫆尤甚——他与马湘灵有诸多相同之处：同里不说，还同庚，同学业（治经的专业），同好诗词饮酒，同为感性之人而酒酣言语风涌，同屡次应试而不能中举，而在生活中又俱痛于没有子息。所以，眼前面对马湘灵，他似乎看到了另一个"自己"，不觉悲其所悲、哀其所哀，与其一道哽咽难过，泪下不止。

少顷，马湘灵又揩着涕泪，对大宾唏嘘言道："螺峰兄，你性情耿直与弟同，今后出仕于人欲横流的官场中，吾信汝必能保持本色，做个恪尽职守廉政爱民的好官；然唯其如此，尔将来也必会遭际不同流合污的悲伤痛苦，即如我眼下的感受一般！"

言罢，又取出一叠诗稿，要大櫆看："耕南，汝看我近年所为之诗，才能真正了解吾之心情。"

大櫆览之，只觉"风翻云涌，而喉间气郁不得舒"，乃知湘灵愤世嫉俗，感慨悲歌已久。而其今日之愤世道浇薄官场污浊，伤个人生平淹蹇恓惶，不过是一股壅塞不平之气，因着时宜勃然迸发而已……

一晤之后，湘灵别去，回到江南他的那个任职生活之地，在松江青浦的山水间（《马湘灵诗序》云："扁舟自放于九龙、三泖之间。"），安放一个磊砢诗人的伤心怀抱。

但其带给大櫆的强烈刺激与触动，却没有停止。

这些年来，生活的贫穷困苦，幼子皆殇的家庭不幸，功名前途的累遭挫折，早已令大櫆无比伤心悲楚；而社会经历中的见闻感受，颠颠倒倒不见是非的世道人情，还有身侧乡党亲友们的生死沉浮，复增了他的无限感慨愤懑，以及挥之不去的迷茫与困惑。

这些积郁的情感意识，堆缠在他的心头，在沉重压抑、痛苦不堪中，影响着他的心理精神层面，使他在挣扎中日渐消沉悒郁悲愤，也影响着其具体的思想情绪，使他在不觉间变得易感而不宁。前者令他在一种心灰意冷的悲哀绝望与不自觉的反抗里，以刬志远世之态灰心科举而欲淡逸林下；而后者则使他常常因时因事而伤感，难以释怀。

马湘灵访晤带给他的反应即是如此，且因为二人在生活中的诸多相同造成的强烈共鸣，以及马湘灵对官场腐败黑暗现实的慨然揭批，使得这种反应表现得更为直观：当时与湘灵共涕泣的他，在湘灵去后也久久停留在湘灵带给他的影响中而不能够自拔。

他无法忘记湘灵当时悲歌愤问的痛苦情景，而湘灵用一件件一桩桩的事实，揭露描绘官场社会腐烂阴暗的那些话语画面，更是萦绕在他的耳畔脑海，驱之不去……这结果，便是令他在一遍遍的伤叹感愤中，亦在心中如马湘灵那样，为着他们自己的命运、更为着这世道的昏昧不平，不由自主地呐喊着，发出一声声的惶惑、悲愤之问——

为何这世间，有的人一生坎坷备受艰难，有的人却安享尊荣利禄？

为何这社会，正直善良者往往被人欺凌构陷，结局下场凄悲，而奸伪恶毒者却能肆意猖狂，活得风光？

为何功名场中，才能之士常常屈志潦倒，而昏庸宵小却得意横行？

…………

263

在这个绝大多数人都在沉默"昏睡"的年代，没人能回答他，告知他一个原委究竟。如果说有，除了"个人材质性情殊别""命运如此""薄俗所致""时事使然"这些躲躲闪闪浅薄无力的议论看法外，那便是近年特别流行常从世人口中听到的一种说法：

人之命运如何，那都是阴骘所致。上天依人之善恶而报之以祸福，所谓"积善之家，必有余庆；积不善之家，必有余殃"。这不单是古书上早就有的记载，更是当世的圣天子之言，是"奉天承运"的皇帝陛下在朝堂之上，谆谆告诫天下臣民的①。

人生的富贵贫贱祸福吉凶，人世间的种种苦难悲哀颠倒不平，真的都是这个冥冥中的天意所定吗？

不是，绝对不是！

因为所谓的"天"，不过是"苍苍积气"，它所形成的日月星辰风云雷电，与大地万物生灵包括人一样，以不同的存在形态与方式，"相与回薄于宇宙之间"，说到底都不过是"一物"而已。虽然天的变化还有些不为人所了解的地方，但既然彼此都不过是一物，它又哪里能管得到人的生死夭寿贵贱穷通呢！是以孔子从不问天命鬼神，而屈原也早就慨叹地否定："天命反侧，何罚何佑？"

所以，后世的人热衷于谈论什么"天人感应"，什么"天降灾祥"，什么"殃庆之报"，要么是愚昧无知，要么便是以劝诫之名而售其私，欲借虚渺无征的天道，掩饰昏昧不公的世间现象，企图让它变成合理的存在，亦令善良

---

① 清世宗实录记：十三年春正月壬辰,谕内阁："……从来积善之家,必有余庆。一人行善,则庆在一家;众人行善,则庆在众姓。"雍正时期,刑法苛峻,世多怨诽,故地方官员有司于审定一般案件时颇有酌情宽刑事。雍正对此不满,批评其求"种阴德"而"枉法市恩",识见颠倒,然后发了一大通官员应如何尽"教养斯民之责"的议论。此处所引的,便是涉及百姓教化方面的几句话,是据传统的"殃庆"观点而发挥的。他诫示官员们,百姓有了这种积德福报的思想,风气便会醇和,犯罪的自然少了。由于雍正要求将他的这番讲话"刊刻颁布,务使远乡僻壤人人知晓",故其社会影响显然颇大,刘大櫆也自然清楚。他是很反对这个荒谬无征而又很具欺骗性的"积善之家,必有余庆;积不善之家,必有余殃"的说法的。其《天道》一文(共上、中、下三篇),便是以之为议论而展开批判的,且很可能即是针对雍正的谕旨而来的。若是,《天道》的具体写作时间,不在雍正末年,便当在乾隆初,这也符合大櫆这个时期因生活不幸与人生进取迭遭打击的激愤心情,故系叙于此时之章节。

不幸的人们受其愚弄而不自觉而逆来顺受，放弃对不合理现实的质疑，放弃对丑恶事物和不公平现象的控诉与反对……

如今的世道世情不正是如此吗？明明触目皆是令人感愤深慨的社会现实，奸恶横行，良善被欺，世道昏暗；可是朝堂而下，各色人等，却在纷颂仁治盛世以掩其恶，大谈"殃庆"之报以愚惑众生！是愚者固为狡诈可恨，而被愚者亦良可为之深悲！

…………

他在激愤中感思，在感思中评判着。

一个浊世中正直者的良知义愤，一个"暗夜"里思想者的见识勇气，最终在此过程中化作了一篇如揭如橥而振聋发聩的警世之文《天道》：

他告诉世人，"天道盖浑然无知者也"，并不能为人祸福。所谓"殃、庆"云云，既无凭无据，亦非圣贤之言。所以，为人劝善规过自是应该，但信什么积德报应，则是愚昧无知！

他用残酷而活生生的善恶命运颠倒的事实和现象，无情地驳斥揭示了"殃庆说"的虚伪荒谬——

祖有功矣，而功可恃乎？宗有德矣，而德不刊乎？为粥糜以食饿者，而已且啼饥；分缊黂以衣冻夫，而已且号寒乎？剜像设之肠，而神不能加之罚；掘陈人之冢，而鬼不能肆其残乎？御人于国门之外，使之抵罪；而贪婪以逞者，世守其官乎？大武之下，蚁或亡矣，而人不顾也；大禖之下，人多毙矣，而天不怜也。

…………

今夫杰猾之民，乘时窃位，怙宠立威，黩货无厌，其有稍异于己则黜之，甚则夷灭其宗族，惨核亦至矣。而康宁寿考，令终者不可胜数。彼其心见以为当然，与鸟兽之聚麇者无以异也。

他进一步批评当时的社会与世道：

贤能者窜伏林下，而不肖者恣睢于上。智诈自骋，顽滑不仁，怙势袭威，无所顾藉。物产靡敝，而苑囿崇侈；民力竭塞，而畋游无度。啖肤咂血，其锋锐于蚊虻，而深居高拱，憪然自以为尧舜焉。当是时，天下之人趋利如鹜，走势如归，安知有仁义？以居其位之为贵，安知有廉耻？

他将批判的矛头直指当权者统治者，愤怒地斥责："其上之于民，名为治之，而其实乱之；其天之于人，名为生之，而其实杀之也！"

他最后作出结论且宣告：这是个"天下无道"的"衰乱之世"！它以道德仁义与富贵显荣的常分，决定了世道的丑恶与危难、是非善恶的颠倒与不平；亦以人欲横流"孰知祸福之门、胜负成败之所分"，决定了所谓的天道殃庆，但这些都只是欺世骗人的鬼话！

第十九章　教授王府

"东城富，西城贵。"这是京城里的人常挂在嘴边的一句话。

东城区临靠运河码头，不仅朝廷的诸多物资仓库都建在那一片，还有交通带来的繁盛商业，有钱的商贾豪客比比皆是，自当得上一个"富"字；而西城之"贵"，则凸显的是一个等级地位，因为居住在这一带的，大多是身份高贵的王公贵戚与官僚宦达，或者说除了紫禁城那一部分人，京城里最有权势的权贵显达多聚集于此区。比较东城之"富"，西城之"贵"更是妥妥的准确形容。

大清赫赫有名的铁帽子王之一的康亲王的府邸，便在西城中心地带那一片绵延耸立的高墙广厦之中。

它的前身，是前明崇祯时那个有钱却又甚是吝啬的国丈周奎之邸。清人占居北京后，这处在西安门外的街坊上颇为闻名的贵戚豪宅归了胜利者，成为八大铁帽子王之一、努尔哈赤次子和硕礼亲王代善的王府。

顺治十六年，代善之孙杰书承袭爵位并改封"康亲王"（即金庸小说《鹿鼎记》中那位与韦小宝称兄道弟的角色的原型），并将府邸规模进一步扩大，成为气势更加恢宏的"康亲王府"。

又一次游居京城的大樾，此时与这个著名的王府发生了一段值得一说的关系，即成为教授王府的西宾。

他这段经历，后来为人们所忽略，甚至多数人根本不知道。原因是他本人从未正式叙说过此事，而其交游者文字中也鲜有提及。

但有两方面的残存资料，证实了这件事情。

一是此时他有一首给担任郎官的友人徐炎的律诗，《怀徐崑山》。在尾联"不须赋《鹏》伤斜日"句下，存有"时教授藩府"几字自注，说明他此时是在王府课教。他于自己的诗歌，寻常很少注记（所以许多诗作皆不知时间，甚至不知写给谁，颇有碍于了解），此诗后来在辑刊之时罕见地被留注，显见他于此王府教授一事，还是有一定程度的重视的，故留下了这几个字的注语。

二是《宗谱》的证明。他这一支（公房）的《支谱》，着意收录了两则诗歌资料，分别题为《康亲王答海峰先生诗》《礼亲王赠愚堂先生诗》。前诗据"自从君归去，曾经二十霜"句看，似作于大櫆后来任教谕前后二人相见时；而后诗则明记作于嘉庆元年，是赠大櫆堂侄刘涛（号愚堂）的。从年代推断，二诗的作者实为一人，即第五任康恭亲王、乾隆四十三年复号礼亲王的爱新觉罗·永恩。

永恩字惠周，号兰亭主人，生于康熙六十年，是康修亲王崇安次子。乾隆十八年第四任康简亲王巴尔图故后袭爵，直至嘉庆十年去世。其为人淡泊勤俭且正直（曾恶和珅专权而与之绝交），性喜文学诗歌，工画，在音乐方面也有造诣，著有《益斋集》《读画辑略》《漪园四种》《诚正堂稿》诸书，是当时宗室亲王中少见的才学之人。

这个永恩，正是大櫆在京时的从学弟子之一。

"无限旧时怀，高风每难量。读书求知己，玉圃愿生光。物轻得重价，令人喜悦狂。缅彼清幽客，青峰有凤皇。得闻韶濩音，一室天花香。竹兮韵而古，丝兮声美芳，妙化在无心，无心日久长。"《康亲王答海峰先生诗》中这段文字，回忆的正是当年从学大櫆的情景。

在《礼亲王赠愚堂先生诗》中，他又有一大段深情缅怀的叙叹："忆昔大阮著声名，文章倾动长安陌。豪家贵戚少周旋，惟与名流共晨夕。西园数亩竹漪漪，门前常枉谢公履。性酣落笔宾朋惊，一气溯腾如潮汐。自归故山不复来，燕云皖水遥分隔。已谢尘寰十八年，万卷遗书留手泽。日日趋庭得瓣香，无溯渊渊增叹惜……惜阴亭上春山青，射蚊台下春波碧……回首知交感今昔，世事总如太虚云，赖有文章垂金石。"

乾隆初年，永恩正弱冠年纪，且早慕大櫆声名——答诗中云"童稚慕君心"——而欲从学，乃有大櫆入藩府课授事。但或也存在另一种可能，即大櫆之教康亲王府，是应其时的亲王巴尔图所聘，教授其子弟（巴尔图有子二十多人），遂能常至永恩处论学，而荐以使之教授王府者，当亦与永恩这个久慕者相关。

情形究竟如何，已难知晓。但大樾之教授藩府，应便是此赫赫有名的康亲王府无疑。且其后来一直与刘家保持交往，在大樾去世后尚有刘涛至京谒访事。而家族后来修谱特收录永恩之诗，亦便很好理解了：既为荣耀，也是纪念这一段史事。

也因这一记载，不知多少年后，在大樾的祖居故里形成了一个讹传的称呼：提到大樾，人多骄傲尊崇地冠以"国师"的头衔。其在初始，应是方苞所谓"国士"之音讹，而在后来，当主要缘于大樾曾教授王府之经历，乡人闹不清区别，以为大樾是给皇子教过书的。

大樾这一段王府课教，具体的起始时间，当他在此次入京后不久，即乾隆六年前后。因他与长兄二人在京城生活，还要为大宾谋职寻找人情，亟须解决的便是经济问题。而以大樾之声誉，王府之延请当也不会太迟。

至于他在康亲王府的具体教书情形，想来还是不错的——有了永恩这个弟子，他的生活是不会枯燥的，这从前引永恩的诗中可见大概。

课教之外，他在这个阶段其他的情况，鲜有资料反映，即使有，也因语焉不详而不好判定。不过，有一个较重要的活动，从时间上来说，当发生在此期，值得关注一说。

这是他诗歌结集方面之事。

多年来，他在文章写作上倾注精力的同时，于诗歌创作也有不少耕耘收获，是不以诗人自期而已有能诗之名。只是迄今为止，他的诗还没有得到诗坛有影响的大家的肯定，诗作也还没有刊行于世。

对此现状，他自是不甘的。他希望自己于诗赋一道能更精进一层，跻身当世优秀诗人之列；同时也希望通过他的诗，让世人更能了解坎坷不遇的他的才智与心声。故这次入京后，趁着生活相对安闲，他将自己较满意的五言诗作编辑成集，呈送时下诗坛一些颇有声名者求为教正，这中间一个重要的人物，便是他在乾隆元年词科时结交的老诗人沈德潜。

康熙四十三年，一个海内闻人看了沈德潜的诗作，誉评说："横山门下尚有诗人。"横山者，诗人兼诗论家叶燮也，沈德潜年轻时曾从其学诗。

这个赞誉者，便是当时的风骚领袖，大诗人王渔洋士祯。沈德潜得其推评，诗名大显。此后活跃在吴门诗坛，与人频结诗社，康熙五十五年刻成自己的《竹啸轩诗钞》十八卷。不久又先后与人合辑《唐诗别裁》《古诗源》，俨然以诗坛大家的面目出现。

雍正九年，沈德潜撰成其诗学论著《说诗晬语》，并再与人合辑《明诗纪事》十二卷，将他的成就声名再推进了一步。只是由于身份不显——他这时还只是一个没有科举功名的老廪生——其在诗林的影响还是有局限的。

乾隆四年，已经六十七岁的沈德潜，在科举上锲而不舍，终于实现了人生的梦想，成了一名高龄的进士，并因受乾隆帝的赏识，入翰林，授编修，此后职务累迁，很快便成了皇帝身边得意的文学侍从（不久之后更超擢为侍郎）。皇帝以"江南老名士"赞誉他，一再赐以"御诗"，称道："我爱沈德潜，淳风挹古初""朋友重唯诺，况在君臣间"。还史无前例地亲为《归愚集》御笔作序。

这般的君臣之遇，真是空前绝后了！晚暮之年的"老诗人"，也因之声名大噪，成为时下骚林诗界最有影响的人物，俨然成为诗坛之宗师。后来皇帝又命之编校"御极以来诗集"，成为总理诗务大臣，沈德潜在诗坛的地位自此愈发尊显，成了执牛耳的盟主了。

所以大櫆求正其诗，找上沈德潜便很自然了：人家既是此中高手，又具一时无匹的大影响力，正可为他的诗作提供有益之意见，而能得其评点，无疑将有助于他进一步揄扬声名。

结果还是很不错的。

沈德潜的回应，甚是热情而认真。仔细品味大櫆五言诗作的他，不仅以赞赏的态度口吻作了大量的点评，揭示作者的志趣怀抱和作品的艺术特色，还对一些具体的章节诗句，提出了修改的意见。

对此，大櫆是很感激的。后来诗集抄行问世，卷前置"诸先达友人评论"，便全存了"沈归愚先生评五言诗四十七事"。而对沈氏提出的一些修改意见，他也很重视，且遵其意或为直接删除，或为斟酌修改，有些甚至做了较大的调整改动，在反映出他锤炼诗作过程与艺术技巧的同时，也反映了他与沈德潜的一些诗学观念。

如《贾妇怨》一首便很典型。且看其修改前后之变化：

食蓼讵云辛，尝胆未为苦。惟有远别离，相思泪如雨。忆昔啼红妆，芳年正三五。见人辄低头，未敢出房户。谁知父母心，重利轻儿女。为愁夫婿贫，嫁与钱塘贾。自从十年来，足不践乡土。泽居喜见舟，山居不畏虎。生长贾胡家，何能免羁旅。寄言堂上亲，肝胆断绝汝。①

食蓼讵云辛，尝胆未为苦。惟有负贩人，重利轻俦侣。忆昔扫娥眉，芳年正三五。见人辄羞颜，低头向房户。谁知命不犹，嫁与瞿塘贾。贾人惯风波，江湘未为阻。终年远游行，足不践乡土。寄言堂上亲，肝胆断绝汝。

前后对照，如斯之修改，不仅仅是词句章法之面貌变样，且已触及且重塑了诗作内在的旨意与灵魂，从原作主要怨怪父母重利轻情、嫌贫爱富，揭露抨击包办婚姻制度造成的生活不幸，变成了一般商贾之妇以常守空闺而伤感命运不佳的怨叹。修改之后或有某种技法表达上的艺术进步，然而作品的价值意义与感染力却已显然减退弱化。

因为追求完美，文学家对于自己的作品进行反复修改与锤炼的情形并不少见，大櫆也属于此类。我们前面曾提及过这样的例子，他的祭族长芥川一文，其谱载与后来刻刊流传者面貌颇异，显见经过了一番幅度不小的删改。但那毕竟是文章，在无碍主旨情志的情况下，大幅修改使其更为简洁精炼，既可以理解，也反映了此期桐城的文人对文章"雅洁"的着意追求。然对于抒发心志性情的诗歌而言，如大櫆在《贾妇怨》一诗上这般对作品改头换面地进行"大手术"，却是乖悖于诗歌创作习惯的不寻常表现，让人觉得不好理解了。

为何会出现这样的情况呢？

原来这首《贾妇怨》，虽非陌生的题材，但其原有的诗旨与情感，却显悖于沈德潜这个批点者兼时下渐具诗坛盟主气象者的"温柔敦厚"的诗歌要求，而它正反映着入清以来随时代变迁而不断变化的诗坛风气。

① 引自汪孔丰教授《三种稀见刘大櫆〈小称集〉及其文献价值》。本节所涉刘大櫆从沈德潜之意而修改其文情况及有关议论，皆参考此文。

明亡清兴之初，社会剧烈动荡等现实，强烈地震撼刺激着士人的思想心灵，反映到诗歌这一最敏捷、最灵动、最易传播的抒情艺术中，便难以遏制地形成了诗坛沉郁苍凉悲感的诗风，尤其是以孤臣孽子自居的遗民群体，在怀念故国、反对强权统治以及感伤个人之彷徨无依的痛苦哀愤中，其诗歌创作更充斥着一种动人心魄催人泪下的沉痛、悲怆的气氛。

待到清人统治的日趋稳固，且伴以高压的文化专制，文网渐密中的诗林，也在悄然发生着因时求宜的趋变。以风骚领袖王士祯标举的"神韵说"的诗学主张应运而生，它以宣扬崇尚诗的"清远飘逸，含蓄蕴藉"意境，追求一种含糊朦胧的审美，跳脱社会的禁忌和各种宗唐宗宋的流派纷争，很快就对诗界产生了重大的影响。

但风靡一时之际，"神韵说"也日渐暴露出它脱离现实、束缚才思、窒息性情的弊病。于是，非议者固要反对，拿起"性灵"的武器与之抗争；而维护者也要补弊救罅，搬出"格调说""肌理说"以为修正称扬。这便是清口期诗坛四大诗学主张流行之缘起。

沈德潜便是"格调说"的鼓吹者。唐代以后，人们论诗常常谈及"格""调"，讲求"格高""体贞""调逸""声谐"，大体就是从思想内涵与声律形式两方面，去研究诗体、诗品、诗法等影响诗歌创作的因素。明代前后七子为反对诗坛台阁体的萎弱，在诗歌理论中倡扬学古而强调格调，所谓"文必秦汉，诗必盛唐"。这种一味复古的主张，便不免带来剽窃模拟的流弊，故为后来之人所批评。

到了沈德潜这儿，他又重新捡起了"格调说"，期以纠补王士祯"神韵说"之空廓。但他同时又塞进了自己的另一个内容，讲求诗的"温柔敦厚"，强调符合以"忠孝"为核心的儒家伦理道德规范的诗道，且认为它才是格调的最终依据，即学古论法对格调进行严格规定的目的，就是为了保证"温柔敦厚"宗旨的实现。换句话说，只有诗歌内容符合忠孝、温柔敦厚的原则，诗的格调才会"雅正"。为此，他极是重视诗教的作用，宣称"诗之为道，可以理性情，善伦物，感鬼神，设教邦国，应对诸侯，用如此其重也"。一句话，诗的作用是为现实的生活和社会政治服务的。

他这样的诗学观，当然是极为符合统治者的利益而受到赏识器重了。而他以之衡量大櫆的诗，对其《贾妇怨》怨怪父母的诗意，自是大为不满：天下没有不是的父母，怎么能在诗中公然展示父母嫌贫爱富且怨恨之呢？这当然有乖于诗教风化而必须删改之！

意见是沈德潜提出来的。但问题是，大櫆如何也就依之而大改了其诗呢？

毋庸讳言，大櫆为了提高自己的诗誉，不能不借助沈德潜这样的人物的品评——在这个身份名位权势绝对决定成败的时代，没有有影响者的大力推介，一般的诗人尤其是布衣作者，即便诗才突出也很难得到社会的肯定。故大櫆一定程度地尊重沈氏之意见，是可以理解的；但以大櫆不附世俗、比较独立之个性，若谓他仅因沈德潜的意见便有《贾妇怨》这样变动诗旨的大修改，似乎并不太合情理。

这里面的关键，说开来，还是他与沈德潜持有相近的观点，因为他也是基本接受儒家的诗教，主张诗要发乎情而止于礼的。这就要求诗人不能任情偏激，而是在有所节制中正确地抒发情感，达到诗的感染教化的目的。他在给友人吴擎诗集所作序中，便有清楚表达："其有无聊不适，悲愁愤叹，一讬于诗。然哀而不伤，怨而不怒，中声清越，犁然其均当于人之心，而逌然其独惬于己之志，以是进而列于天子之乐官，固宜。"

所谓"哀而不伤，怨而不怒"，正是诗教中"小雅怨诽而不乱"之翻版，也是"温柔敦厚""中正平和"另一种说法，且为古今诗人论者普遍所持有的观点。所以，当沈德潜以"温柔敦厚"尺量《贾妇怨》，认为它有乖于传统诗教而需"大修"时，他也便无怨尤地将之回炉重塑，进行二度创作了。

但这件事，从另一个角度看，却也反映出大櫆虽也如同时代的许多人一样，虽为传统诗教所桎梏，却并不深牢，或者说他并未很好地坚持。否则，他就不会作出《贾妇怨》原作那般的诗来了。事实上，他论诗的时候也是很少说"发乎情止于礼""怨而不怒"，而其诗作，也多是一些真实情志的抒发，且因着坎坷困苦的遭际，常常喷发出愤懑不平之气，并没有多少"温柔敦厚"的。

这也难怪，诗言心声，道的正是真实的性情，况以大櫆不合于俗、带有一些叛逆精神的个性，更难以遏止情绪心境的宣泄，即便是心里想着如何"温柔"一点"敦厚"一点，实际上却难以做到。这情形，他尊崇的乡先贤钱田间澄之便有过清楚的论述：

"而近之说诗者，谓诗以温柔和平为教，激烈者非也……其词'怨而不怒'，吾不信也。且夫无病而呻，不哀而悼，谓之不情。有如病而不呻，哀而不悼，至痛迫于中，而犹缘饰以为文，舒徐以为度，曰：'毋激，恐伤吾和平也。'有是情乎？情之发也无端，其曰止诸礼义者，惧其荡而入于邪也。若夫本诸忠爱孝尤以为情，此礼义之情也，性情也，性情唯恐不至，可谓宜得半而止乎？"

桐城明清之际，最著名的几个诗人钱澄之、方以智、方文等，论诗都是主性情的。他们的诗学主张及其诗风，无疑会影响乡里后辈。

大櫆的诗歌取向，虽不能跳出传统诗教的束缚，但在诗歌的实践中却是既言志又缘情的，基本上走了田间的路子；而他在情志的抒发上强调一定程度的节制，则又似与方以智主张诗人应"节宣"其志，使性情合于"中和"之道的诗论有着某种关联——当它们因社会的政治环境尤其是在文字狱的威胁被强化时，他也便在不觉中返回到"怨而不怒"的传统诗教上去了。

乾隆九年正月，刘氏兄弟在京城长期的努力与等待，终于有了结果：刘大宾出仕为山西徐沟县知县。

拿到给凭的那日，走出大清门千步廊一侧的吏部衙署，大宾忍不住流下了眼泪。

此时的他，已经五十二岁，须发斑白，距雍正乙卯中举，已在漫漫的期盼中熬过了十个年头，由壮年而入迟暮，留给他为国效力的时间还有多少？

但毕竟还是件可喜之事：入清以来寂闻百年的刘家，终于出了个胜任一邑的父母官，家族门楣可得以光大。而大宾亦能聊伸夙志，一展素来企望用世的怀抱。

得到消息，在京的同乡友人包括弟弟大櫆的一些朋友都来道喜恭贺。稍稍热闹了几日，便开始为入晋赴任进行准备，张罗着做官服、订轿子、备仪仗、聘师爷、雇家丁诸事。为了在限期内至徐沟上任，大宾不久便已辞别亲友，在春寒料峭中匆匆踏上了赴任的路程。

稍隔了一段时间后，大櫆与一位公干的乡友相伴离京，也开始了他的入晋之旅。

这位乡友，是已入仕几年的叶酉。他是受朝命，以翰林编修的身份，出任河南乡试副考官。

二人出都时，正是风和日暖、春光烂漫的时节，又因多年的友好相伴，故一路行来，自是愉悦欢洽。但同时，他们又都难禁人生之感慨。这从途中分别，大樾赠叶酉的诗《同叶书山出京中途话别》便能清楚感受到。

　　　　与君臂初交，自余发始燥。俱有跃渊情，各怀稀世宝。
　　　　入欲发奸秦，逾河当救赵。矢志固难渝，致身嗟不早。
　　　　济禽无由化，社栎将终老。相依非一朝，怅别在中道。
　　　　临岐复何言，默默伤怀抱。

他们二人，虽趣好有所殊异，但俱才华出众，志向远大。奈何人生坎坷，命运偃蹇。叶酉而今虽登朝堂，却已年纪老大（叶酉生卒不详，但比大樾岁大），难有作为。而大樾更仍是一介布衣，空抱经世之怀，却若里中无用之社栎，思之伤感！

二人应是在冀西南分别，叶酉继续南下，而大樾则是过太行而西出关隘，径往古称晋阳的太原方向。其《出故关》诗可证：

　　　　太行西去陇云低，大陆荒烟落日迷。
　　　　万里风尘三尺剑，百重关塞一丸泥。
　　　　地分秦晋山河壮，人想虞周德业齐。
　　　　半夜月明游子息，绕枝三匝听鸟啼。

这里，正是大河孕育的华夏文明的摇篮之地，先秦时代秦晋风云争霸之区，此后漫长岁月里的边塞重镇，一代代先圣帝王、无数的英雄豪杰，曾在这里书写出一幕幕辉煌激壮的历史。游身此境，怎能不让人情思激荡浮想翩然？而月光下的徘徊吟唱，也描述了诗人由河北出关入晋的大致行踪。

入晋后的大樾首先要去的地方，其兄大宾所任知县的徐沟，正是太原府所属十县之一，南距太原不过八十里许。

徐沟县不大，建县历史也不算长，金大定二十九年析平晋、榆次、清源三县地而置徐沟县，隶属太原府，此后一直如此。

但这个县，按照朝廷在雍正年间确立的，以"冲、繁、疲、难"（地当孔道为"冲"，政务繁重为"繁"，赋多通欠为"疲"，民风强悍、案多难治为"难"）四种情形对州县进行分类的方法，它却是占了其中的"冲、繁、难"三项，属于州县治理中比较麻烦的那一类。

大櫆身临其境的感受，尤其是进入县城后的见闻印象，印证了徐沟这个地域不广的小县，不仅颇具地理人文特色，也确有堪比一些大县治理的"繁难"。

原来，这徐沟地处晋中盆地中心，除了西、北两面有壶屏、白石、中隐几座山外，基本是一马平川可为耕作的沃野，田产丰饶，素有"晋中粮仓"之誉；又有汾水、洞涡水分别自太原、榆次入境，水陆交通便利，自古以来便是南北通道要冲，如今县治所在的徐沟镇便是三晋著名的古镇之一。

而地理交通的优势，在历史的沉积中又形成了"徐沟人善贾"的人文特质：此处之人广泛涉足各种商贸经营，不单在本省内混得风生水起，更将生意做到了京城及北方诸省，成为大名鼎鼎的"晋商"的一部分。

眼下大櫆所见的县城内，街面上店铺林立，商家丛聚，钱行、当行、粮行、油面行、酒行、药行、彩帛行、花布行、颜料行，粮市、布市、木市、花市、羊市、禽市、菜市，诸凡生活消费所需之商品物资，莫不齐备，各色俱全。其中粮米行市规模尤大，已成为南北粮食的总汇之地，吸引着远近四方包括甘肃、陕西、内蒙古等边省的商人俱来此交易。那一派繁盛兴隆的商业景象，在一般地方很难看到。

但交通之冲要便利，商业之兴旺繁荣，也显然带来了人员流动之繁杂，治安管理之困难。而西北民风本又豪勇强悍，一言不合便忿怒然生，拳刀相向，故常年纠纷不断，命盗之案时闻。这便是徐沟这个小县在"冲""繁"之外，还多了个"难"字的缘故。

在这样的地方为官，不用说，是压力颇大的。

大櫆在县衙后面的知县宅中见到兄长时，便清楚感受到了这点：分别两月的大宾，明显清瘦了些，那不时紧锁的眉头，还有言语中的感慨，都显示出其至任以后的心情很不轻松。

但这个压力，目前与工作难度尚无太大关系，它主要是来自一个才入仕的官员，对于地方行政工作的"陌生"——几个月前，大宾还只是一个只管自己生活的普通士人，如今忽然成为主宰一方的父母官，要面对形形色色的人，方方面面的事，还要做出正确妥当的行动决策，这种角色的骤然转换他一下子又怎能适应？

这无关乎才干能力，而是朝廷八股取士及具体选官制度的问题，换作其他人亦会是如此，因为根本原因都是缺乏必要的行政经验。让没有经验的人负责一邑之政务，反映出朝廷对地方州县的轻视，而在个人则必然是下车伊始的茫然无措以及不可避免的压力了。

大宾的情形，可能还稍好一点：一者他出身于耕读之家，对基层社会及民间的情况要熟悉些；二者他已年过半百，生活经验之外也有一定的阅历。这些于他在地方当官，尚能起到些济补的作用，还不至于像那些年轻少见闻的初入仕者那样，到了县中什么都不懂，没有师爷指点，便两眼一抹黑地抓瞎。

可尽管如此，许多事他毕竟还是头一次经历，各方面的关系与事务的处理，如何拿捏好分寸以免非议，如何周全无误而不逾规，如何履行好职责完成任务而又不出现问题造成不良影响？对这些，他心中实在是没有什么数，直至现在仍时有茫然之感。

假如换个人，遇到这种情形，其实还有另外的应付办法，事实上许多刚入仕的人多是这样做的：或者暂作壁上观，遇事少说话少表态，等以后情况熟悉心中有数了，那时再拿自己的主张；或者干脆甩大衫袖，任凭属吏作为，反正刑名钱粮各有具体经办之人，无须自己操心，混一混，这一任几年也就过去了。

然而大宾不是这样的人。他性子既耿直，又想着既然为官，便须尽职尽责，不想因为自己的不熟悉而延误政事，也顾虑底下的不良属吏趁机欺瞒，干出一些不法不轨的事来。这便造成了他因眼前不能尽快和更好地进入角色而产生内心压力与忧迫。

大槐理解乃兄的处境心情。但他一样的也没有多少经验，故眼前能给予的，也只有劝慰鼓励。"大哥不要太着急，也不是你一个人如此。进士除京职有观政的阶段，可外放的州县，谁有什么经验？这官还不都是学着做？你揣摩观察一阶段，自会有心得认识，慢慢情况熟悉些，心中也就有数了。再者，能否治理好一个地方，关键的还在于个人的品志态度，看其是否能尽忠职守、勤政爱民。大哥只要秉持初心，努力去做，一定会成为同僚和百姓心目中的好父母官。"

虽是劝勉，但这一番话还是很在理的。所以他的兄长听后，心情的确好了一些。

经验需要学习积累，大宾又岂能不知？只是因为责任与压力这双重影响，使他的思维纠结在尽快履职上，以至于产生了急躁的情绪而不觉。此刻听弟弟一说，也便省悟自己是有点性急了。而弟弟后面的话，则更是说到了他的心里，因为在最近有些茫无头绪的忧虑中，他正是这样思虑并激励自己的！

所以，他也向弟弟吐露了这样一番心声："三弟说的是，我近日也颇有感思。刚来时，我向僚属们请教履责治理之道。有人说，做地方官的，首要的便是千方百计地保证税赋征完，这件事做好了，便有了底气，不怕上面考核过不了关；也有人说，最重要的是要与上司搞好关系，否则你便累死累活，干得再好，彰扬升迁也绝对没有你的事；还有人告诉我，说在县里为官做事，是夹在上官与百姓之间两头难，故应对之方，莫过于循规蹈矩，诸事按成例去办，无过是福，且要与乡绅努力维持好关系，风评月旦有好话，便能立于不败之地……这些意见，都是官场的经验之谈，过去现在，许多人都是这样做的。我一个才入仕途的新知县若循之而行，这知县之官大约也可当得安稳。可我不能这样做，也做不了：我宁可终止于县任，又或者被罢黜而归，也不愿随波逐流而丢弃自己的官守，更不愿以溪刻惨急、欺损百姓利益的手段去完成任务，而求媚于上官达到升迁之目的。世人常说，为官一任，造福一方，我自忖或许没有这个能力做到。但我只要在任一日，就要尽心于民生治理与教化，均赋宽狱，扶贫恤寡，去恶表善，培育淳良，以对得起'父母官'这个称呼！"

因在弟弟面前，他也没有任何顾忌遮掩，心里怎么想就怎么说。大櫆认真听了，遂知兄长心中自有其官箴，敬重之际不免感喟三叹。

康熙时，皇帝很欣赏宋人吕本中《官箴》一书中，以"清、慎、勤"总为居官法戒之论说，亲书此三字刻石以赐臣下。自此以后，官场上的人真的也好假的也罢，都标榜此说，爱谈这三个字。

大宾也要做一个清官和勤政之人，但他的思想重点却在仁政爱民方面——这是儒家的传统理念与主张，大宾欲在县官这个位置上去实践它们，故他想力所能及地为地方做一些惠泽于民之事；也正因为他欲践行仁政之道，故在他这里，是绝不肯为了个人政绩升迁而苛刻百姓以迎合上司的。他弟弟后来用"其为治，一以慈厚爱人为心，而不欲以才能自见"评论他的居官情形，正言简意赅地指出了他为官为政的重要特征。

比较起来，大宾的这个思想，虽然传统而朴实，其实更可取更重要：

因为"清、慎、勤"只是关涉官员的品质与行事方法，只是做官之道；而大宾以仁政爱民要求自己，则体现了做官的目的，即做官是为了百姓，而不是为着自己和其他。

在这个时代的官场上，许多人也常把"百姓民生"放在嘴上，但实际的行事中，其实只是唯朝廷的要求与上司的意志是从。大宾能不"和光同尘"而有自己的为官之道，实也难得而不易——他这样有些另类又不唯上的人，在官场上肯定是混不开的，其今后的仕途发展如何，其实是可以想见的，这也是他的弟弟在感佩之余却又深为之慨叹的缘故所在。

这之后不久，这位新知县便有了一个努力践行自己为官理念的实际行动。

徐沟的南面，有灌溉农田之水自邻县太谷流入。太谷之民负强恃勇，在上游筑堤坝阻水下流。这边的乡民争不过，诉请县衙出面解决。

水利纠纷在民间很常见，徐、太两地为此大约也常闹矛盾，只是今年对方做得有些过分。眼前的情形，其实派个主管胥吏去与太谷方面协商调处一下，亦可使筑坝阻流之事得到解决。

然而大宾却不愿这样就事论事地处理。

他想借此机会从根本上解决问题，以免今后再有纠纷。于是，他丢下手头的事务，亲自去找太谷县令商议；在协商未果后，他又去府城力请知府出面。终于，在太原府的协调下，两县就如何公平使用该水资源以保证流域农田灌溉，达成了一个县际的永久协议，双方遵照执行，自此消弭了矛盾。徐沟民众闻知，俱为之欢欣不已，称颂县太爷为地方做了一件大大的惠民之事。

第二十章　河洛之行

在徐沟逗留期间，早就仰慕古晋风景名胜的大櫆去附近游览，因之留下了一篇可酬其三晋之行的一篇文学美文。

这是他与二三士人伴游太原郊外悬瓮山麓的晋祠所作的《游晋祠记》：

太原之西南八里许，有周叔虞祠。祠西为悬瓮山。山之东麓有圣母庙，其南又有台骀祠，子产所谓汾神也。

有泉自圣母神座之下东出，分左右二道。居人就泉凿二井，井上为亭，槛以覆之。今左井已淹，泉伏流地中，自井又东，沮洳隐见。可十余步乃出流为溪。溪水洄湫绕祠南，初甚微，既远乃益大，溉田殆千顷。水碧色，清泠见底，其下小石罗布，视之如碧玉，游鱼依石蟠往来甚适。

水上有石桥，好事者夹溪流曲折为室如舟。左右乔木交荫，老柏数十株，大皆十围，其中厕以亭台佛屋，彩色相辉映，月出照水尤可爱。溪中石大者如马、如羊、如棋局可坐。予与二三子摄衣而登，有童子数人咏而至，不知其姓名，与并坐久之。山之半有寺，凿土为室，缭曲宏丽。累石级而上望之，墟烟远树，映带田塍如画。

《山海经》云："悬瓮之山，晋水出焉。"周成王封弱弟于唐，地在晋水之阳，后遂名国为晋。既入赵氏，称晋阳。昔智伯决此水以灌赵城，而宋太祖复因其故智，以平北汉。甚哉！水之为利害也。唐高祖盖以唐公兴，尝祷于晋祠。既定天下，太宗亲为铭而书之立石，以崇叔虞之德，今其石在祠东。又其东为宋太平兴国之碑。

是来也，余兄奉之官徐沟，余偶至其署，因得纵观焉。余之去太平兴国远矣，去唐之贞观益远矣，溯而上之，以及智伯与叔虞，又上之至于台骀金天氏之裔，茫然不知在何代。太原之去吾乡三千余里，久立祠下，又茫然不知身之在何境。山川常在，而昔之人皆已泯灭其无存。浮生之飘转无定，而余之幸游于此，无异于鸟迹之在太空。然则士之生于斯世，虽能立振俗之殊勋，赫然惊人，与今日之游一视焉可也，其孰能判忧喜于其间哉？于是为之记。

　　文以泉流为引领，在移步换形中渐次记述其游踪所至的井亭溪流、碧水游鱼、桥石古木、祠台寺屋乃至登阶而眺的原野风光，以细致曲折的笔触，将晋祠的景物建筑如画般地展现在人们眼前，给人以身临其境之感，既承继了作者一贯的游记手法，也颇有柳河东的山水游记之风。

　　而晋祠承载凝聚的厚重历史，亦令游目骋怀的作者，难禁临文之深慨：叹那些与晋祠相关曾经书写历史搅动风云的英伟人物，终随着历史烟云的散去而泯灭无存；叹自己平庸渺小，今日之来只如鸟行太空了无痕迹。然古今人我既皆这般"浮生飘转无定"，则二者似亦可等而视之也。

　　这般的看待生命的意义，如此的"虚、空"存在的价值，似晋人的无为淡泊，又似禅家的顿然了悟，以之寻求自我精神的安慰，正反映出积郁于作者心头为着生平屈志淹塞而难以排遣的沮丧与失意！

　　千载前，有人曾吟唱："时时出向城西曲，晋祠流水如碧玉……清风吹歌入空去，歌曲自绕行云飞。"那是那位谪仙一般的诗人李太白。当年的情景，此刻也是在作者眼前掠过的，他甚至在文中借用了"碧玉"之形容。但他没有李白的洒脱与乐观，做不到"清风吹歌人空去，歌曲自绕行云飞"，只能在"茫然不知何境""浮生飘转无定"的伤慨中，作出一些"虚空"存在的感叹……

　　带着这样的感叹，大概度过了在西北大地的大半年时光，于冬季才离晋返归。

　　他是要回京城的。然而资料反映的路线，却是先南下后再东入河南。这有《归过长子县》诗可征："朔风吹雨上衣裳，历碌征车晚未休。昔向夫人求匕首，今从长子问刀头。铭功久分辞燕石，泣涕终嫌类楚囚。最是阴云无意绪，相随黯黮作牢愁。"

长子县在山西东南的潞安府境内，北距太原四百余里，以帝尧长子丹朱封于此而得名。远古部落时期的炎帝神农氏便拓荒生活于这一带，相关的传说还有"精卫填海""后羿射日"等。秦时此地为上党郡治所在，晋代曾为西燕之古都。

这样的地方，有诸多的历史故事，而大櫆并无感思，但言荆轲之事而及己，"昔向夫人求匕首，今从长子问刀头"，后又有五六句之悲慨，令人讶而不知其意。联系首联"征车"云云，似乎此段时间他曾进行某种应幕从征的活动而受挫，情怀郁闷，故有眼前感触之伤叹。这也说明，他此次入晋，并非单纯地为游历探亲（故《游晋祠记》谓"余偶之其署"）。只是他没有明言，我们也无从知晓其究竟。

但有一点很清楚，此段时间大櫆有一次入陕之行。

检其诗集，有与长安相关的《乐游原上树》《行行且游猎篇》等，而客游三首诗中，则明说"客游西河外""西涉长安道，卿相相与游"。又后来《寄陈孝廉伯思翰林仲思昆弟》亦言："二十余年游已倦，咸京晚与君醋然。"

大櫆生平西北行唯有此次。其自雍正三年离乡游世，至此头尾算起来正二十年，时间上亦符。诗中又说"岁暮天寒多北风，窑台高敞雪华中"，正是冬日与陈氏兄弟在彼相结识。而其所以至陕，很可能的还是与前言之应幕从征的活动相关。事不偕后，则离陕而东北向取道返晋，遂有过长子县事。是则《归过长子县》诗中明显的低落悲伤，也便可以理解了。其《羁旅行》诗二首，当也作于此前后，同样反映出他此时心情的凄凉悲愤。

他的归途下一站，便是越太行而入河南。

为何不径向河北而迂道河南？或许是趁此客游之机，欲浏览一下生平尚未涉足而心中久慕的中原胜地，并借之以抚慰他此刻有些感愤哀寂的心灵；但也或许还有另外的因素，即其此时系与人相伴共游入豫，兼去探访旧识者。这两方面的情况在诗作中俱有反映：《洛阳送客》是前者，《瓠落行答王令椷》为后者。

悒郁满怀的他，大约在年底前抵达了古都洛阳并在此度岁，迎来了新春。

位处洛、伊台地之上的洛阳，因北有黄河之天险，四周又为崤山、邙山、嵩山、伏牛山诸山所环抱，自古以来便以此地理形胜而成为中原之名区，从夏代开始的数千年中，先后曾有十三个王朝建（定）都于此，算得上是中国历史的一个缩影，正所谓："若问古今兴废事，请君只看洛阳城。"

洛阳又是著名的繁华之地。这个繁华，来自古都悠久的历史文化底蕴，更来自作为丝绸之路的东方起点以及隋唐大运河的中心所带来的商贸繁荣；虽然历史的风雨已令它如今大为褪色，不复昔日的辉煌，但镌着"神都"烙印的魅力神采仍在，自有一种殊于一般都市的荣华景象。

初至洛阳的大櫆，对这座闻名已久的城市，想来多有感慨。但最终，他只给我们留下了一首乐府歌词《京洛少年行》：

> 山河表形胜，佳气郁瑶京。步上射熊馆，回瞻飞凤城。春云隐台殿，朝日丽舳棱。池波动碧微，苑柳匝遥青。轻舆骋文马，炫服影华缨。扬扬盛意气，自顾何骄矜。宁知西蜀地，独构子云亭。

一千五百年前，著名文学家曹植在其《名都篇》中，以"京洛少年"这个艺术形象，细致地描写反映了洛阳贵族子弟斗鸡走马、射猎游戏、宴饮无度等诸般豪奢逸乐的生活。

同作为文学家与诗人，此刻游洛阳的大櫆不能不想到历史上的这个名篇及其所描述的"京洛少年"。有所感而欲抒发的他，遂借用了"京洛少年"这个称谓形象以及"少年行"这个古乐府旧题，来委婉表达他游洛京的心情：

他赞叹洛阳的形胜佳气，引得一代代帝王据之以临天下，却又以"射熊馆""飞凤城"的隐喻，感慨那些统治者们因为荒淫而终失其鼎，空余下那些壮巍美丽的宫殿池苑在春日的暖阳中让人凭吊叹惜；他描述衣着光鲜骑着漂亮马儿的京洛少年（洛阳的显达豪贵）出游的情景，展现他们的豪华张扬与"盛气骄矜"，在暴露这种"盛气骄矜"下的荒庸肤浅的同时，他抑制不住地要在不屑的冷笑中呐喊：你们这些自以为是不过与草木同腐的贵族老爷算得什么？历史记住的，终究只有那些子云似的杰出人物！

子云即西汉著名的学者、文学家扬雄，博学多识，其学说文章对后世颇有影响。曾以微吏历经三朝，作《甘泉赋》讽刺汉成帝铺张奢侈，又作《长杨赋》讽谏汉成帝荒于游猎而不顾农事。卒后蜀人在成都及其故乡等处建

"子云亭"以为纪念。

唐代诗人胡曾咏史诗《射熊馆》曾提子云事：

汉帝荒唐不解忧，大夸田猎废农收。

子云徒献长杨赋，肯念高皇沐雨秋。

大櫆既以"射熊馆"入诗，思及扬雄遂为自然。然以之为洛阳显贵的对照，则显是抛开了历史的具体环境而融合古今的泛指做法，他笔下的京洛少年，实际便是当世官场权贵之流的形象，而扬子云则是他心目中正直才识之士的代表。刺权贵之骄淫荒怠、威风得意，颂正直才识之士虽身微位卑不见用当世，而终得青史留名，这便应是这首乐府的诗旨所在。

而在这样的诗旨背后，蕴含抒泄的则是作者对世道现实的一腔不平与郁愤之情，以及思想深处那自信不凡的傲视与自慰——他与子云的情形相近类，擅学识文章之名而又有国士之誉，又差不多的屈志潦倒，不得一展经世之怀抱。是以诗中之子云，实便是现实中的他，二者固同有不遇之哀，亦会同有留誉于世之不朽！

这是诗作中一种隐而未喻的情思情怀。它折射着大櫆在现实生活中的艰窘与屈辱，也凝固着他对自己才学文章的自视与肯定：科举功名上的迭经挫折失利，令他饱受了世俗的蔑视、讥讽与诋毁，然而他仍一如既往地自信自己的生命价值，坚信他会如扬雄一样，会以自己的文章才学赢得世人的尊重，赢得超越时空的生命价值和与天地同在的永恒意义……

这样的情怀或者说信念，应该说自少年时代起就已经植根于他的思想中。当年他在里中作文送胡宗绪，便豪迈地宣称"余不自揆，闭户为空文，思以垂之于后"。后来在各种场合，他也不止一次地流露出这种在文学上追赶比肩古之大家的自视与期许。但像如今这般虽含蓄却明晰的表露，却似是首次。这自与其心情心境相关，尤可能与不久之前他为人生前途所作的一次行动努力受挫有关——希望破灭后，在无限的郁愤与落寞之中，唯有这文学的成就与世誉，才是他在人生困境中踽踽前行的精神支撑和一种孤芳自赏似的安慰。

而从这首诗中，还可以隐隐看到心情极度低落悲观的大櫆，与世龃龉的倾向进一步发展。这种心理变化，后面即有清楚反映。

春天里的某个时间，告别了这段时间交结的友人，大櫆离开已逗留一段时间的洛阳，折道东行去游嵩山，并写了其客游三首诗的第三首。

> 杖策游嵩少，直上峻极峰。有人骖白鹿，瞥过如惊鸿。问之了不应，蹑之无由从。踟蹰怅独立，深谷来飘风。飞流急如雨，乱射岩端松。其间万籁发，交响罗笙镛。山花自开落，四顾无人踪。谅非人间世，永愿辞樊笼。

"嵩高为岳，峻极于天。"作为五岳之中岳的嵩山，不仅以自然形胜称誉于世，更有着可远溯到华夏历史源头的诸多人文印记。

远古的圣王尧舜禹，都在嵩山附近留下了活动痕迹与传说。而嵩山所分之太室少室，正是先民为纪念治水的大禹二妻而命名。华盖峰下的一块高大巨石，传说便是禹妻涂山氏所化，石下一条缝隙，则是她的儿子、夏朝那位变禅让制而为世袭制的启的诞生处，故名"启母石"。这些传说故事，皆反映了嵩山与远古河洛文明的紧密联系。

汉武帝游嵩山，亲祀启母石，为建启母庙。盛唐之际，那位千古女帝武则天，更登嵩山祭神以封禅，且更其名为"神岳"。而这座"神岳"，除了留下先王君主的印记之外，亦是道、释、儒三教文化的荟萃之地，佛教的少林寺与儒教的嵩阳书院，更是海内闻名。洛学的代表人物二程又曾在嵩阳书院聚众讲学，使之成为宋代理学的发源地之一。至于来此登临感兴的历代闻人名流，又不知凡几，在嵩山留下了大量的印迹。

这样一处弥漫着历史云气文化烟岚的名山大岳，它总会在不经意间，勾起游览者的凭思遐想，挑动其情感心志的波动回荡。

然而在大櫆的笔下诗中，其临深谷、观飞瀑、闻籁响、睹山花，纯然一片自然天籁的感受，就如身临桃花源中，没有半点人间烟火气息，偶尔瞥见人踪，还是驾白鹿车的"仙人"模样。如果不是诗中有所点名，人们根本不晓得其所游者乃是名传千古的中岳，只以为到了传说中的某个神仙洞府，又或是哪处名不见经传的幽境深山。而最后立于那摩天入云的主峰之上，俯瞰天地景物，别说是"君不见黄河之水天上来"这样的豪情、"小天下"这样的感叹不可得见，他便连一丝丝的激动与小小的兴奋，也皆没有……他这时心头仅存的一个念想，便是我若能居此非人间之地，即可脱了人世的枷锁牢笼。

可见，此刻他与身外的世界，是如何的格格不入！他改变不了现状，便只想远离世俗——这是愤世嫉俗之极后的心理厌畏，也是极度的人生失意后的世事淡漠。这种心理心境的变化，或许他自己都没有清楚的意识，它只是因着诗人的性情与感触而不觉地显露了出来。

前些天他在洛阳与一位同样处境穷困的朋友王令樾的诗酬中，也是这般地有所表露："置身廊庙非我能，敢信此生竟无托……君看北邙冢累累，千驷万钟安在哉！凡今谁是出群才，绿鬓成雪心成灰。神仙富贵俱浮埃，今我不乐日月催。"浮生若梦，富贵尘埃。他所在意的，亦不过是厌畏岁月无情催人以老罢了。

身外的世界，在他黯然淡漠的眼光中，正褪去光环而渐然远去，留给他的只是一团模糊虚幻而让人感伤的背影……

这便是现时的大櫆！

从嵩山下来的他，带着无限的落寞，由荥泽渡黄河北上。途过北邙山，又陡添不尽的感怆。

邙山不仅是洛阳北面的天然屏障，古代的军事战略要地，也埋葬着历代众多的帝王权贵与宦达名流，墓冢累累。

感触于人生不管如何，终竟不过归于一抔黄土，又念及自己以将老之身仍四处漂泊，他不禁痛而复怆："置身虞夏身何适？浪迹乾坤任不才。陵谷迁移人代远，荒原策马不胜哀。"

不知"身之何适"的他，进入辉县后，作了他这次河洛之行中时间最长的停留。

> 辉县之西北七里许，有山曰苏门山，盖即太行之支麓。而山之西南，有泉百道，自平地石窦中涌而上出，累累若珠然，卫风所谓泉源者也。汇为巨浸，方广数十百亩。
>
> 其东北岸上有佛寺，甚宏丽。寺西有卫泉神祠。祠西有百泉书院。

明万历时县令纪云鹤筑亭于水之中央。其亭三室，室重屋，可远眺望。亭外廊四周。廊之内老柏十数株蔽日，长夏坐其内，不知有暑也。

其水清澈，见其下藻荇交横蒙密，而水上无之。小鱼虾蟹无数，游泳于其中；狎鸥驯鹭，好音之鸟，翔集于其上。有舟舣其旁，可棹。亭前为石桥，过而东南，为屋三间者二，皆夹窗玲珑。石户障其南。水自户下出，其流乃驶，溉民田数百顷，世俗谓之卫河。自此而南，经新乡，东径卫辉之城，北合淇水，历浚县、馆陶、临清入漕河，以达于海。

昔孙登尝隐此山，阮籍诣之，不言而啸。呜呼！使余不幸而生于登之时，其践履亦将与登同邪？登谓嵇康曰：'子才多识寡。'而其后康果见杀。虽然，使登不幸而与余同，欲买山而无其力，孰使之长居此土邪？然则隐者之生于世，其又有幸不幸邪？余自幼读《诗》，知卫有泉源，稍长，又知泉上有苏门山，思一见之无由。今老矣，乃得终日憩息于此，是则余之幸也已。

这是他在辉县停留期间所作的《游百门泉记》。由此我们知道了他所以会择此处逗留，是因为这里有其幼年读诗书时便留下记忆的古卫地苏门山泉源。

《诗经·卫风·竹竿》云："泉源在左，淇水在右。女子有行，远兄弟父母。"此诗为远嫁的卫女（或谓宋桓公夫人）思亲思归之作，泉源、淇水乃其故里著名之水。

漂泊异乡而不知身之何适的大櫆，此刻踽踽旅中的心理，必是涌泛着难以遏止的思念故乡之情，因而联想卫风之"泉源"正在所经之途，遂为游访。

让人略感讶异的，是他并非一游即去，而是在此歇足逗留了下来，"终日憩息于此"，显是留之有时，而从其文中记载看，当是在百泉书院里寄寓了一段时间。

有分析其居停书院，疑是讲学。以大櫆之才学文名，当其游访至此，书院留其讲文论学，亦合事理。但此事若真，则大櫆既作游记，不会只字未提；况以大櫆此时之情绪状态，即便有邀请亦不会应承。

依据实际情况，他之在此逗留，一则当是为此幼慕之处环境清丽宜人，虽不能如前贤那样在此隐居，但亦可暂为歇足，凭以疗其失意痛苦之心情；

二则亦因此时天气见热，正可借书院之清凉宜居以度漫漫炎热之暑季，如文中所谓"长夏坐其内，不知有暑也"。

秋凉时候，大櫆怏怏回到了京城。距他上春离京，已过去了一年半的时间。

关于这趟他生平时间最长的远足行动，大櫆后来从未提起，世人多不清楚。原因恐即在它作为困境中的大櫆的重要的一次人生努力，却带着令他感伤的记忆而失败，使他不愿去回首。

远游既未达目的，他便仍只能回到京城这个熟悉之地、这个宦达云集的权势中心，再等机会——等待一个可以改变他目前的生活处境的机会。

他在百门泉游记中，看似表露了死心灰志后的一种想法：效前贤故事择地而隐，做个遁迹林下的避世之人。但那显然也只是一时想想而已，一点也不现实。他连养家糊口都不能保证，又怎能侈谈择地隐居？于他而言，眼前最现实又最急迫的事，是设法解决生计问题，抑或是寻求今后的生活出路。

这个时代的读书人，除那些家世显贵家境富裕的外（因其前途生活是有保障的，考不取功名还可以荫捐得官，不愿做官的，亦可守着家财当富家翁），余者若不能由科举入仕，其谋生之路甚窄，说起来也就只有那么几途：

最普遍的，便是授徒坐馆，教些学生得点束脩以养家糊口。对于那些只知子曰经云的儒生来说，这是大多数人唯一能谋生的手段（后世之人不了解，见某地做教师的多些，便将其归于所谓的地方风习，是不知其所以然的议论）；

还有一种，是在富贵人家做清客，帮助主家做些迎来送往、舞文弄墨的应景之事，或伴着风雅的主人治学读书、吟风弄月。这类人大多较有才学，以得主家赏识而为之；

再高级点的，便是以较出众的才能学识，给宦达显贵充当私辟幕宾，做些参谋协理兼文字工作，又或被聘为师爷，为地方主官负责些钱谷刑名的专门事务。

这三种之外，本还有一个商贾的路子，但绝大多数人不会去考虑："商"排在各业之末，甚不体面；而商人又成天逐利一身铜臭，在许多读"圣贤"

书的士人眼里，与下九流的贱业也差不多，他们是被打死也不愿去做的！有那窘迫得实在没办法维持生计的，宁可去给商贾做个账房，也决不肯自家去经商；也有少数"利欲熏心"的人，抹着脸皮下了商海，招来的便是士林的鄙视与唾骂。

故说到底，自谋生路的读书人，基本只有坐馆、当清客、入幕这三途。而国家安定升平时期，每年都有大量从科举中碰壁退出来的士子儒生，加入谋取生计的新竞争中来。如此年复一年的积累，士人谋生愈发艰难，许多人因无才学声名，连最低级的坐馆授徒的机会都很难获得，其生活困苦潦倒，甚过于耕作之农民。

大概的情况，较之一般的读书人要好些，因为他已是士人中名声在外的佼佼者，比一般人多了些择事谋生的优势。而最适合他的，自然是为人作幕宾这条路。

给官员作幕，不仅有较高的佣酬和宽松的工作环境，且出入也颇有体面，因为毕竟是跟着官长做事，为人所尊敬——这是坐馆授徒与在人家做帮闲的清客无法相比的。还有一点更重要，幕宾在为官员服务的过程中，通过展示自己的才智能力，可以一定程度地弥补自己不能入仕用世的遗憾，使被科举怪物所扼志屈身的读书人，获得对其人生价值意义的肯定与心理慰藉。所以这个职业，是落第的读书人尤其是那些才华出众者比较理想的谋生选择。

而眼下的这个时代，也为求幕者提供了一个历史上少见的市场。

幕职自古便有，最早可追溯到先秦时的家臣、命士、养客。经过秦汉三公郡守的自辟掾属令史，到魏晋南北朝时期大量的幕府参军、记室、主簿的出现，幕职已发展成中国官僚体系中一个普遍的现象，被称为"幕僚制"。此后，随着各个朝代中央政权对官员自辟僚属的束放政策不同，"幕僚制"在游离于官僚体制边缘的过程中，经历了起伏变化的不同情形。

至清代，幕职进入了其史上最兴盛的时期。其原因起初似与马上得天下的满人普遍缺少文化治理知识有关；而其后则有行政分工细化完备、八股出身的官员缺乏实际管理能力、经济发展、官场腐败等诸种因素。这些都促进了清代幕职的活跃与兴盛，历经几朝已蔚然成风——地方军政的各级官员上至督抚，下至府州县官，以及河道、盐政、学政等各方官署衙门的任职者，上任伊始的第一件事，便是物色征辟那些有才学识见的文人学者专家作为私人幕属（有幕友、幕客、幕宾、师爷诸种称呼），少则一二人，多则五六人、七八人，养在署中以为自己分劳服务。

所以，将作幕作为自己的谋生考虑，对于大櫆来说，既合其要求，也是比较现实的：他的声名与人脉关系，不仅能保证这个想法得到实现，甚至可让他能按照自己的心愿有一定的选择。

按他的性情与自我认知，他是不会允许自己去给那些粗鄙的将领或者品行声名不佳的官员服务的。他希望将来入幕的主家、服务的对象，即便不是风雅之客，也是居官有声的端人正士。

此外，他也不愿远游，而是希望能在离家乡不太远的地方谋职任事。这是因为家中还有年迈的母亲让他担忧顾忌，万一老母亲有事，他若因远幕而不能及时赶回，则会留下终天之恨。

除了这些关于作幕的考虑，他的心里还装着另一个重要的目标：那就是早已存在的入仕谋职想法。

是的，他还没有放弃入仕的念头。

按照朝廷选仕的规定，贡、监生可以通过有关考试，被选授教谕训导等教职以及一些吏员小官。以往大櫆的乡友倪之鏸任中书、马苏臣任主簿，都是走的这条路。

大櫆因重科举功名出身，过去不愿往这方面努力。但几次科考失败以及从军计划破灭后，考选便成了他欲入仕的最后一条路——当然，这条路虽也可称仕途，却与他往日的入仕想法，已完全是两码事：它与其说是入仕，还不如说是谋份有俸禄的差事，端一次国家的饭碗。其唯一可称"仕"的意义或者说好处，是改变了一个人的身份，因为尽管是卑官微职，但它毕竟还是一个"官"！

中国数千年的封建社会里，官僚至上，以官为本、为尊、为贵的官本位思想深入人心。在这样的时代，即便是一些思想比较开明的人，也难以放弃心底对"官"的欲望追求。

大櫆也是如此，尽管他看到了官场的腐败与黑暗并时常嘲讽抨击它，尽管他在科举的道路上迭遭失败与打击，表现出极大的灰心失意，甚至宣称要避世归隐，但那流淌在血液中的"官"的诱惑，其实仍然存在，使他欲弃而不能，在人生困境的挣扎中，追寻的眼光始终不曾绕开它：哪怕它只是一个毫无前途权势可言的卑官。

当然，他选择时会有所倾向。

他不再年轻，奋斗年华早已过去，所以如倪之鏣当年所考的中书之类的职事，于他毫无意义；而他的性情与趣好，声名与才学，也令他不愿去做马苏臣那样的主簿事务属官。他谋求的是适合自己且尚可以为地方尽一份心力的学官，具体目标便是县学教谕。

然而学官位虽卑，却是文士普遍看重之职，且自雍正时起，朝廷对学官考选甚严，故求者甚众而不易获。所以大樌虽早有想法，却一直未果。他只能将之作为一个不放弃的目标，去努力争取，慢慢等候，企望有朝一日能得到有力者之荐而实现。

作幕谋生，兼俟入仕，这便是此时他对于自己今后的考虑。二者都需要时间与机遇，需要关系人脉。所以，回到京都的他，虽就此愿望请求拜托各方面的关系帮忙推介，却也没指望很快成事。只能是待在京城，一边教授几个学生，一边耐心地等待。

此时，他是否继续王府的课教不清楚。不过，有一个学生，应该正在随他学习。

这个学生，便是他的得意门人之一、后来与姚鼐也颇有情谊交往的朱孝纯。

孝纯字子颖，号思堂，一号海愚，汉军正红旗人，都统朱伦翰的第六子。同家中两兄一道从大樌受学。

大樌后来于《朱子颖诗序》中，记叙了这个门人从学的情形：

忆昔与子颖游，子颖未及弱冠，余虽有一日之长，而与为嬉戏，异乎世俗之所谓师弟子者。然其情乃益深，而顾弥笃。虽子颖上有两兄，皆从余受学，而其心相矜重，殊不逮子颖。

朱孝纯的生年，依其有关诗句推测，是在雍正六年或七年。以七年算，则此时（乾隆十年）虚年十七，正与乃师序中所称"未及弱冠"相符。

这对师生年纪相差很大，一个半大小子，一个将及知天命之年的老者，却能相处融洽，甚至还能在一起嬉戏娱乐，说是缘分也可以，但真正的原因应该是彼此的性情相投。后来大櫆在其诗（《忆朱生孝纯》）中将自己的这个学生比作西汉时因性格随和豁达而被其师张禹"亲而近之"的戴崇，便证明了这点，亦可窥见这一对师生在性情及相处上，大概也是如此的率性洒脱。故二人愈相处，则情感益深而弥笃，也因此孝纯比他的兄长们更敬重爱戴老师。

不过这里面，恐怕还有兴趣爱好的因素。

大櫆在朱府给学生所授之课，不外乎彼时儒生们学习的那些经典、经义之类的东西。但在教授过程中，这位尤擅诗文的名家先生，是必会给学生们传授其诗文之艺的。而后者对之学习兴趣如何，自有一个个人喜好问题。从后来的情况看，孝纯显然比其兄长们更喜爱，更学得认真，故在得到乃师钟爱的同时，也得到了其真传。

孝纯后来诗文皆有所成就声誉。人评其"古文乃能高出时人之上，诗更能取师说而变化用之"。其后来官两淮盐运使时，更在扬州创办"梅花书院"培养士人，且延姚鼐以主之，于传扬师门之教颇做出了贡献。

因为资料缺乏的关系，大櫆在京课徒的生活情况，无论是前期还是此际，我们都所知甚少，仅有一些只言片语可供推测。总之，自乾隆初再进京至当下，为了生活，他教了一些旗人学生，其中较有才学且相处颇有感情的，当数康亲王永恩与朱孝纯二人。得此弟子，于大櫆的客寓生涯及困窘潦倒的心情，无疑有一定的慰藉。

但他的心里，那一股长久积郁的哀苦愤懑，还是难以化解的。

这年冬季，同乡友人周芬斗将离京至任闽中，大櫆去相送：

> 北风吹沙暗岩谷，层冰峨峨白日速。游子一骑发燕关，将穷闽海徇微禄。君有高堂头白发，粝食敝衣长不足。南山鸟飞向北山，劳苦辛勤为啄粟。丈夫昂昂七尺身，幼小聪颖能缀文。才华众见出锦绣，意气自许干风云。龙眼今日十才子，周郎豁达超其群。不分低眉事权贵，安肯折腰随贾人！即今憔悴勿复道，卑官局蹐伤怀抱。驷马高车尽少年，吾

徒致身苦不早。致身虽早复何如，人生那得分贤愚。君不见阴阳为炭天地炉，黑白高下随所驱。沟壑从来足瓦砾，庙堂岂即皆璠玙。举头天汉翔鸳鸯，十千斗酒为君沽。君上鼓山聊踌躇，天风海涛应不殊。把杯为我招无诸，别殿离宫今有无？（《送周大汝调之官福建》）

周芬斗，字汝调，号知还。与孪生兄弟芬佩皆擅科举文写作，有名于里中，与大櫆、姚范、叶酉、方泽等共称"龙眠十才子"。雍正十三年，芬斗与大櫆的兄长大宾同中举人，今年也走了大宾之路，被授福建平和知县。

以"才子"之志，却蹉跎岁月，至迟暮方得一知县小官，离京赴任的周芬斗固黯然神伤，而相送的大櫆也不免心有戚戚，感思沉郁而激愤。于是，呈现在人们面前的送诗，于离情别绪毫不着笔，也无半句贺勉之语，有的只是对友人的困苦、无奈、才华、人品的叙述伤叹，以及在劝慰中抒发的对世道不公的现实的嘲讽、伤慨与不忿！

所以如此，只因周、刘二人的人生遭际差不多，皆是"局蹐伤怀抱"者。诗中叙说惋叹友人之种种，其实也是在道大櫆他自己的情怀。离者，送者，二而一也。唯其如此，相劝友人的他，在"致身虽早复何如"的感叹中，情不自禁地要斥责痛愤世道昏乱，黑白不分，庙堂之上少贤愚，才识之士填沟壑。望着满天空上飞的"野鹅野鸭"，伤忿无已的他，慰无可慰，只能沽酒买醉以送友人之别去。

一曲《送周大汝调之官福建》，道不尽作者心中的无限感慨与悲愤！

第二十一章　师门关怀

南京城西隅，清凉门内。

一片山石嶙峋的丘岗，作椭圆形伸展蜿蜒，虽不太高，却甚有气势，这便是古称石头山、有"虎踞"之谓的清凉山。山之东麓，有一汪泉涌而致的碧水，终年不枯，澄澈如镜。传说曾有四条乌龙戏水泉眼，故名乌龙潭。乌龙潭畔，丛柳修篁之间，有一处雅朴之庐。它的主人，便是辞官归里的方苞。

方苞初回金陵，居上元里故第。因其声名藉藉，叩室来访者不绝，其中不乏一些慕名来拜的官员。方苞既不得安宁，又畏接触官员易遭朝廷疑忌，遂移居清凉山乌龙潭畔，辟庐舍雅室以居，闭门杜客，读书著述。

虽然如此，但仍止不住一些执意欲访者的脚步。

乾隆十二年秋，一位五十多岁的官员带着几个随从来到方苞住处，持拜帖求见。

方苞见了拜帖，知是新视学江苏的学使，不想惹非议，遂命仆人以有事他往之由婉拒不见。

那官员沉吟片刻，对仆人道："此来拜谒，只为久怀仰慕而欲亲近，请告诉先生不要顾虑。若有人说什么，我自当会奏闻天子说明。"

他猜到方苞的心理，遂表明态度以释其疑虑。次日复来，令随从候于远处的潭亭，操几席杖履，只身径造其庐。见了方苞，执弟子礼北面再拜，希望能从方苞受学。

方苞看着他，叹道："元孚，何必如此！以往令嗣长君来，吾尚不敢以弟子待，又何德学能为足下师？汝若不弃，今后相互研讨砥砺可也。"

他以道学文章闻天下，愿随其学习而为门下者不少。但他一来有收弟子的具体考量，二来为避官场是非，故不肯轻易认门人。眼前亦是如此：虽然这位学使的情况他也颇了解，且其也多次对他表达过慕淑之意，但他仍不应允。

原来，这位学使姓尹，名会一，字元孚，博野人，进士出身，曾守襄阳、扬州，督理两淮盐政，巡抚河南，在任都颇有政声。后以母老病请归养。乾隆十一年，丧服未阕，朝廷便预命为工部侍郎。待其赴任旬日不到，又命视学江苏。

尹会一不仅是个能干有声的官员，也极是注重儒家礼道、追崇程朱之人。因此，当年他由河南巡抚改任副都御史回京时，便去专程拜访他很崇拜的道学礼学名家方苞，欲入其门下从学，遗憾的是没有见到方苞的面。后来他又致书表达慕淑之意，未获允后又企其长子嘉铨入方苞门下从学，仍被方苞固辞。但他心志不改，所以又有眼下上门拜求之事。

他的表现，真诚且执着，方苞有些感动，或也不免有些意动。但他仍不会答应收这个弟子——尹会一此时仕途声名正盛，颇得乾隆眷遇，他是不敢收这样的人到自己的门下的。

所以，两次来访的尹会一，虽受置酒欢谈之相待，却终只是友人身份而未能一酬素愿。待他隔天再来，便被告知方苞已去繁昌扫墓了——方苞后来自己承认，这是怕"邦人疑诧"而故意避之。

虽然如此，这位尹学使也并未介怀，以私淑弟子的身份对方苞敬重如一。其后他延聘使院幕宾时，尚请方苞为其推荐得力之人。方苞推荐了两个人：一是他的故友，进士出身的山西人杨黄在；另一个，则是他的门人大櫆。

说来方苞这个人，虽然在有些方面颇为迂腐顽固、不通人情，但他对自己的门人弟子却是真心不错的。就大櫆来说，方苞不仅对他的才华极其赏识，对其个人前途也一直很关心，大櫆科举连番失败，老先生每次都长吁短叹，为之难过。后来又举荐大櫆参加博学鸿词，不想被张廷玉坏了事。前年接到这个弟子自京中寄来的书信后，他便将大櫆欲谋教职及幕宾的事情放在了心上，努力找机会推介。生平不愿行请托之事的他，为此甚至主动去求人。

致书安徽巡抚魏定国，便是其中一例。

及门刘生大櫆者，天资超越，所为古文，颇能去离世俗蹊径，而命实不犹。弟举以鸿博，已入彀，而或检去之。两中副车。今以亲老，不忍远离，止得暂图教职。公见其文，自知其巍然而异于侪辈。弟复先言之，以其数奇耳。其所著《小称集》，谨以呈教。

魏定国巡抚安徽的时间，起于乾隆十年四月，止十一年五月。此书应便作于十一年五月之前。魏定国并非方苞交好的友人，然方苞为了弟子还是去求其帮助。事虽不果，其情可见。

眼下，尹会一求宾佐，老先生自是又毫不犹豫地荐举了这个"命不犹"而目前生活窘困的弟子。于是次年便有了大櫆一次极短暂的入幕之事。

方苞《杨黄在时文序》记："乾隆十二年冬，博野尹元孚督学江苏，欲得正直有学行者相助正文体，磨砻群士，余谓非君不可。元孚通书，使者再返，以次年五月望后五日至崑山。"

这里交代了尹会一请幕的时间，是在乾隆十二年的冬季，而杨黄在入幕则在次年仲夏。而大櫆后来的《杨黄在文序》谓："乾隆十三年，天子命前少宰博陵尹公视学江苏，求宾佐于先生，先生以余与杨君应。杨君携子云松与余先后至使院……"其所谓十三年云云，不过就当年入幕笼统而说。而他自己具体的入幕时间，按文中"先后"的语意，则是在杨黄在之后。

为何大櫆入幕后于远在山西的杨黄在呢？

其中却是有个缘故。原来上年六月头里，大櫆的母亲去世了，他需要遵制服丧。

按照丧礼，父母去世子女要服丧二十七个（或二十五）月，但人们为生活所迫，实际上又往往很难做到。于是便有了一些变通缩短时间的做法。

民间百姓，多有热孝（百日）过后便恢复正常生活的，但这是不符合礼制要求的。一般读书守礼人家不得已，则是过了周年除服，即"期而小祥"。它是《丧礼》规定可以采取的做法："至亲以期断，是何也？曰：'天地则已易矣，四时则已变矣，其在天地之中者，莫不更始焉。'""故期而祭，礼也。期而除丧，道也。"天地万物一年一轮更始，人也应该如此，周年举行祥祭后，除去丧服恢复生活，合乎礼也合乎人伦之道。

刘家本穷困，不仅母亲去世治丧，还有今后的二老归山安葬，都给这个家庭带来了很大的经济压力。这种情况下，入幕这样可以改善经济的机会，自是不能放弃。所以四兄弟一起商量后，征得族中长老的同意，让大櫆在期年小祥后除服，去入尹学使幕。

就因这样的原委，大櫆应在六月上旬才动身搭船去下江，于中旬抵达松江使院，故比杨黄在还要晚入幕。

他虽姗姗来迟，但尹学使还是很高兴的。因为他们二人之间除了方苞这层关系，素日即有渊源，相互神交已久。

雍正十一年，大櫆归里过扬州，偶识了一位年轻的士子。二人相见投缘，欢然订交。那个年轻的士子，正是时任扬州知府的尹会一的长子尹嘉铨（字亨中）。

彼时，大櫆以归家心切，匆匆与新交聚别。但尹太守通过儿子，对大櫆已颇有了解。这之后，他又阅读了大櫆的《小称集》，极是赞赏，还写了篇《书小称集后》①的随笔表达其看法心情：

> 余少嗜为文，而筮仕苦蚤，比年鞅掌簿书，志不逮矣。时犹见猎者而心喜焉。荆扬故吴楚名邦，才士之能文者不少。然或攻于时艺，或熟于排比声律之作，至古学则难言之，每以为憾。又窃意作者必有其人。刘生耕南，真其人矣。余往返苏门，于舟中读其《小称集》，甫展卷，惊其奇宕。细按之，则大意微言，不爽毫发。意者因文见道，故言之亲切而有味与。惜余精力就衰，不能与刘生共相砥砺矣。尚其偕吾子而进于大道乎，余日望之。

赞赏之际，惋惜自己不能与之切磋，但望这位才华之士能偕儿子一起共臻学问大道。不单推崇敬爱之意尽显，也流露出尹会一当时即有揽大櫆入其幕下的想法。而科举失意的大櫆也动了这样的念头，归家后不久便准备再去扬州（事见《与盐政高公书》）。只是之后恰逢博学鸿词一事，遂改了主意。故他后来有"昔公知我，我不从游"之叹。

乾隆七年左右，大櫆在京师与已出仕的尹嘉铨聚会，二人大概还谈到了

---

① 《健余先生文集》卷九题跋。

当年尹公对大櫆的赏识器重之事。嘉铨不仅表示了愿相助之意，且依乃父昔日之属望，再申与大櫆共学向道之志。

大櫆《再酬亨中》诗记述了这些：

"……忆昨识子自广陵，一见嗟称是吾党。清言日旰不知疲，僮仆惊疑有俦曩。回思别来今十年，学业升沉譬霄壤。念我饥驱苦奔走，茫茫京国空尘块。善病长贫世所轻，谁分余火资邻纺？同心偶尔示兰言，指爪恰当吾背痒。只惭才力不相当，何敢黄池妄争长！我若执辔子扬镳，请抽佩刀为断鞅！"

其中的相助之谓，显非仅是一时的生活资济，极可能还包含了大櫆今后的职业之谋：如当年尹会一所希望的那样，俟其再出时邀大櫆入为幕佐。

此次尹会一视学江南，尹嘉铨亦随侍父侧。可以想见，当其父欲聘幕宾时，嘉铨必有意见在内。是则大櫆之入幕，恐早就在其议之中，即便没有方苞之荐，大櫆或亦将在被邀之列。而后者没有因服辞邀，感念尹氏父子之情而欲助力，恐也是原因之一。

前情关系如此，所以大櫆此时能至松江，尹氏父子的高兴欢欣自是不言而喻。而学使本人，眼下更有别种期盼的心情。

他对大櫆言道："江苏文胜之地，余自受命视学以来，惴惴惕惕，恐有负朝廷圣上作养人才之托。故望幕中诸友能鼎力相助，佐成其事。这次科考松江，因其素来人文鼎盛，学子多而遴选难，善竟不易。耕南此际赶来，真是及时！以汝之博学高材，相助校文评卷，我的压力便减轻了。"

学使之任一省，三年中岁科两试府县学子选拔人才，是其最重要也最繁剧的任务。眼下尹会一按临岁考的松江，明清以来人文荟萃，出了陆彦章、徐阶、董其昌、陈继儒、陈子龙、夏允彝等一批著名人物，科举方面，只有三县（华亭、上海、青浦）的松江府，仅有明一代，便有进士四百余人。

在这样科举文风极盛的地方主持科考，于尹会一而言，是既兴奋而又颇感压力的。要完成好任务，他对协助他校文选拔的幕僚团队，自是寄予了很大的期望。虽然他幕中数人也多具才学，但以文章造诣而言还是不及大櫆的，故此时得大櫆入幕襄助，他当然是为之欢欣鼓舞且期盼殷殷了。

眼前的工作之外，这位素对大櫆颇为敬重的学使，也不免期待日后事暇能与大櫆这个文章高手有所切磋交流，一偿昔日之心愿。而作为方苞的私淑弟子，他甚至隐有一种与大樾建立类似同门关系的愿望。

总之，这宾主二人因几重关系以及相互的敬重，皆是以一种愉悦的心情，对于他们这次的合作寄予了不少的期待。可以想见，随着相处的持久深入，他们完全有可能建立起一种超迈幕友的亲密关系与情谊。

然而，人生之事实难逆料！

大樾入幕仅一月，尹会一便在松江使院中病故了。

原来，江南气候湿热，此时又当最难熬的伏天，人多难受不适应，稍不注意也便中暑染病。但尹会一既感念皇帝的眷遇——夏初，他被擢为吏部侍郎，留任江苏学政——又怕辜负朝廷之托而不敢有懈怠，遂强打精神与幕僚们一起，坚持校阅试文，参详等级取舍。忧劳交加之下，遂感风热而成疾。此时忙碌工作的幕中，其实也有染疾抱病者。只是尹会一不幸又染上了江南多见而可怕的疫疟，以至病重不起，于七月十五卒故。

尹会一的突然去世，令身边所有人都震惊不已。作为友人，大樾帮助尹嘉铨治理学使丧事的同时，也应嘉铨所请，怀着伤悼写了《吏部侍郎博野尹公行状》一文。

因为作者与尹会一关系近密且对他颇为敬重，这篇本只为介绍死者家世生平生卒事迹而为今后撰述传铭提供材料的行状，于委婉叙述的字里行间，带着明显的情感与崇敬，对死者的生平事迹以及性情为人作了细致而动人的交代描述，其实已与传记、墓志铭差不多——或许，尹嘉铨的本意便是请作者为其父作墓志铭的，只是大樾虑以己之布衣身份，不适合给尹会一这样的高官显达作铭传而改作了行状（后来这作铭之任，落到他的老师方苞头上）。

生平首次作幕，却因主家的意外去世而猝止，这对大樾来说，不用说也知是既伤感而又遗憾的。之前为入幕谋划准备时，他哪里想到会发生这样的情况？哪里想到他千里迢迢之应征，只以一月之时便告终结？所以他在伤叹人生变幻世事无常之际，心情不免很有些郁闷失落。

能聊慰其心情，弥补其遗憾的，大概也只是这期间，相处了几个不错的幕友。

一个是方苞的友人杨黄在。杨黄在虽是进士出身，颇有才华，但因为人太耿直，过去在知县、知州任上都与同僚上司闹得关系很僵，最后被排挤削职。他是方苞的旧友，大櫆自然也很敬重他。

另一个是河北深泽人宋运夫。这宋运夫与杨黄在一样，亦是进士出身，有过做县令的经历。其人性情温和善良，也善做文章，大櫆对他颇有好感。宋运夫更慕大櫆文学之能，一再恳请大櫆为其时文之集写序。幕散分别之前，大櫆满足了宋运夫这个愿望。

杨、宋二人，是幕中结识的新交。这时还有一人，亦同在幕中做事，却是与大櫆早有交往情谊的旧友，丹徒诗人鲍皋。

鲍皋，字步江，号海门。是个对诗赋情有独钟的人。他年少时便以诗为贽，拜在时官扬州的尹会一门下，并与尹嘉铨缔交。大櫆与鲍皋结识，便缘于当年与尹嘉铨的交往。

同作为诗人，大櫆对比自己年轻的鲍皋，印象评价都甚佳，后来还将他的诗作带至京城为之宣扬。此次二人共处学使幕中，欣喜欢愉自不待言，而大櫆也为这位友人的《海门诗集》，写了篇颇见感情的序文。

后两年，杨黄在去世，以其子云松之所请，大櫆亦为杨黄在的文集写了序。是则松江幕中三友，皆得见诸大櫆之笔下，这在大櫆的交游中，是很少见的现象。

而这几篇文序，在留下大櫆这段短暂经历交往印迹的同时，也留下了值得一说的他对文学的一些议论观念。

作为一个已颇有声名的文学家，大櫆对文学活动与现象自然会有自己的一些看法认识。他在给友人们的文字中，不时便会谈到。如《王载阳诗序》即有涉及：

公卿大夫皆有职，农工商贾皆有业。今之读书者号为士，其上可以为公卿大夫，而其下不可以为农工商贾。其幸而得为公卿大夫，则方坐论奔走之不暇，奚暇其他？其不幸而不得为公卿，其将奚为？为诗而已。故曰：穷而后工于诗也。

然其道皆以四子五经之书，为八比之时文，至于诗盖无所用之。而天下之习为举子业者，多不能诗，其能为诗者，亦不复留意举子业。呜呼！此诗之所以能穷人也。

这里，他论述了一个看法：能够创作出流传千古之诗文的人，是不可能不穷困的。

这种看法，过去也不是没有人说过。儒家有一个著名的观点，即"君子固穷"。做君子的，要坚实道义，往往要作出牺牲，更不会如那些小人一般地去钻营，当然也就"穷"了。做文学的人，肩负着"文以载道"的重任，也要作出牺牲，要"君子固穷"了。

大樾似乎不关心这个大道理，他是个实在人，他讲文人固穷，就讲实际的原因：他先从身份职业的角度，继而又就科举现象而从人的兴趣精力方面，解释为文学者为何会"固穷"。

还有没有原因呢？当然还有！

那是文学地位的卑下。扬雄文章学问誉满天下，然而他历经三朝，可在皇帝身边终只是写点歌功颂德粉饰太平之文的可有可无的文学闲人，所以他有"雕虫篆刻""壮夫不为"之愤叹；李白才志不凡诗雄千古，被召为学士趄趄入朝，然其作用价值，到底也只是用其美丽诗句聊搏玄宗、贵妃之怡情欢心，终乃沮然悻然挂冠而去，浪迹江湖以终。

文学的地位如此卑微，为文学者又焉得不穷?!

这情况大樾如何不知？只是他不便公然议论罢了。自韩愈明确喊出"文以明道"的口号，天下儒者文人都背负着这个神圣的使命，谁敢说文学的地位卑下？唾沫星子都淹死你！

这且丢过。再来说说大樾眼下给松江幕友的序文中的议论。

在为杨黄在所作之序中，我们见到了大樾另一种关于文学的意见。他说："夫自古文章之传，视乎其人。其人而圣贤也者，则文以圣贤而存；其人而忠孝洁廉也者，则文以忠孝洁廉而存。匪是，则文必不工，工亦不传。"

这是将文学作品的优秀与否，与作者的道德品质紧密相连了。

在他以往给其他友人的文章中，也有类似看法：

余谓自古必传于后世，不在圣明之作述，则必在英雄豪杰高隐旷达之士所为，而龌龊凡猥奔趋荣利之辈，终归泯灭无一存者。（《徐崑山文

序》)

为什么"圣贤忠孝""英雄豪杰""高隐旷达"之士的作品就能流传呢?

因为文如其人,这些人物的身上都体现着符合社会要求的高尚的精神品质,将它们形之于文,自然会以感染教育人的魅力与影响,获得流传于世的文学生命。

这说法,基本是正确的。纵观古今文坛,那些真正有生命力的文学作品,大率皆出自人格高尚之人之手,因为他们心中不仅有善良真爱,还有道义理想,他们会努力发现和呵护人间的善良与正义,而深恶痛愤它们被一切的丑陋邪恶所玷污困厄乃至扼杀!唯其如此,他们一腔心血化铸的作品,才能在对"美"的歌颂和叹息中,化成打动人心的强大情感与力量,永久流传下去……

依着这个人与文的关系的思绪,大櫆在为鲍皋的诗集所作序中,除了又一次情不自禁地为这位处境困窘的友人哀叹其"固穷"外,还谈了一个新的观点:

> 文章者,人之心气也。天偶以是气畀之其人以为心,则其为文也,必有辉然之光,历万古而不可堕坏。天苟不以其心畀之,则虽敝终身之力于其中,自以为能矣,而龌龊尘埃,颓然不能以终日。夫为文而至于万古不可堕坏,此其人虽欲不穷,得乎!

他认为:文章是人的心气所化成,而心气则来自天的给予。有此心气,所作文章一定会光艳动人,成为久经传世的佳作;无此心气,则穷一生之力于文事也难有所成,写出来的东西,虽自觉不错,但其实是没有生命力不能流传的。

这说的是人的天赋情况对文章的影响问题。他的看法,是颇有一种天赋决定论的意思的。

天赋之于为文不可或缺,是古今常谈的,也是不可否认的。人的智慧及在某些方面独特的情趣悟性,无疑是影响其能否有所成就与成就大小的重要因素。古往今来众多杰出的诗人文学家，有着你不能不承认的超迈平庸之上的文学天赋。

但天赋固重要，却也不是决定成功的唯一因素。文坛上，通过后天的勤奋学习努力弥补天分不足，而有所成就写出传世佳作的，古今中外也大有人在。

诗人孟郊，其实便是个例子。他的文学天赋并不如何，与七步成诗的曹植，还有醉酒成章的李白相比，他的诗才似乎稍显逊色。他为一字几天几夜地推敲，被后世当作例子而津津乐道，但其实也可以理解成他的才思才情有限，因而文思迟滞。人们后来将他归作苦吟诗人的代表，倒算是看清了他的成功所在：是苦吟成就了他，是对诗歌艺术锲而不舍殚精竭虑的追求努力，才令他在勤能补拙的艺术生涯里，为后人留下了一些美妙的诗篇。

大櫱并不是不知道天道酬勤，也不是不清楚历史上颇有些年轻时默闻、后来通过努力而大器晚成的文学名家。他之所以重视天赋，甚至将它看作是决定文学成就与生命力的唯一因素，自有其思想认识的重要根源（接下来我们便会谈到这个问题）。

若谓前述种种，皆是就人与文的关系而谈论文学现象，则大櫱关于天赋的议论，将之换个角度分析，它其实已直涉文学认识之本身了。

且看他如何描述优秀文学作品之诞生。他首先给文学的本质定义，告诉世人它究竟是什么："文章者，人之心气也。"接着，他揭示这个心气之来源："天偶以是气界之其人以为心。"继而，他进一步揭示且阐述这个心气的神妙："则其为文也，必有辉然之光，历万古而不可堕坏。"

这个简单的刘氏三段论，逻辑地说明了那些有生命力的文学产生的过程它是由天地菁华之气，变成了作者的心气；而作者的心气鼓荡抒发，便成了美妙的可以流传的文字。

在这个简要的描述里，一个以"气"为灵魂核心且为具象内容的文学观，便带着独特的刘氏色彩，出现在我们的面前。所谓"气"，它源于宇宙天地，蕴含着创造与生机，更代表着变化与千姿万态，由之而形成的文字，必然散发着生气光彩而万古不衰！

这是偶尔的见解表述吗？当然不是。在另一篇不知作于何时的《罗西园诗集序》里，他同样阐述了他的关于"气"的文学观："夫文章之传于后世，必其有得于天地菁英之气，如珠如玉，如珊瑚木难，抛沦粪土而宝光夜发，望气者皆能见之。"

可见，他将"气"作为他的文学观的核心概念，并非一时的看法，那是非常明确且坚定不移的。而所以如此，自然有其思想认识的重要根源。这个根源，便在他年轻时期在易学观的基础上形成的对世界生成的认知中：太极一元之气而分阴阳，阴阳清浊激荡而化育为天地万物。

他所谓的"气"，可以说是那个太极一元之气，也可以说是化育万物的天地之气，还可以说是人受阴阳之气清正淳厚者而得到的善贤智能的先天之气。这种"气"，神妙却真实，它存在于天地间，也存在于人的心里，其一朝化为文字，亦会永具生命力而万古不衰！

所以，他之论文之"气"，是与前人关于文气的议论有着重大区别的：他的气，首先是一种哲学认知的融合主客观的神妙"存在"；其转化为文，然后才是一般文论所谓气象气势之"表现"。似乎有点玄乎神秘，但这就是一个哲人拿来破解文学现象，统御文学创作的管钥，正如他的乡贤前辈方以智曾以"易"解诗，二者实是一个道理，抑或他以气解文即受以智之启发亦未可知。

当然，作为一个出色的甚具创新意识与个性风格的文学家，他必然还会在"气"论的核心基础上，在实践和理论认识上去进一步地探索发展，在总结完善中向更高的文学境界攀登。

"气"的观念之外，还有一点值得我们关注。那是他在《杨黄在文序》中提出的，"雅洁可诵"的为文主张。

自唐代韩愈反对模仿剽窃古人的陈陈相因的文风，倡扬"词必己出"始，文坛上以唐宋八大家为代表，确有一种追求文字清新简洁的努力。然至明代文学，又在"文必秦汉，诗必盛唐"的复古运动中倒退。虽也有一些人学唐宋之文欲求"文从字顺"，然总体的文风却因只知从形式上学习效仿古人，"画虎不成反类犬"，又把文章做得或佶屈聱牙不知所谓，或陈词滥调充斥，废话空话连篇。

对此，清初一些有识见的文人，不免都发出了反对批评的声音。韩菼感慨说："古文之废久矣，惟剽窃拟似之是患。"唐甄批评道："文不可以伪为。

不学而强为之者，伪也。优偶衣冠，虽似而非；骈拇枝指，虽真不正。言不由己，而涂饰之者，譬则优偶也；言出于己，而杂乱无章之，譬则骈指也。"他们批评的矛头，都直指剽窃之弊病，是比较客观实际的，可以说代表了当时文坛欲纠正不良文风的一般看法与努力。

但这时，也有人从另外的方向，对古文创作的现状发出了不满反对的声音。

这个人，便是倡扬文章"义法"的方苞。他批评说："古文义法不讲久矣。吴越间遗老尤放恣，或杂小说，或沿翰林旧体，无一雅洁者。古文中不可入语录中语、魏晋六朝藻丽俳语、汉赋中板重字法，诗歌中隽语、南北史俳巧语。"令他不满的，不是剽窃之风，而是语言的"杂乱不正"。

语言，是人们思想情感表达的工具，各种语言词汇的产生与流传，折射着社会生活的变化发展，皆有其存在的合理性与生命力。而文学作为社会生活的艺术反映，它在忠实记录时代语言的同时，更要求它们不断丰富创新，以增其艺术的表现与感染力。

就古文来说，这种长短句散行书写的文章，因其自由书写的特点，遂成为人们日常生活中用途最广泛的文体。这使它在语言使用上，不仅因着作者的个人素养及兴趣嗜好的不同，表现出其他体裁所难彰显的个性风格，同时也表现出更鲜明的时代特征。而在明季清初，这种个性张扬与时代特征，较之其他历史时期，尤为突出。

明代万历以后，因着社会经济的发展、资本主义萌芽与市民阶层的出现，以及西学东渐等诸般原因，各种社会思潮异常活跃，而文学领域的小说、戏曲等体裁，也日渐成熟，不仅影响着人们的生活，也为不少的文人所喜爱。在这个思想束缚较少、人们比较自由地表达思想情感的年代，反映社会生活思想最敏感也最直观的古文，也通过作者无拘束地创作，将表达各种现象与观点以及个人爱好的语言，带进了作品之中。这种情形，在经济与文化最发达的东南吴越地区尤为突出。

从文学的本质及规律而言，古文语言的这种丰富性，于其自身的发展进步，无疑是积极而有益的——虽然由于作者的水平问题，在具体的创作中或也存在语言使用不妥、效果不佳的情况，但那是艺能之事，而非关语言本身。

譬如语体问题，语言在不同的应用环境中所形成的使用语言材料的特点，导致了各种语体的诞生。学习研究借鉴它们，从中提炼适合自己的语言，以丰富和提升语言表现能力，对于古文作者来说，无疑是应该且必需的。至于最后所取得的效果如何，取决于个人素养与善不善于学习运用，即使效果不佳，也不该否定不同语体的价值。

但方苞不这样认为。在他看来，古文写作中如他所列的种种语言，芜杂而不正，其出现有害于古文的创作发展。而其原因，便是因为不讲他所标举的古文“义法”。所以他要借着批评文风之际，将那些不符合“义法”要求尤其是损害“义”的各种语言，都统统排除在古文的写作之外，以达到他所希望的“质而不芜”“澄清无滓”的“雅洁”。譬如那些禅佛的语录，表达着异教的思想，与儒道格格不入，当然是在禁止之列；那些诗歌中隐晦其义而耐人寻味的隽语，容易惑乱人心情感，也需要摒弃；即便那些虽意思无害但却轻佻不庄重的语言，用来表达崇高的“义理”，也是不合适、不能用的……

那么，什么样的语言才是符合古文“义法”要求的呢？他又说了一番话：

> 《易》《诗》《书》《春秋》及四书，一字不可增减，文之极则也。降及《左传》《史记》、韩文，虽长篇，句字可剃者甚少。其余诸家，虽举世传诵之文，义枝辞冗者，或不免矣。

古往今来众多的优秀作品，只有《左传》《史记》和韩愈的文章，语言上基本没有毛病。这三者以外的“其余诸家”虽有传世之作，都不免“义枝辞冗”，只能批判地接受。完全符合“义法”要求的文字，只有儒家的经典，如四书五经，那是完美到一字不可删改的典范。

这就是方苞对古文的雅洁要求，或者说是他的雅洁观。

从当时古文创作存在的剽摹之风及其所带来的诸般语言弊病来说，方苞要求讲究语言使用无害于文章气韵及文意阐发，以达到“澄清不滓”的雅洁，是有一种因时纠变的积极意义的。

但问题是，他所倡扬的“雅洁”，以议论古文义法的面目出现，而实质却是归宿于他的卫道目的，以致他在语言使用上以极严苛的态度，排斥一切不利于儒家思想宣扬以及不合其"义法"要求的文字，这种封闭、因噎废食式的语言要求，在理论与实践上都有害于古文的创作。而他把儒家经典之书推崇为"一字不可增减"的文章典范的议论，在显示其卫道面孔与复古狂热的同时，更以禁锢人的思想而戕害着古文的发展——如果世人都把文章做成那种说教之文，岂非千人一面，万人一言，毫无文学的生气趣味可言了吗？后来的人们批评桐城派，指责它清规戒律多，与方苞这种在语言上的过分限制不无关系。

其实方苞他自己，也是个受害者。

他一心琢磨怎么样才能达到符合义理要求的雅洁，结果其文章"清"是清了，但气却未见长多少，反而给自己的作品带来了缺乏文采、不生动的显著毛病。有些文章，更是干瘪无味，让人难以卒读，说来也是一种尴尬的讽刺。

纠正方苞之弊，在时下的古文创作中追求"雅洁"做得较好的，是他的门人大櫆。

但大櫆在这方面的努力，却非是响应方苞的号召之故。其追求文字的"雅洁"，另有影响的源头。这个源头，是其桐城故乡的先贤，尤其是清初的著名学者哲人与文学家钱澄之。

前面说过，桐城的文学到明末清初时，已然进入了一个理论总结的时期，其中的代表人物便是方以智、钱澄之。他们二人，俱是以学者哲人而为文学，以其胸襟、眼界、学问、功力，足以臧否文艺、管领风骚，宜为当时包括桐城在内的文学活动，作一家理论之总结。二者又是极要好的友人，故其关于文学的认识与意见，虽有角度兴趣深浅之不同，但又不乏相互影响相互阐补之处，并看法主张中也有部分基本相同。

且看他们的为文议论：

> 学足识尽而用其才，行乎不得不行，止乎不得不止，秩序变化，同时中节，知达之神者乎！不以辞害意，言近而指远，吾无隐乎尔，造适不及笑，知达之本者乎！（方以智《文章薪火》）
>
> 理也者，气之源也，理明而气足，气足而法生。穷理御气以轨于法，

文之澜所由成也。是宜治其源也：本之六经，以研其精；稽之传注，以晰其微；博之诸史，以广其识；辅之百家，以尽其义。如是，而理得焉，而气至焉，而法亦备焉。然后为文，行乎其所不得不行，止乎其所不得不止。（钱澄之《江汉持澜序》）

虽表述不同，但二人总结的为文之道，却基本一致，而后者则更明确具体。他们都强调学问素养的重要性，重视在读书穷理中开眼足识，积蓄获得一种丰沛而高屋建瓴的神气；驱之为文，则辞达尽意，"行乎不得不行，止乎不得不止"，自然符合秩序法则要求，而显出文章的波澜曲折。

如此振聋发聩可启迪人认识的文章之论，岂能不影响有志于文学的邑中后辈？岂能不影响到他们在文学努力上的具体倾向与追求？

大櫆便是受影响者之一。但比较而言，他受钱澄之的影响更大更明显。

钱刘两家同里而居，又世为姻亲，生活文化相互影响不可避免。年轻时的大櫆，既欲在文学上有所建树，同里而声名天下的先贤钱澄之，势必会成为他最直接的追崇学习对象。

澄之论文，如上所述，是以读书明理为基础，"依诸理而本乎气"，强调"气"在文章中的极其重要作用，它联系"理""法"而又贯显"理""法"，是文章成功的关键与保证。而大櫆的文论中，"气"同样是他的本原核心所在，其他的认识看法皆由之而展开。唯其如此，他们二人的文章都表现出气势磅礴的特征，在桐城明清文人中显出独特而继承明显的文学风格。

而当一种文章实现了"依诸理本乎气"，"行乎不得不行，止乎不得不止"，辞达尽意，它在表现出气顺语畅的同时，也自然会收获去邪存正化繁为简的雅洁功效。正所谓"凡文笔老则简，意真则简，辞切则简，理当则简，味淡则简，气蕴则简，品贵则简，神远而含藏不尽则简"[1]。

澄之在以气论文之外，又主张为文当以"无所依附""本色为佳"，绝去涂饰，一意孤行，直摅己见，既不求慕合于古人，也不迎合于世俗。换句话，便是不管别人怎样看待，只说自己要说的话，表自己要表的情思。这使他的文章，又表现出不事藻绘、明白如话、真璞自然的艺术风貌，读之"如泉之

---

[1] 刘大櫆:《论文偶记》

流，清莹可鉴，甘洁可饮"。

大樾也继承了澄之的这个理念主张。这在他的《伯父纷既先生诗序》中，体现得最明显：

> 周以前，士无以诗名者。呜呼！此国风雅颂之作，所以至今存也。古之为诗者，非以为诗也而为之。发乎情之不容已然后言；言之不足，然后歌咏之。虽里巷无知之野人，莫不能为诗，而圣人取之以为后世法。今世大夫以诗为业，童而习之，白首而不迁。呜呼！此今之世所以无诗也。

> 吾伯父纷既先生之为诗，不惟其辞之工，而惟其有以寄吾意。意动则操笔立书，连纸不能休。今之集其诗，又皆反乎人世之欣厌以为去取。然则，今之世有能为古之诗者哉，其知吾伯父之诗矣。

这篇文字很短却耐人寻味的诗序，正是钱澄之所倡扬的不事藻绘、直摅己见之文。文章的意思且不说，单就文字而言："这里没有一个神奇古怪的字，没有浮词滥藻，甚至连概括性较大的'高尚''质朴''清高''诚恳'这类词语也未用，更没有什么典故。'意动则操笔立书，连纸不能休'，正是用最常用的字词，最普通的语法，把自己所要说的说出来。这就是词必己出。这些话又是正当的，即没有什么放辟邪侈的话，没有什么阿谀逢迎的话，没有什么浮夸虚伪的话，这就是气清词洁。"①

可以看到，在文章雅洁方面，大樾的努力，确是走的钱澄之的路子，与方苞的"雅洁"并不相关。我们从他在"雅洁"之外还添了"可诵"二字要求，也可进一步看出这点：他的雅洁并不仅仅是气清词洁，而是还要气顺语畅，声优韵美，可读可讽——而这些，又正是钱澄之为文的鲜明的风格特征，其以诗人为文而重视文字长短音节高下，使散文诗化，故其文琅琅上口，多堪讽咏。

七月下旬，暑热稍退，大樾告别尹嘉铨、鲍皋诸人，与杨黄在父子一道

① 吴孟复：《桐城文派论述》。

离开松江，乘舟溯江至金陵。

杨黄在在使院中也染了疟疾，只是他身体底子好，挺了过来。尹会一丧后，他便考虑去投方苞暂时将养。大櫆也欲去探望老师，遂与杨家父子做了伴。

清凉山下的庐舍里，方苞忽见几人同来，不由惊诧。得知原委后，也嗟悼不已。他虽未收尹会一于门下，但于其人其情还是感念的，此刻闻其下世讯，自不免为之嗟悼感伤。

杨黄在父子在方家住了一段时间后离去，而大櫆这次的金陵之行，逗留的时日却较长，直至下年春间，他仍有在金陵的证明——虽然这中间可能有间断，他很有可能暂时离开过金陵，然后又再返回。

所以如此，除了交游活动外，等候从方苞那里得到消息恐是主要的原因：在他至金陵后，方苞又为弟子的生活去书给安徽学使双庆，推荐大櫆入幕。

双庆这个人与方苞的关系如何，不大清楚。然方苞既能书荐，表明彼此还是有一定交情的。因此，急于择事谋生的大櫆，也便抱着希望，暂留金陵等候了。

大櫆的生平中，以往是否来过金陵不清楚。即使有，或也不过是短暂的途中逗留。但这一次的等候，倒让他在这个六朝古都留下了不少足迹。

秋冬之际，心情怏怏的他，或结伴或独行，至秦淮，履青溪，过燕子矶，观桃叶渡，游莫愁湖，登北极阁，上雨花台，尽揽金陵胜景，留下了不少凭吊感怀诗作。其中《雨花台》一首，情思甚是复杂隐晦，耐人寻味。

> 不知高座寺，直上雨花台。
> 宫苑余荒草，乾坤几劫灰。
> 壮怀春水漫，华发夕阳催。
> 欲问翻经处，前朝逝不回。

雨花台，是旧南京城南门外一座顶部呈平台状的山岗，古时是人们登高览胜之处。相传南梁时，有高僧常在此处弘教说法，感动了佛祖，落花如雨，化作了遍岗的五彩斑斓的石子，遂被人们称作雨花台。台上有建于东晋之初的佛教名刹高座寺，其于明初一度被废，至景弘间得以重修恢复，入清后又渐废弛。如今高座寺山门虽在，而宫殿已圮，唯余一些残寮荒院。

大概这首五律，虽题为《雨花台》，却只围绕高座寺这个感兴主体而咏，展开情思。上半阕如凭如吊，感慨高座寺这座千年古刹，在历史的烟云中消失不见，惟余遍地荒草；下半阕则由名刹的遭际而联想感怀，哀叹自己壮志不酬，华发催衰。

乍看上去，诗意很简单，情感也很普通。然而细细品味，却又觉得诗中的意思情感，含蕴颇深：一句"乾坤几劫灰"，已让人感受到不同寻常的沧桑沉郁；而"前朝逝不回"的慨叹，更含寓着明显的惋惜、伤感甚至沉痛！读着这样的诗，你仿佛回到了清初，听到了那些遗民诗人面对劫灰中的故国的哀痛之泣……

是的，如果不知诗作于清中期的背景，你会以为它出自清初那些深怀家国之痛的遗民。

乾隆初年的大概，当然不可能有遗民情怀。然则此时此刻，他为何却于诗中表现出一种类似遗民的情感情思呢？

这是因为高座寺在清初特殊的历史印记与他当下个人心情的复杂交织。

清初的高座寺，并非普通的佛教场所。当清军尚在与南方的抗清政权激战时，高座寺在僧中"遗民"觉浪道盛的影响下，成为众多不与清廷合作而志在复明的遗民志士的避世藏身聚集活动之地。

这些人中，便有两个桐城的著名人物，方以智与钱澄之。他们在南方抗清失败后，先后被迫出家为僧并来到了高座寺，暗中从事复明的活动。雨花台一侧的看竹轩，即是方以智为避官府招揽而闭关之处。

方钱二人，是明末清初桐城最有影响的人物。百年后踏上雨花台的大概，面对荒草萋萋的寺院遗存，怎能会不忆起家乡这两位星辰闪耀般的先贤在此的过往，并为才华杰出一世的他们的生平遭际和志节而生发出深深的嗟呀感叹？而在这种缅怀人物的感慨中，一种由彼及己的联想感受，也放大了壮志难酬的诗人自己的生平挫折与痛苦，放大了他心中的积郁与不忿；这种积郁与不忿，又反过来加深了"乾坤几劫灰"感受与悲哀。当历史与现实的悲哀深深地交织在一起时，情思激荡而难遏的他，不觉发出了"前朝逝不回"的遗民式哀叹——它与其说是对前朝的某种追念惋惜，还不如说是对"美好与理想"幻灭的沉痛与祭奠，对历史的伤悼背后，也隐含着对现实的不满与悲愤！

这是大櫆诗歌中罕见涉及前朝的作品。专制的文化环境，使前朝的话题为人们所深深忌讳。诗赋中涉及，要么纯表现为怀古，要么极其小心地隐晦其词与情感，如大櫆这般吟叹"乾坤几劫灰""前朝逝不回"，是颇为露骨而大胆了——但这就是大櫆，在这个万马齐喑的年代里，敢于表达真实思想感情，道人之所不敢道的大櫆！

在金陵的这些日子里，大櫆也结识了一些本地的文友。

最早认识的，应是在方苞处见到的翁兆漋。翁兆漋是个年轻的书生，家居秦淮古西州城一带。其人好学有才，得方苞赏识而拜在其门下，算起来与大櫆是同门师兄弟。大櫆在金陵的交游，初始阶段大约与翁兆漋这个年轻的师弟多有关系。

翁兆漋之外，相处不错的尚有两人。

一是六合人周书岩。此人是个出身于武科的官员，以太夫人春秋已高而归养在家。其与大櫆如何结识却不清楚，或也还是因为方苞的缘故，因方苞出生于六合留稼村，与其地很有渊源。

不过，使二人亲近的，应还是诗这个媒介。

原来这周书岩好诗也颇工诗，生平游踪所至无不有歌咏诗纪。在与大櫆结识后，向慕大櫆文名诗名的他，自不愿放过求教的机会，不仅将平生的诗作都拿出来求教于大櫆，且恳请为序。大櫆感其以武人而好诗工诗，应允了他，写下了金陵逗留期间唯一的一篇文章。

这个时代的陋习所致，文人是不太瞧得起武人的，以"赳赳武夫"而鄙之。大櫆不但没有瞧不起，且欣为其诗作序，并于序中称赞"吾求文士之胜书岩者而不得也"，是可见大櫆之为人行事，洒脱开明且无畏，既少世俗之偏见，而亦不惧世俗之讥谗。

周书岩属于大櫆交游中萍水相逢的一般朋友，而另一个人的情形却不同，其与大櫆的交往，则是大櫆所称彼此愿"深相绸结"者。这个人就是南宋著名抗金英雄岳飞的后裔岳萝渊。

岳萝渊，字水轩（一说字屿潭，号水轩），丰学识，多才艺，工诗而善花鸟画。大樾评赞他是"于百家技艺之事无不能，于古今治乱成败之故无不知"。只是他与大樾一样，虽负才学而俱不能见用于世。

刘、岳二人的结交，大约是因为才人之间彼此的惺惺相惜，但也似与大樾素来的英雄情结有些关系。他少时抱负志概不凡，曾幻想着像历史上的英雄人物那样，能够建功立业名留青史。这个英雄之梦，后来虽随着科举的失败、人生的挫折而告破灭，但他心中对英雄豪杰的景仰崇拜，却毫未消减。而岳飞正是他最崇慕的事功品节兼具的英雄人物之一。

雍正年间，他在京师结识了嘉兴的汪氏兄弟，从他们那里看到了一幅名称金陀的庄园图，并得知其园乃岳飞之孙岳珂所筑，辗转几易其主，归于汪氏。大樾因便喜欢上了斯园，遗憾自己不得亲至浏览，最后还为之作了《金陀图记》。

一座与岳飞后人相关的庄园，都能引起他的兴趣，今得与其后人相聚盘桓，又怎能不使他情热意盎而倾心以交？

> 余少读《宋史》，至岳忠武王，未尝不反复嗟吁，蓬然流涕，而叹世主之不明也。忠武之志扶宋及转战恢复之功，世皆知之；若其进退，从违、生死，一皆合于圣人之义，则人未必尽知之。窃以为三代而下，如忠武者不过数人。而生不及其时，不得亲挹其辉光，以为恨事。其后，得交于王之裔孙水轩。夫以生平爱慕忠武之心，毕一世而不得见，见其裔孙，则不啻见忠武矣。虽使水轩泯然如众人，吾犹将敬之，况其抱负非常哉！虽其拒而不吾与，吾犹将附之，况其深相绸结哉！

这段话语，出自十余年后，他在新安与岳萝渊再遇时，为其诗集所作之序的篇首。其明白地解释了他之与岳萝渊结交的缘故，也清楚地表达出他对岳飞这个英雄人物的无限敬慕：

他声称"三代而下，如忠武者不过数人"，恨自己"生不及其时，不得亲挹其辉光"，又道他这一辈子，也未见当世有岳飞这样的人物，现在得见其后，即如见到其本人一样荣幸欢欣……

这样的崇敬与爱慕，已可算是极致而无可比拟了！

他为何会有这样的认识与情感？仅仅是因为岳飞其人如他所谓是既有扶持宋室转战恢复之功，又于生死进退符合圣人之义的杰出人物，又或如世人普遍所持的看法，以其为事迹感人的"精忠报国"的忠节典范？

未必这样的简单。须知中华几千年的历史风云中，曾经涌现出无数为人们所崇仰歌颂的英雄豪杰，而当王朝兴废之际，以事功忠节留名于青史的也大有人在。岳飞之所以被近世的人们所崇敬缅怀，有其英雄悲剧激发同情惋惜与痛愤的情感因素，但主要的则是因为他抵御外侮矢志图复中原的决心事迹，因为他在"怒发冲冠""壮怀激烈"，悲呼"还我河山"中所表现出来的强烈的爱国精神与民族气节！

"民族英雄"，才是岳飞这位历史人物的准确定位！即如大櫆序文中所言，"扶宋室及转战恢复之功，世皆知之"。唯其如此，他才获得了世世代代人们的敬仰与歌颂，甚至被编进了传奇小说中，搬上了舞台。

到了清代，统治者虽是当年金人的延续，但为了笼络人心，对岳飞这个历史上的抗金英雄，也没有过分的贬抑，只是玩弄政治策略，着意淡化矛盾，而宣扬岳飞的忠君为国，要人们学习岳飞，宁可放弃恢复大业，宁可身死，也要服从君王朝廷的意志，做一个愚忠的臣子。

大櫆在序文中所谓岳飞生死进退皆合圣人之义云云，显也是对这种官方思想的迎合。这种迎合，未必发自肺腑，但却是必要的。不然，他若只崇拜"扶宋室及转战恢复之功"的抗金英雄岳飞，在文化专制达到极点、文字狱盛行天下的现世，那是易授人以柄而有风险的。

但即便如此，我们还是要佩服大櫆有着一般人所没有的勇气。雍正四年，在政治上从不"温情脉脉"的皇帝，不掩饰他内心的戒备，一声令下，将比关羽更早进入武圣的殿堂、已被世祀数百年的岳飞撤出了武庙，独崇那个只知忠于刘备的关羽。雍正末年，皇帝又寻了个事端，将他所猜忌的边疆统帅岳钟琪下了大狱——无他，只因其是岳飞的嫡系裔孙，并曾牵涉谋反的吕留良案。可见岳飞这个曾经的抗金英雄，在时下的这个年代，仍是个敏感的话题（三十年后，连《说岳全传》也将成为禁书）。而大櫆却堂而皇之地向世人表达，他对岳飞的无限崇敬与爱慕，甚至以能交结其后人而为荣幸！

由之，我们不能不猜测大樵对岳飞的崇慕，在其固有的英雄情结背后，尚有着其他的情感意识。联系他此期在《雨花台》诗中"乾坤几劫灰""前朝逝不回"的感慨，我们似不能否认：在大樵的思想里，有一种潜隐的民族意识。它平常被政治的氛围压制着，并不显见。而当他感慨不满于现实时，这种潜隐的民族意识便会不经意间流露出来：雍乾之际，他在《天道》中将批挞的矛头直指统治者，愤斥天下无道，"上之于民，名为治之，其实乱之；天之于民，名为生之，而其实杀之"，未必没有这种民族意识与情感作用在内；而今登雨花台之慨叹，着意结交岳飞后人之表现，更是较明显地将这种意识反映在我们的眼前。

第二十二章　保举经学

乾隆十四年，花事谢残的暮春时节。

久久等不到消息，估计老师所荐入幕安徽学使双庆事已无希望，大櫆遂告别师友，离开了金陵[①]。

心情抑郁的他，没有直接回乡，而是取道东向，去探访了一些久别的友人。昔日在京师，他结识的友人中有一些吴中人士[②]，去年虽幕松江，但事促时短，也未及访晤。此时得空，便起了游访之念，也欲藉之抚慰落寞郁闷的情怀。

行舟顺流而下至镇江，晚泊枕江峭立的北固山下。在舟上眺望日落峰头，风扬波涛，江边苇草丛密，鸟鸣归巢诸般熟悉的景物，乡愁思念油然而生。低吟浅唱之际，他很是有些怪自己："菊径瓜田待我归，何为久作江南客。"

去岁松江意外散幕后，他不好意思返乡，怕惹讥嘲。后又有老师推荐之事，遂迁延至此。这一晃又是一年，而自己仍在游荡之中。想一想，如何能不自责呢？

但自责归自责，这趟行程他却也没有打算放弃。任由着那一叶舟蓬载着自己，在下游不远处离开大江，驶入江南运河，由南而东飘向苏常。

在常州，他作短暂的逗留。这里有若干相识的文友，后来入大櫆诗集者有两位。一是武进人恽寿平，一是常熟人王翚。这二人皆多才艺，而尤擅画。酬唱之际，诗名在外的大櫆，少不得也为热情主人的画作，题了些诗句。

---

① 据大櫆《祭望溪先生文》谓"谁知背面，五月而徂"，而方苞卒于八月，则櫆别其离开当在春末。

② 大櫆与一些文友交往的具体时间情形难考，即使可考也囿于篇章叙述安排而不能顾及。此节所叙者亦多如此。为补遗缺，只能并此大略绍叙。

还有一个常熟人顾镇，或许便是此际与大樾结识。

顾镇，字备九，号古湫。此人好古文，制义也有不同于世俗的特色，大约也是属于以古文为时文之辈。因此与大樾很谈得来，有同志之慨。二人后来颇有交往酬唱，大樾还为顾镇的时文集写了序文。

隔数日，过无锡，到了苏州。这是大樾此趟江南行的主访之地，有一批先后结识的友人，如张栋、张绣枫、张少仪、沈彤、朱药岑、谢芳连、顾兰畹等，其中认识最早的是吴江人张栋。

张栋，字宏勋，号玉川。雍正初，他与大樾一样以贡生入太学，二人居处相距不过数里，结识后彼此投契，来往不断。

张栋也属于博学多才之人，工诗擅画，墨林中小有名气。他给大樾最大的印象是谦逊好学，是个值得交往的朋友，故后来他给张栋的诗集作序时，便因之有感而发，畅谈交友之道，于感慨世俗友道之衰惟势相趋的同时，主张与健康有益的朋友交往，亦颇启人之思。

但这次大樾入吴，张栋似游历在外，并未能相聚。而如之情形者，亦还有其他人。这令大樾不免觉着些许遗憾。好在家居者尚有数人，可慰其怀。

吴中一带，是典型的江南水乡。自春及夏，大樾泛舟于青山绿水间，访朋问友，观景览胜，一时倒也怡情适意，忘了忧愁。

有时还有意外巧遇之惊喜。一日，姑苏友人邀游有"吴中第一名胜"之誉的虎丘，临剑池，眺寺塔，漫步于溪水松篁绝岩耸壑之间。大樾不觉忆起多年前，曾在此处偶遇的一位江阴友人蔡寅斗（字芳三），当时二人相见言欢，高吟热烈，对酒殷勤。临别，大樾还为之赋诗一首。

正与友伴叙说兹事，忽然传来呼喊声。寻踪望去，却见不远处有人边挥手边向这边趋步而来。定睛细看，不由得无比惊讶欢喜，笑逐颜开——你道为何？原来那呼喊走近之人，正是他方才念之叨之的蔡寅斗，真个是"说曹操，曹操到！"

人海茫茫，天涯各方的友人，欲得一见何其之难？大樾与蔡寅斗上一次相聚，尚在六年前的京师，此后彼此不闻消息。不料今日不但无意间得以偶遇，且是在多年前相逢的同一个地点，不能不让人感叹其奇巧，而深慨人生聚散离合，冥冥中似自有定数！

兴奋感慨中，诗人的大櫆，再次以《虎丘逢蔡芳三》为题，叙述了他们这次意外相逢的插曲：

把酒燕山暮雨时，中郎大笔最淋漓。
六年流落无消息，今日逢君短簿祠。

游历，是诗的沃壤。吴中之行，诞生了大櫆不少诗篇。只是由于他既有先后数游之经历，诗作后来又依体例结集，所以很难判别每首作品具体成于何时。

譬如他为宜兴友人谢芳连的题诗。

谢芳连，字皆人，号香祖山人，是个颇有才誉的诗人。其与大櫆结缘，似在京师时。大櫆有送其归宜兴诗，此外还有题图诗二首，分别为《题谢香祖砚香书屋图》《孝廉种菜图为谢香祖题》。

这两首题图诗，既不能确定是否同时作，亦不知作于何时。惟后一首，审其诗中蕴含的思想情感，似为大櫆此次入吴之作：

义兴芳砚之村庄，山水盘亘烟岚苍。竹屋八九间，人称谢公乡。谢公死去近百载，清风至今长激扬……忆昨边庭烽火惊，烧残汉帜轰雷霆。运去英雄丧首尾，天心恍惚难具明。陵岸沧田互迁递，神州仓卒黄云蔽。连翩走马三数公，遘衅乘机居高位。孝廉从此歌命衰。神农既没将安归。牛宫迤逦荒山曲，菜叶萧疏散鸡鹜。手把长镵白木柄，商略阴晴问童仆。人情得陇每望蜀，富贵若个能知足，但勿求荣应远辱。君不见陈百史，宛转朝衣斩东市；君不见龚芝麓，尚书履声今不复。人家菜圃盈路衢，谁肯归来自荷锄。烟销日出江村孤，至今传者种菜图。

诗所题《孝廉种菜图》，反映的是谢芳连之祖谢遴的故事：明亡清兴，遴不从官府招揽，隐居乡间以种菜为生，足不履城市二十年。诗人以极饱满深沉的笔触情感，赞颂了谢遴以遗民自守的事迹与气节，同时对当时那些趋从富贵而出仕者给予了刺讽与嘲笑，且以谢遴两个同年中举陈名夏、龚鼎孳仕清后一个被杀一个声名遗污的事例,警诫世人"但勿求荣应远辱",而进一步反衬了谢遴品格的坚贞与高洁。

这是大樾诗歌中,明白歌颂清初遗民的一首诗作。

从赞美与刺讽中,我们可以看到作者对待遗民是明显肯定的态度;而从"天心恍惚难具明""神州仓卒黄云蔽""神农既没将安归"这些叙说沧桑变革的感慨伤悼中,我们亦能触摸到作者内心深处的一些思想情感,那正是我们在前面所言的,去岁他登雨花台时隐晦反映出的民族意识与情绪。因之以判,此诗作于这次入吴的可能性较大;同时我们也可知晓,大樾之民族意识情感的存在,当也与其家族的因素有关,因为他与以图纪念其祖的谢芳连一样,也是遗民的后代——当他歌颂谢遴时,当亦是在歌颂他那隐居山中数十载的曾祖南高公!所以,这首诗中的情感,才那样的真挚热烈而深沉。

吴中这次访聚的友人,尚有一位值得一提,这便是吴江人朱药岑。

朱药岑的生平情况不太清楚,从大樾的诗中看,大约也是个落拓不得志文士,且长期离乡游历在外,大樾谓是"作客半世不归家"。他这情形与大樾差不多,故二人别有一番相怜相惜的情谊。此次大樾入吴,与之绸缪甚有一段时间,暑热的天气,或便是在朱家度过的。

药岑也善诗,彼此多有诗作酬唱。大樾《次朱药岑花朝韵》《次朱药岑瓶中海棠原韵却增二韵为戏》《七夕次朱药岑韵》诸诗,应便作于此时。

天气稍凉爽点时,大樾离吴返乡。或许是怀旧的心理所驱,或许有其他事由,他绕道松江,重至使院。在那里留下了一首感伤的诗:

> 桂枝梧叶满窗前,借问朋交半九泉。
> 犹记云间当日梦,三更风雨对床眠。

此后北上,途经昆山,抚今思昔,满怀感触的他,不禁又喟然伤叹:

> 日月奔忙似跳丸,十年回首几家残。
> 县城西北昆山色,头白重来掩泪看。

上溯时间，所谓"十年"，当系乾隆五年大櫆北上京师前，先曾舟楫东下入吴游访。十年之间，人事变化很大，许多故旧已泯然作古，而自己则潦倒依旧，鬓发染霜，这教他怎能不为之掩泪怆然！

而更感伤的事，还在后面等着他。

首先是归家后方知，仲兄大醇在他上年离乡后仅两月，便已不幸病故。因他才去入幕，谋生不易，家里遂没有报讯给他。这令他伤心哀痛之余，也在心中留下了很深的愧憾，觉得对不起已逝的二兄。

而丧兄之痛未绝，忽然又惊悉方苞于八月中旬去世的噩耗。

仓皇赶到金陵的他，哀哭于老师的灵前，尚不愿接受斯人已去的事实，恍惚间，眼前总是几个月前与老人在一起的画面场景：春水边的散步漫谈，桃林间的观览赏花，小楼上的共酌凭栏，还有老师那颀长的身影，清瘦的脸庞，温和的话语笑容……

生平的交往中，方苞无疑是他最敬重难忘的师长。不单是因为二十多年来对他的提携教诲，亲如子侄的关怀，竭尽所能的帮助，更因为其也是他生平仅见的文坛大师与仕林名流——虽然，他与方苞在治学为文的理念与方法上多有殊异，个人的性情以及处世的态度上也有很大差异，但这一切都不妨碍他对方苞这位一代宗师耆宿的真诚仰慕与崇敬。

　　呜呼！汉氏以来，群儒区区，《六经》之道，虽辟而芜。惟公治之，究其根株。如受衡量，不溢黍铢。《春秋》诸传，类多龃龉。公比其事，孔思昭苏。《周官》《士礼》，久荒不锄，斫璞出玉，朗然虬珠。一言之立，百世可孚。从祀阙里，亦其宜与！

　　公之怀抱，迈登黄虞。少而多难，百不一摅。晚贰宗伯，日进讦谟。村童野老，跂足以须。彼谮人者，谓公钓誉。谁实为此？嗟嗟鄙夫！公则犹是，民也何辜！公倡大义，众见为迂，最知公者，高安相朱。慨彼世俗，仅识公粗。拟之周士，子产夷吾。申施未竟，孰谓非诬？

　　至于文章，乃公绪余。然其所为，鬼阚神敷。燔剥六艺，炙剔膏腴。高堂黼座，正冠危裾。云升水涌，风日晴舒。卑视魏晋，有如隶奴。

　　公之孺慕，无间须臾。遭值母丧，不获归庐。而于藩府，缨佩以趋。

抱痛一世，泣血涟如。善事其兄，情至礼具。庇其兄子，过于己雏。尤于朋友，擢膈磨肤。相责以义，言不嗫嚅。同里左丈，一心相于。生阔死别，终始不渝。屡见于文，哀情既铺。逮其孙子，眷眷呵嘘。

不材如樗，举世邪揄。公独左顾，栽植其枯。雍之灌之，使之荣芳。提之挈之，免于饥驱。诱而掖之，振聩开愚。卒令顽钝，稍识夷途。岁在癸丑，诏征鸿儒。公以樗应，瑟滥以竽。我营薄禄，过愿所图。喜动于色，背汗有濡。樗试而蹶，公每不愉。愀然累日，顿足长吁。历数平生，游好之徒，苟其杰立，辄见次且。岂彼苍意，固与人殊？我实卷曲，分甘泥途。而仅公念，乃至斯乎！

当公少日，备历崎岖。匪敢玩愒，愈勇读书。其治《三礼》，半在囚拘。死而后已，其生不虚。公既归里，幅巾裤襦。冶城之北，有山有湖。水亭风榭，嘉木扶疏。跳波出曝，穹龟、长鱼。宾朋燕集，不废蓄畬。九治《士礼》，积疑未祛；乃今十治，早夜勤劬。屈指成就，当在秋初。

天桃华灼，携我嬉娱。登楼拾级，不赖人扶。谓公矍铄，百年可逾。讵知背面，五月而徂。公乎何忍？不我少需。呜呼！公之名德，照耀海隅。年跻大耋，尚何烦纡。惟其平昔，师友谇诟。望望不见，所为欷歔！尚飨！

在这篇如传似铭的祭文中，他将方苞评论为治学立言是可从祀孔庙的一代大儒，治世抚民则可比匹春秋时期著名政治家公孙侨、管仲。这虽是弟子友人的过誉溢美，但也反映出方苞在当下文坛士林中的较大影响。

受此影响，这位身故的方侍郎，卒后虽未获得来自朝廷的赐祭之荣，却也享受了一场颇有场面风光的民间"会葬"。这会葬的发起及具体情形不清楚，大约是亲属之外，还聚集地方官府、乡绅名流以及方苞的门人弟子友好故旧等，为方苞举行隆重的葬礼。

"誓欲相从惭九死，空闻会葬忝诸生。"

这是大樶在老师去世后再次过乌龙潭别墅时，所作诗中的两句。显然，他这个正儿八经的门人弟子，因为身份的低微，并未参与会葬的策划组织，只是事情确定后才知道；且从诗中的语意看，他很可能也因为自己虽"忝列师门"却没有科举仕途的功名身份，惭而没有参加后来的会葬活动。

在这个科举至上官僚为尊的时代，既没有科举的功名（举人以上），也没有仕宦的身份，这样的白身士人其实是轻卑而没有多少社会地位的——哪怕你再有学识，诗文再有名气也是枉然。如大櫆这样的情况，或许在一些风雅场合，他会为士大夫们所欣赏；可若遇到讲究秩序等级尊卑的场合，他便被划入卑微的行列而轻之。

方苞的会葬应便是如此。大櫆虽是门人，却无资格预闻此事，而绅士聚集的葬礼场合，他也自惭身份低微而不能涉足其间。一句"空闻会葬忝诸生"，正道出了他心中的伤感与屈辱！

或许正因此刺激，这事过后不久，在接到来自京城的一个消息后，久已放弃功名之念的他，又再次为之进行了一番努力。

冬十一月，北方的京都，传播着两条刚发生的新闻。

一是关于保举经学的。

是月初四，皇帝颁下了谕旨：

"圣贤之学，行本也，文末也。而文之中，经术其根柢也，词章其枝叶也。翰林以文学侍从，近年来因朕每试诗赋，颇致力于词章。而求其沉酣六籍，含英咀华，究经训之间奥者，不少概见，岂笃志正学者鲜欤？抑有其人而未之闻欤？夫穷经不如敦行，然知务本，则于躬行为近。崇尚经术，良有关于世道人心。有若故侍郎蔡闻之、宗人府府丞任启运，研穷经术，敦朴可嘉。近者侍郎沈德潜，学有本源，虽未可遽目为巨儒，收明经致用之效，而视獭祭为工，剪彩为丽者，迥不侔也。今海宇升平，学士大夫举得精研本业，其穷年矻矻，宗仰儒先者，当不乏人。奈何令终老牖下，而词苑中寡经术士也。内大学士、九卿、外督、抚，其公举所知。不拘进士、举人、诸生，以及退休闲废人员能潜心经学者，慎重遴访。务择老成、敦厚、纯朴、淹通之士以应。精选勿滥，称朕意焉。"[①]

① 清高宗实录·卷之三百五十二。

皇帝认为：经术是关乎世道人心的大事，而他的翰林词苑里却少穷研经术学有本源的人。所以要求朝廷的大佬们，内大学士九卿而外督抚，都要遴访公举以呈。

这道谕旨一出，于是人们都知道朝廷要开一次经学制科了，京城立刻又为之轰动。

第二条新闻，则是关于保和殿大学士张廷玉的。

这个月下旬，上谕宣示中外，允张廷玉致仕。

> 谕：大学士、勤宜伯张廷玉……惟是大学士在皇祖时，直内廷，陟卿贰。皇考优加枋用，荣冠臣僚。朕在书斋，即所敬礼。御极至今，眷倚隆重。夫座右鼎彝古器，尚欲久陈几席，何况庙堂元老，谊切股肱。然亲见其老态日增，强留转似不情。而去之一字，实又不忍出诸口，用是踌躇者久之。既而念大学士养病告老……著准以原官致仕……①

张廷玉仕宦康雍乾三朝，尤为雍正所信用，临终遗诏为顾命大臣，并允其配享太庙，恩荣至极。乾隆初，廷玉与皇帝关系尚可，其后则嫌隙渐生。

或为保身远害，或有其他考虑，张廷玉自去岁起，便以年老体病数请辞职还乡。皇帝表面上也颇慰留，表示如何倚重，又谓卿是先皇遗命配享太庙的大臣，怎么能终老乡间呢？后来又说，你年龄大了，若不能天天上朝，可以加恩五日一朝。故自今年正月起，廷玉实已离开了朝廷决策的岗位。最近因他又乞辞，于是便有了眼下的允请上谕。

上谕洋洋洒洒一大篇文字，说得很委婉客气，但也含着揶揄讥讽。要而言之，朕虽不舍忍，但还是如你张廷玉所愿，让你退休吧！

这样，汉官第一人的张廷玉，便至此结束了他的政治生涯，离开了朝廷。他从政数十年，身居高位，门生故吏遍天下，如今罢相致仕，这当然也是一件轰动朝廷的大事。

廷玉致仕前，正赶上月初朝廷下旨保举经学。遂举荐了两人：一是江南

---

① 清高宗实录·卷之三百五十三。

举人陈祖范，一是桐城贡生刘大櫆。其保举陈祖范，后来《清史稿》有载；至于大櫆，大概是为当年博学鸿词科事，对大櫆这位同乡心存愧疚，欲借此次保举经学作点弥补。

身处乡间的大櫆知悉上述二事，大约是在新年之后了，当然差不多的时间，他也接到了来自张府的保举之讯。虽然张廷玉已不在其位，但为着改变现状谋求出身，大櫆还是不愿放弃眼前的机会。

但决心虽下，可直至到了京城，他心中都还是有些纠结不宁。主要的原因，便是对保举经学这个新制科的不了解，不知道这个经学考与正常的科考有何区别，他们这些应举者又将如何应对？

问朋友们，包括那些身处朝廷中的友人，也皆茫然相对，摇头不知。只被告诉了，去岁年底朝廷议定的大致办法：内外所举人员，由大学士九卿公共核定后，请旨调处来京引见，然后由皇帝亲加临试。至于临试什么，那要看皇帝的想法，以及礼部的意见了。

那么，礼部的意见如何呢？

据说，礼部也正犯难头痛，到现在也没有拿出个周全的办法来。原因便是与大櫆的纠结茫然一样，他们亦不知道这未曾经历过的所谓经学制科，要如何考试才能不落入正常科考的窠臼，且又能检验出谁是真正的"淹通经学之士"？

科举史上，唐宋两代在诸多的考试科目中，曾设立过明经及诸经科，专门测验考生对经典的熟悉程度，后来明清的八股科考基本上也是走的这条路。但宋元以降尤其是明清两朝，皆未举行过专门的经学制科，无前例可循。故眼下乾隆帝心血来潮要举经学，便给朝臣们出了个不知道如何办好的难题。

原来不仅自己迷糊，那些组织主持者也一样在发蒙啊！

知晓了这些情况，大櫆好笑之际，也便不再去纠结。且知此事或又与当年词科般要迁延时日，遂一边寻了机会坐馆解决生计，一边耐心地等待。

这种等待，自是颇有些愁苦而煎熬人的。如同往常一样，与朋友们的交往，不时参加些聚游送别活动，便成了他此际孤寂的客寓生活中重要的内容与精神调剂。

他在京中生活多年，前前后后结识了一批学子文人以及仕宦名流。这些人，有一般的谈诗论文的同好同道，也有来往较密关系较好的朋友。而随着他在文坛的名气声誉逐渐升扬，他在京城的交游圈也渐增广，这中间尤以仕宦的文人为多。而这些人中，还有相当一部分，因为资料少的缘故，我们甚至不清楚大樾与他们交往的具体细节。

如大樾诗集中《送李宁人仪部视学山东》《送吴冠山编修视学福建》《送金汝白修撰视学江西》《送佟受兹侍读视学陕西》诸诗所反映的数人，便属此类情形。

他们是何时与大樾相识？交往情形又如何？都不清楚——双方或是早有来往的旧识，抑或是近年结识的新交。但有一点可以肯定：大樾既为诗送别，双方起码是有一定交往的朋友。且从诗题可知，诸人或为礼部官员，或为翰林侍读，俱是朝堂上的文学风雅之士。

有这些各个方面的朋友，大樾日常的交往活动已可想象。而京城又是来来往往最频繁处，友朋间的聚聚送送更是稠密经常。

这次大樾至京不久，便赶上送别了一个文坛领袖人物，那便是我们前面叙及，曾在诗歌上给予大樾影响帮助的旧识沈德潜。

沈德潜出仕十年，七十七岁时，以礼部侍郎致仕。离京回乡的前夕，他邀了在京的一些宦达名流与文学友人聚别，也请了大樾参加。

大樾的送别诗《饯别沈归愚少宗伯归里》，记述了这个活动：

> 峥嵘一代隐侯才，晚节声名动上台。
> 故旧十年劳记忆，风云千里共低徊。
> 蔡邕倒屣群贤接，王粲登楼好句来。
> 惟有青衫最憔悴，也随冠盖坐衔杯。

沈德潜不仅主盟诗坛，还被皇帝视为学有本源的大儒。这样的文坛宗匠离京，送别的场面甚是热闹，美酒喝了不少，称颂惜别的诗也是一首接一首。

大樾对沈德潜没有忘记他，邀他参加这群贤毕至的告别宴会是颇感激的。怀着对这位声名显著的耆宿的敬佩与感念，也为沈德潜作了首饯别诗以赠。诗中将之比作了古代的名臣、文学家蔡邕和沈约，这二人俱精通音律，倒也与沈德潜相类。

只是夹在一大群仕宦者中，称觞赋词的诗人，也时感现实的差距，难以抑制地要为自己布衣平民的卑微窘困，而深深地自惭喟叹！

"惟有青衫最憔悴，也随冠盖坐衔杯"。诗句读来令人有些鼻酸，却真实反映出大櫆此刻心底的自卑与不甘——而它也让我们进一步明白，为何在经历了博学宏词的弃黜遭遇后，他这次还要应经学之举入京了。

在沈德潜之后，大櫆又送别了另一个故友。而他与这个人的感情，离别时的伤感与不舍，却远非沈德潜可比，这从《送姚南菁归里》中可见一斑。

> 老病天涯客，相依惟友生。
> 艰虞一朝散，怀抱向谁倾？
> 世事皆如此，天心不肯平。
> 儿童相爱慕，今日岂无情？

原来，这次致仕离京的人，却是他少时即相亲爱的友伴，生平的知己同志姚范。

在桐城的乡友中，大櫆与姚范的情谊最挚最深。

他们二人才气相当，互相敬慕吸引；又皆是文学家的性情气质，情感热烈丰富，相处愉悦融洽。而更令他们彼此亲密接近的，是在治学为文的态度观念上的相近与契合：他们皆崇尚知识淹博而尤重史学，对经学都不甚感兴趣；在文学上，他们虽也不免受"文以载道"传统思想的一些影响，却俱不赞同方苞那种偏重义理的"义法说"，而重视讲求"文法""文人之能事"，讲求诗文创作的自身规律与技巧，主张直抒胸臆，无所倚傍。这些共同的趣好主张，使他们在知交好友之外，还成了心志意气相投的同志与战友。所有这些，为他们的友谊奠定了坚实牢固的基础，使二人自少至老情分不减，历久弥新。

这样的老友要作分别，叫人如何能舍得！

何况大櫆又知姚范致仕的不得已，甚是为其抱屈。

姚范是典型的文人性情，生平于读书治学孜孜不倦一丝不苟，而处世为人却淡泊随性，厌恶世俗的虚伪逢迎。有一个例子，能清楚显示这点。

前几年，在文坛也颇有声名的袁枚将要离京，一众友好名流为之相送。像眼下的沈德潜那样，彼时送者无不或赋诗或为赠言。唯独在场的姚范似不存在的一般，终场竟无一语以赠。这令袁枚甚为介怀，许多年后还不忘在其书中特地提及此事，引以为憾。

姚范的性情态度如此，可以想象身处官场中的他，虽才学文名甚著，却难得上司大僚的喜欢信任。故其入翰林七八年，一直坐着冷板凳，得不到升迁。还被长期派作《三礼》纂修官，做着那些烦琐而枯燥无味的编纂工作。姚范郁闷之久，不愿将自己桎梏在这所谓的"清华之地"，遂以不及天命的人生壮年而辞职致仕。

大櫆作为挚友，知之焉能没有惋惜与不忿？再感触自己的不遇潦倒，愈发感愤人生艰难世事不平！又思平生的知己离去，之后在这偌大的京城，连个可以倾诉心事的人都没有，其伤感愁郁还有那抹之不去的沉闷孤寂，也便可想而知。

还好入冬之时，另一个人的到来，从情感上给了他不小的慰藉。

几个月前江南乡试，桐城有两个与大櫆颇有关系的年轻士子中举，他们分别来自张姚两个世家。

大櫆年轻时便与张家开始交往，只是当时来往密切的张若矩等，是三房张杰那一支人。后来他长期在京城生活，乃与张氏的另一支，即张英这一房人的接触渐渐多了起来——因张英的子孙此时多仕宦在朝——其中关系近密交情颇深的，则是礼部侍郎张廷璐（张廷玉之弟）之子张若需这一家人。

若需字树彤，号中畯，廷璐次子。乾隆二年成进士，授翰林院编修，后晋侍讲。在张氏子弟中，张若需不仅才华突出，且为人正直仁爱而有侠义之风。这大概是大櫆在众张之中，独与若需交情深洽的原因所在。因其父的关系，大櫆后来与若需诸子也很友爱（大櫆文集中《张讷堂诗序》《张秋浯诗序》《张荔亭诗序》等，皆为此辈所作。）

这年乡试捷闻的张家之人，便是若需的长子曾敞，其以双十年华，成为人才济济的张氏门中又一颗耀眼的明星。

而与曾敞一同中举的姚家子弟，则是曾敞的同庚好友、刚刚南归的姚范的侄儿姚鼐。

其后二人相偕入京，准备参加来年春间的礼部会试。

大櫆便于此时，见到了分别一年的姚鼐。

去年他回乡曾过访姚家，与姚鼐有过接触，其时姚鼐正在读书温习，准备迎考。不想翻过年来，及冠之年的姚鼐便能一战成捷，这令大櫆高兴之余，也极是感叹这个年轻人才华了得，对其刮目相看。

他素知姚范十分喜爱这个侄儿，夸其聪慧过人，将来有大出息。眼下的事实证明，老友的眼光确是不差。面对前来拜访的姚鼐，感受着这个少年才子的俊朗风采，他心里的好感不觉便转成了抑制不住的喜爱和赞赏。

之后，在姚鼐为迎考而闭户攻苦的那段时间，他仔细地阅读了姚鼐送呈他教正的诗赋古文各类作品。就像当年吴士玉与方苞览阅他的作品情形一般，他越看越激动，越读越惊喜，如同发现了一件璀璨夺目的瑰宝，又似看到了一颗冉冉升起的星辰！以大櫆的眼光，这个新秀的前景与将来，或将会成为超迈当世追赶古人的一代巨匠宗师……

沉浸在姚鼐作品中的大櫆，忘掉了冬日里的寒冷，激动兴奋的心情渐变成由衷的震惊赞叹，还有一丝丝发自心底的爱慕与敬畏！他知道，他遇见了一个百年难遇的奇才俊士，而在这个奇才俊士的身上，他似乎看到了自己的一些影子，也似乎看到了自己求而未臻的目标与希望。

次年春间会试，姚鼐首战失利。

虽然有些失望，但毕竟年轻，机会还有的是，所以姚鼐也未怎样难过。收拾了一下心情，好学的他也不事聚游，而是执师礼于大櫆，向这位他伯父素来敬重的知交名宿求教学问与文学。

因为两家的关系，他少时即与大櫆熟悉，也没少听父辈对这位好友的称赞。长大后读了大櫆的诗文，更生敬佩，以为当世少见。所以很早就有师从学习的心思，他的伯父亦曾鼓励过。只是大櫆多年在外，偶过其家也匆匆即别，使其愿望难偿。现在与其同在京都，他自然不肯放过这机会了。

而大櫆也是欣然认下了这个弟子。

即使没有两家的关系，这个已让他非常重视看好的年轻人，也是他怜爱且认可的衣钵传承者。只是他也清楚：眼前的这个学生，才力富裕多面发展，自己所能传授的恐怕难负其望，只能是尽心尽力而为之了。

隔段时间，姚鼐要离京南归。先生为弟子费心做了篇《送姚姬传南归序》，情深意切中，表达了他真诚而热切的爱重期许：

> 古之贤人，其所以得之于天者独全。故生而向学，不待壮而其道已成；既老而后从事，则虽其极日夜之勤劬，亦将徒劳而鲜获。
>
> 姚君姬传甫弱冠，而学已无所不窥，余甚畏之。姬传，余友季和之子，其世父则南菁也。忆少时与南菁游，南菁年才二十，姬传之尊府方垂髫未娶。太夫人仁恭有礼，余至其家，则太夫人必命酒，饮至夜分乃罢。其后余漂流在外，倏忽三十年，归与姬传相见，则姬传之齿，已过其尊府与余游之岁矣。明年，余以经学应举，复至京师。无何，则闻姬传已举于乡而来，犹未娶也。读其所为诗、赋、古文，殆欲压余辈而上之。姬传之显名当世，固可前知。独余之穷如曩时，而学殖将落，对姬传不能不慨然而叹也。
>
> 昔王文成公童子时，其父携至京师。诸贵人见之，谓宜以第一流自待。文成问何为第一流，诸贵人皆曰：'射策甲科为显官'文成莞尔而笑：'恐第一流当为圣贤'诸贵人乃皆大惭。今天既赋姬传以不世之才，而姬传又深有志于古人之不朽。其射策甲科为显官，不足为姬传道，即其区区以文章名于后世，亦非余之所望于姬传。
>
> 孟子曰："人皆可以为尧、舜"以尧、舜为不足为，谁之悖天；有能为尧舜之资，而自谓不能，谓之慢天。若夫拥旄仗钺，立功青海万里之外，此英雄豪杰之所为，而余以为抑其次也。
>
> 姬传试于礼部，不售而归，遂书之以为姬传赠。

中巍科为显宦不足为学生言；区区以文章名世，亦非他的希望。这位先生对自己的爱徒，是有着怎样的自信与极大期盼啊！

"第一流当为圣贤"！这是殷切的勉励，也是非凡的期许。他认为：自己这个具有"不世之才"的门人，是应该且可以以大儒王阳明为榜样，努力做个可媲美古人的不朽圣贤的!

他自己或许也曾做过这样的"圣贤梦"。只是没有能力做到,此刻便将它寄托在也同样有志于追比古人而又表现不凡的新弟子身上了。

这令他既为之激动,同时又有深慨:羡学生青春年少便已表现不凡;也感慨自己学殖将落,垂老无成。

之所以这般地感慨,与他此时在经学保举中的遭际失败也有关系。

乾隆十六年闰五月,各地经学举荐之事已告一段落,共有四十九人,经过审核去了六人。但这时又出现了一个尴尬的情况:因为担心礼部要使经学别于科考,很可能要出一些偏题来考校考生,许多应荐者顾忌答不好丢了面子影响声誉,故而来京候试者寥寥无几。

这令皇帝不免有些难堪与恼火。遂又下了一道谕旨:

"朕前降旨,令九卿督抚荐举潜心经学之士。虽据大学士等核复,调取来京候试。现在到部者,尚属寥寥。但观此番内外诸臣保举,尚未能深悉朕意。盖经术为根柢之学,原非徒以涉猎记诵为能。朕所望于此选者,务得经明行修、淹洽醇正之士,非徒占其工射策、广记问、文藻词章充翰林才华之选而已,亦非欲授以政事,责其当官之效,如从前各保一人故事。此朕下诏本意也。在湛深经术之儒,原不必拘拘考试。若如内外所举,既有四十余人,即云经术昌明,安得如许绩学未遇之宿儒?其间流品,自不无混淆。岂可使国家求贤之盛典,转开幸进之捷径?势不得不慎重考校以甄别之。闻有素负通经之誉,恐一经就试,偶遇僻题,必致重损凤望,因而托词不赴,以藏拙为完名者。苟如此用心,已不可为醇儒矣,其安所取之?然此中亦实有年齿衰迈,不能跋涉赴考者。伏腾年九十余,使女孙口授遗经于晁错,其年岂非笃老,何害其为通儒!此所举内,果有笃学硕彦,为众所真知灼见如伏生之流者,即无庸调试,朕亦何妨降旨问难经义,或加恩授以官阶,示之奖励乎?著大学士、九卿将现举人员,再行虚公核实,无拘人数,务取名实相孚者,确举以闻。如果众所共信,即可不必考试。若仍回护前举,及彼此赡徇,则尤重负尚经学、求真才之意。"①

谕旨很明确，有些恼羞的皇帝变了主意：一是说荐报上来的被荐举者超过四十人，真正绩学未遇的宿儒怎会有那么多？其中肯定有滥竽充数的。二是认为再行核实后，真是名实相符大家都公认的像伏生那样真知灼见的醇儒，则可以不必考试。

那么，如何既不必考试，又能做到令最后定取者让众所共信呢？君臣商量了一下，干脆来个硬标准：看其著述如何。既称经术湛深之士，必有其成果著述，用它来说话证明。

于是，内阁等衙门按此意见，对被荐的四十多人详加较量后，最后定了四人上报。分别为："大学士张廷玉、尚书王安国、侍郎归宣光举江南举人陈祖范。尚书汪由敦举江南举人吴鼎，侍郎钱陈群举山西举人梁锡玙，大理寺卿邹一桂举栋高（江南无锡人顾栋高，康熙末进士）。"（《清史稿》）

因为这四人都有著述。陈祖范，呈所著《经咫》一卷；吴鼎呈《象数集说》等六种著作；梁锡玙进《易经揆一》一部；顾栋高有《春秋大事表》《毛诗类释》《尚书质疑》等多部著述。

皇帝看了著述后同意。在京的吴鼎、梁锡玙引见后，奉旨俱以国子监司业用。陈祖范、顾栋高年老不能来京，俱赏给国子监司业衔，以为绩学之劝。

至此，热闹了一场的保举经学宣告落幕。

许多人都觉得朝廷这样处理，未免草率不公。

很简单，朝廷既隆重开制科，耗时费力，不考试先已不对，是对荐举一事包括被荐者的极不负责；继又仅以著述来判断考者经学能力水平，更是有些武断不公平。

因为有著述，只代表其在某个领域有所心得，而不能表明他整体的经学水平；而没有著述，也不代表他就经学不精通，没有让人敬佩的学术造诣和真知灼见。

这个时代，读书人为着科举前途，数十年中无不浸心于经典的学习钻研，要说其他的学问可能不行，但通经者那还是大有人在。像这次制科被荐的数

① 《大清高宗纯皇帝实录》卷三百九十一。

十人，既然被荐举，虽说有些人情因素，但真实的水平肯定是有的，不然举者敢推荐他？

即以大櫆而论，他少从吴直治学便获有经术，其后数十年也研究不断，掌握经典要义而有真实造诣水平，可称"通儒"之人，友人论其文章，也经常谓其符合圣贤之意。以他的治经能力与水平，若潜心著述，弄两卷出来亦非难事。只是他以经世抱负而志不在此，加上多年漂泊不安定，以致虽通经深学而无撰著。眼下，朝廷不以学问相考而唯认著述，不公平亦难令其信服。

但不信服又能如何？

朝廷皇帝要以著论学，谁能逆其议而改之？此后兴盛的考据之风、乾嘉汉学，想必与此影响甚有关系——一个时代的学术风尚，多与统治者的态度相关，乾隆的眼里，真正的学问，不是经世致用的知识而是孔门的经学，而所谓的"湛深经术之儒"，不看其是否真通义理精要之学问，而惟以有无著述为判。是则号召天下的士人钻在故纸堆里，做点考据训诂以为学问了。

第二十三章　姚鼐问艺

除夕示弟

斗室悬灯夜，羁愁独坐人。

殷勤一杯酒，重醉帝城春。

阵阵的鞭炮声，此起彼伏地从户外传来，在喧嚣中宣告着除夕年夜的来临。室内油灯照着的，却是两个鬓须成霜寂寞对酌的身影。

面前是几盘荤素之菜，一壶冷酒。

"四弟，再饮一盅。祝我们来春好运，科场得捷！"

有些微醺的大樾，举杯对弟弟大兴劝道。

刚过去的乾隆十六年，为贺皇太后六旬万寿，朝廷定于十七年增开恩科。乡试改在春季，会试则于仲秋举行。

大樾过去三折考场，其后十余年中已放弃了科举。但毕竟心中那一点出仕经世的想头尚未全灭，此时身在京中碰上了恩科机会，犹豫再三，还是决定下场再试一次。

同样也籍在太学的老四大兴，以哥哥在京之便，便也欲鼓勇一战，于岁腊前至京。

大兴饮了酒，幽幽叹道："老辈人常说，命中有时总归有，命里无时终却无。也不知道我们兄弟可有这个命，能不能博得一个功名在身？唉！"

刘家兄弟学业文章俱不错，可除了老大外，其他人硬是敲不开科举的大门。故此刻这老四又不由这般叹起命来，无甚信心。

大樾听了，也不由默然。闷闷地喝了杯酒，方道："不要先自泄气。这科考本就是撞运，谁也说不准。再者，世间之事，尽人事而听天命，努力了，

· 333 ·

起码以后不会留遗憾。"

大兴道："三哥说的也是。来都来了，就再撞一次运吧……不过，我也想好了，此科若再无希望，便自此丢了念想，不再陷这八股泥淖之中！"

他今年已四十六岁，早已被科举折磨得心神俱疲。且两兄常年漂泊在外，他也肩着照料大家庭的重担。故而这次恩科，确也是他的最后一搏了。

听弟弟这般说，大櫆既伤感，却也赞同。感慨道："昔日，井迁先生论八股曾谓：'始之为之也，求其真；继之为之也，求其名；终之为之者，求其利而已。'今日为八股者求真少，多求其科举功名；名既不可得，仍汲汲于其中而不自返，那便如贪夫之逐利，景集之附溷厕，令人耻恶掩鼻了。你我兄弟，自不能做这样的人！"

说了一会，丢过了这话题。

大兴又虑起另一事："大哥明年若起复，不知可能补个好点的地方任差？"

大櫆叹口气，道："吏部好一点的地方职缺，向来争选激烈，凭的都是关系钱财，有大佬帮助说话。大哥想起官，哪有那么容易！"

乾隆十二年，刘大宾丁母忧守制回乡，继又遭弟丧，家居已数载。如今想起而复职，却如大多数这类补班官员一样，不仅要耐心等待，更有复官后的去向之忧，怕被差去令人畏惧的偏远恶劣之地任职。

大櫆为此也做了努力，只是他既无钱财买托人情，往日交际的公卿大僚又或亡或去，眼下在朝中的一些友人也乏权势有力者，帮不上大忙。

大兴还抱些幻想，道："听说吏部铨选出缺，最后不是靠抽签确定吗？或许大哥运气好，能抽个好点的省份呢。"

大櫆摇头，道："四弟你不晓得实情。那抽签只是摆个公平的样子，防人议论。其实内里自有玄机，只看选司的官员如何操作罢了。所以大哥这次补官，能不被抽到很差的地方，那便值得庆幸了……唉，不说这些，喝酒吧。"

此后话些家庭乡中之事，不免又勾起些思念惆怅，心情愈觉沉郁。后来便只听着外边不歇的爆竹声，相对饮着闷酒。

不觉间，那酒已多。连素来酒量甚高的大櫆，最后也颓然而醉，醉在了乾隆十七年新春的料峭清寒之中……

三月里，顺天乡试开考。

命运之神还是没有眷顾刘氏兄弟，他们最后一次的科举之梦[①]，也在沮丧不恣与黯然心伤中俱告破灭。

这年大櫆已是五十五岁。自雍正七年首次乡试至现在，他四次败北于场屋。要说他绝对算八股高手，早在雍正年间，他的时文习稿就得到了吴士玉、方苞等不少文坛前辈友人的称赞，并作了点评。然而，就是这样的时文好手，科举就是迭遭败北，真也让人为之叹叹不已。

他在自己的文章中，将此失败归之于时乖命蹇，也能让人同意。然真的分析起来，其挫于科举的真正原因，恐怕主要还是其才情风格与情感思想惹的祸。

八股文的写作，不仅有严格的程式要求，更要摹代圣人的口吻语气围绕《书》《经》的题目进行阐述与议论，而不能掺杂作者自己的思想感情。一句话，"作时文才不是自我作论"，"使不得才情，使不得议论，使不得学问，并使不得意思"。这是大櫆在《时文论》中自己总结的，可见他是非常明白的。

但明白是一回事，能不能做到又是另一回事。

他追求倡扬"以古文为时文"，要"取左马韩欧的神气音节，曲折与题相赴，乃为至文。"（同上《时文论》），这便少不得要使用个人的才情，而易在文体文风方面犯忌。

他对儒学及经典的态度，是回归圣贤的原本意义，而反对后世儒学对它的偏离以及局限于经句的字面训诂。然而明清以来的科举，其所遵奉并依为标准的，正是他比较反对或排斥的理学家朱熹对经典的传释。这便使他在考试中的阐论，易出现与考官思想认知的殊异而被判为差劣或不准确。

此外，他愤世嫉俗的思想性情，尤其是对世道昏昧不平官场黑暗腐败的认识态度，也容易影响他在考试时的思想情感，并在其作文中可能不自觉地渗入进去，使文章杂有"自己的议论与意思"。这从他的《时文论》中可以找到痕迹。

举两个例子说说。

在《民之所好》一文中，他阐说人君要与民众同好恶这个主题，中间却

---

① 后世研究大櫆生平，俱只记三次应乡试，不知其尚有乾隆十七年壬申的第四次赴考。《支谱》载《叔曾祖海峰公传》披露："壬申，应顺天省试，又为同考武进刘君所抑。"

有这么一段直论："今以一人独处深宫之中，而四海之大，九州之远，咸待哺焉。其所为好之而求其必得；恶之而求其决去。有情之所欲吐，而不得以告于吾君者矣。"这不仅有损以天命自居的帝王的"圣明"，也隐含对统治者不顾民情而唯己之所好恶昏昧行政的批评意味。所以他的一个文友徐笠山，点评说"运千百言如一句，似王荆公上仁宗皇帝书"。这样的文章，若出现在考试中，谨慎的考官是不敢取的。

还有一篇《孟献子曰畜》，他在阐述国不以利为利而应以义为利时，辞气激烈地说："而有聚敛之臣，惟知掊克在下之脂膏，以供在上之燕乐，其为害于我者甚大，则田宁有盗臣不过寇攘公家之帑藏以成私室之丰饶，其为害于我者犹小。献子之言，虽以讽谕乎人臣之贪冒无等，而其辨析义利之间，固足为世主之箴规，而平天下者宜取法于此。盖人君恣一己之骄淫，其所为朘民之膏，乃实以拨君之本也。人臣希一时之容悦，其初固只以病民，而其后遂终以病国也。"这样的文字，文友阅读时便想到了屈原在《离骚》中对当时国政状况的痛愤，说是"古逸从屈原传来"，显然这文字是掺杂了作者个人的情感在内，而它却是八股文考试所不容许或者说是需要避免的。

所以说，他的科举不中，既有运气不好的成分，如碰到"席号"的倒霉情况；但更多的，恐还是由于他文章的一些问题而令操不同看法的考官们不满意不赞同，而终遭被弃之结果，与其优劣无关。

乡试结束后，大兴落寞南归，而大櫆仍滞留京中。

落榜且终结科举之途的兄弟，分别时的心情自是沉郁难受的。这从大櫆的《送弟归家》可以明显看到：

> 逆旅相依惯，艰难独去迟。
>
> 海天从此隔，消息复谁知？
>
> 汝学能无失，吾归未有期。
>
> 二人头并白，仗汝共铺糜。

而对大櫆来说，这样的兄弟伤别，不过月余又经历了一次。

那是在大兴去后入京的长兄大宾，获得起复，将之官西南贵州玉屏。

玉屏县，在元代隶蛮夷长官司，明初为平溪卫。清雍正五年改置县，隶属思州府。玉屏不仅是个山区新县，且是古称"黔首"的侗人居住区之一，语言风俗迥异。

在这样的地方做官，语言不通，风俗不懂，民情不清，不说治理困难，就是生活也极不适应。故向被视作艰使畏差，一般做官的人都不愿去。但年近花甲的刘大宾，因家庭的困境与生活压力，最终还是接受了这个任职。

他离京之任时，正是暑季雨天。抱恙在身的大樻，对兄长的这次任职远去，极是担忧难过。雨中含泪送别兄长的他，口占《送大兄之官黔中》，哀然悱恻，如咽似泣：

> 我病无归路，君为边塞游。
> 关山逾万里，暑雨向黔陬。
> 异域餐宜慎，瑶民道用柔。
> 如何垂老日，兄弟各漂流。

自己落榜无措，困无前路；而花甲之年的兄长则要远去边隅蛮荒的万里关山之外，虽非谪戍而状实类之，前途堪忧难测，也无怪他如此忧伤凄悲了！

而这诗中的一句"我病无归路"，也清楚反映出大樻此时状况非常不堪，可谓他在乾隆十七年上半年自身痛苦的真实写照。

大樻生平，常有抱病之称。究其故，固与其孤身漂泊寄寓的生活相关，而人生进取的迭遭挫败，应是更重要的致病因素：是情志的淤滞伤损，导致了他时常感疾生病之结果。

眼下的情形，应也是如此。他在这个阶段抱恙，显然与才刚经历的落榜打击及兄弟伤别诸情事分不开。再要探究起来，或与上年经学保举挫折后的心情郁闷，都有一定的关系。

一段不长的时间内，从自己到兄弟，俱受到命运与生活的嘲弄打击，如此遭遇于大樻这样敏感而要强，处在长期人生失意中的人来说，是不堪其重负的，其为抱病也便无可避免了。

所以眼前他的状况，与其说是为病所侵害折磨着，还不如说是经受着精神上深深的痛苦煎熬。其"无归路"的哀叹中，实便透露着这种心情的悲怆。

当然，他的"无归路"，还包含着另一层现实的愁苦伤悲，那是以后生活出路的茫然无着。他此时既看不到任何入仕求职的希望，也没有合适的作幕机会，使他仍坐困愁城般地待在京都，所以他才哀叹自己"无归路"，这三个字中，其实包含着许多难言的迷茫沮丧焦虑忧愁及其所带来的伤心凄苦！

暑热稍退的时候，大櫆的弟子姚鼐再次进京。

姚鼐此来，是为参加仲秋的恩科会试。才学傲人的他，对上年的败北颇不甘心，欲借此次恩科一雪前耻。

他既入京，老师这里自然成了他常至之处，抑或便是他的落脚点。而老师见到钟爱的弟子，那精神一下子便好了不少。其后，因这弟子温习功课之余，便来谈诗论文，求教文学技艺，被搔到了痒处的老师，与学生畅游文学天地中，不觉间心情已渐然舒畅开来，身体上的不爽不适，也便如向阳之雪般地化去了。

这一日，师生俩饮茗漫谈，又说起了古文创作。

姚鼐说："我朝自康雍以来，古文复兴，嗜好者众，号称能者亦不少。然据学生阅读体会，作品多属平凡而精彩迷人者极少，可为借鉴启发者更鲜寡，让人怅惘且感叹！"

大櫆道："其实非仅本朝如此。明人倡复古文，张口闭口诗古文辞，可除了少数方家，如今人所仿效学习之归茅辈，你看当时文坛上，又有多少上乘传世的佳作？"

姚鼐惑问道："这是什么缘故呢？是作者缺乏天赋才能？抑或是文运不兴，以致文坛世衰不振？"

大櫆沉吟一会，道："这里面的原因，颇为复杂。你说的天赋文运，自然都是不可忽视的影响因素。世无其才，文星自寥，而有才无世运，亦难振兴。但在我看来，还有一些重要的原因，影响古文创作甚大……"

理了理思绪，在学生期待的目光中，他娓娓言道：

"东坡诗云：'天下几人学杜甫，谁得其皮与其骨？'言不能得其精髓也。古文亦然。明代以来，事古文者莫不奉唐宋诸家为圭臬，一意依傍，结果也多只是得了皮与骨。为何如此呢？那是既不能效其有所本，又只在其法度中打圈圈，亦步亦趋。

"唐宋诸家之所本，昌黎说得很清楚，'行之乎仁义之途，游之乎《诗》《书》之源'，是在践行圣贤理想与读书穷理中，获得对世事人生的深刻认识和感悟，塑铸个人崇高纯洁的精神灵魂与性情品质。有了这样的境界修养，非为文而文已至焉，无所饰法而理正气醇，波澜起伏，声势夺人。

"反观近世之为文者，既少有仁义之志行，而其读书更是肤浅，以副墨洛诵为勤学，以掇拾饾饤为博雅。理既不明，养既不厚，短视卑行，精神低下，性情猥琐，其为文不过敷陈其事，表其陋庸，更不能自出己见之一语，何来义正气盛之感人，启人感悟之精妙？

"而以鄙薄之内蕴，尚求规模大家，取法先辈，邯郸学步，尺寸不遗，唯恐乖违不似。不仅被木偶以衣冠，也画虎不成反类犬，神气既无，而形象也谬，法涩度虚，意滞情伪。如此，岂有悦目赏心之美文？何来篇章动人之佳作？

"但这些，俱是作者个人本身的问题。尚有一个社会的影响，亦颇关涉作者之成就，古文之进步发展。这便是忽视古文之适用性，过分强调"文以载道"的旨趣而造成的思想束缚。

"古文之存在，奏疏、议论、书序、游记、传记、碑墓铭等，莫不因其应用之功能。作者于此，也莫不借之以抒其心志而表其情。然在卫道人士眼中，为文之目的，只在申扬义理而非表述人情；情与道，被视作不能共生之对立，乖违者便会受到指责议论，或待之以讥讽不屑。

"这种情势，在明代尚不甚严重，故归震川可以尽言其生活琐事以及亲旧生死离别，情真意切悱恻动人，而成为唐宋后古文之骄傲。然至近世，卫道呼声日烈，文不阐义理，即为肤浅；浸于性情，便是荡惑不道。加上现实诸多禁忌，以致作者深被桎梏，临文嗫嗫嚅嚅，趑趄不前。如此情形，又焉能指望有优秀动人的作品问世流传？"

他侃侃而谈，将一个文坛有识之士与积年古文家的认知与判断，告诉给面前的学生，没有保留掩饰，直接而犀利。

而姚鼐亦听得很入神，明亮的眼睛里，不时透出沉思、感悟、兴奋的神情来。

　　无疑，这种来自前辈名流对古文创作的批评与总结，对于年轻刚步入文坛的姚鼐来说是很重要的，它既有助于他正确认识时弊，也能帮助他在今后的文学生涯中认清方向，避免走弯路。且他也认为：老师对文坛的批评意见，虽然很尖锐，却是中肯而发人深省的。

　　"老师所言，学生听了，有如拨云见日，甚受启发！"

　　看着兴奋而有感悟的学生，大櫆沉吟片刻后，续道："其实，还有一个问题，通常为人们所忽视，却对古文创作实际影响很大。而它，则与人们对待古文的认识看法相关。"

　　"与人的认识看法相关……那是什么？"姚鼐惊讶且迷惑。

　　大櫆细为分说道："世人对待古文，有两种普遍的看法：一是将之当作一种单纯记述世事人生表达思想情感的语体文字，这是一般人依其适用性而形成的直觉认知；另一种便是传统的文论主张，以明道载道为宗旨，将其归之为弘扬儒道的一种器具。近世的卫道人士，尤是如此。

　　"从功用上说，这两种看法都有其理由，不过角度不同，各执一端而已。然因囿此认知，许多人却忽视了功用之外，古文作为一种与诗、赋并行文体的'艺'之特质。因此，尽管人们写作时，亦遵一般文字篇章之要求，讲究布局呼应以及修辞表达等，却少有人琢磨深研其自身所需所具之美感动人之艺能。即今之致力于古文者，也只知从形式上摹仿古之大家，而不深究其成功的原因之所在，以致美文鲜见，佳作难寻。汝言观所谓名流方家之文，亦只平凡无彩，问题也应出在这里。"

　　姚鼐有些怔怔地听了这番议论，心中嚼咿之际，已是掀起了更大的波澜。

　　同其他喜爱古文者一样，姚鼐在以往的学习中，自然对古文写作琢磨不少过，也曾与同辈的伙伴朋友们多次探讨过。但正如老师所言，他们的琢磨探讨，只是依其功用和前人的经验，模仿学习一些具体的章法技巧，以为凭着它们的努力，便可以作好古文。不想老师此刻却告诉他：章法技巧之外，还有一个更重要的艺能问题。

　　他兴奋地说："不知老师所谓艺能是指什么？它与我们平日说的法度技巧又有何区别？"

大櫆微笑道："要清楚我所说的艺能，以及它与人们常称的法度技巧的区别，我给你举个例子，你便明白。同是匠人作器，普通的匠人堪堪只能做出也能称得上符合标准的，而优秀的匠人所作，其不仅合乎要求，且显得更漂亮精致，给人一种美的感觉享受。之所以这样，是因为优秀的匠人在一般规矩技法的基础上，于器具制作不仅有了更深的认识与领悟，且由之有了更高层次的追求与使之精美的本事，遂与普通匠人的制作，在技艺理念上已有了质的区别与升华！作文亦是如此，如果作者只囿于篇章布局波澜呼应这些一般且浮面上的法度技巧，而不具优秀匠人那般对为文规律技艺的深入领悟及美的追求的能事，自是做不出优美动人的文章来！"

说完这些后，他从姚鼐豁然而惊喜的神色中，知学生已有了领悟认识。欣慰之际复言道："近年文坛，颇有振兴古文之呼，而论文之较深且有益古文之作者，当属望溪先生。他总结古文经验，提出'义法'主张，使古文写作'有物、有序'，又倡言为文'雅洁'，于指导古文创作，确有很大规范助益之功。只是他的思想，因过偏于文章卫道之功用，故其'义法'既重在义理而有轻法之倾向，且也缺乏对文章艺术更具体深入的探寻。所以，吾虽从学其门下，然以理念认知差异，终不敢苟同，而孜孜坚持追求吾所谓'文家之能事'。"

"文家之能事？"心情震荡的姚鼐，听后思索道："老师所谓之'能事'，是谓为文所具之才艺，亦即优秀匠人治器制作运用之神妙本领吧？"

大櫆抚髯颔首道："正是。钱田间先生往昔论诗，称诗有'别才别学'，为文者自亦有其别样之'能事'。孔门弟子三千，贤人七十，而文学独称子游、子夏。何哉？因其自有他人所无之能事耳，即庄左史迁、韩刘欧苏诸古之大家，也莫不自具他人所无之匠心匠艺，而有千古流传之美文。吾对此坚信不疑。数十年浸淫其中，稍有体会而可倡言者，乃在'神气音节'一说。汝愿听否？"

"愿听，请老师指教！"一步步被引入文学深处的姚鼐，闻听之下激动不已。而接下来，他便听到了一番为他打开古文创作新视野的议论。

"昔人论文，多以'气'为主，是因文章最重气盛。所以韩子说'气盛宜言'。吾数十年间，亦奉气说并努力行之。虽略有小成，然于心得体会间，却总觉尚有疑惑不足处。因为：文章之'气'，既有各种表现，又有其自身变化，或鼓而成势为波澜，或一往奔溃而害法。这说明'气'之存在，是为更重要的东西所影响主宰的。田间先生曾谓：'夫文之澜，气为之也，而气亦也有其源。'①作文若仅论'气'，于实践与文论，都是欠缺不完备的，甚或形成误导。

"前人于此也有探究。于是有养气之论，有理主气说等等，总不过叫人读书穷理以充沛其气，然于影响主宰'气'之缘故，并未完全说清。为文者，有天赋，有人事，其'气'之生成，固有读书穷理之修识，更有源自天赋之才能。故究其之主宰，亦当是二者之相辅融通，是才赋、性情、品志、学识、素养诸般因素叠合融化之结果结晶。

"世人论诗多举以'神'。而荆川震川说文，也不时以'神'言之。吾因借此一字，状谓作者才赋、性情、品志、学养融合之结晶，'气'之源流主宰而曰'神'。

"'神'为体，'气'为用。故行文之道，神为主，气辅之。气随神转，神浑则气灏，神远则气逸，神伟则气高，神变则气奇，神深则气静。无神以主之，则气无所附，荡乎不知其所归也。

"然作者仅知'神气'二字，仍不能尽文人能事之精妙。须知神气不可见，而见诸声音文字。吾少从吴井迁先生学文，彼于古人机趣、波澜、意度及神、气、味无不讲论，而以字句音调置于首要②。后读田间先生之书，其论文气虽直秉昌黎，然重字句音节亦不少待，是宜其文章多能朗朗上口，而气

---

①见《田间文集》·《江汉持澜序》。同文又曰："凡气之一往奔溃而不可御者，非有余于气，不足于气者之事也。亦犹水之建瓴而下，非有余于水，不足于水者之为也。何则？无其源也。无源之水，其来也莫由，其去也莫御……迨泛滥之尽消，水道之复故，以形势测之，千里之内，其高下相悬，不啻数十寻丈，而容与纡徐，未肯遽下者，岂真有神物以持之哉？亦持之于其源也。源之深者，其气一与天地呼吸相应，固不事持而自持耳。"

②《吴井迁文集》·《啮蚌子传》云"著书于古人字句音调机趣波澜意度及神与气与味尽吐弃之。"这里吴直不仅将字句音调置于为文要素之首，还明确提出了"神""气""味"等，很值得注意。

势壮盛①。

"而现实之中，人多不知此奥。观近人论文，开口义理，闭口法度，说到字句节奏，则讥笑为末事。其调虽高，而实荒谬。作者字句安顿不妙，岂复有文字乎？又何谈文章波澜意度与神气？此是极明显的道理。

"所以，为文者欲求其神气，须先讲究音节，安顿字句。一句之中，或多一字，或少一字；一字之中，或用平声，或用仄声；同一平字仄字，或用阴平、阳平、上声、去声、入声，则音节迥异。积字成句，积句成章，积章成篇，合而读之，音节见矣，歌而诵之，神气出矣。音节高则神气必高，音节下则神气必下。

"要而言之：神气者，文之最精处也；音节者，文之稍粗处也；字句者，文之最粗处也。论文而至于字句，则文之能事尽矣。盖音节者，神气之迹也；字句者，音节之矩也。三者各有深浅依赖，而因声求气，则是个中之关窍……"

陋室中，娓娓而谈的先生，将自己浸淫古文数十载的心得感悟、从"气"至"神气"的认识演变见解以及强调音节的因声求气之论，细细传授于眼前钟爱的弟子。

而年轻的姚鼐，也听得异常入神，更激动不已！

老师这番神气音节之说，"因声求气"之法，言前人所未言，见前人所未见，振聋发聩，独辟蹊径，在震撼他的心灵，刷新他的文学认知同时，也助其在"曲径通幽"的感悟中，打开了一扇新的通往古文奥秘之处的艺术之门……

病愈之后，大櫆积极参与了一件义善之举。

天下之都会的京城，常年汇聚着来自各个地方的人士。这些人形形色色，仕宦吏民之外，便是因科举与游历而漂泊至此的学子士人。

大櫆参与的这件善事，便与客寓京城的邑人相关。桐城文风蔚盛科举发

---

①《田间文集·问山堂文集序》云："才有长短，音有高下，必一以气充之，则自然节奏无不合宜。"这是田间诂解韩愈"气盛宜言"之语，在"气"与字句音节的关系上，其说虽与大櫆相左，但于字句音节的重视，却从另一个角度表达了出来。

达，北漂至京的举子文人便自然不少；然因热衷科举，商贾不兴，京城中又没有为乡人提供帮助的会馆，这样的情形下，那些家境贫寒而又贸然至京者，便不免遭遇困难甚至陷入困境。日常饱一顿饿一餐还是小事，不少人尚因欠旅馆房租，以致困滞不能还乡。至于生病无医，乃至死而无力以敛者，亦不少见。

在京城生活多年的大櫆，对此感受很深，一直盼望能得到有力者的支持，改变这种状况。然而桐城在京为官者虽不乏其人，却多无力量，而有力者又缺乏关注热情，故他的这个心愿多年难偿。

但近日，他却从任职翰林院侍讲的友人张若需那里，看到了解决在京乡人困难的希望。

若需为人热忱而富同情心，来京师的同乡遇到困难，他都尽力帮助。因此，大櫆给他提了一个酝酿很久的建议，得到了若需积极的响应。

他对这位热心仗义的朋友说："中畹，这些年来，你对乡党帮助甚多，大家无不感念。但义助之举，独力难支，若遇急遽之难，一时更难应酬。所以，要做好这件事，使有困难的乡党及时获得济助，还需多方支持，且谋划一个完善长久的办法。"

若需听后道："耕南，你说得很对。以往我也有此忧虑，只是不得主意。你有什么好的办法，讲来听听！"

大櫆道："他方之人来京，身边拮据的，寓会馆而宿食。有病急之难，亦可求济助于会馆。吾乡无此途径，但可参照彼之情形，另为筹谋规划。这第一步，便是邀倡在京邑人有禄位力量者，共为善举捐输，筹集义助之赀；第二步，将这筹来的醵金，当作资本经营，牟利取息，而以利息备之以使用。本不动而利息常有，则义助不绝其源。如此，不仅能保证义助善行之长久，即逢大的急难之事，也能处置从容而不至于仓促失当。"

若需听了，拍掌道："你这主意好，也可行！"

大櫆看着他，道："这个办法是否可行，关键还在两个人。首先，必得要有一个极热心负责的人愿意出面，做好初始阶段的沟通协商，否则乐输无望，或者醵金不足，都做不下去。其次，在捐金者中，须得选定一位信用之人，放权使其总领资本的运作，其如何获利取息，获取多少，皆听其决定，他人不得干预。这件事做不好，后面也走不下去。民间不少义善事，常因此环节的不信任与过多干涉，争争吵吵，最后弄黄了。"

若需很赞同他这意见。二人又就一些具体之事商量了一番。若需自告奋勇地应承下了先期的沟通协商工作，而大樾则负责为此义助捐输之举写一篇号召说明之文字。

这篇文字，便是后来收于文集中的《乞捐输以待周急引》。通过它，可知刘张二人对此事的具体筹划，他们为之所付出的心血。

遗憾的是，张若需于次年不幸病故。大樾所作墓志铭记述："规划草创，既定矣而君卒。"是知其时，该事已基本确定。只是因为张若需这个发起人的去世，它似乎被搁浅了。

乾隆十七年八九月间，大樾离开了京都。

几个月前尚叹无归路的他，此刻为何离京？离京后又去了哪里？

后世根据姚鼐二十二岁的和诗，乃知大樾于此时间段曾有伊阙之游。这表明，离京的他是去了河南。只是他此时何以至河南，人们却不清楚。有一点可以肯定，困虑无归路的他，这时是不可能还有什么心情去单纯游玩的。

有首被人们所疏忽的诗作，即《送窦西堂归东武二首》揭示了大樾去河南的原因。

> 携手燕台日，回头近十年。履穿伊阙洞，衣溅石梁泉。并辔春骑马，连樯夜迫船。何舍我去，惨淡问秋天。
>
> 衰老犹为客，苍茫送独还。轮蹄三楚路，风雪九仙山。地到东溟尽，花开故国闲。飞应更远，何日复追攀？

这个窦西堂是谁呢？他应是大樾好友之一，乾隆中颇有声名的窦光鼐。

光鼐字元调，号东皋，山东诸城（东武）人。自幼好学，才华过人，诗文俱佳，十二岁入泮，十五岁中举，二十三岁成进士（乾隆七年），选庶吉士，散馆授编修。后迁左中允，内阁学士。

窦学士此时为何在河南？

原来，他是奉了差事而来。

清高宗实录记载：乾隆十七年壬申八月乙未，命内阁学士窦光鼐，提督河南学政①。

由是可知，大櫆是随窦光鼐入豫的。所以有此行，符合二人的关系，亦合大櫆此时的境况。

他们二人的结识交往，从大櫆送诗可推，应在窦光鼐入仕后的头几年，即乾隆九、十年间。当时，刚入京都文人圈里的窦光鼐，听闻大櫆的才学声名甚为渴慕，即驱车前来拜访。见面交谈之后，更是钦服，视大櫆为昔之前贤而敬之。大櫆后来诗中曾记述："东武窦公文章伯，访我一见心莫逆。论交四海空无人，谓当置我前贤之一席。"

大櫆对才华横溢的光鼐，亦颇欣赏敬重。但二人订交之后，促其更为亲密交往的，还有一个重要的缘故，那便是他们在制义方面所持的共同态度主张。

原来窦光鼐与大櫆一样，皆主张以古文为时文，对时下空疏无文的八股文风进行变革——或许，光鼐之所以这样，也是受到了大櫆的影响。但不管怎样，二人因之从一般的文友变成了思想志趣更近密的同志。后来，世人对他们的努力与影响有过评论："乾隆中叶，刘海峰先生始以古文为时文，窦东皋阁学应之。"承认了二人在八股文变革方面的倡导贡献。

他们有这样的亲密关系，当大櫆困居京城，焦虑生活出路之际，窦光鼐适视学河南，则大櫆依之至豫便属情理之中的自然了。而大櫆之身份，也必是如前些年在松江尹会一处一样，是适合其兴趣的学使幕中之客，这从大櫆送诗"衰老犹为客"所云可得印证。

他们大约于入冬前南下至汴梁。次年春按临河南府，于岁考之前的空暇，还一道伴游了伊阙龙门。大櫆的怀友之诗《游伊阙有怀姚六姬传》，应即作于此时。

两个俱是一时风雅名流且又为同志的人在一块，其相处融洽愉快不言而喻。然而似乎不久，窦学使这边便遭际了变故，以致大櫆非常感伤地送这位友人之"归东武"。也正因此，后世人或疑其人事，不以为此归的"窦西堂"即为光鼐其人，即有一定猜想，也不敢判断事发于此际，乃至不能据大櫆之

①《大清高宗纯皇帝实录》之卷四百二十。

送诗而确定其行踪。

但变故是真实存在的。

实录记载：乾隆十八年六月戊戌。"命太仆寺卿孙灏，提督河南学政①。"

学使一任三年，但窦光鼐之任只半年多点，便被免了其职，由孙灏代替了。

究竟发生了什么事？不清楚。或许是被弹劾罢免，也或许是有亲丧之事而自请辞官。总之是于六月后光鼐已去官，待得新学使到来交接，他准备还乡时已然入秋。

于是，便有了大樾于伤感的秋季，惆怅相送"窦西堂归东武"之情节。"轮蹄三楚路，风雪九仙山"，乃谓其经楚地而东北归，而九仙则是光鼐故里五莲之山峰。而所谓"西堂"之称，则宜乎光鼐此时之情形：西堂，西厢之前堂也，后泛指西边之堂屋。而佛教之中，则以西堂为职位，指他寺退隐住持而住此者。光鼐卸任免职后等待交接的时日里，情况类此，或便因之而谑号西堂，故大樾诗中遂有是称，亦符其归隐之状。

这便是乾隆十七年至十八年间，大樾的一段不为人所了解的经历。说来也叫人不由感叹，他这个人一生确是时运不济坎坷多艰，连做个幕客也不顺利，接连两次都是遭遇变故，短促而寝。

与窦光鼐分别，大樾黯然回到京城。

所以折返京师，极可能还是为着打听消息，以决定下步行止。至深秋时节，他始经运河南归（其诗作中《过汶上赠邓明府二首》或作于此时。其中句云"衰年作客嗟何久？多病逢秋始欲归。"正与此刻的情形相符。）

证明这个情况与时间的，还有他后来哭友人郭焌的诗。

郭焌，湖南善化人，字昆甫，号罗洋山人。雍正十三年拔贡，乾隆九年乡试第一名，乾隆十七年得官国子监助教。其为人性情磊落，有才学而颇具古风。

当年胡宗绪任国子监司业，曾召郭焌于古槐下，议论古今人物、道义文章以及河渠兵防诸事，对其甚是赞赏，遂荐于方苞，苞亦赞其"人文俱妙"。

大樾与郭焌的相识，或便在胡、方交荐之后。也许是刘郭二人在才华治

①《大清高宗纯皇帝实录》卷之四百四十。

学及性情诗文上的诸般契合，他们结识后惺惺相惜，成为情分亲密的良朋挚友。

"余固粥粥无能，不能及昆甫万分之一。以昆甫嫉恶之严，宜其无所取余；独顾相信之深，且欲共相攀援以跻于贤豪之域。余自顾而惭，不知余何以得此于昆甫也！天骥绝尘而奔，尾以蹇驴，不知其能同至焉否邪？"

由大櫆所作《郭昆甫时文序》中这段话，可以清楚地看到他们二人的相互敬爱与志同道合。其文又谓："余与昆甫各以私系，不可合并。"是彼此情好如一人，至于有合并共生之愿，这是如何的情深意挚啊！

然而，有一天，这样的友人却长辞世间去了！

身在南边的大櫆，获悉来自京中的噩耗凶讯，不由为郭焌痛哭：

> 莫怪乘云去，人间无此人。余生惟我在，未死谁与亲。
> 志业留孤幼，文章护百神。他时看气象，应在尾箕辰。
> 别离逾一载，言笑耳长留。遂隔生死路，真知人世浮。
> 交游看渐尽，天地总如秋。剩有招魂计，茫茫何处求。

郭焌卒于乾隆二十年。大櫆哭诗中，言谓"别离逾一载"，是知他自己离京南归，确在十八年的秋末，亦与前言赠邓明府诗所叙相合。

第二十四章　作幕岁月（一）

　　一泓绿水，修长如带，蜿蜒曲折，绕于扬州城北外，散溢着温润灵动的气息，浸向不远处的一片绵延翠冈。

　　那冈，因突兀地隆起于扬州这处平坦之地，遂被称作蜀冈；而这浸漫过去的碧水，便是闻名后世的瘦西湖。

　　湖畔一处地方，在宋时便被辟成种植芍药的花圃。后来不知何时被人改成了庄园，称作筱园。康熙末年，翰林程梦星得此园后又加改造，于园外湖塘尽植莲荷而架水榭，园中则凿池置石添阁增轩，杂种各色花树，使筱园愈加美丽，成为扬州名园之一。

　　去年，再任两淮盐运使的卢见曾，为日后皇帝再次南巡宸游（乾隆十六年首次南巡曾驻跸扬州，地方官员与盐商为迎驾极尽豪奢）作准备，在扬州府及众盐商的支持下，筹集巨资，除修平山堂御苑之外，并拟重修瘦西湖红桥、二十四桥诸景点，凿通瘦西湖至蜀冈之水道，使皇帝銮驾可游湖直至山下[1]。如明珠般点缀在湖畔的筱园，因也从程家人手中被购来，要改建为奉祀欧阳修、苏轼、王士祯三位与扬州相关文豪的"三贤祠"。

　　瘦西湖自此热闹起来。程梦星故去后一向寂寥的筱园，也出现了人踪：准备改成三贤祠的这个名园，也成了卢见曾招待安置前来拜访投靠他的一些文人雅士的歇足之地，聚会之所。

　　去岁南返的大樾，也寄寓在此。

　　他自然也是来投靠卢见曾的。在一时生计无着而又不能归里的情况下，多年前就已结识且与他早年的老师吴直颇有情谊的卢见曾，便成了大樾暂时依附的对象。

---

①《卢见曾年谱》（日本市濑信子撰）

不过，几个月的生活，似乎并不惬意。

他在寄给族兄的诗中，便有这样的言语："念兹旅客久，伤彼故欢违。孤怀怅莫吐，独处欲谁依？"

说待的时间长了，难免会影响情感，违背做客的初衷。话很婉转，但细细嚼味一下，便能体悟到其中的失望不快甚至幽怨。再观后句所言惆怅无倚，他此时落寞伤感郁闷的心情，已显而见之。

有一天，当地友人郭秋浦来探望。见他独坐房中，神情怏怏。案头上还放着墨迹才干的诗作，拿过来看，却是一首咏《佳人》：

> 佳人出南国，皎若明月光。
>
> 修眉荫广额，美目复清扬。
>
> 粲然启玉齿，舒气似兰芳。
>
> 愿承君子惠，聊以蔽匡床。
>
> 谁知妾薄命，恩遇不相当。
>
> 归来理巾栉，照影汉皋旁。①

郭秋浦嚼味之下，问他道："那佳人既愿承惠，又为何有薄命之叹？莫非所遇匪人，彼君子者，原是轻佻寡情之人，并无室家之思？"

大櫆幽幽叹口气，道："非也。不是君子寡情，无室家之愿，而是欲合无力耳！"

郭秋浦见他如此言语神气，知有蹊跷："君何如此感叹？难道汝之所咏竟有隐情？"

大櫆抬眼看看他，复又叹气不作声。

郭秋浦便知猜中了。略一思索，道："我明白了！耕南你孤身在外，身边也少侍执巾栉之人。眼下定是有所遇而动心，而彼亦愿托终身，只是遇到阻力而不谐。是吧？"

这郭秋浦，是大櫆前些年在京城结识的，相处不错。此次他客寓扬州，郭秋浦曾数来探望，慰其寂怀。在这样的友人面前，一些事儿亦无须遮掩。

---

① 大櫆此作，或借美人以喻己之不遇。此处不过以叙事之需要，取其字面之义而演绎。

于是，大櫆当下也便承认了，且将事情的大致相告。而个中之情形，确如郭秋浦所揣测的差不多。

原来，大櫆有次去二十四桥畔游览散心，偶识附近一女子。那女子姿容秀美，又识些诗书。因敬大櫆是个才学名士，愿托身以附，甘为侧室小星。大櫆悦其人而感其情，也便起了纳娶的心思。奈何彼此款曲虽通，却为现实所阻：囊中羞涩的他，终因凑不出那一笔买身之赀，最后不得不怅然作罢，断了念头。

郭秋浦听了，惋惜道："可惜了一段良缘！此间盐商富贾人家，生活奢靡，买婢纳妾如置衣履。君为海内名士，文学魁杰，求一侍执之人而不可得，实是让人感慨……只是，当时既遇困难，何不求助于有力者？若得帮助，事或亦不难。"

他后语所谓求助于有力者，自是指大櫆此时客食的主家卢见曾。

大櫆黯然而叹，道："吾以衰老之年欲娶妾室，固也为身边缺少嘘寒问暖之人，而内心隐衷，却在子嗣之望，欲借之或得一子半息，将来能继血脉香火。然而别人却不理解，只以为旅中寂寞，老来风流，不为讥笑已算留情，又岂肯援手玉成？况余与雅雨运司，虽为旧识有些情谊，却也不好以此事如何去觍颜相烦……唉！总怪吾命乖穷蹇如此，不说也罢！"

郭秋浦闻其心曲原委，亦为之心酸嗟叹不已。

这之后，其他一些友人也知道了此事。不在扬州的姚范风闻之后，特作诗《寄耕南扬州》（时闻买妾未就），以半谑半劝的语气，慰解心情不愉的老友：

> 桃花新泛柳条波，杜宇声中唤奈何。
> 不道仙家乖太岁，空令丹药事消魔。
> 莺声无赖愁朝雨，燕子多情认旧窠。
> 恼杀嬉春杨铁史，教渠何处竹枝歌。

其诗注一个"买"字，点明了此事实是受阻于赀银，而非其他的原因。

因为生平的潦倒苦闷，个人生活及家庭方面的事，大櫆向来极少言及。

但不言而喻，无子嗣一直是他心中的一个创伤隐痛。眼下扬州的买妾之举，是心有不甘的他欲图改变人生状况所做的一次努力。奈何他虽鼓起勇气而事终难谐，无怪他对卢见曾会有所怨言——彼若关心帮忙，则事应不难解决。"孤怀怅莫吐，独处欲谁依"，读着这样的哀吟，可以品味出其中不仅有他对当下情事的失望伤感，也有对今后孤苦无依人生的辛酸悲怆。

不过，他此时心情感触的沉郁，也并非仅在这些个人的生活方面。

我们来看他的另一首诗作：

维扬怀古

南北此咙胡，风烟壮海隅。

地形全控楚，山色半连吴。

伍被翻为画，刘安自取诛。

即今天下一，谁复起枭图？

建于公元前战国时期的扬州，因其历史的悠久，尤其是隋唐以后的繁华，常成为诗人笔下咏叹的题材，千余年间出现了不少的维扬（扬州别称）怀古诗词。

但大櫆的这首《维扬怀古》，与一般的兴衰咏叹诗作不同，诗人将凭吊感怀的目光，放在极少有人关注的地理形胜上，且由之牵扯出其实并不发生在扬州城的汉淮南王刘安谋反的历史事件（刘安为淮南王时，都寿春。）

聚焦于此的他，想借之表达怎样的感触情思呢？无疑，是那最后一句意味深长的叹问："即今天下一，谁复起枭图？"

刘安当时，以国中的情势而起问鼎之心。如今天下政权统一，谁还会像刘安那样谋划造反呢？诗人这里的叹问，表面看，似是要表达一种否定的意思。

但仔细琢磨，恐非如此。

因为，天下一统并不代表太平，历史上的诸多统一王朝，正是在其后的各种反叛中分崩离析的；扬州城北的雷塘，就埋葬着以叛乱而亡国身消的隋炀帝。

眼前谙熟历史的诗人，对此岂有不知？知而仍问谁会步刘安之后尘，则其隐藏深曲之情怀，岂不是要表达对刘安似的"枭图复起"的呼唤与期盼？

可以这样理解吗？

当然是可以的。

因为，他是向来愤慨于世的大樾！

记得他曾尖锐批挞当今之世的"不仁无道"吗？

记得他热烈地歌颂前朝遗民，哀叹"前朝逝不回"吗？

记得他常常情不自禁地哀诉自己"余乖于世，局蹐穷年，死丧患难，百忧相煎"吗？

世道的污浊昏暗，身怀才志却被委于泥涂沟壑，让他在悲愤绝望中曾经呼号"齐州一陷阱，大地犹杯棬"，使他在心灵思想上与现实的统治及其政权早已离心离德，成为它的厌恶痛恨反对者，希望它能为有道之世所代替！

前几年，大约是在他来往江南之际，他曾舟过和县，凭吊乌江项王庙而作长歌。在热烈讴歌项羽的英雄事迹后，他最后这样慨然而叹：

"却忆长身八尺扛鼎何崔嵬，八千子弟渡江来。将援水火衽席上，尽卷霾云天日开。殷汤放桀作典宝，周武征商散鹿台。独立江头三叹息，如何更百千年无此才？"

生活在号称康乾盛世的清朝，他却感叹不见"放桀的殷汤""灭商的武王"，还有起兵推翻暴秦救民于水火的项羽似的英雄豪杰出现，其欲天下易主改朝换代的心迹已跃然纸上！

它便是今次维扬怀古最后叹问的准确注解。

是什么样的具体感受，令此刻身处扬州的大樾又一次在内心泛起"枭图复起"的期盼呼唤呢？

也许，是眼前寄人篱下的生活，加剧了他心中的屈辱凄悲之感；

也许，耳闻目睹扬州富商巨贾们的骄淫豪奢情状，使他愈发感奋世道之不公不平；

也许，皇帝南巡一路的奢华铺张劳民伤财，扬州官员不惜耗费巨资大兴土木以备迎驾的邀宠献媚，令他对清政府的上下腐败，更加地气恼痛恨……

所有这些情绪的叠加与刺激，又当身处扬州这个埋葬隋炀帝的敏感之地，他心中久积的仇恨之火再次被点燃，那盼望能有英雄豪杰之士出世推翻现实统治的隐衷情怀，也便再次借着怀古的面目遮掩，抑制不住地抒泄而出了！

他这样的做法，是颇有些大胆的。

因为清政权在政治思想文化上的高压专制政策，在乾隆朝一点儿也没放松，文字狱在统治者手中，更是一把可以随时挥舞的利器。

就在上年，一桩始发于乾隆十六年秋，涉及多个省份，牵连至少上千人的"伪稿案"，历经二三年的缉访追查审处，才刚刚宣告结束。

事情原很简单，有人冒借朝廷官员之名，写成疏折指责朝廷过失，其中包括批评是年皇帝南巡，为一己之玩乐而劳民伤财。

此事被告发出来，乾隆大怒，先是责令相关各省秘密调查，后又屡下谕旨要严查追究，甚至为此处分了一些态度不积极或有异议的官员。最后由于伪稿传播太广，已涉大半个中国（内地十七省），阅读持有和传抄的人无数，实在难查到那始作俑的"真凶"，才不得已杀了几个传抄的倒霉蛋背锅结案。

一篇不过是批评过失的文章，为何会让乾隆如此紧张暴怒且盯着不放呢？这固是因为它"诽谤"了朝廷，打了高高在上的皇帝的脸，挑战了统治者的权威；更重要的，是乾隆这个清廷的当家人，极是忌畏这样的声音，害怕它的传播会引起更多人民的不满与反抗，危及他的政权与统治。

所以，大櫆在伪稿案风声才歇之时，借怀古而作如此敏感之诗，不能不说他是很有些勇气大胆的——但由之既可见他对清政权的反对敌视态度，同时也反映出扬州生活的这段时间，他的思想心情是相当愤懑恶劣的。

好在适于此时，自千里之外的荆地，传来了一个总算能让他高兴点的消息。

那是湖北学政陈浩，向他发出了入幕邀请。

陈浩是直隶昌平人，雍正甲辰进士。上年九月，以詹事府少詹事提督湖北学政①。

大櫆与这位学使，是往日京中的旧识。二人虽无多少直接交往，却颇有些瓜葛渊源。原来陈浩其人，曾师事方苞且笃信其说，连带着一家人都受到影响，所读的非方苞之文，即方苞评点之书。所以陈、刘之间，有着同门之

① 清高宗实录第四百四十六卷：九月甲子，命詹事府少詹事陈浩，提督湖北学政。

缘。后来，大櫆又与陈浩的两位公子结识——乾隆九年冬，大櫆游陕之际相遇年轻的陈家兄弟，客中绸缪而订交。

有此双层关系，陈学使之任湖北，即欲聘大櫆入幕相助。只是大櫆当时已离京，后又客居扬州，待音讯辗转传到，已是过去数月了。

正在苦闷彷徨中的大櫆，得讯后略无迟滞，随即动身入楚。离开扬州前，也给卢见曾写了首诗："忆昔登龙得所归，凌风却月镇相依。酒卮磊落花初放，诗句纵横蝶乍飞。到处逢人嘘植遍，似公知我古今稀。白头还向沧江去，依旧龙舒一布衣。"不管怎么说，对卢见曾昔日的情分，他还是很感念的。

放舟去武昌时，他顺道去探望了一个老友，已致仕有年的倪司城。

倪司城当年使蜀，为总督所器重，奏留为令。历知眉县、洋县、南郑，前后十六年。虽具吏才治声，亦有大臣推荐，却桎于出身低微（其以贡生出仕，非科举正途）而老于县令，遂怏怏告归。

三十年间，大櫆与倪司城各自漂泊，很难见面。然而他们的友情，却丝毫未受影响——说起来，与他们在志趣才情方面的相投相敬，有很大关系。

一则，二人生平俱有用世之志。大櫆的情况无须再说。倪司城亦是"抱负奇伟"，其中年弃科举而以微吏入仕，即是不甘心为现实阻碍所困，欲于棘路中寻求奋斗前程，做一番为国为民的事业。虽然他们的理想都在只重科举功名的社会环境中破灭，但共同的志向情怀，却自然地拉近了他们之间的思想情感，成为心灵相通可诉衷肠的知己。

二则，他们二人尚有文学爱好的趋同，以及才情的相当相惜。倪司城是大櫆乡友中除姚范之外，另一个喜爱古文且对大櫆有影响之人。他们年轻时不仅一块学古文，倪司城更于其中发挥了一个益友的作用：他对大櫆所写的文章，求其完善而不吝批评，哪怕是一字一句的瑕疵不妥，也要指出来，不留情面，不惜辩争。而大櫆也不以其刻求而自讳，有所作必使之阅览。这情形一直延续到后来，二人但凡相聚，仍总会有一番辩难。这对大櫆古文创作的进步提高，磨砺帮助不小。

古文之外，他们又是彼此敬服的诗友。桐城自明代以来文风蔚盛，士人大多能诗，亦不乏优秀的诗人。眼前这个时期，能自树一帜而有诗誉者也有数人，但其中令大櫆最敬佩推崇的，还属倪司城。

倪司城才力充沛，不专为诗而能诗，其诗沉郁苍劲，人谓有杜甫岑参之胜。大櫆则誉其雄放而富变化，将来必传于世。同样的，倪司城于大櫆之诗，亦很推重，曾论谓："捧颂大作，如遇汉、晋间人。游览诸什，尤得大谢三昧。"叹其质朴纯真，大有古风，而游览之作直可媲美南朝大家谢灵运。

同志兼同好，惺惺相惜。如此朋友，即便疏于聚会，又如何能影响其情谊？而有机会，也必谋一聚。所以这次大櫆尽管行色匆匆，仍至倪司城处做了一番盘桓。

久别会晤，他们的欢欣与感慨，自可以想象。

"司城出酒肴共酌，意气慷慨，其平时飞动之意，犹不能无。然而，司城已七十矣！"

友人来了，倪司城欢然相待，杯酒劝酬谈论间，仍是那样的豪爽激情，意气风发！然其精神虽健，可毕竟已是年届古稀的老人了啊！

岁月匆匆，年轻时的友伴转瞬已老，教人怎不在聚首欢悦之际，又于心头浮起幽幽的哀愁伤感呢？

然而还有让人感慨之事。

"司城所为诗仅千有余篇，其锓板以行世，用白金无过百两，而家贫力未能及。余将与四方友人共谋之，而未知其何如。"

曾三任县令的老友，百两银子可刊的诗集竟贫不能为，是见其为官之清廉，使人凛然而悯之。他要尽力去帮助这位老友，实现诗人迟暮之年的这个最大心愿。

自然，他也慨然应承了为诗集作序之任。

晤别之后的途中，波浪轻摇的舟上，带着离情别绪的他，完成了这篇情真意切可志老友生平而又可酬彼此数十年情谊的《倪司城诗序》。

但思绪夹着感慨，仍如那身畔的江流涌动不已。最终，在沉郁中又化作了笔下的几行诗句：

怀倪司城

当年携手在燕郊，秋满庐龙塞木彫。

终日高歌凌碧落，有时被酒舞清宵。

于今还往惟三户，回首乡关隔九霄。

欲过灞陵同买醉，汉家矜重霍嫖姚。

秋天，大江之畔的宜昌府城。

日头西斜时，随着一阵鸣炮声响起，科场的大门缓缓被打开。

"放头牌了！"，外面等候的人群，霎时兴奋起来。稍后，便见有考生自里面出来，遂纷纷围上去，打听场中考试情况。

这率先出来的考生，也不过寥寥数人。因自五更天就点名入场，紧张疲累了一天，个个都一副有气无力的模样。

那考得不顺勉强交卷出场的，也不搭理人问，便自蔫头耷脑地去了。只二三感觉尚可的，边敷衍着众人询问，边相互对着答题，交流感受。

"学兄，你这两场发挥得如何？可还称心顺手？"

"经艺倒还顺畅。就是那书艺难些，颇费了一番精神，才堪堪做了出来。你呢？"

"同感，同感。没想到书艺出了那样的截搭题，要不是有位仁兄无心之助，我这场或就要栽了！"

"哦？竟有此等侥幸？说来听听！"

"是如此如此……这般这般……"

原来，这日场中书艺之考，出了个"可以人不如鸟乎《诗》云穆穆文王"的截搭题（所谓截搭，是截取同节或同章中的不相连甚至不相干的词语搭凑成一个题目，让考生去做文章。这是八股经义考试中为了增加难度而经常采取的做法），出自《大学》第四章第一节的末句"……可以人而不如鸟乎"及第二节的首句"《诗》云：穆穆文王……"

这故事的考生，当时面对这考题，思量有时，先作了个承题："夫人不如鸟，则真可耻矣。"欲就此而加以阐述。可想了半天，也不知如何转到那"诗云穆穆文王"的下半截上去。急得他抓耳挠腮，如热锅上的蚂蚁，口中只把那承题之语不住地吟哦，念了一遍又一遍。

不意隔座之人听得烦恼，忍无可忍之下，脱口给他续了一句："耻矣，耻矣！如耻之，莫若师文王。"这考生听了，觉得它正是一巧妙的过渡之语，忙惊喜地录入文中。之后顺着斯意做去，情思不滞，一篇文章倒先比人完成了。

听他叙罢这奇事，人道：

"截搭之文，重在前'钓'后'挽'，然中间这一个'渡'字，甚是关键。没有仙人作筏，牛郎织女何得相会？汝这是运气好，碰见了一个摆渡者，回头可要好好感谢人家呢！"

那考生颔首笑道："确实要谢！要谢！非彼之言，吾现在还在场中掐肝擢胃地受苦，若不得毕卷，后面少不得还要挨宗师①一顿训斥……嘻嘻，哈哈！"

…………

时辰不断过去，科场的大门又在炮鸣中间歇打开，渐次放出人来（科场所谓的放二牌、三牌）。夕阳西沉时，几个未做完试卷的考生，脸色苍白地被差役拉出来，试院大门最后关闭，宣告了是场考试的结束。

但试院外的人群，并没有随之便散去。

一些人仍聚在那里，有考生，还有接考的亲友，嗡嗡地发表着各种议论、感慨与揣想。

宜昌府的这次岁考，已连续进行了数日。先是儒童入学考，接着是五县一州的生员考。这中间揭晓的结果，同往常一样，自是有人哭来有人笑，有人倒霉有人幸运。今日是最后一场考试，它又会是什么样的情形呢？

这个时代，由一省提督学政官按临各地主持的岁考，对于习举子业的读书人来说，无疑是个很重要的关卡，需要认真对待的大事：它不仅决定儒童能否获得进入官学、向更高的科举功名进军的资格，也直接影响已在学籍的各类生员（统称诸生）的荣辱前程——提学官以等次试诸生优劣，并予以不同的奖惩赏罚。那考得差的，或被降等挞责，或被取消廪膳资格（官府给予的学习生活补贴），其中最惨的，则是会被革除秀才身份，让你以后没得混。

这样的考试，由不得人不打起所有的精神全力以赴；而在结果出来之前，也由不得人不为之紧张忐忑患得患失：

平常混日子学业成绩差的，自是害怕受到责罚惩处；成绩一般的，则希望能得个"如常"（"如常"是提学官于不好不差的试卷所给予的等评，不赏

---

① 明清两代，对提督学政官有督学、学使、学宪、学道、学台各种称呼。宗师，则是在学的生员对提学官的称谓，是弟子学生的口吻。

不罚）便能交代过去；只有那部分有些才学的，巴望着能获得提学官的奖赏提携——如能成为提学官眼里的人才，不论是士林的评誉，还是今后的出处前程，都有很大好处。

但这一切，在考试结束之后，都取决于那试院（又称为使院，因其是学使临时办公的衙门）里的关键几人，阅评卷的提督学官，还有协助其事务的一众幕友师爷。他们的眼光、喜好与判断，决定着所有应试者的结局命运如何。

于是这个方面的情况，也便成为眼前人们所关注谈论的中心。他们由不同的渠道，对这任学政陈浩的各个方面，包括其仕途出身经历、官场风评、素日的治学兴趣以及诗文爱好、岁试他府的表现态度以及使幕中的幕僚情形，有一些零散的听闻了解，此刻便据之生发诸般有关考评的看法揣度，为自己或他人的可能遭际附会一些有利不利的理由，寻求一种精神心理上的安慰。

还有人翻出了一个人多不知的关系，也引起了一阵感想猜测——

"听学中老师说，宗师与其幕友刘海峰，昔日同为已故方侍郎的门人。想必二人治学文风也受其影响吧？"

"真的吗？若是那样，倒可以看到一些端倪。我曾听人论当今文坛风尚，说方侍郎为文，尤重义理呢！"

"可惜这几人的文章皆未见过，不然便有个参考了。"

"风闻自陈大人至任，省里便有人欲搜寻其以往诗文，终是难得。倒是有人曾见过刘海峰的文字，甚至是制艺，只是秘不示人，不愿与人分享呢。"

"听说这刘大櫆，虽是才学俊彦、文章名家，却长期屈扼于科场。如今他相助宗师阅卷，想来会秉持公正，不以文字好恶而取舍吧？"

"但愿他以己度人，多点同情心。遇上我等卷子，若非大谬，能将就着给两句看得过去的评语。"

…………

暮色渐起时，这些思想心情复杂的人们才逐渐散去。但类似的议论揣测焦虑，还将无可抑制地伴随着他们，直至等待中的结果出炉，宗师的"判决"下达……

数日后的上午，一行几人在试院的门前乘上马车，沿着不太宽阔的街道，逶迤行去。

宜昌府旧为夷陵州，雍正十三年升府更名，治仍夷陵古城。古城规模不大，以依江而具商旅之利，倒是比较热闹繁荣。近日因岁考之故，衢市间更加热闹，熙来攘往的人流中，随处可见身着长衫的读书人身影，还有不时入耳的"子曰""孟云"的高谈阔论声。

透过车厢两边雕花的窗格，看着经过的街景人群，尤其是那些三三两两的学子儒生，从试院出来的这几人都颇为感慨。

他们正是这一段时间在学使陈公之外，也颇为人们所关注的三个人：学使的两位公子陈伯思陈仲思，以及幕僚刘大櫆。

自旬日前随学使至此，他们作为学使身边的信任助手，不仅配合府县官员落实岁考的诸般事务，更协助学使承担了繁重的试卷阅校工作。

一府数千儒童诸生参加规定科目的考试，累计近万份的试卷，其评判又事关考生的利害前途不可马虎，这样的任务，学使一人自是应付不来，而地方的官员学官又以避嫌不得参与，因此他只能依靠身边的幕僚亲信之人，来助其完成前期的阅卷筛选与初评。

故这次宜昌试院自开考以来，作为幕僚的大櫆等人以及学使两个颇有才学的公子，俱埋首于试卷的校评之中，夜以继日地紧张忙碌。直至昨日试事告竣，才歇了一口气。此刻得以出使院来，游览放松一下。

马车穿街过市，出城以后沿着古道，径往西北方向而去。一路上，观原野景色，看山川形势，指点谈论之际，心驰神逸之间，莫不为之感慨：原来这一带，正是三国时蜀吴著名的"夷陵之战"的爆发争斗之处。

但今日几人此游，却非是凭吊这古代的战场。他们的目标，是前方不远处的一个景点，位于长江三峡之西陵峡东口古下牢关前的三游洞。

唐元和十四年，著名诗人白居易与好友元稹在至任途中会于夷陵，伴聚者还有居易之弟白行简。后移舟于下牢关侧的西陵峡口，游北岸峭壁间的溪石岩洞，爱之不舍，乃赋诗题壁，命名三游。自此以后，不断有文人骚客慕名之游。宋欧阳修黄庭坚陆游及苏洵苏轼苏辙父子等文学名流，俱曾先后履足登览为赋。

今日大櫆一行，便踵古人之迹欣欣而来。

当秋日的太阳高悬于峡谷上空之时，位于崖岸缺口处峭壁之上的三游洞，也出现在了一番奔涉攀行后神情兴奋的他们面前。

但见那壁穴石洞，隆然穹起，宽广深窅，柱石分楹，如堂若室，甚是奇妙。而洞前则深溪奔泻，翠壁高耸，清冷幽峭，动人心魄。置身于此，不能不令人感叹自然的鬼斧神工，山川景色的奇丽，也才明白为何白居易们当年至此流连徘徊不舍去。

入洞浏览，苍壁如削，怪石多状。欲寻元白当日题壁之句，却早已青苔漫漫无觅处，唯余一些宋明题刻，游人涂鸦，诉说着九百年来这里曾经的过往故事，见证着其独特的自然魅力与人文影响……

巴蜀荆楚之间，奇哉有此；
元白苏黄以后，游者为谁？

石壁上的一副对联，正道出了眼前几人此刻的心情感受：他们惊叹于这自然的杰作景胜，也在遥思慨想之际，于胸臆间不觉升涌起一种异样而复杂的情绪：有对前贤大家的崇慕，有被激励的壮怀豪情，还有郁郁不得志的惆怅惘然。

因为今日伴游三人，亦是一时才杰之士，有志于追比古人的文学俊彦！大槻自不用说，而陈氏兄弟也颇具文名，二人不仅若干年后将先后成进士为显宦，更是大槻倡行的"以古文为时文"主张的积极响应者，对这个时期的文风改变与古文发展，有一定的影响贡献。

这样的才子文人，置身于文学甚有因缘的三游之境，心情感受自迥异于寻常游者，而更能引发滋生强烈的心境情志的共鸣与激荡！

于是，一番激情难抑的长歌短咏之后，几人于洞前踞石而坐，沐着山风与暖阳，就着将来的酒食邀饮对酌，又不免一番追往抚今的谈论与感慨：当时元白苏黄诸贤之寄情，后世游者之慕怀，今日诸人之观感，名家胜景之相得，世事人生之显晦……所有这些，莫不在各人的感触中纷然道来。

而伯思兄弟，末了于大槻则另有倡言道：

"三游之兴，情浓于三。前有乐天兄弟与元微之，继有苏氏父子，后有涪翁兄弟及友辛纮，游皆有记。今日吾兄弟幸随先生来此作游，亦巧合其征；而先生之文采，又岂稍逊于前辈古人？愿请为记，使添文坛一佳话！"

他们二人向来敬爱大櫆之文学，以为不世之宗匠，可媲美前贤之名流方家。此时使酒豪情浮想联翩之际，自然便有了这倡议。

大櫆本便感触在怀，又颇为陈氏兄弟之言所动，遂慨然应允。于是，这日的三人之游，终化作了一篇颇令人赞叹感思的佳文《游三游洞记》，也为三游洞的文学艺丛增添了浓墨重彩的一笔：

出夷陵州治，西北陆行二十里，濒大江之左，所谓下牢之关也。路狭不可行，舍舆登舟。舟行里许，闻水声汤汤，出于两崖之间。复舍舟登陆，循仄径曲折以上。穷山之巅，则又自上绝危滑以下。其下地渐平，有大石覆压当道，乃伛俯径石腹以出。出则豁然平旷，而石洞穹起，高六十余尺，广可十二丈，二石柱屹立其口，分为三门，如三楹之室焉。中室如堂，右室如厨，左室如别馆，其中一石，乳而下垂，扣之，其声如钟，而左室外小石突立正方，扣之如磬。其地石杂以土，撞之则逄逄然鼓音。背有石如床可坐。予与二三子浩歌其间，其声轰然，如钟磬助之响者。下视深溪，水声泠然出地底。溪之外翠壁千寻，其下有径，薪采者负薪行歌，缕缕不绝焉。

昔白乐天自江州司马徙为忠州刺史，而元微之适自通州将北还。乐天携其弟知退，与微之会于夷陵，饮酒欢甚，留连不忍别去。因共游此洞，洞以此三人得名。其后，欧阳永叔暨黄鲁直二公皆以摈斥流离，相继而履其地，或为诗文以纪之。予自顾而嘻，谁摈斥予乎？谁使予之流离至于此乎？偕予而来者，学使陈公之子曰伯思、仲思。予非陈公，虽欲至此无由，而陈公以守其官未能至。然则其至也，其又有幸不幸邪？

夫乐天、微之辈，世俗之所谓伟人，能赫然取名位于一时，故凡其足迹所经，皆有以传于后世，而地得因人以显。若予者，虽其穷幽陟险，与虫鸟之适去适来何异？虽然，山川之胜，使其生于通都大邑，则好游者踵相接也；顾乃置之于荒遐僻陋之区，美好不外见，而人亦无以亲炙其光。呜呼！此岂一人之不幸也哉？

第二十五章　作幕岁月（二）

清乾隆二十年，岁腊之际。

芮庄刘家茅屋里，不时传出阵阵笑语声，给那一向冷寂的家庭空间，平添了几许欢悦与生气。

这样的变化，自是因为那常年萍踪浪迹的主人，难得地回来与家人团聚了。

岁暮事闲，学政父子回武昌过年，大櫆也告了假，放舟而下归里，令家中甚是激动欢喜。吴氏大娘子鞯然欢颜不说，那侧室吴氏也难掩兴奋，比平时多了话头笑声——身为侍妾的她，肩负传宗接代的重任嫁入刘家，奈何婚后却一直无有生育，心惭情苦而郁郁寡欢。也只有丈夫回来，她才觉着点生活的快慰。

还有已做人妇的女儿，也偕夫携女前来拜望。她前些年嫁于里中秀才左周，生了两个乖巧可爱的女儿。这一家几口的到来，让茅屋中的气氛更显热烈欢愉。寒冬腊月里，全家人的心里，俱因这难得的家庭团聚与亲情润染，而觉着温暖如春。

随后到来的春节，这个情况特殊的家庭，也过得少有的热闹温馨。往年家主在外，家中只有两个妇人，逢年过节益显清冷孤零。这一次，一家子也同人家一样，兴冲冲地接祖祭祀、吃团圆饭、守夜祈福。初一开门以后，前来拜年贺喜的亲邻也络绎不绝，不似往昔的凄寂冷清，门可罗雀。年已花甲的吴氏娘子，迈着小脚忙上忙下很有劲头，有时还揩着眼睛对丈夫感喟，说这才有点过年的样子。

大櫆心存愧疚，也珍惜眼前的机会。所以正月里，除了给一些长辈拜拜年外，大多时间便都守在家中不外出，陪着家人享受这难得的天伦团聚之乐。

直至年节将尽，快要离家的前夕，才去探访拜望了若干至交友好，其中便有家居荷庄的老友左茧斋。

左茧斋这年已八十七，大櫆见他时，见其虽不免衰老之态，但精神尚可，饮食行动如常。大櫆很为之欣庆，以为这心性淡泊的耄耋老友，或能假年长寿。却不料这暮年之人，如风中之烛，说灭就灭，之后他返至楚地不及半载，左茧斋便身故长逝了。

左茧斋卒于乾隆二十一年五月二十七日（左氏谱）。大櫆得讯甚是悲痛。他生平的友人众多，但像左茧斋这样只为着单纯地欣赏敬爱而交往且数十年情谊深笃不变的忘年之交，却是少有。

> 呜呼！君之长于余者，二十有七年，而忘其年齿，以与余相先后。余与君世为姻戚，君丈人行，而折其行辈，以与余相颉颃。余何以得此于君哉？岂余之能贤，抑亦君之虚怀乐善，故不计人之媸妍！
>
> ……我生飘泊，在外日多，君亟思我，莫之如何。我有致书，君黏在楹。思我不见，循环诵读。我之来归，君得闻知。不俟安次，马迎以驰。诲我以仁，我接以义。淋漓酒卮，从容鸿议。
>
> ……我有怀抱，谁与同倾？我有文章，谁与讥评？我与世违，惟君交契，而又夺之，天乎何罪！……念君之不可再见，而余将畴依！

初秋学幕解散，大櫆在离楚归里后，径至荷庄祭文哭灵，悼挽茧斋。随后，复为作《茧斋先生传》。这是他生平仅有的一次重文祭、传于一人，可见他对茧斋这位亡友非同一般的哀愁情思。

但此次回乡的他，心中哀然所系者，也非仅在有情谊的友人亡故。为茧斋作传后，这位常年在外的游子，复为着一份更深沉宽广的哀悯情怀，奔走于乡里，呼喊于笔端。

事缘于上年：

"去年凶灾，民皆饥乏，草根木皮，掘剥几尽；釜甑器皿，买卖无存；甚则抛割妻孥，与人为仆妾，犹不足以自赡，而父子兄弟，羸老孤幼，继踵而死，僵尸草泽，骸骨相枕藉，见之者怵目，闻之者凄心。"

原来，桐城去年因灾发生严重饥荒，贫苦百姓无食，皆挖草根剥树皮以充饥。为了换口吃的，生存下去，不少人家卖光家中所有，继卖妻儿。许多人没有挺过去，死者累累，道途荒野，时见逃荒倒毙的尸骸！

这虽是上年之事，但大櫆一直不能忘怀。在这天下颂扬的所谓盛世，出现这样的灾情苦难惨景，既是莫大的讽刺，也让人看到官府的荒政漠民，绝望其赈灾救民之无力。所以他今年再归，见农家秋获不错，便起忧患之思，冀望乡里丰不忘歉，捐输谷物，公建义仓，以为将来防灾之自救。

为此，他不辞辛苦四处游说，并作《乞公建义仓引》一文，倡议于乡里邑中。

他在文中引论古今，细言官府赈济之弊与不可恃，当社建仓以自救之必要与可行，"惟及其有余之时，预为不足之备，不藏之于官，而藏之于民；不分藏于家室之私，而合藏于里社之公。其在今日所减省者，一酒食宴会之需而已；其在他日，积之遂至于无尽。其为利甚博，而其为术约而易操也。"

事虽易操，但成功的关键，则在那些影响一方的士绅名流以及里社家族的问事主事之人的态度如何。他晓之以义动之以情地向彼呼吁，期以获得关注支持：

"古者邻里有相周之义，而乡田同井，则守望相助，疾病相扶，若使朝夕共处之人，亲见其饥饿至辗转沟壑而死，而莫之拯救，而吾独安得宴然而已乎！夫一人向隅而泣，则举座为之不乐。同里共井，其视同坐也亲矣。辗转沟壑而死，其视向隅而泣者迫矣，此固仁人君子所宜动心者也。"

这些仁人君子有没有被打动，事情进展如何，因无后续资料反映，情况不清楚。但无论其事成与不成，那些生活艰难一遇灾年就如处在水火之中的贫苦乡民，当会真切感念这位常年游历在外却深切关注乡里民生疾苦的刘先生吧！

而刘先生自己，或也不及看到事情的结果，便因一个缘故再次离乡远出了。

原来这年的五月，大櫆在京的一个友人，几年前曾短暂出任河南学政的窦光鼐，于朝廷新一轮的学政任命中复出，以左副都御使兼任浙江学政。

窦光鼐自然想起了他的好友大櫆，想起了他们在河南时彼此的约定，而大櫆无疑也是极合适的幕中人选。故大櫆最迟于是冬即已由皖南入浙，到了省会杭州，开始了他新一轮的学幕生涯。

身在杭州，自不能不去天下闻名的西湖看看。

大櫆与包括窦光鼐在内的一干新交旧友，应有多次的结伴之游。"西湖十日雨如尘"（《送张五》），这诗句表明，他仅与这一位被称为张五的友人就盘桓西湖多日。

美丽的西湖，曾令古往今来无数的文人雅士为之倾倒，而骚人墨客至此，莫不留下歌咏的诗篇。但让人讶异的是，素来临胜必赋的诗人大櫆，此刻却默然无一言歌。若非他的诗集中，有送友之作提及，且还存有一首《林和靖墓》，人几乎不知其曾数游过西湖。

这情形不免让人反常不解。

是讴歌西湖的名篇佳作甚多，而令诗人情怯难为？

当然不是。前几年他至武昌，面对连李白都感叹"眼前有景道不得，崔颢题诗在上头"的"黄鹤楼"，他也略无顾忌而放歌，所为《登黄鹤楼》，还被时人誉为"气格苍劲，极近放翁"之佳作。

是诗人此时此刻，情滞思窒而不能吟？

当然也不是。我们看到，他只是默然无言，而非不能言。因为在一座荒冢前，情思荡漾的他，还是在《林和靖墓》中忍不住吐露了可以言的心声：

碧水苍山野外情，神寒骨冷气峥嵘。
真仁浑噩称平世，梅鹤优游过此生。
别苑楼台新缔构，茅庐井灶旧经营。
行人再拜陈蘋藻，惨淡云烟尽日横。

墓在西湖的孤山之上，为北宋诗人隐士林逋之坟冢。林逋终身不仕、不娶，四十岁前漫游四方，后半生隐居孤山，以种梅养鹤为乐，二十年足不入城。死后被谥"和靖先生"。

"神寒骨冷气峥嵘"，是赞颂和靖的品志，也是状说大櫆他自己吧？拜在孤冢之前，与前代隐逸隔着时空对话进行灵魂沟通的他，或许很羡慕和靖，因为彼于浑噩之世尚能“梅鹤优游过此生”，而他却是衰老仍作漂流客，思之怎不叫人为之心伤神痛，黯然销魂？

或许，这便是西湖美景当前，而诗人的大櫆却不为之情动的缘故：因为彼之眼前，只是一片“惨淡云烟尽日横”！

但细细嚼味，这“惨淡云烟尽日横”中，似还蕴含着个人身世之外的更沉郁强烈的人世悲慨！以至于眼前的这个世界在诗人的感觉里，才如浮云蔽日般的惨淡昏暗，一片灰曚的死气沉沉！

是什么样心理情绪的背景，令此刻置身西湖的诗人，有这般“晦暗如冥”的感受呢？

它来自向来的情感蕴积，更与当下外界事物的影响刺激，显然有直接的关联。

乾隆二十二年正月，皇帝开始第二次“南巡”。

其首次“南巡”，便已引起民间怨诽，甚至引发了批评抨击他的“伪稿案”。但这个视天下为己物，且靠父祖之力已巩固了统治的封建头子，又顾得什么劳民伤财，惧什么民怨议论？这没过得几年，他又领着皇室一大家子，还有规模盛大的数千扈从随驾队伍，浩浩荡荡出游，如蝗虫一般穿州过府地南下。二月渡江，由苏州驻杭州，在这个东南富庶之区，尽情享受官府富商的敬献供奉，吃喝玩乐得极是逍遥快活。

多年前，便在文章中痛批统治者“智诈自骋，颉滑不仁，怙势袭威，无所顾藉。物产靡敝，而苑囿崇侈；民力竭塞，而畋游无度。啖肤咂血，其锋锐于蚊虻，而高居深拱，惘然自以为尧舜焉”的大櫆，此刻身处杭州，面对这驱东南财力人力物力而餍一人之享乐靡费的“南巡”，和那一大帮子啮食民脂民膏的大小“硕鼠”，其厌恶痛愤可想而知！心情如此，美丽的杭城与西湖，在他的眼中感受里自也便是黯然无彩，一派惨淡了！

而这样的情绪感受，在乾隆三月离开杭州去江宁后，仍有继续地存在反映。

寒食节这天，已离开杭州的大櫆，在和友人的《瓯江寒食次施亦符韵》诗中，这样地描写抒怀：

腐儒无置处，羁客负良辰。

野哭千山暗，蛮歌百越春。

俗非寒食旧，花对白头新。

试上高原望，累累尽鬼磷。

寒食踏青，本为春明游览。然而诗人的感受与视野里，突出的却只是
"野哭千山暗"，"累累尽鬼磷"！有人说他这是目睹民生疾苦，不无伤怀。这
话也不错。但细味这被着意放大的人间凄悲情景，让人更能清楚感受到的，
是诗人对社会和政治现状的哀愤与控诉！

他没有掩饰这个用意。甚至还特意作了点提示，指出寒食节今昔意义的
不同。让人联想到，寒食在古代，除了纪念祭祀外，它更多的还是表达人们
对政治清明的追求与赞许。

这其实已较清楚地点明了诗作的旨意所在。联系现实中这个时间点所发
生的大事，完全可以看出，诗人在这里的悲悯歌咏，其所暗寓的情思，正是
对以乾隆为代表的统治者借"南巡"而宣扬的"太平盛世"的讥刺、斥责与
愤慨！

从后来的情况看，乾隆"南巡"这件事，带给大櫆的刺激与影响，很是
持续了一段时间。他此后随窦光鼐督学于浙江各处，其间也游览过诸多的风
景名胜。然而，如同前面在杭州西湖相仿佛，诗人竟然没有留下一篇可为纪
念以志其情的作品文字。这与他前几年在楚地足履之处皆有诗，形成了鲜明
的对比。

这种反常的情形，显然只能从其思想心情方面去找缘故：或许是心情心
境的沉郁压抑，而令其情致缺缺，了无创作之兴；抑或是诗人如之前西湖一
样，对着"惨淡云烟尽日横"下的山川名物而悲不能言。

但也可能还有另一种情况：那是诗人于此期本是有些对景生情之作的，
只是后来因为时忌而终未录入其诗集。这个推测，是有些迹象证据的。

若干年后，他在《寄跂三兼简沈浴鲸》一诗中，回顾与友人从西湖始至
浙中各处的游览情形，数说道："日向西湖纵闲步，夭桃弱柳苏堤路。江山四
面列屏围，放眼悲歌无忌顾……"

面对眼前的景色江山，诗人因为感慨激愤，是有悲歌的，而且是"无顾忌"的！

这悲歌，不排除有讽颂前人篇章的可能，但更可能的是诗人自己的悲慨诗作。当时情怀难抑，无所顾忌地放歌，后来则虑其不谨犯忌，遂不敢辑入诗集中了。

清乾隆二十二年冬，大櫆自幕中返归故里。

这次回家，主要是为安葬其双亲。

桐城民间，因为移民与风水这两重文化的影响，自明代起普遍奉行厝葬的习俗，即于死者棺枢不立即安葬，而是暂置一处厝放数月或几年，待以后再择地正式下葬。

大櫆父母相继过世后，也依俗而厝，计划觅地合葬。兄弟几人极是重视此事，几经勘察，近年方在邻县庐江购得一块吉地。与此同时，又为父母请得诰赠，并请当朝大学士蒋溥为题墓碑。这一应事宜准备好，便定在是冬奉枢归山。

此时，大櫆长兄远宦西南，仲兄已去世，家中这安葬之事，自是由他与弟弟大兴一力操办完成。家谱记载，十二月十五日，刘柱夫妇被合葬于庐江石峡口墓地。对于刘家兄弟来说，这是完成了人生中一件极其重要的大事。

葬亲之后的两年间，回到浙江的大櫆，继续其幕僚生涯，无非是些考试校文之事，毋庸细述。值得一道的，有两件情事。

一是结交了施亦符、沈浴鲸、刘潢几位新友。

这几人与他一样，皆是幕中的同仁。能被学政邀为幕僚，才学不用说都是可以的，但能否结交，成为有情谊的朋友，主要的还在人品性情，看彼此是否相投契合。

大櫆前在湖北，其诗作于幕中同事，陈氏兄弟以外他人只字未提，显见没有什么交情。然在浙省不同，他与几个同事皆成了好友。其中施亦符、刘潢二人情感尤挚，当时多有诗文赠送唱和，别后也不绝联系。施亦符后来去世，大櫆还为诗以哭。而刘潢以工诗善歌多才艺，与大櫆又有同宗之谊，相互敬爱又有甚于他人。

　　当然，在此前后，大櫆还先后结交了当地的一些文人，如乌程闵氏的举人闵文山，慈溪诗人周东武，萧山文人王麟若，绍兴人李寿朋等，也应其所请作了一些墓志铭、诗序和题画诗。但关系情感，则显逊于幕中诸友，未见较亲密的彼此唱酬文字。

　　第二件事，是大櫆新的诗文集，即后世所谓缥碧轩刻本，当于此际启动了准备工作。同时准备刊刻的，还有其时文稿。

　　雍正末，大櫆的《小称集》刊梓。但其收录的内容有限，诗作则几乎未有辑录。其后于乾隆初，他也曾将诗歌作品同以《小称集》之名结集，然囿于经济条件，也只是抄行而未能刊刻。

　　而这些年来，他书匧中的文字积年增多，光之前在湖北一地，便有一批数量可观的诗歌。所以，重新编辑其著，增删其内容，使之形成新的诗文合集，让世人更好地认识了解他的文学努力与成就，以副其在文坛上日渐传颂的声誉，就显得很迫切需要了。

　　而这种需要，此际所以能成为现实，当是得到了好友窦光鼐的大力支持。彼时的条件下，刊刻如大櫆这样内容文字较多的作品集，是很需要一笔银两的。以大櫆自身的境况，若无有力者的资助，不可能达其心愿。而这时愿意相助也能在财力上帮助他的，唯有此刻与之共事且情谊深厚的友人窦光鼐。

　　不过，窦光鼐的支持，只是助其解决了关键的资金问题。新合集的正式刊刻，在时间上却非在此时，而应当延后一些——无他，作幕中的大櫆，此时可做些合集的编辑修改，却没有精力功夫去应付实际刊刻的诸多事宜。故新集的正式刊刻，当在其后他解幕归里田居空闲之时。

　　诗文集外，他的另一部著作，即其生平的时文精品稿，也相伴将刊行。

　　雍正初年，精于制艺的吴士玉，第一次读到大櫆的时文作品，便赞佩不已。大櫆进京后，他的制艺文字也随着交游广泛地流传，得到了许多文人名士的赞许推崇。其中既有交往的朋友熟人，也有不相识的拜读者钦慕者；有誉倾一时的名宦硕儒，也有才学丰沛的高士雅人。

　　在这个八股科举的时代，对于时文的重视喜爱，在读书人的心中或甚过于其他的文学体裁。所以大櫆文名的传播，与其时文为当时人所欣赏追捧，有很大的关系，不少人更是先通过大櫆的时文作品而了解敬佩他的文学才能的。

后来，因为科场迭挫功名不获，大櫆颇为人所讥嗤，连带着他的时文创作也遭到质疑，因为它并没有帮他敲开科举的大门——实际说来，大櫆的屡次落举，或确与其时文的精神风貌殊异不为考官所喜有些关系。从功用的角度看，时人的质疑倒也并非无故刁难与抹黑。

大櫆对此虽有些郁闷，却并没有因之而改变他对时文的一贯看法主张。

他极是鄙视世人在功名爵禄的诱惑下，将时文视作弋取科名之具，"用贪冒苟得之心，以求悦于鄙夫小人之目"的庸俗做法；鄙恶那些或陈词滥调面目可憎了无规矩光气，或只"炫其采色音声，而于古圣立言之旨，寖以违戾"的浅薄不道的俗文。认为它虽号称经义，实则"如凄群蝇于圭璧之上，有玷污而无洗濯"。

"群蝇污壁"，这个形象的比喻，既是他对现实中普遍为之的"世俗之文"的讥恶批判，也表达了他关于时文的另一个态度：他厌弃"世俗之文"，却并不排斥时文本身；不但不排斥，还尊视如"圭璧"。因为，"夫文章者，艺事之至精；而八比之时文，又精之精者也。"

时文是不是艺事中的"精之精者"？也许值得商榷。但将之纳入文学的范畴，力求避免这探阐经义的文章沦入议论注疏化的呆板枯燥，而使之写得波澜气势精彩好看，具有文学的味道与感染力，却肯定是没错的。虽然这样的文章，难入"鄙夫小人"之眼，要做到更有难度。但在大櫆看来，它才是时文所应坚持的方向和标准，也即他数十年实践倡行的"以古文为时文"。

在这个时期，持这样看法的自非大櫆一人。但他无疑是其中的坚定者——哪怕他或因此在科举上付出了代价，或为时人所讥疑，他也不会动摇。因了这份执着与努力，他也终于获得了成功的回报：

> 先生之文，说理透辟，命意深远，措词精确，布局浑成。瘦折而变化不穷，澹朴而精神如接，博厚高古直逼史迁。即入明季国初集中，未有能辨之者。①

---

① 光绪刻本《刘海峰稿·跋》。

可以说，随着时间的推移，越来越多的人折服于大櫆时文的魅力与成就，其作为时文新潮流代表的身份，也在影响日增中得到世人的肯定。故近年大櫆在与窦光鼎、陈伯思兄弟等人共志偕行，奋举"以古文为时文"的旗帜之际，也便考虑将自己的时文稿以及近百人的阅评之语，一并整理刊行出来，固是为着个人著作结集考虑，亦意在发挥更广一些的引导影响作用。

有一个情况，表明了这个时文稿准备刊行的时间下限：观诸阅评作者，其晚一些的，有浙江学幕中结交的年青诗人刘潢，而无后来的徽州友朋。故知这个时文集《刘海峰稿》的刊行问世，当与其诗文集在差不多的时间段，是在浙幕之后入徽之前。

对于大櫆来说，上述交游与著作这两方面的情事，算是给他此期的生活，带来了一些欢愉与安慰，在一定程度上消减冲淡了他此期心情的伤感郁岔，包括他因一件家庭不幸而致的哀痛——

他的长兄大宾，于乾隆二十三年八月，病卒于贵州普定县官署，时年六十六岁。

刘家人恪守孝悌之道，又因家庭清贫困苦，几兄弟友爱情深，数十年间共度艰难，同心支撑门户。大宾作为老大，其未出仕前，尽责任辛劳于大家庭；出仕后虽远宦在外，然于家事顾念不减，合门敬戴。此时不幸故去，教家中亲人如何不哀然伤恸？而尤为痛者，是其老于异地，客死在他乡！

前些年，当兄长起官玉屏时，手足情深的大櫆便为之忧心忡忡，恐其以将衰之年不适边远荒境之劳苦而有不虞。后来大宾在迁普定后一度染病，大櫆闻之更忧，其《怀大兄普定》诗可见一斑：

> 吾衰今潦倒，君病岂康强！
> 衣食奔趋久，风尘道里长。
> 关河多阻隘，魂梦隔津梁。
> 何日能休暇，余年老故乡？

他担心不测，希望兄长早一点告老还乡。这是诗中可见之意，度其书信中，言辞当更恳切。然而大宾为着生计，犹犹豫豫间，竟是卒于任上。这在大樾心里，于兄长的去世悲痛之外，便另有一份纠结难过的自责，觉得自己当初若是谏劝更坚决些，或可避免这样的情况出现。

他近年的心情心境，本就郁愤不堪，原因除了前文所述的社会政治方面的感怆愤慨，也有日益滋生的衰老飘零的人生悲伤。此时又添丧兄之悲，情形自是更差。亏得这时久谋的诗文合集之事有了头绪，稍慰其心；而身边又有相处真诚融洽的诸友相伴，稍悦其情。使他熬过了这段时间，挨到了学政幕事的结束。

这一次的窦光鼐，在浙江学政任上，倒是干满了三年。故其散幕的具体时间，应在乾隆二十四年的初秋，早一点的话则在夏末。

解幕的大樾，并没有立即离去，而是等到窦光鼐忙完了仲秋乡试大考正式卸任回京之时，送别了这位多年相交两度共事的友人，也留下了一首情深意挚的诗作：

　　　　　送窦天如
　　扁舟容与浙江潮，行尽西湖处处桥。
　　雁荡共探龙湫水，天台同仰赤城标。
　　牵衣一别关河阔，屈指重逢岁月遥。
　　安得人生如鹿豕，参差鸿燕是今朝。

没有半字虚言伪情。一句"牵衣一别"的描述，一声"屈指重逢"的感叹，尽显当日二人依依惜别之情景，也道尽了他们彼此真诚敬爱的深情厚谊！

如同分飞的鸿雁，窦光鼐北上走了，大樾则怏怏归返故里。后来，窦光鼐复有浙江学政之任；而年过花甲的大樾，则终结了自乾隆十三年以来断续数次的学幕生涯，怀着复杂的心理，走向其人生的另一个阶段。

第二十六章　之任学官

驿车穿过山区的崎道荒野，在颠颠簸簸中终于驶至一片山峦相拥中的平地，进入坐落其间的黟县县城，经街过市，最后停在县衙对面的儒学大门前。

从车上下来一个身着官服，身材高大长须飘飘的老者，还有几位拎着包袱年纪不等的女眷。学宫前的门子，睹其情形，便知是新任的教官刘学博携家眷到了，忙上前恭迎问候……

乾隆二十六年春（公元1761），六十四岁的刘大櫆，出任皖南徽州府黟县儒学教谕，将在这里度过一段为时六年的教职生涯[①]。

谋求教职，是大櫆于科举功名死心后，早就为之努力之事，当年方苞便为此向安徽学政双庆求助推荐过。

依照朝廷规定："恩、拔、副贡以教谕选用。"大櫆是副榜贡生，是可以参与此选的。只是因为僧多粥少，而朝廷又规定学官只能在本省任职，这一等待便是多年，如今年过花甲，这愿望才得以实现。

所以，得此学官卑职的他，心情甚是复杂感伤。

---

① 关于刘大櫆任职黟县教谕的时间，另有清乾隆二十四、二十五年（吴孟复《刘海峰简谱》）及二十八年（蔡锦芳《刘大櫆与徽州学术文化》）之说，皆推测有误。嘉庆年间编撰的《黟县志·职官·学校》载：刘大櫆二十六年任，桐城人，副贡生，入名宦传。并载其前任为吉梦赉，二十五年离任；后任陈国林三十二年任。另汪祚民《桐城派与清代歙县岩镇金氏家族关系考论》称"乾隆二十五年冬、乾隆二十六年秋、乾隆三十年春与冬的《缙绅全本》黟县条下皆载：复设教谕，刘大櫆，桐城人，副榜，二十五年九月选。"是知选期在二十五年秋末。但选与实际到任是两回事。又《清史》选举记教职"六年考成俸满"，正与大櫆三十二年去任相符。故本传叙刘大櫆之任时间仍遵《县志》。

赴黟县

惨淡趋程急，崎岖怨路长。青春成过客，白首向殊方。

志业全芜没，朋交半死亡。更闻猿啸苦，清泪不成行。

人生如此，也不怪他这样的辛酸感怆吧！

但心酸归心酸，他还是接受了这迟来的"出仕"：谋生的现实考虑之外，也许还有那么一份残存心头的荣誉驱动，以及符合其身份志趣的一点培英育才的念想。

好在，皖南的这一片山水，倒也没有辜负这位"清泪不成行"来就职的落魄老名士。

黟县不大，却历史悠久。秦始皇废封建行郡县时，便曾置黝县（"黝"，后世训音为伊，字本作"黟"）。东汉再置后，黟县作为古黝的传承，一直延续下来。而自宋代起便始终未移的县治，东距秦时故城亦不过数里，算得上是名副其实的古县古城了。

县城也不大，周不过三里。但四面既为群山所屏，凝苍叠翠；又临漳河之滨，清流回绕。其怀抱中的小城，风光毓秀，怡适安宁，观之仿若一处世外的桃源——嗯，其东南的城门，便昭然名曰："桃源"。

长期的四处漂泊，久历城市的喧闹纷扰，此时忽得生活于这万山之中秀丽宁静的小城，感受着它的古朴安详和那一种遗世独立的风韵，我们的黟县新教谕有一种回归淳朴自然的恬淡心怡，觉得人生逆旅中的晚年，暂有这么一个地方安顿困顿疲惫的身心，也是不幸中之幸事。

令他觉着慰藉的，还有另一种"环境"的愉悦，那是职场上的良好关系。

教谕作为学官，并不属于行政系统。他的上司，是省里的提督学政官，而非是地方的政府。然而在一个地方办教育，却如何能离得开当地官府的支持？

来到黟县的刘老教谕很有幸，他碰上了一位颇为重视地方文教的知县。

这知县名叫孙维龙，进士出身，其来宰理黟县，亦不过是上年之事。很难得的是，这人却是个既具才干又勤政爱民的好官。其甫一莅任，便忧心民生县情，着力治理地方经济刑政的同时，亦对本县文教甚是关注。

375

皖南山区的一些县域，受制于地理与人口条件，经济文化都相对较差，黟县也是如此。治内地瘠民贫之外，文教也羸弱不振。在前朝还出了一些人物，然入清以后的百余年间，却难见有声誉影响的英才出现，反映出本地在科举教育方面的萎靡滞后。

作为有责任感的父母官，孙知县对这样的文教现状自是颇为忧虑，希图改变。他不仅每次来学宫，都借着讲学之机谆谆教诲诸生，鼓励他们奋发努力争取功名，同时也在考虑如何改善教育条件加大人才培养。

而县学新教谕的到来，也增添了孙知县这方面的信心。他了解其人的生平与才学，对这个两为征君的老名士，尊重之际也颇寄予厚望。

他与大櫆商量："本县文风萎靡，科举不旺，当然与县穷民贫甚有关系。但仔细思量，其中恐也有地方重视不够的原因。不然，如何在前朝便多见俊才而今日则寡？所以我想啊，要改变面貌，除了仰仗刘先生抓好学校教育，还要努力改善条件，兴办书院，延请名师硕儒讲学授课，使更多的读书子弟能进益学业，成就人才。"

大櫆拊掌赞叹。道："孙公有此思虑，是邑人学子之福矣！本地县小，学中生员定额本少，又如各地一样，不乏科举受挫而失信心，以及本无志向只得过且过混日子的诸生。这般种种，皆不利人才之育成。若能兴办书院，不仅提振兴学风气，使有志者获得力学深造的机会，反过来亦可刺激学中的弟子发奋进取。是可从根本上扭转颓萎局面，促进邑中文教科举之发展昌盛！"

这二人，一为一县之宰，一为主管教官，他们认识一致，心往一处想，当地文教的振兴自便有了希望。后来书院创办进入实际的筹建不说，新来的教谕亦因此对今后履行其职，颇有了些期待展望，觉着向暮之年的自己，或许还能做点有益且有兴趣之事。

总之，入黟后的大櫆，因诸方面的感觉都还不错，心情也逐渐好转。他身边的女眷们也发现，家主的眉宇间虽还凝着些化不开的伤感，但脸上的笑容却比以往多了起来。

但这种心情的变化，其实也与她们分不开：家眷在侧，亲人相伴，做学官的大櫆此时既去了牵挂与寂寞，生活上也不乏人照顾，心情心境自然安宁舒怡了不少。

这次随任的女眷，妻妾之外尚有一人，值得说一下。

那是大櫆的侄媳胡氏，一个苦命的女子。

胡氏嫁于大櫆仲兄的独子芝标，不及一载丈夫即病故。其时公婆已先后亡卒，孀居的胡氏芢然一身孤苦无依，遂与叔母吴夫人相伴过活。大櫆之官皖南，老两口怜侄媳的孤处凄惶，携来一块生活。胡氏平日也尽心地照顾二老，给大櫆夫妇添了一份温暖慰藉。

学官专事教育，管理学校与一帮学子，在一般人的印象里，是个体面而清闲的职位。

这看法，说对也不对。

相较于县衙的官员，其政务关涉方方面面，任重事繁，则职事单一且涉者不众的学官，确是要显得清闲些。

但实际上，自成体系的学官，其职分之事也并不少。

作为全县儒学的负责人，他不仅要抓好中学的管理教育，给进学的秀才们讲学授课，还要协助县衙礼房组织安排本县考生参加府试院试诸事，并对各地的小学即社学的教育情况，负有督促指导之责。这些教学科举活动之外，还有学宫文庙每年隆重举行的春秋二祭，以及赡养学宫散布各处的学田管理等事务，也都是需要操心不可忽视的。要做好这些事，其实也并不是人们所认为的那样清闲——当然，你要说他如何的忙，那自也谈不上。

可黔县的现任教谕，却把自己弄成了一个忙人。

这老先生自上任后，便一直忙忙碌碌的，从早至晚，几乎没有闲的时候。了解情况的人都讲，这任教谕是他们见过的最忙的学官。而他们这样说的时候，皆是抱着十分感佩崇敬的态度的。

因为，以老教谕的情况，他本可无须这样的。

年迈而任一卑微学官，拿的也不过是八品的薄俸，他只要循规蹈矩地当职应差，没人会挑剔他什么；再者，儒学的主要职责是培育科举人才，以老先生的才学，抓一下学中教育，争取任期内多出几个秀才举人，那便对上下有了很好交代，犯不着把自己弄得如何辛苦。

然而，教谕署中深夜常明的灯光，还有那不顾寒暑晴雨四处奔波的身影，却表明老先生不单是勤勉任事，其白首拳拳之心，更在努力地兴学振教，欲起本地文教之低迷。如斯学官夫子，如何不叫人感佩崇敬！

此外，人们也知晓老先生所以比他人要忙，实还有令人钦慕赞叹的才学声名缘故。

新教谕就职不久，学中和地方上便渐渐知晓了其虽是副贡出身，却是在当今学林文坛都享有盛誉影响的名士大家。黟县这样穷乡僻壤的小地方，来了如斯人物，本就让人崇慕；尔后又见老教谕果然博学多才诗文了得，自然就对之愈发敬重了。

于是老先生的"麻烦"也便来了：先是本地的学子与官绅，不时有人来向他问学求文；其后邻近他处的士绅文人慕名之下，也渐来访谒从游，或以学问相砥，或以诗文讨教，亦不少文字求索。

这结果，便弄得老教谕愈发忙碌，而向来比较冷清的学宫，也因之日益热闹起来。以往县学里，只每月规定课讲的那几日，才稀稀拉拉地有些诸生秀才来溜达一阵，平时偌大的学宫则深宇寂寂少见人踪。现在呢，课讲日来听学者日逐增多济济一堂不说，哪怕散学期间也是人进人出，驴马车驾常至，连带当值的门子也较过去神气了不少，比之街对面的县衙同行亦不遑多让。

如此的变化，令人们对县学刮目相看的同时，于教谕老先生的赞叹敬服自然又进了一层。后来老先生卸职离去，学宫不复先前之热闹，人们谈论之际还常为之感怀惋叹。这是后话不提。

且说这一日，又有人于闭学期间至学宫访谒，却是几位来自府城那边的秀才相公，要求见教谕先生。

门子对此已见惯了，领着他们去后面教谕署时，虽不知这些人缘何老远地跑来，却也估摸老先生可能又有事要忙活了。

他猜得没错。这些自百多里外的秀才们，确是有事来求老教谕帮忙的，事关一位在徽州士林很有影响的老夫子。

原来，本郡婺源县，有一位饱学的耆儒，名叫江永。这江老先生，生平不求闻达而志在学问，于经学历数音律等无不考究精通，且多有著述。晚年受聘于府学紫阳书院课教讲学，于府中士子学风颇有影响。其于乾隆二十七年三月，卒于江湾家中。

江永去世后，地方上尤其是他的学生们，对这位立言于世影响一郡的学者先生，感佩崇怀之际，思请名家为之立传，志其生平贡献。商议之下，便想到了在黟县的刘海峰教谕这个当世的文章高手，遂推举几人专程前来恳请致意。

这几个同来的秀才，多是歙县人。一为程瑶田（字易田），一为方根矩（字晞原），一为汪梧凤（字在湘），一为吴绍泽（字蕙川）。只有一个郑枚（字用枚），乃是休宁人氏。这五人，皆是大櫆近两年于郡城歙城结识的士人新交[①]。

作为儒学教谕，府治所在的歙县，是大櫆因公远出的主要去处。这一来二去的，便结识了一批郡县的士宦，其中一些甚至有了不错的交谊——这些人中，更有部分好学爱文且情趣相投之士，折服于大櫆的学问才艺，成为他的崇拜追随者。这日所来的几人，俱是如此。

教谕署中，一番寒暄过后。

听众人郑重道明来意，大櫆嗟叹之际，也不由为之动容。

多年前，江永曾游学入京。与大櫆的老师方苞有过一次学问切磋。他对方苞提出的礼学问题，一一给了解答，方苞颇为佩服。

大櫆本人与江永是否有过接触不清楚，但对这个淡泊名利而潜心治学的学者，他是很尊敬的。眼下众人既来请传，考虑之后也便爽快答应了。

隔段时间，再至郡城的他，带去了这篇已作好的《江先生传》。

先生始就外傅，见邱氏补《大学衍义》之书，其中征引《周礼》，即求取《周礼》全文诵之。自是旁通《十三经》，而于《礼经》尤深。谓朱子《仪礼通解》虽屡经续辑，尚多阙遗，乃广搜前载，为《礼经纲目》八十八卷，而古礼灿然可观。其平生所为书，于《周礼》则有《疑义举要》；于《戴记》则有《深衣考误》《训义择言》；于《春秋》，则有《地

[①] 刘大櫆在徽期间，结交了一批徽籍友人，其中多人为从其学习诗文的生徒。这些生徒中，除吴定、金榜等人似较晚外，程瑶田、方根矩、汪梧凤、郑牧等应在大櫆于黟县时便结识。因诸人师从大櫆的具体时间难考，遂借此节江永事一并绍叙。至于《江永传》撰写的经过时间，大櫆未作交代，这里所谓仅为推测。

理考实》。又精于天官星历，其书则有《历学补论》《七政衍》《金水二星发微》《冬至权度恒气注历辨》《岁实消长辨》。于乐，则有《律吕阐微》；于音韵，则有《音学辨微》《古韵标准》《四声切韵表》；于步算，则有《推步法解》《中西合法拟草》。其外又有《论语琐言》《乡党图考》《近思录集注》《读书随笔》。凡书二十余编，共百余卷，藏于家。呜呼，可谓多矣！

盖先生生而好古，而穷不见用于世，则益专其心于远稽遐览，终身乐之无休暇。其于古之制度、名物，必参互而得其据证。先生未之辨明，则其说具载方册之中，而人顾莫之见；凡先生指以示人，则人皆恍然自失，而不啻其心所欲言。信乎，其为博闻强识之君子也！

先生家故贫。其居乡尝称《春秋传》"丰年补败"之义，以语乡人。乃相与输田、输谷立义仓，行之三十年，而先生之乡，其民不知有饥岁。尝一至京师，朝廷方开《三礼之馆》，卿士预修《三礼》者，就质所疑。先生为置辨，皆畅然意满称善。其后有欲以先生之书荐闻于朝者，先生自顾年老无可复用，而京师旧游皆凋谢，乃感怆辞避，卒不就。先生年八十二。其卒，乾隆二十七年三月十三日。

自《六经》遭秦火而亡，而《诗》《书》传记之文，学者如蒙云翳，犹赖有山泽逸遗之士，穷年矻矻于其中，递相推测隐度。盖其义有自汉儒修补以来，历魏、晋、唐、宋、元、明二千余岁，代加排阐，直至今日而始明者。则夫经生之维系于斯世，岂浅小哉！先生存，则颓然一老，力学于深岩绝壑之间，朝士大夫无过问者；先生没，则斯文沦丧，后生新进，猝有志于学问，于何执经有请业焉？此士之迭遭憔悴、为举世之所不为者，闻先生之卒，不能不尽然流涕以悲也。

先生婺源之江湾人，姓江氏名永，字慎修。

文章没有追求传神刻画的虚写描述，只是扣住"本实"二字，突出地反映传主的学术贡献及其治学方法和学术地位，展示了一个学者最傲于世的特质光彩。虽朴实无华，却甚是明晰得体，令人印象深刻。

而文中对江永的评议，既顺势而发，自然中肯，令人信服；又情感真挚，语出于中，体现出作者对江永这个著名学者及其所代表的徽州学术的真诚推崇与敬意。

如此传记，自令徽人甚是满意。而当日赴黟的诸子喜欢之余，对这个文坛老名士愈加钦敬。先前已愿从其学习的自不用说，没有的至此也起了师从之念，要追随其磨砺学问，学习诗歌古文辞创作。

大櫆这边，身边聚了这一批钦慕追随者，心情自也颇为愉惬。于是他这一次出门，又添了一项有意义的活动，随诸人去游览了黄山。

黄山，古称黟山，位处歙县与邻府太平县之间，盘亘三百余里，浙、歙、饶、池诸山皆其支脉，是皖南最著名的山岳。其雄峻壮丽，毫不逊于四方名山，只是因为位处绵绵山区，幽险难至，故此时尚不为世人所广知。

这样一座山，对于文人雅士尤其是爱探幽揽胜的人来说，那是很有吸引力的。入徽后的刘教谕，或许早有登游之念，只是不得其便。直至眼下得诸友之伴助，方得偿心愿。

乾隆二十九年季秋，大櫆等人出歙城，往西北百二十里至汤口，开始了这次为期六天的黄山之游。

黄山绵延广阔，峰峦无数，著名者三十六。其间绝壁峭壑、云海雾岚，奇松怪石、飞瀑流泉、深潭幽洞、庙宇寺观可供登览之景观，壮奇幽丽，拾步即见。大櫆诸人以区区数日之时间，又焉能遍游尽观？亦不过是循着前人游踪和主要的路线，别为一番游事而已。

只是此游既有准备，又多人作伴无孤寂危险之虞，遂甚从容仔细。而大櫆每至一处，观览感受之后，于眼前景物更随为笔记，如同他年轻时游览故乡的浮山一样。有不清楚的，便询问身旁同伴。

此番随他来游的，除了愿从其学艺可称门人的程瑶田、方根矩、吴绍泽外，尚有绍泽其家的吴韩封、吴箕浦二人。诸人中，自有曾游过黄山者作为向导，一路指领。故数日的游事固较顺利惬意，而初领黄山之胜的大櫆，也于此次所历的诸景点或曰是黄山的大致风貌，有了较详实些的观览了解。

游罢返回。众人趁着兴致，皆请大櫆作篇游记，谓是不虚此行，亦借夫子名家之手为黄山传誉扬名。大櫆原本有意，也即爽快应允。

遂凭一路登揽之印象和游历所记，订补于地方原有的黄山旧志，绘形绘色，洋洋洒洒，撰作了一篇数千字的《游黄山记》。

此文既欲为黄山扬声名，"以招后之好游者"，自要尽可能具体绍叙黄山之风景魅力。于是作者青年时代作《浮山游记》的写法，被再次运用于今朝，因其所游与视线，将黄山诸景观细腻而形象地一一展示出来，岩壁洞石，泉瀑溪涧，峰壑岚光，历历如绘，如叙如导，引人入胜。

古人游记名山胜景，因其才思志趣，各有写法。然若大櫆这般作文，却是鲜见。明崇祯末年，有地理学家徐霞客考察黄山而两作游记，亦为详状其见闻。以致后世议论大櫆记游黄山及早前之浮山，总谓是徐氏游记手法，似乎櫆是范其而来。殊不知櫆之写法，实受浮山文化影响，乃借鉴方学渐于明万历间所撰浮山游记也。

但作为一个著名的文学家，大櫆借鉴方氏而又不为其囿，其于构思紧密、语言雅洁及状物绘景之描写，又更胜于方氏，显示出一个文学大家的超凡艺能。

我们来看下面这一段大櫆在游记中关于黄山云海的描写，便能深切感受而由衷赞叹作者擅于景物描写的本事及其文字的雄奇：

秋空澄霁，登顶而望：日月之所出没，霞虹之所照耀，匡庐、九子、天目以及金陵报恩之浮图，瞭然可指数焉。顷之山半出云，如冒絮，如白龙，滃浡晃荡，奔逐四合，弥漫荒野，平步匜匜，一白无涯，渺极天际。日光射之，如积雪之环周。而诸峰错出其间，仅见其顶如螺髻，乍隐乍见。其依冈而横者如岸，其冒树而拔者如樯，其因风而时高时下如浪，人在峰巅，如乘槎而浮于海上。已而轻风骤卷，云气逆驳，石出山高，岛屿耸峙，向之所见，如幻如泡，一謦咳之间，不知其消归何有，此所谓铺海之云也。

岁月匆匆，一晃两年时间过去。

乾隆三十一年秋，已在黟县待了六个年头的大櫆，怀着有些感伤的心情，送别了入徽后结识的一个重要友人：知县孙维龙。

孙维龙在黔六整年，勤政爱民，尽心治理。诸如完科清逋、缉肃盗奸、创办书院、缮城建桥、埋葬野骸，乃至捐输个人俸禄修志，接济贫困士子，多有善政贤名，不负父母之誉。但就是这样的循吏，却不得上司器重，两届任满后也只挪了个窝，改官凤阳知县。

大櫆既为之抱不平，亦不舍得这个共事有年相互敬重的友人离去。感念伤怀之际，作《送孙黔县改官凤阳序》颂其治理地方之功德；又赠诗四首尽抒敬爱惜别之情怀：

循吏声名动九阍，通才骥足岂辞繁？
暂移黔邑神明宰，往需钟离雨露恩。
夜月多游濠水上，春风回忆小桃源。
甘棠一体留遗爱，召父清规两地存。

地逐名贤到处嘉，青山同雨未为赊。
已求勾漏千春药，更种河阳一县花。
披典猎微绵古绠，撝辞状物发天葩。
恢恢仍觉多余地，尽日垂帘晚照斜。

送归千里泪痕滋，东阁攀登几岁时。
把酒听歌花似锦，论文起舞月如规。
最惭倒屣迎王粲，何啻逢人说项斯！
谁料贤豪不常聚，星离雨散各天涯。

登山临水漫嗟吁，浮世行藏本自殊。
努力君为新令尹，惊心我是旧樵夫。
将归翠巘同薪采，那得青云逐步趋。
今日凭高聊北望，残霞秋树远模糊。

送别了友人，他自己的心里也久难平静。

因为，他亦即将面临如孙维龙一样的任满安置问题。

> 学政考核教官，按其文行及训士勤惰，随时荐黜……六年考成俸满，
> 尽心训导，士无过犯者，督、抚、学政保题，擢用知县。

依照朝廷此规定，他如果通过了学政的考核，是可以被保题而擢用知县的（他的歙县同仁黄文莲，后来便走了这样的路。）

任职教官，在大櫆的初衷里，生计的考虑之外，其实是仍存着一份真正入仕期盼的——那里有读书人对仕途功名的执念，改变身份地位跻身士大夫缙绅阶层的渴望，亦有不甘于心至今尚未放弃的一点用世念想。

他赠孙维龙诗中说，"惊心我是旧樵夫"，"那得青云逐步趋"。以及此期的杂感诗句："少年自许乘鳌客，老去难封定远侯"，伤叹之际，其实都直白清楚地反映出这些心思心迹。

可以说，由教谕而知县，获得进一步的荣耀，亦使自己在晚年聊伸夙志于一二，应是大櫆在这个阶段最后一次企望的重要目标。但时间推移至去年，这个目标因为一个重要的人事变动，已变得有些渺茫了。

这个人事变动的对象，是与大櫆有一定关系的皖抚托庸。

托庸是满洲镶黄旗人，他与大櫆之间的关系不甚清楚，或为昔日在京之旧识，或因其他满人如康亲王永恩这样的权贵嘱托，而对大櫆加以照拂者。故其于乾隆二十六年出任安徽巡抚，大櫆也便有了学官之任事。

后来，这位皖托对大櫆又有一次关照之举：令其以教官的身份，主掌安庆书院的教学。这件事发生的具体时间与缘由经过，因大櫆后来未有细言交代，以至世人对之颇有疑惑误会，而有多种说法。

不过，分析一下，兹事发生的时间，以乾隆三十年的可能性最大。二十九年前，大櫆入黟时间不长不便调离；二十九年秋，大櫆尚在歙县悠游黄山，不似要离开的样子；排除下来，也只有三十年这个时间了。

为何这样说呢？

因为三十年十一月，托庸结束其任离开了安徽，其后就谈不上什么檄令大櫆了。故安庆书院之事，极可能是托庸在闻知自己即将卸任调离的风声后，

对大櫆所作的最后关照。

能去主持省级的书院讲学，且又离开闭塞的山区回到可称乡关之地的省城生活，这对年近古稀的大櫆来说，似也不失为一个较好的安排。

但问题是，如此结果，并非大櫆所期望。

所以他虽勉从其令，去安庆书院转了一圈，心情却非常伤感沮丧；赴任时及其后登大观亭所赋诗，表达的全是一股失意怆然的负面情绪，甚至还说出"儒术诚何补？师资径欲删"这样明显抵触的话来！

他这样的情绪态度，书院自是干不长的。后世有人推测他并未履此教任，也是看到了他抵触的思想情绪，只是结论武断了些。但他也不可能如另一种不合事实的看法那样，会待在他不情愿的安庆书院长达数年。

实际的情况，他应是在书院敷衍了一段时间后，便又回至徽州，等待俸满考核。不过，这一次回去，他在职事上稍有变化，有一件向来未被世人所注意的事情，便发生在此期。

这事与歙县的教谕黄文莲有关。

黄文莲，字芳亭，号星槎，华亭人。举人出身，乾隆二十七年任歙县教谕。其人擅诗，与王昶、赵文哲等被称为吴中七子。大櫆以往听闻过他的诗名，入徽后作为同仁，二人惺惺相惜，关系甚好。大櫆还为其妻的诗作写了篇《曹氏诗序》，赞其才情不逊于古之班昭蔡琰。

后来，黄文莲因母亲去世，丁艰回乡。这个时间大概正在大櫆赴书院前后。文莲既去，教谕之职一时也未遴选，大櫆遂被委署训导，暂摄了歙县儒学。因此大櫆此次由书院回徽，是领了二县的学事。

彼时的文献，对兹事从未有记载。唯大櫆自己在《胡母谢太孺人传》开篇曾记："经历胡君与余先后同官于黟、歙，相处虽未久，而心相爱慕。"含糊提及。但他没细言，后世也一向不注意。唯一有明确交代的史料，乃是大櫆在徽最后一年刊行的《歙县志》，其跋言本次修志经过时称谓："延署歙司训、黟教谕刘大櫆掌厥……"证实了大櫆这段不为人知的兼职经历。

能使领二县学事，表明地方和学校管理的上级对大櫆这个教官能力的肯定。从这个意义来说，于即将"俸满考成"的大櫆是颇有利的。但他也有明显的不利因素：年纪偏大，且非两榜功名出身。这种情况下，他的六年考成即便顺利过关，若欲被督抚学政保题擢用知县，端的也只在那几个可决定他命运的人的看法态度如何，看有没有人一力维护他，能替他说话。

实际说来，如果托庸一直在任，这样的维护是存在的；然而在托庸调离后，仅仅依靠职场努力而非缘于关系的仗义维护，对于大櫆这样身份卑微的教职学官来说，其实已是非常渺茫不可期了。

大櫆也深知这点，这才有了他去安庆书院时情绪那样明显异常的情绪表现。而回来不久，又遇上他所敬重的孙知县以循吏之德能却不获升迁之事，令他对自己的官场前景愈加灰心。他赠孙维龙的诗中感伤自己，"惊心我是旧樵夫""那得青云逐步趋"，正清楚地反映出这方面的内心活动与掩饰不住的绝望哀伤之心理。

第二十七章　执教斗山

乾隆三十二年春。

歙县新知县张佩芳，又一次来到县衙东边位于问政山麓的儒学。

这张知县是山西平定人，三十几岁的年纪，去岁冬奉命入徽，开春后正式接任了歙县正堂。临事没几天，他便曾领着县丞及礼房胥吏一帮人，至县学视察过一番。此次再至，相隔也不过旬日。

不同的是，这一次新知县未带任何随从，身边仅有一个僮仆跟着。到了学宫，也不让门子去通禀，便沿着明伦堂侧的林荫小道，溜溜达达径自去了西面的学区，拐过一片花圃树丛，找到了他今日此行的目标：训导宅。

那是一栋两楹三间的旧廨，长着青苔的墙壁，裸露风化的砖面，檐廊灰暗的木板和剥蚀的立柱，都显示出其年代的久远。

宅内迎接的主人，亦以苍颜白发诉说着同样的岁月沧桑。然而其举止言谈间依然洪亮有力的语声和犀利敏锐的眸光，却又表现出这个年纪的老人比较少见的健朗与精神，给人一种衰而不残宝刀未老的感觉。只是眼下，熟悉的人会发现，老人少了以往的意气，而细心者也能从其虽不失热情却眉宇不舒的表现中，看出彼之情绪有些低沉。

张佩芳感受到了这点，且也明了其缘故。

他赴任之前，就听闻过刘大櫆的文名事迹，对其情况大致了解。入歙以后，与这位兼署歙县训导的刘先生更数有接触，甚至有过一次长谈，希望其在考满之后若不能出迁知县，便在歙县留任教职。近日听说大櫆已向学政公署递了辞呈，同作为官场上的人，他于遗憾之际自能体会得出老先生嘴上不言却掩在心底的失意①。

出于真挚的崇敬，同时也企望得到这位声名远扬的名儒大家的襄助，张佩芳仍想努力挽留住对方。今日之拜访，便是为此而来。且为了能打动这情绪有些消沉的老先生，年轻的知县也做了些功课准备。

所以，二人寒暄了一会，张佩芳也没有马上道明来意，只是与大櫆漫叙聊天。说起大櫆的长兄曾在他家乡为官，而他初任职也便在此巧遇了老先生；又说他去岁他接任前阅览县志，见明末也有桐城刘日耀在此任左训导，后知乃是老先生的曾祖，甚诧其事之奇巧；还说先生现居之廨老旧颇有年头，或即当年刘公之宅所云云。

人生确有一些令人惊讶的奇遇巧合。张佩芳论自己与刘家兄弟的事儿，称巧道缘固有点牵强，然像大櫆祖孙两代，相隔百年却先后同在一地任同一教职，这样的情形却是世间少见，思量起来让人不能不为之惊诧，深感冥冥之中机缘巧合之神秘！

"所以，余之来歙遇先生是缘；而先生与歙，更有不解之情缘！以至先生教学于黟，所交游亲密者反多在歙士；卸任在即，却仍被命署歙司训，是总也脱不开与歙之牵连深缘，让人良为感慨！"

当对方被自己一番叙谈所触动而不住感叹之际，张佩芳又如斯作了总结。虽是进一步煽情之语，却也甚具契合情理实际的感染力量。

大櫆听了，也不由慨然而叹："是啊，人生遇合自有缘分。于你我如此，于你我与歙亦如此！只是，君与歙缘方结，而我之歙缘将已竟矣！"

张佩芳微笑道："缘起缘灭，无非是情；其情未竟，其缘难了。先生与歙，若有宿因，缘深情长，又岂会以致仕而轻易改变？今后去留如否，在学生看来，其实也只在先生一念之间！"

他绕了一圈，至此方揭开今天来欲说的话题，显出其挽留之意。

大櫆闻之，感其情而讶其语。道："老夫愚颟，不知君之去留一念间，何所指意？还请明示。"

---

① 刘大櫆侄孙在家谱《从伯母胡孺人传》中叙谓："海峰公官数载不得志，致仕归。"反映出大櫆当时任学官，于仕途发展是有所企望的，一如本文前章之议论。尔后志不得逞，遂乃辞职。

张佩芳早有腹稿，遂乃坦诚以言。道："学生与先生接触虽短，但也有些了解。先生抱高才而不得器用，不得已而屈于教职，人莫不为之惋惜。今日告致以归，然则归去却又如何？以先生声名之盛，焉能自此高卧乡里山泽间？即无有世俗之烦扰，而以先生爱才重学之心性，又岂会遇俊才敏学之辈，不欣然意动而欲器之琢之？且先生生平之学艺，亦待择其善而传授。故先生之归，仍不免其育才生活，课教生涯！如此，则何不暂留于歙，续缘任教于书院，培英才而传学，以餍歙之士子追随向学之热忱，亦襄学生欲昌本县文教之微志？望先生考虑。"

他这番言语，可谓是设身处地为对方考虑谋划，其挽留邀请的态度既很诚恳，提出的意见办法亦颇切合实情，且能解决致仕后即将面临的生计问题，这令大槐感激之余，自也为之心动。

经过一段时间的考虑，他接受了张知县的邀请，应允辞职之后暂留书院执教。

古称新安的徽州，在近代的舞台上，有一个令人瞩目的角色光环：那就是天下闻名的徽商。

皖南山区的地少田瘠，迫使一代代的徽人不得不外出从事贩货买卖以维持生计，并在历史的积累中逐渐掌握了商贾经营的知识本领，于宋代便开始在商场上显露峥嵘。进入明清两代，则大展拳脚地发展，与北方的晋商一道并雄天下。

商人逐利而生，给人的印象并不好。但徽州商人却以一种表现，展示了其精明之外别具甚可称许的情怀：获取了一定财富的他们，大量地在家乡捐资办学兴教。使得贫困的徽州山区，地方民间的社学及书院的创办却蓬勃兴旺，蔚然可观。

歙县作为郡治所在的政教文化中心，这方面表现尤为突出：境内城乡各处，仅各种书院类的课教学习场所，大大小小已不下数十处，而稍有规模且将于此后数年载入新撰《县志》的，便赫然达至二十家之多。

一邑之地，书院如此之盛，既为少见罕闻，而其于地方人文发展的促进影响，也不揣可知。这也无怪乎数百年来，歙县科举人才不歇，风流髦士辈出迭见。

而眼下，已年届古稀的大櫆，所以在致仕后愿从歙令所请而留在此地执教，自也与这里浓郁的人文教育氛围颇有关系。

当然，他课教的地方，自非是那些民间的讲学场所，而是由官方创办管理的正规书院。

歙县官办书院，始于南宋时期。嘉定十五年，县令彭方在儒学内岁寒亭畔建文公祠，祭祀理学家朱熹。淳祐五年，州守韩补以文公祠为基础，奏请建书院，理宗皇帝赐名为紫阳书院。此后历经元明清三代，数百年内书院多次毁移更建，紫阳书院最终分离出去，成为郡学所在；如今县儒学内所存者，则为一问政书院。

这问政书院，位于学宫东面的名宦祠后。不知建于何时，现唯存一幢三楹旧屋。乾隆十六年，倒是翻修过一次。只是其设施过于简陋，既不合规制，也容纳不了多少学生。平时当作一般的教学场所使用还可以，然而作为书院已名不副实。

于是，在知县张佩芳的运作下，府属的斗山书院，成为原教谕刘大櫆新的讲学课教之地。

斗山在府城之东，以七岗相连累如贯珠，故又有七星山之谓。因环境幽静，岗亦不甚高，元明间便有学者在此作精舍讲学。明嘉靖间，知府冯士雍葺为书院。当时的著名学者湛若水曾在此设帐讲学。其后王阳明的弟子门徒亦常在此举行文会，且在程朱之外增设王阳明以祠之，使该处成为阳明心学的传播之所。入清后，随着心学的衰落，书院亦不复其盛而几近荒废。眼下便被张知县商借过来，作为县里的书院暂时使用。

这便是后来大櫆在《问政书院记》中所云"于斗山之亭，日课月教，已三年矣。"的缘由。所谓"斗山之亭"者，当谓建于斗山之巅的"魁杓亭"，是以之指代书院也。又大櫆《登斗山放歌》中云"我今衰老百无用，乃令寝处食息于其间"，亦为斯证。后世之人见大櫆有《问政书院记》一文，遂以为其受聘课教便是在问政书院，实系未详审资料之误舛。

夏末，随着黟县新教谕陈国林、歙县新教谕刘观我的先后到职，与二人分别作了交接的大櫆，也带着家眷迁居斗山。秋风初起时，开始了他的书院教育生涯。

执教斗山的他，想来不免很感慨。

两年前，巡抚托公令其主掌省城的书院，他当时满心不愿意，怨言一大堆。然而现在，他却在这小小的斗山书院，当起了山长，课教县中的一帮学子，真是此一时彼一时也。个中心情滋味，也只有他自家体会了！

但有一点，我们也可揣知：或自兹时起，他的心才古井不波地平静下来，且将他全副的心思，放在了书院办学与传道授业上。

先说说办学方面。

我国的书院作为一种教育组织形式，萌芽于唐，完备于宋，衰废于明清。在唐代，书院原是为皇室所设置，掌管着校勘经籍、征集遗书、辨明典章、给皇帝讲解经典史籍等工作。五代时，随着唐统一政权的瓦解，各地区乃衍而始建书院。入宋以后，承顺着这种下移之势，以"藏书、教学、研究"为主要功能的书院建设大盛，官府和私人纷纷开办各类书院机构，聘请名流教学，广招生徒，使之成为儒学之外读书讲学的另一重要场所，其中"嵩阳、岳麓、应天、白鹿洞"四大书院更是著名天下。

然而至明清，在达至巅峰的科举疯狂里，整个社会呈现浮躁而急功近利的心态，官府也好，士人也罢，人们只普遍重视各级学校的应试教育，而少有静下心来去读书研学。书院教育在此氛围中，也被极大削弱而日趋衰落。这也是人文发达的歙县，为何发展到如今却连一所像样的官办书院都没有的缘故。

大櫆生平重视读书治学与个人素质培养，极是鄙薄那些只会念几句经文而腹中空空的八股之士，故而常常在文字中抨击科举误世害人。晚年又做了六年的学官，直面应试教育的现状，在更清楚地看到其弊端的同时，亦深感设在孔庙中的儒学，其虽号称人才培育之地，却甚不及几千年前的古代学校。

华夏文明久远，学校教育于夏商周三代便已形成，分别称为"校""序""庠"。周代强化礼治，学校教育更为普遍完备，出现了"国学"与"乡学"两种从上到下的制度设置与学校形式。并以"六艺"（礼、乐、射、御、书、数）这些在当时社会政治军事文化生活中的重要知识技能，作为参加学习的贵族子弟的必修科目。

大櫆是颇欣赏上古时期这种教育的。

他后来在《问政书院记》一文中有清楚的表述：

> 古之君子，盖将使四海之广、兆民之众，无一人之不同归于善也，于是立学以教之。学也者，所以循序优游，使深入其中而不自觉也。故以国中以及党遂闾巷之间，莫不有学；自天子诸侯之子，以及凡民之秀，莫不入于学之中。弦歌以和其心，诵读以探其义，养老以深其爱敬，乡射以正其容止，饮酒以劝其温恭，受成献馘以亲其勇武。养其知，以至无不通；养其能，以至无不当，一旦举之在位，而治国平天下之道，莫不措之而裕如。何者？其素所蓄积然也。

他将先秦时期的教育宗旨归结为"善"，与史学家向来宣扬美化的上古先王先圣的"仁道"，以及儒家传统思想不无关联。然联系后面的论述，其所谓"善"，似也有一定的"完善""素养"之涵义。总之，他对那时的学校从德礼智勇多方面进行人材才培养的教育模式十分推崇，认为只有通过那样系统培育而具备完善知识本领的人，才能成为符合王朝国家所需要的真正人才。

因此认识，他对后世的教育甚是不满，且直言批评：

他认为，将传授知识的学校，放在祭祀孔子的宫庙中，这本身便是轻学废学的行为表现；

又在教育中，唯尊孔子为先师圣人，将先代圣贤发明传播礼乐诗书之功，统归于孔子一身，并不符合史实，亦不利于文化传承；

而"夫学有时焉，有地焉，有官焉，有器焉，有朋焉，有事焉，而皆非孔子之庙所可兼！"，对儒学的存在及价值，甚抱鄙疑态度。

要之，后世长期所奉行的教育及其形式，在他看来是进入了误区，存在着严重的方向偏离与实际缺陷。

而勉强能为现实补救的，则唯书院教育这一途：

> 近代书院之设，聚群弟子于其中，延请乡之贤大夫而去位者以为之

师。虽其所学者，训诂、词章之末，非复古人之旧；而兴起后生，以师弟子传习之业，于学为近焉。

书院的教学，虽囿于社会环境，其内容也不过是那些训诂辞章的学习训练，失之于狭浅，不复古代教育之旧貌。然而从学术文化传承的这个意义上来说，它还算是相对接近教育与治学的目的和要求的。

他的这些意见看法，在这个儒学占据绝对主宰地位，奉孔子如神明，而科举教育又为举世所崇隆痴迷的时代，是颇有些不敬与异端意味的，容易遭人尤其是那些昏昧腐儒与科举狂人的议论攻讦。

但他也并未在意。他生平因为种种与世不合相忤的态度言行，也不知招惹了多少讥嘲非议，又岂会顾忌这些？况且他也坚信，他的看法是对的，也是切中现实学弊的，真有见识的学者读书人应该会赞同，就如力邀他在此讲学课教的知县张佩芳那样。

张佩芳自恳挽他留歉到后面的书院开办，给了他很大支持，包括在招生阶段亲自出面邀揽邑内一些有才名的士子入学。其之所以如此重视热忱，除了对大櫆的崇敬之外，也是这位从科场中一路走来的新知县，于科举教育下士人的肤浅不学，与大櫆抱有同感，希望通过书院的教学为本地造就一批"识日以开，行日以励"的读书人才。

有此同志为支援，主掌书院的大櫆，势必会在斗山这处新课教之地，秉持他素有的教育看法，在管理尤其是教学上，尽可能地践行其一些人才培育主张。

这便牵涉归结到第二个方面问题。

即他要在处理好科举与治学关系的前提下，如何有别于学宫教育而开展他作为讲学先生的传道授业。

显然，在现实狂热的科举氛围中，斗山书院的教学不可能忽视科举这个重要内容。作为山长兼主讲，大櫆仍要花相当的精力去抓应试教学自不待细言。

以大櫆之能及经验，教出几个举人，并非太难的事。但他欲按照自己的想法课教学生，培育他与张佩芳所共期的人才，则就不那么容易了。

因为，他需要努力地去克服他的教育理念与现实学风的对立冲突。

这个时代，学生入学受教，已不叫读书，而是叫作"习举业"。听听这个称谓，便可知道此时士人心里想的平时学的，全只为了科举，只在那科举考试所需的几本经书几篇八股上，端的再没有其他！

其实也不怪他们如此：因为只要背熟几本经书，便可称作有知识学问；做好一篇八股，便可飞黄腾达；道几句子曰孟云，以后便可治理邦国天下……就像那西游话本中一众和尚，顶个取经的名头，愚昧如唐僧也能成佛，无能如沙僧亦封罗汉，连贪财好色的八戒还修成了正果！有这样的"真经"在，试问谁还愿意去念别的"经"？谁还愿意再花费心血精力去学习那些"无关无用"的知识学问？

如此背景下，除了少数笃志学问以及思想异类的离经叛道者外，天下读书人中，是鲜有不为那种普世存在的科举心态和学习风气所影响的。

歙县这个地方自也不例外。前些年，因江永等学者的影响，士人中尚有些重视治学的。而在江永去世后，奔着科举功名而学习的"干禄之学"又开始盛行。这次参加斗山书院学习的，虽邀了一些好学能文之士，然而轻视知识艺能学习，欲求科举成功之术的学生仍大有人在。

这无疑会给大櫆推行其素质人才教育带来不小的阻力与影响。他在给张佩芳时文集作的序文中，便谈到了这方面的情况及忧虑。

"然设科名以诱之，悬爵秩以招之，得失眩其中，荣辱夺其外，其始也犹有矩矱之存焉；其既也，用贪冒苟得之心，以求悦于鄙夫小人之目，而其道始离矣。"

而给弟子方根矩的文中，也不忘议论：

"晞原志在反古……而不惑于世俗之趋向。一时与晞原同学者，操速化之术，多窃巍科以去，方且笑晞原之拙……"

这屡屡的道及，正反映了他对此学风的忧虑关切。

生活在这个时代，他不能过多地去指责这种"贪冒苟得"的心态与"速化之术"；但作为主讲席的先生，他需要尽力地去引导他的学生们，端正心态与学风，踏实读书，沉潜治学。

而这种努力，或表现在书院平日的管理里，或体现在具体的教学中。概括说来在两方面。

一是通过思想教育，努力使学生们摆脱世俗科举文化与学风带来的不良影响，明确学习的目的，回归到正确的学习态度上来。

这个方面，他平日在不同场合的谈论应是很多的。他此际在给张佩芳的撰著《陆宣公文集注》所作的序中议论，可以拿来作一代表。

"盖其为学，本仁蹈义，通古宜今。其趋正，其守坚。"

他称赞陆宣公的治学，是为着"本仁蹈义，通古宜今"。这八个字，说的是陆宣公，但也可视作是他对士人读书治学目的和意义的理解概括，是他此时给学生们的教诲。

是的，士人读书，最根本的目的，是要从往圣先贤的著述中汲取营养智慧，知道生命的价值意义是践行仁义道德，不断提高自己明辨是非的能力。只有这样的学习熏陶，才能让人理想操守坚定地沿着正确方向前进，成为可以其学其能致用于国家与社会的睿智君子与豪杰俊才！

这自是针砭时弊良益于学者的警醒之言。

不过，眼前斗山的学生们，有多少人能听得进去这样的棒喝之语金玉良言呢？

委实也不好说，大概也是听的听，不听的不听吧。

大櫆自也明白这点。所以他纠正学风的努力，更多的还是放在另一个方面，即具体的教学引导上。

他要求他的学生们，学习经典，不可如世间一些僧侣那样只知念经诵经，却不知经文讲的是什么；也不能耽于形式，止步于字面的训诂解释。真正的学有所获，是在一个"通"字①，要在融会贯通和进求微言大义中，明晰畅晓其书旨精义和圣贤所以立言之道理，达到真正通经的目的。

他教导他的学生们，学无止境，六经之外，还要重视诸子百家与历史的学习，学习诸子以开阔视野，学习历史而明辨是非。在经史并重中，夯实治学基础，提高个人之素养。

他还告诫他的学生们，即便是文章写作，制义也好，古文也罢，俱与勤奋治学紧密相连。只有不断砥砺学问，扎根经史，才能使其文具有打动人心

---

① 刘大櫆《修经精舍记》："夫士必通经,然后可以出而友天下之士。"

的精神与力量，就如花树，若欲其枝繁叶茂花开灿烂，则须深其根而沃其土。

这些夹杂在具体教学中而灌输的意见，学生们同样也未必都很愿意接受。譬如关于经学的学习，便涉及当下学界重"义理"与重"考据"两种主张的争论，而徽州自江永以来，正是重训诂而颇崇考据之风的地区。所以刘夫子这方面的意见，即便没有倾向，有些学生也不一定赞同。

但从端正学风而言，他的引导读书勤学的努力，还是起到了一定的效果影响的。这可从他弟子的一些言论中，得到旁证：弟子程瑶田后来在文章中，也如先生一般，直斥士人"视制义为掇取科名之径术""执经就传，皆不首其义"；汪梧凤则忆述众人治学，常在一起"雄论古今得失是非"；而其他门人论及治学与古文之作，也皆不忘乃师"根底经史镕铸百家"的谆谆教诲。

时间如白驹过隙，斗山书院的教学历经几番寒暑后，迎来了一次检验。

乾隆三十五年秋，朝廷再开恩科，斗山的一些学生与县中其他考生一道，参加了这次乡试。结果，全县竟有九人高中举人。而其中，斗山便占了几个。

一个新办的小小书院，学生不过数十，一次考试便出了几个举人，这成绩岂止是可观，简直可以说要让人为之大大惊叹了！因为这个时代，往往一个县数百上千举子，一届乡试考得好的，也就只有寥寥数人。

县中轰动之际，人们又联想二年前的乡试，本县也有多人捷闱；而此次其他中举者，仍不乏斗山主讲席者任教职时的学生，因对大櫆这个课教的先生更是敬佩不已。许多人感叹刘夫子自己无缘科举功名，然而教学生却是多出人才！

这影响，直接促成了一件与书院相关之事：

商人程光国等慷慨解囊，将其紧邻县学东面江家坞的几处十数间的房屋，尽捐于县里创办新书院。知县张佩芳遂以儒学中问政书院之旧称而名之，而嘱大櫆作《问政书院记》一文以纪。

从后来县志所载新问政书院图看，书院位于山脚下，不仅房屋建筑齐全，且四周为溪水竹树所环绕，环境幽静而优美。较之荒废的斗山之学，条件自是好了不少。

不过，它应是改造之后的面貌——当时从捐者手里接过来的人家住宅，毕竟与书院设施要求不同，欲使其成为书院的样子，显然要经过一番不小的重新修建整饰。故斗山师生稍晚一段时间才能迁入新书院。这是后话不提。

且说大櫆他虽不将科举功名与人才画等号，但有几个学生中举，作为先生毕竟与有荣焉，且也算是对县里及学生有了个良好交代。

尤其让他感到高兴的，中举的学生中，有相处感情深厚亦友亦徒的程瑶田。

程瑶田曾与汪梧凤、汪肇龙、方根矩以及休宁郑用枚、戴震等，俱师从江永学经术，对训诂考据都很有兴趣，平时也重视钻研各种人文自然及世务知识。此外，他也雅善诗赋琴棋书画篆刻诸艺，是个多才多艺的风雅之士。自前些年与大櫆结识后，便师从学习未断。

大櫆在《程易田诗序》中，以"旦夕相从"描述了程易田从其游学的近密情形；也以"著材宿彦"表达了他对程易田这位比自己小二十七岁的友人兼弟子的欣赏爱重。如今程易田得取一举人功名，今后或可入仕途发展，他之高兴自也不言而喻。

当然，同时他也替其他一些落第的门人感到遗憾。

如前江门诸子后皆师从他学习的汪梧凤、方根矩、吴绍泽等，这两年如程瑶田一样，不用说也皆随入斗山攻读受教，可惜此次未能捷魁。

还有吴定、张伦发等一些从学晚点的弟子，亦是此情形。

吴定（字殿麟，号澹泉）是个二十多岁的年轻人。其为人孝纯遵礼，读书勤奋。治学之外，也很喜爱诗文而颇具才情。其之师事大櫆，始于书院学习之时。虽入门较晚，然乃师爱其品学才华，思想纯粹而有古人之风，对之很是看好器重，一身学艺也略无保留地传给了这个弟子。

歙人从大櫆而学者甚众，中多有不知其姓名事迹者，张伦发差不多亦属此类。他师从大櫆学习的具体情况，并不清楚。只是从大櫆后为伦发之父作墓志铭事看，他对这个弟子也还是比较认可的。

总结起来说，自大櫆居歙，本地一众弟子生徒，皆是一直追随其左右从学受教的。不过其中有一人，情形有些例外。

这人便是后来颇有声名的金榜。

金榜（字蘂中）也是原江门诸子之一，后随诸子一道师从大櫆学习诗古文辞。

乾隆三十年，皇帝第四次南巡。金榜被荐选进诗赋，召试行在，钦赐举人，授内阁中书。这情形，与另一位也曾师从大櫆学习过的程晋芳（字鱼门）一样，只不过后者早了几年，是上次南巡时被荐辟。成举人后，金榜射艺京师一直未归。故其从大櫆学习，仅在中举之前。

但无论是怎样的情形，在大櫆眼里，这一帮各具才华的弟子，都是他的学生与骄傲，他们每个人的进步或挫折，都会令他由衷地为之高兴或惜叹。

眼前的学生如此，不在身边的也同样令他挂怀。

就在前不久，他接到了弟子姚鼐的寄诗。

乾隆二十八年，即大櫆入黔的第三年，姚鼐在历经数次挫折后，于是年春闱得捷成进士，选庶吉士。散馆分兵部，改礼部主事，充山东乡试副考官。今年又领了湖南乡试副考官。寄大櫆之诗，便是途经武昌时思念问候之作。

> 先生高卧楚云旁，贱子飘摇每忆乡。
> 四海但知存父执，一鸣常记值孙阳。
> 于今耽酒能多少，他日奇文恐散亡。
> 脱足耦耕如未晚，百年吾亦发苍苍。

这个学生，对大櫆的感情是真挚而深厚的。他的心中，大櫆不仅仅是传道授业的老师，还是自幼关爱自己的父执长辈，人生成长途中的伯乐与知己。因为老师曾作幕武昌，眼下亦过此处的他，翩然联想之际，勾起了对老师与故乡的深深思念，遂为诗以寄。

但诗中除了表达这些情感外，也委婉而又明确地表达了另两层意思：

一是对老师目前生活状态的意见，劝他不要留恋在歙的愉惬环境，以免耽误个人诗文著述的整理编撰。而在此明面理由下，实也隐含着对老师的担心——大櫆毕竟已是古稀老人，久处异地不能无忧，是宜尽早归乡。

二是披露了姚鼐自己欲致仕归田的心迹。姚鼐性情淡泊寡欲，趣在诗文治学，平常既不肯与世俗同流，更不愿去逢迎钻营。故入仕八年，并未得到重用，到现在仍只是个闲曹部郎。他虽志不在此，却也不愿这样虚掷光阴，遂萌生了致仕归田与师相伴治学的念头。

大櫆是知道学生心性志趣的，多年前便以"一代圣贤"励之期之。所以他倒是很赞同姚鼐的抉择，更满心期盼能像学生说的那样，与之"耦耕"相伴。这之后，他还在怀诗中询催弟子："借问金门客，归怀近若何？"

至于学生劝他的，他也听了进去。只是眼前，他还一下子无法做到：这并非全是情感的不舍，而是他手头正有一件需要耗时的工作。

春间，张知县找到他商量，说是本县距上次修志已八十年，他想组织重修，请大櫆担负总的编纂重任。修志是地方文教大事，大櫆既与歙县颇有情感，也难辞张佩芳这位友人的请托，遂答应了。

这之后，便组织了一班人马风风火火干了起来。八十年间，地方需要补进史志的内容甚为多繁，任务之重可以想见。虽然也找了些分修人员，但大櫆这个纂修还是相当忙碌不轻松的。连他的一些学生汪肇龙、程瑶田、吴定等，都被安排了分修校对的任务。为此事所羁，他便再有什么想法，也须等到修志结束了。

冬季的山区很冷，阴寒逼人。人们一般都窝在家中，很少外出。

但最近一段时间，却不断有人冒冷冲寒，来到郡城西面的锦衣里的一处馆舍[①]，拜访在那里的刘老先生，要与之见面叙话。

你道这是何故？

原来，它与修志相关。

歙县的新志编纂，经过大半年努力，进展很顺利，绝大多数的卷篇俱已整理编就。只剩下一小部分内容，尚在搜集资料的待纂定过程中，其中便有涉及面最广的，彰扬女子贞节人物事迹的列女传。

大凡文教兴盛之地，人们对登录《县志》愈加重视。其中"孝友"（男子对父母兄弟的孝悌行为）"贞节"（女子妇人的节操表现）这两个方面，尤被广泛关注。

---

① 据乾隆《歙县志》书尾交代：当时为修志，设"馆于郡西之锦衣里"。作为掌阅其事的刘大櫆，在后期繁忙的编审阶段，可能日常便居住于此（一些文字亦写于此处），直至次年春夏间《志》成。

原因很简单，"科第官宦"等人物，那是据实必录的；而孝友贞节之彰荣，不仅需获社会的认可，且亦是普通民众登入《县志》的唯一途径。

又因这时代的男尊女卑之制，女子要保贞守节，远比男子的尽孝行悌来得艰难，多有悲怆感人之事，以致地方家族选不了"孝友"，便将眼睛盯在女子身上，要借那贞节之名以显其门礼家风。所以这方面的选录入志，通常更被人们所关注。

近日那些纷至锦衣里者，便是奔此"贞节"之彰而来。

这些人，代表着邑内各处的族姓世家，要向负责纂修的刘老先生当面陈情，介绍其所推荐的人物，希望得到他的首肯认可——虽然《大清会典》对节妇烈女等俱有规定，但录不录入志传，纂修者的态度意见还是很重要的；况且，他们也听说，本县这次十里八乡报请入志表彰的对象众多，这就更需要来争一争了……

这样的"热情"，大櫆自是无法拒绝。

但他的内心，对之却是甚为抵触反感。

他自年轻时起，便很不满程朱理学的"存天理去人欲"的禁欲之说，认为它有违人性不合人道，并曾大胆地喊出"人不能无欲而相聚以生"的口号。抱着这样的认识，他对现实生活中深受程朱影响而导致的非人道现象，自然隐存非议而带着排斥抵触的心理态度。其中，便有所谓的妇女"贞节"问题。

曾经有人问程颐（程朱理学的代表人之一）：有孤独的寡妇，家境贫困，无依无靠，可不可以再嫁？这位把"人欲"看成罪恶的学者，冷酷地回答："只是后世怕寒饿死，故有是说。然饿死事极小，失节事极大。"

他这所谓的"节"，便是去除人欲的"天理"，亦即封建道德规范加诸妇女身上的"礼"。寡妇再贫困无依，也不能破坏"礼"。所以说"饿死事小，失节事大"。

因着这番骇人听闻的卫道宣言，在男尊女卑的社会中本就地位低下的妇女，从此被套上更冰冷无情的"节"的锁链：丈夫死了，须当苦苦"守节"，不能改嫁；即便许字而未嫁的女子，亦同样应为未婚的亡夫"持贞守节"；而社会与卫道者们尚不满足，还进一步倡扬鼓励女子妇人为亡夫殉身自尽，以死酬其情志！似乎如此，才真正体现了最令人崇敬的至高的"贞节"……

对这样的社会现象，大櫆的感受是无奈的伤感沉痛，而其态度也于隐晦中透着厌恶与不忿。这原因，自与他对程朱理学对人性的压抑的认识反对分不开，但也还有其他的影响因素。

他生长于贫困的耕读人家，对社会底层尤其是那些卑贱弱小人群的艰辛苦难，有着深刻的认识和同情。就如女性的不幸，他的家庭中便有活生生的事例，令他为之悱恻难过不能释怀：那便是幼时抚育他而生平凄苦可怜的祖父姜室章氏的事迹。

在这个时代，没有谁敢质疑男尊女卑的社会秩序，斥责社会加诸女性身上的贞节枷锁。但大櫆还是在章氏这个长辈身上，切实感受到了社会之于女性的压迫，看到了她们在礼教束缚下的痛苦与悲哀，并进而对世人无视女性苦难而只重其贞节的做法心存鄙恶。

所以，他后来写文章纪念感恩章氏，却不欲其入郡志表彰。友人左茧斋谋为某节妇入县志，他还特意致书去劝止，认为那没有什么意义①——这不过是借此理由，隐晦表达他不能说出来的反感罢了。

这以后他四方漂泊，入世越深越觉礼教的冷酷虚伪与欺骗性，于受其迫害愚弄最深的女性愈加同情，甚至为她们感到义愤与不值。近年，他身边又有一个青春守寡的侄媳一块生活，每见其长吁短叹郁郁寡欢，人前欢笑人后流泪，他都禁不住为之心酸难过，暗叹礼教之桎世害人。

他这样的态度心情，此时面对歆人纷求女子入志传的情形，感觉当然不好了。只是顶着一个新志修纂的帽子，没奈何要接待应付。而听了一个个不幸的故事，心情愈不爽，伤感之际复添了一份郁闷沉重。

这一日，某地又报来一些节烈人物。

其中有一个近年发生的汪烈女的事迹：烈女年十五，贫家之女。一日随女伴一道过田间，被守在地棚里看庄稼的一个农夫盯上起了歹心，于道中截住她欲行强暴。烈女拼死反抗，得以脱身。但次日，却于家中投缳自尽。事件传开，歹徒被捉拿问罪，死者被朝廷旌表，建烈女牌坊于墓侧。

前来申报的，是一位与烈女同村同姓的老秀才。

这人绘声绘色地讲完故事，末了还不忘发表一番感慨："烈女方及笄，小小年纪，就知死以保节，实在令人起敬！其获朝廷表烈，虽死不死，是地方

① 见《刘大櫆集》之《再与左君书》。

之显荣，亦是吾姓数百年来闺阁之骄傲！"

"可是，她毕竟是死了！青春生命，成了孤坟一垅！"

坐在案几对面的大櫆，听罢却冷冷地回应了这么两句。

老秀才惊愕道："刘先生何意？如何这般言说？"

大櫆蹙眉道："吾未有他意。只是觉得，她本不该死而死，让人要为之惋惜伤叹！"

以往这样的场合，他在听完讲述后，多只是附和敷衍两句。但这一次，他却忍不住表示出异议。

老秀才听了嚷道："彼被侮辱，名节已污，尚有何颜面再活于世?！怎的是不该死了？"

大櫆驳道："汝言差矣。烈女为歹人侵侮，罪在歹徒，她何污之有？又尚未许人家，何来卫节？非有乱礼背节之事，她如何便不该活了？她青春年少，尚未报父母养育之恩，亦未嫁夫生子享人伦之乐，如何便不想活？其最终选择轻生，正因畏惧世人以'无颜'视之待之，不得不死耳！虽可称烈，却不得其道，吾故曰不该死，故为之伤叹。"

老秀才被怼，辩驳不了，一时羞恼而去。

大櫆亦不理会。只是坐在那儿，却也久难释怀，思绪夹着悲凉不忿以及素有的一些感触纷然飞漾。

他由汪烈女的被迫之死，想到更多在"烈女不适二夫"下殉节的妇女；又由社会并倡的"妇死其夫""臣死其君"，转思至将君臣关系比作夫妇，以及所谓的"忠臣不事二君"及其现实的反映，对"纲常名教"的一些误世害人的说教愈觉荒谬气愤！

自西汉董仲舒依据孔子的名教（以等级名分教化社会）思想，提出"三纲""五常"社会伦理说，此后的中国社会与人民，便生活在它的深刻影响之下，为其所紧紧束缚。其中影响最大的，自是那三纲之首的"君为臣纲"，它要求天下的臣民，必须绝对服从于代表"天授神权"的君主及其权力，做他恭须的仆从，为其效忠服务。

后来的卫道者为了强化这种君臣关系，更混"君纲""夫纲"而为一，宣扬"臣之事君，如妇之从夫"，既"食君之禄受君之恩"，那么便应像依靠丈夫而生的妇人一样，从一而终，无条件地为其死节尽忠！

在这样的"君臣之义"下，君主的权威固然被抬高到不可挑战的地步，而臣子的地位则愈加屈辱可怜。到了近代，臣子在君主眼中，更成了毫无尊严人格生杀予夺的奴才，在战战兢兢朝不保夕的情境中，活得跟狗一般的卑贱！而做臣子的，竟视作天经地义而甘为其所驱，哪怕被帝王无情罪处，也还在那里顿首叩谢"天恩"……

这显然是不对的！

以专制为圣，以服从为贤，以妇道而喻臣道强调是忠，都是对君臣之义的扭曲！古来君臣之遇，不过为天下而辅佐共事，故君待臣以礼以敬，臣事君以道以义，道义合则留，不合则去，绝不会奴颜婢膝而事于上，亦不会为一家一姓一人之利之兴亡而愚尽其忠！君臣以共治而得万民之禄以俸养，是共事之义，是天下与之，何来君主帝王之私恩？必以"食君之禄受君之恩"，而责求臣子不事二主，感恩于一夫，甚至为其殉节，甚至为独夫暴君死忠，岂非昧道昏义之滑稽荒唐与可笑？

然而可悲的是，千百年来，一代又一代的世人，却少有此觉悟，陷溺在帝王与昏儒炮制的胡说中而不知其谬不能自拔！或有一二有所察识者，亦惧专制之威舆论之讦而三缄其口……

但是，总需要有人呐喊几句吧？

沉思之中，情绪波荡冲动之际，写作的积习终是抬头，令他欲借眼前汪烈女的话题，再次说几句人们不敢说也不愿说的话！

他往时也曾写过一些贞女节妇之文，其中多是应人所请之作，不过循人情之要求，附和世俗风教说几句溢美之语。唯一二篇章，是承载他真实的思想情感的主动之作，如《章大姑行略》，通篇没有半句维护风教之语，有的只是文字下人物的痛苦不幸与善良慈爱。而《乞人张氏传》，更借乞妇张氏之事迹，辛辣地嘲讽缙绅大夫，歌颂天地正气存于卑贱者，丈夫不如女子，富贵者不如乞丐！

而眼下的他，怀着一腔悲感伤愤，不仅要为那被迫死去的汪姓少女控诉社会的冷酷无情，更要进一步地扯下名教那些荒谬欺骗的外衣，唤醒被愚弄而不觉的世人！

汪烈女传

古之人以死生为大。而孟子别之曰："可以死，可以无死。"可以死而死，死之得其道者也；可以无死而死，死之不得其道者也。

人未有无故而责人以死者。其死之大端有二：曰"臣死其君""妇死其夫"。然余以为臣之死君，与妇之死夫，似同而实异。君臣以义合，故曰"合则留，不合则去"；夫妇以恩合，故曰"一与之齐，终身不改"。后之儒者不明于圣人之意，乃以夫妇之道为君臣之道，第责之以死，求其不改适而已。夫与共天位，与治天职，与食天禄，有共事之义焉，而以臣之食禄为受君之恩，吾之所不知也。

事一君则不复可以去而他适，是以臣之事君，果如女之适人。夫所谓君臣者，岂竟同于夫妇哉？何以处夫伊尹之就汤而就桀？何以处夫孔子之去鲁而之卫之齐？是伊尹、孔子皆改适之女也。殷纣既亡，微、箕且不从死，况他人哉！嗟乎！子贡、子路，孔子之高弟，彼且必责管仲以死矣，何怪乎后之儒者哉？

古之君子见几而作，固不待国之危亡，早已洁身而去矣，是可以无死也。如其势不能去，或婴守土之责而城陷，是可以死者也。可死、可不死之间，此之不可不审也。后世女许字而未及适人，或为其许字之人死。夫未及适人，是未尝"一与之齐"也，顾且死，是死之不得其道也。虽然，有迫之以不得不死者。张巡、许远守睢阳，城陷而不死将何之？

歙之喻村有汪氏之女，年十五，未适人也。于村中观剧，而有强暴者，要于中道，而欲污之，虽其母与兄奔救而归，明日女卒投缳而死。是迫之以死，而不得不死也。于是朝廷正强暴之罪，以女为烈，建坊而旌之①。吾独怪后之儒者混君臣于夫妇，且为之说曰："忠臣不事二君，烈女不适二夫。"不学之徒习闻其说而信之。故余于汪氏女之死，有感于君臣之义，为作《烈女传》。

---

① 这段故事与志载稍有出入。乾隆辛卯《歙县志》卷十五列女传下有记："汪烈女：名法弟，玉村前人，贫家女也。随女伴往田间。守舍农王丫头要于路而欲污之。死拒得脱，归而自经，有司抵丫头于罪，而旌烈女，建坊于墓。"大櫆或据原本情况，或为文章需要，在《汪烈女传》中作了一些改动，其中值得注意的，是指出该女尚"未适人"，不存在世所谓贞节之事，是本不应死，而惧议论责逼被迫自尽。

第二十八章　回归故里

一夜喧闹不停的鞭炮声，宣告着辛卯新正的到来。

从守夜中醒过来的锦衣里人家，早上开了门后，小伢子们便兴奋地跑出去，与外面的小伙伴分享带出来的果脯瓜子，互相比论才穿上的新衣服，又或去捡地上未燃的爆竹，相互笑逐着四处丢炸；而大人们则打扮整齐干净，带着新春的喜色，或留在家中准备待客，或去各处亲友长辈那里贺喜拜年，到处一番热闹喜庆的情景。

独有一户人家，上午虽也有几个书生过来拜了一下，然此后一整天，这新春伊始的元日，宅内竟都安安静静的，少闻人语欢声。

这便是暂寓修志馆内的刘大櫆家。客于异地的这个家庭，自是无法融入佳节新禧的气氛之中，老少四人因抑制不住的思乡之情，且感于眼前的清冷寂寥，俱是郁郁闷闷无情无绪的，没有一点节日的喜悦。

这情形，对于这个家庭来说，其实也是常态。逢年过节的，人家热热闹闹，他们却难开心起来，或者说是心情不好。眼下，不过是又重复了一次。

但这一次，几个妇女的感触，相对又显然大些：她们已离开故里十年，时间越久心中的思念自是越深。而除了这种情况，尚有另一个原因，那是由一再失望与遗憾带来的心情变化。

前几年，大櫆奉檄执掌安庆敬敷书院，几个女眷都为回到故乡而高兴。不想时间不长，又重回到了皖南。后来大櫆卸职，大家以为可以归去了，不料又被父母官挽留，一待又是几年。迨至去岁，本已说好了要回乡去，但最后因修志又耽搁了下来。虽然她们也知事出无奈，不能说什么，可到了年节，感慨之下的那一种乡愁思念，也便愈加浓郁难遣。

下午吃饭时，白发如霜的吴氏娘子在饭桌上，便再次念叨这个话题，对丈夫提起回乡之事。道:"我们来江南,一晃已十年。几次欲归未归。如今老爷你年事已高,身体也不大好,实不宜再犹豫徘徊,今岁便是地方再如何相留,也是不能答应了。"

她晓得入徽十年,丈夫虽不得其志,但心情还算愉惬,尤其是与歙地一帮文人弟子,情投意合相处甚洽,不舍得分别。眼见这新一年又开始了,心情急迫的她,不得不申言敦促。

大櫆听后,望着眼前几个女人,内心不免有些愧疚。慰言道:"你们放心,吾意已定。今年待手头事了,便辞去书院之教返乡,不会再有改变。"

这所谓手头事,自是指修志。年前,二十卷的《歙县志》已全部编成完稿,只待审阅校对。此外还有一个两卷的《黄山志》修撰任务,也预期在春夏间随县志一道完成。

这些情况,家人们都晓得,所以听了都为之高兴,相互敬酒祝福之际,话语也多了起来。

吴氏娘子因问:"老爷既定了主意,这回去以后,在哪里安家生活,不知可有打算考虑?"

离乡多年,他们家的茅草旧屋早已倾圮不可居;且芮庄是她丧子的伤心之地,她也不愿再回彼处,希望换个地方生活。

大櫆清楚妻子心理,他自己的心情也差不多。思忖一会道出了意见:"吾与汝俱已年迈,归桐生活,总以方便为宜。究竟择于何处,以后视情再定。今年我们回去,可暂居陈洲祖地的吾家旧庐。其虽年久破敝,修整一下尚可使用。且那里门临长河,紧滨大江,距汤沟闹市也只隔数里,各方面都还方便。"

虽是一湖之隔,但属于江滨平滩圩区的陈洲,居住生活的环境,自是优于芮庄那样的丘岗之地的。芮庄既不可居,一家人暂寓陈洲确是个不错的选择。

议定了这些事,想到不久之后终可还乡,一家人的心情皆好了不少。之后,话语思绪虽兜兜转转地仍不离故乡亲友,但思念之中却少了些彷徨焦虑,感喟中多了些期待与展望。

也许正是这样心情的驱使,在这个新年伊始的元日,许久已未动诗笔的大櫆，为故乡一位久别而思念深深的老友留下了一首怀诗。

> **正月一日怀姚南菁**
>
> 故里千山外，新年一日春。
> 风烟分两地，老病逐羁人。
> 寂处思同志，离群愿卜邻。
> 茫茫斯世内，与尔分偏亲。

姚范致仕后，为生计也为宣扬他治学治文主张，往来天津、扬州等地讲学，与同样漂泊在外的大櫆难得聚晤。然而，这并不妨碍这一对生平知己至交彼此的思念与关注。眼下，当大櫆欲返乡而考虑今后的生活时，他又情不自禁地念起这位老友，向其倾诉情感思念的同时，亦盼望着回去后能与之毗邻生活，在相偕披文研学的慰藉中，度过晚暮的时光……

可他想不到：比自己还小几岁的友人，已看不到他的这首寄诗了——正月初八，姚范卒于家中。之后回乡的大櫆，只落得一份向灵而哭的深沉哀痛，令他在人生无常的伤悼中悲叹："讵可重闻笛，从今罢鼓琴"！

…………

半年后，刘家的返乡计划，付诸了实施。

此时，正是天气转凉行人远出的孟秋。

离开前夕，郡县诸多绅宦友好闻知消息，感大櫆于本地文教的贡献，纷纷为其践行话别。而大櫆的弟子门人，更是依依不舍。动身之日，众人齐聚，送师远出城关河桥之外，尚不忍别去。

大櫆亦极是不舍。眼前的一众弟子，可以说是他入徽十年最大的收获与慰藉所在！他传授给了他们学问知识与诗文之艺，也与之结下了深厚的情谊；如果不是他们，他或许也不会滞留江南多年。今日言归，从此或不复再见，又岂是一声"珍重"所能了得？

但他还是湿润着眼睛，挥手别去。远远地，他还在一片"保重"声中，听见有人大声地诵喊：

"他日倘念黄山秀水必奇秀，戎装凤驾而来，则吾徒拥彗除馆以延先生！"

他知道那是弟子中年纪较长的汪梧凤。其所诵之语，出自其代表众弟子所作的送他归桐的序文。想到弟子们的心意，又想到汪梧凤这个弟子，极爱自己的文章，常常独自捧读不倦不休，那一瞬间，他忽地感到无限的欣慰，只觉十年的江南岁月没有白过……

"江山犹故里，风景异当年。"

回到故乡的大櫆，心中充满了感慨。

十年过去，虽非人事全非，但不少熟悉的面孔却已不见，又或沧桑了容颜，当面几不能辨；而那些成长起来的后辈新一代，不是模样陌生，便是儿童相见不相识了！

人事之外，环境亦多变化，乡村尤其明显。连芮庄这样僻处湖畔的小村庄，不仅庄头庄尾添了不少房屋人家，且因人口增加，湖滨有限的田地不敷生计，庄后绿树修篁一片葱茏的岗岭之地，亦被农家砍伐烧荒，争垦成片片新田。

这样的变化，令回到故处的大櫆，除了陌生拥挤的印象之外，更有一种当年幽静优美不复在的缺憾与感叹。这令他愈加坚定了之前的想法，不欲再栖居于此。

他正月里怀念姚范，欲与之毗邻而居，并非一时兴起之念头，他内心里确实是考虑回乡后，能在县城安家定居的：与老友相伴的因素之外，县城的环境对他来说，自然也宜于今后的生活。

然而姚范的去世，令他在伤感故旧凋零中，也终是放弃了这个念头。于是，在经过一段时间准备后，是年年底前，他携家迁居于陈洲故里的老宅，这便是后来他弟子说的"乾隆辛卯壬辰之交，海峰先生归老里居，以诗古文辞开后进。"

这一段里居的时间并不长，一两年。但漂泊归来的大櫆，还是尽其所能地，为故里族人作出了贡献。大约次年春，欲办义学而力有不逮的他，便以家塾的形式，课授一些族中子弟；同时捐江滨甘家埭一处产粮七石的"义田"，作为族中祀事及贫不能读者之膏火；又牵头勘理诸处祖坟山，安葬一些无力归山的族人。诸事之作为，或许便是他此时要归里暂居的缘故之所在——以其仁爱感怀之心，欲报之于宗族之众。

只是这段时间内，这个忙忙碌碌的老人，也经历了些家庭的伤痛与烦恼之事。

首先是他的四弟大兴，于壬辰五月端午病故。大樾初回乡时，看到长兄大宾的棺梓还厝掩于野，很是伤心了一段时间（家谱记载：多年以后，大宾后人从族亲刘三省等手中买周庄祖堂西首屋基二片，方于乾隆五十八年将大宾夫妇正式安葬于彼）。此时弟弟又卒去，兄弟四个唯存他一人，回首从前过往，心中无限哀伤！

其次是他这一房的承祧问题。大樾无子，过去长兄大宾还在时，议将其长子云标的儿子符琢过继在大樾殇子介的名下为嗣。但大樾老暮归里，对这个过继的孙子并不甚满意，已长成十五岁少年的符琢，对大樾夫妇情感并不热络，而其心性方面大樾似也不甚喜爱。

大约是弟弟去世，令大樾思及将来身后之事，所以他欲改立承嗣者。他看上了长兄的另一个孙子，时龄七岁的荪，但其父刘会（大宾次子，字效斟，号越潭）怕影响兄弟之间的和睦，终未能同意。这令大樾及其妻甚为遗憾苦恼，夫妇说起此事，总是相对长吁短叹，甚为忧郁。

江滨的一个夜晚，月色迷离之中，"鬓发白如丝"的老诗人中夜不眠，哀然而歌："老去气犹壮，忧来人莫知"（《星云》）！其所忧者，生平志业之外，或许便是此时令他深深为之苦恼伤感的暮年无依以及百年身后之事吧。

心境如此，自然影响到了其他方面。于中便有寻求合意的生活家居环境，以慰藉其精神心灵而安度晚年的问题。

他一生喜交游，所至也习惯于与周围的文人雅士诗酒酬唱，乐此不疲；而其暮年归来的心志，也是欲传其学尤其是诗文之艺于乡邑。但陈洲江村远离城镇相对僻处的环境，并不符合这些需求。

还有，他性爱山水，自幼及长也生活于面对碧湖背倚翠岗的芮庄，然而眼前所居，所临不过一条小河，放眼只是平野圩区景象。他虽然自我安慰地说，"井里何能择？烟霞尚足寻"（《江村》），但其实并不满意，是少了适合情趣的优美环境和登临之乐的，更难餍他此时孤哀而需慰藉的心境。

有一个人的到来，于尽快解决这方面问题，可能起到了推动作用。

这人是他新收的弟子王灼。

大櫆在故里办家塾，初衷虽是面对宗族子弟，但其声名影响却吸引了四方之士，一时便有一批才华俊彦之辈前来从学问艺，王灼便是其中之一。

王灼，字悔生，号晴园，青山石矶人，迁居枞阳镇，是个刚及冠的少年秀才。读书勤奋，又嗜好文学，常与二三同好一起研习诗歌古文。后偶从他处借得《海峰文集》一册，阅之篇篇玑珠，不逊于唐宋诸家。一日读到《海舶三集序》一文，观其劈空写来的气势，构思奇妙的安排，充满浓郁诗味的文字，不由拍案叫绝，叹对人道："海峰先生，真当代文学宗师名家也！惜其流寓在外，吾等后辈小子无缘得其指教！"

迨至大櫆里居授学，得到消息的王灼欣喜无限，即往陈洲赍礼拜谒，愿列门墙。大櫆见其虽年少，却诚挚向学，又人品端正而具内秀才情，是可造之才，遂收为弟子。

王灼自此便随师学习，来往于陈洲与枞阳县城之间。有一次师生闲谈，这学生提起其里中包括友好在内，颇有学子皆仰慕老师之名而欲从学。又说其居地古镇繁荣，环境优美，又交通便利，昔日便为讲学课教胜地，老师何不也迁彼安居授学，而弟子也得时侍左右聆听教诲？

枞阳为桐城首镇，是邑内除县城外的另一个生活人文中心。大櫆或许之前便有过安家于兹的考虑，此际又得弟子夸耀劝说，便认真地动了迁枞的心思。

这消息由王灼传回去，当地士绅俱为之欢欣雀跃。一边襄其觅地落户，一边翘首企盼着。明末清初，这里曾因邑内一些文坛前辈的活动寄迹而声名远扬，此刻的人们亦相信：刘海峰先生的到来，亦必将给这在沧桑变化中渐寂下去的古镇，带来新的影响与荣耀……

一条汇聚上游数县之水的河流，自北向南逶迤数十里激情而下，在拥吻北岸一座倚山背湖的美丽小城后，带着眷恋涌入前方的大江。

这河，便是远近闻名的"枞阳河"，当地人称之为"枞川"；而那被它拥吻的小城，便是享誉千古的"古枞阳"。

汉元封五年，武帝南狩至此，登山巅而射蛟于江上，作"盛唐枞阳之歌"，析秦之居巢县，在沿江一带新设县"枞阳"，治在"县东南二百里"（宋《太平寰宇记》）。而它们的前身，这片长江北岸百余里的广袤之境，则是文明久远的南巢部落及古巢国的中心所在（直至宋代，尚有"古巢城"的遗址存在。《太平寰宇记》载："在县南六十五里，按史记成汤放桀南巢，即此城。城三重，南北川泽，左右陂湖。"）

唐代以后，因在巢湖东岸新设巢州巢县，湖西古老的巢地一切，遂在岁月沧桑中被世人逐渐模糊遗忘，划入桐城县的人们，惟尚记得汉武所立之枞阳，乃将桐城东、南二乡原属古居巢的这片乡土大地，统称古枞阳境。又因东晋陶侃曾领枞阳令，治即今枞阳小城，遂将其视之为"古枞阳"之代表，并在小城的街口置卧石刻字以纪。

小城以山水相拥的形势，呈自然的东西走向之状，形成河街、中街、后街的分布格局。临水的河街，以码头关口所在，终年船舶来往不断，最是繁忙热闹；中街较宽阔，乃是百业汇聚及市民居住之区；后街倚山幽静，坐落着众多的庙宇祠院，也夹布着一些里巷人家。

从陈洲迁来的大欓一家，便定居在小城中部"寺巷里"的后街，北山之下永利寺侧。庐舍几楹，篱院一方，时对绝壁流泉，周环杂树人家，有野处之清幽，而无市镇之喧闹。

这新居处的选定，或是勘察后的巧合，抑或本是带着某种意愿寻觅之结果，在其门户前方不远处，竟是大欓向所尊崇的故乡先贤钱澄之的旧居之所在。

康熙初，以遗民归隐乡里的钱澄之，为盗仇所逼而不安身于里，曾一度傲居枞阳寺巷之前，号其窥望后山之楼室为"北山楼"，于兹撰著《田间易学》《田间诗学》，辑其诗文酬唱同志。因其声誉影响，且屡在诗文中道及小城，并有"君过枞阳劳借问，射蛟台畔北山楼"之句颂，一时枞阳之名远扬四方，不仅射蛟台这样的古迹，就是北山楼后来也成为文人雅士过枞阳而必访游凭吊之处。

自新居眺望北山楼，隔着百年时空向那位一代先贤大家礼敬的大欓，难免会心潮涌动感思无限：想到枞阳这方大地文明早发久蕴，文化厚重灿烂；想到明清之际的方以智、钱澄之诸人，坐积千古之智，在薪火传承的努力中登上时代的学术文学的高峰，亦将枞阳文化推向了海内四方；想到老师方苞，年少时便于此地见赏于田间，亲得其教诲。后每归枞川，事务之暇，亦常与学子文人论学讲艺；想到自己年耄归来，虽学惭于前辈诸贤，但踵其文风，以诗文之道导引后进，亦可于乡土文化之传承光大，贡献一家之言，聊尽一己之力……

于是，在他定居寺巷里不久，背后的达观山岭上，一峰突起之平缓处，新添了一间如舍似棚的茅屋。再过不久，山下的人家便遥遥看到那里人影幢幢，仿佛聚会的情形。渐渐地，城中周边的人们也便知晓，那搭在峰侧的单间茅屋，非是高人避尘隐居之所，而是迁居此地的刘海峰先生与其弟子学生，上下千古谈诗论文的讲艺草堂。

自此，小城多了一个引人注目的场景，无论天晴雨晦，每隔一定的时间，便有一批从四方而来的莘莘学子与风雅文人，沿着新踏出来的山径，自南北两侧登上那峰畔的草堂，兴奋热情似市人之赶集，而虔诚恭敬则如信徒朝圣一般。

睹此情景，镇上的普通市民，好奇羡慕之外，也只道是读书人的活动雅事，倒还没有过多的感想；但士人中的不少人，尤其是一些年长者赞叹之余，便联想到了前朝时期这里的讲学盛况，心中不由又泛起一种兴奋自豪的感觉。

原来，枞阳因紧临大江，又有河湖水路连通各处，自古便是水运贸易的码头关隘所在。到了明代，随着邑中仕宦的崛起，它又成为读书士子和文人官宦经常履足之地：由于其水路不仅可直达县城府治，更可放舟江流直下南都金陵。来往活动多了，也就渐渐成了县内人文活动交流的一个频繁中心之处。

到了万历间，阳明心学兴起，影响传至桐城，邑内的儒士学者一时纷从讲论。于是，便有人称"枞江先生"的赵鸿赐者，于枞阳组织陋巷会，集士研洐新建良知之旨；后又有童静斋自澄，在寺巷西建辅仁会馆，邀友人同志共扬泰州之学。后来，钱澄之的父亲镜水先生，亦主辅仁会馆，为学子文士讲授易学。数十年间，枞阳讲学之盛闻名遐迩。

然而入清之后，由于清廷加强思想控制、禁止士人结社订盟以及整个社会文化氛围的变化，人们的思想学术兴趣固随之发生改变，明末那样民间自由的讲学之风更戛然而止。枞阳遂也于百年间不复有讲学之事。所以眼下，人们又见四方学子汇聚草堂问艺，联想自豪之际，也仿佛看到枞阳在新时期别样娇姿的文化兴盛与崛起。

当然，于此感慨体会最深的，还是那些追从海峰的一众从学受艺者。

生活在这个文化专制的时代，桐城的读书人早已放弃了邑内先贤曾经追求科学真理的精神，而心怀天下经世致用的理想，也普遍让位给程朱理学的心性空谈、科举功名的沉溺、故纸堆里的考究，有明一代曾经誉扬海内的学风文风，只剩下诗文风雅尚如清溪一脉，流淌在部分承继者的心里，滋润着他们的精神与生活，也令他们在这沉闷窒人的世界里，获得一份心灵情感的自由。

惟因斯故，一代诗文名家海峰的归来，才在乡里激起趋谒从学的波澜；而海峰先生的草庐传艺，更带给人们以无比的惊喜与震撼：

> 行文之道，神为主，气辅之。曹子桓、苏子由论文，以气为主，是矣。然气随神转，神浑则气灏，神远则气逸，神伟则气高，神变则气奇，神深则气静，故神为气之主。至专以理为主者，则犹未尽其妙也。盖人不穷理读书，则出词鄙倍空疏。人无经济，则言虽累牍，不适于用。故义理、书卷、经济者，行文之实，若行文自另是一事……故文人者，大匠也……义理、书卷、经济者，匠人之材料也。

> 神者，文家之宝。文章最要气盛，然无神以主之，则气无所附，荡乎不知其所归也。神者气之主，气者神之用。神只是气之精处。古人文章可告人者惟法耳。然不得其神而徒守其法，则死法而已。

> 神气者，文之最精处也；音节者，文之稍粗处也；字句者，文之最粗处也；然论文而致于字句，则文之能事尽矣。盖音节者，神气之迹也；字句者，音节之矩也。神气不可见，于音节见之；音节无可准，以字句准之。

> 音节高则神气必高，音节下则神气必下，故音节为神气之迹。一句之中，或多一字，或少一字；一字之中，或用平声，或用仄声；同一平字仄字，或用阴平、阳平、上声、去声、入声，则音节迥异，故字句为

音节之矩。积字成句，积句成章，积章成篇，合而读之，音节见矣；歌而咏之，神气出矣。

文贵奇。所谓'珍爱者必非常物'。然有奇在字句者，有奇在意思者，有奇在笔者，有奇在邱壑者，有奇在气者，有奇在神者。字句之奇，不足为奇；气奇则真奇矣；神奇则古来亦不多见。

文贵高。穷理则识高，立志则骨高，好古则调高。文到高处，只是朴淡意多；譬如不事纷华，翛然世味之外，谓之高人。

文贵大。道理博大，气脉洪大，邱壑远大；邱壑中，必峰峦高大，波澜阔大，乃可谓之远大。

文贵远。远必含蓄。或句上有句，或句下有句，或句中有句，或句外有句，说出者少，不说出者多，乃可谓之远。

文贵简。凡文笔老则简，意真则简，辞切则简，理当则简，味淡则简，气蕴则简，品贵则简，神远而含藏不尽则简，故简为文章尽境。

文贵疏。宋画密，元画疏；颜、柳字密，钟、王字疏；孟坚文密，子长文疏。凡文力大则疏，气疏则纵，密则拘；神疏则逸，密则劳；疏则生，密则死。子长拿捏大意，行文不妨脱略。

文贵变。《易》曰："虎变文炳，豹变文蔚。"又曰："物相杂，故曰文。"故文者，变之谓也。一集之中篇篇变，一篇之中段段变，一段之中句句变，神变，气变，境变，音节变，字句变，惟昌黎能之。文法有平有奇，须是兼备，乃尽文人之能事……

文贵瘦。须从瘦出，而不宜以瘦名。盖文至瘦，则笔能屈曲尽意，而言无不达；然以瘦名，则文必狭隘……

文贵华。华正与朴相表里，以其华美，故可贵重。所恶于华者，恐其近俗耳；所取于朴者，谓其不著脂粉耳。昔人谓："不著脂粉而清真刻峭者，梅圣俞之诗也；不著脂粉而精彩浓丽，自《左传》《庄子》《史记》而外，其妙不传。"此知文之言……

文贵参差。天之生物，无一无偶，而无一齐者。故虽排比之文，亦以随势曲注为佳。好文字与俗下文字相反；如行道者，一东一西，愈远则愈善。一欲巧，一欲拙；一欲利，一欲钝；一欲柔，一欲硬；一欲肥，一欲瘦；一欲浓，一欲淡；一欲艳，一欲朴；一欲松，一欲坚；一欲轻，一欲重；一欲秀令，一欲苍莽，一欲偶俪，一欲参差……

文贵去陈言。昌黎论文，以去陈言为第一义……大约文字是日新之物，若陈陈相因，安得不目为臭腐？原本古人意义，到行文时却须重加铸造，一样言语，不可便直用古人，此谓去陈言。未尝不换字，却不是换字法。人谓"经对经，子对子"者，诗赋偶俪八比之时文耳。若散体古文，则《六经》皆陈言也……

文贵品藻，无品藻便不成文字。如曰浑，曰浩，曰雄，曰奇，曰顿挫，曰跌宕之类，不可胜数。然有神上事，有气上事，有体上事，有色上事，有声上事，有味上事，须辨之甚明。品藻之最贵者，曰雄，曰逸……"[1]

…………

如此专门而深入地文学讲论，他们还是第一次睹闻，它将他们从一般的文章写作，一般的为文之道，引入了如何写好文章得到精妙佳作的更深更高层次的"艺术与美"的追求；往昔前辈大家包括乡邑先贤的为文理念主张，亦如涓涓细流，至此沛为壮阔的波澜，又如青青绿株之上，绽放出一树绚烂美丽的鲜花，更似一幅质朴无华的织品，在宗匠大师的手中蜕变为五彩斑斓的锦缎，精致无匹，艳美动人……

这才是千古以来，人们所欲探觅追求的古文艺术的奥秘之所在吧！

---

[1] 以上所引，皆见诸刘大櫆《论文偶记》。

第二十九章　文派名扬

清乾隆四十年春，四十五岁的姚鼐离开京都，放舟南下。

他早已存退隐之心，后入四库书局任纂修，与馆内崇汉学者又意见不合，遂于上年秋天毅然辞去刑部郎中及书局之职，而于今岁束装以归。

他以壮年致仕，人多有不理解者。惟有一些交好知己，尚能明白他的选择决定，但仍不免为之可惜——姚鼐虽于宦途不显，然而其才学诗文早已享誉文坛声动京华，即四库馆内那些骄骄同仁，也莫不钦服。故其离去，却是学界文坛的一件憾事。

也许，姚鼐自己也有些遗憾。可他并不后悔自己的选择决定，返乡时的情绪也很不错。其过汶上时诗云："春风迎我自江淮，岸柳将阴花渐开。尽室相看浮汶去，数出如画入船来。微波夕照融当面，飞鸟长空近好怀。欲上济楼呼李白，月澄沧海玉为杯。"可以看出致仕归田的他，情怀还是舒畅的。

如姚鼐一般欣然对待兹事的，自还有他的老师。

年近耄耋的海峰老人，对弟子辞归甚是欢喜，赞其进退适时，正可趁人生精力充沛，潜心自己所感兴趣的事业。往昔，他对这个弟子以"圣贤"相勉，也极器重其在文学上的天赋才华。眼下其能不为宦海浮华所羁，而勇归林下以竟其治学与诗文之志，做先生的当然是为之感佩欢欣了！

此外，姚鼐此时带来的另一些学生门人的消息，亦令老人为之高兴。

曾从海峰学习诗与古文的程晋芳、金榜，于乾隆三十六年及三十七年先后成进士，金榜更为殿试魁首，俱有声于文坛学林。饮水思源，他们均未忘记先生当年的传艺之情。而金榜尚为其父八十寿诞及祖父墓表，央求老师的文字（海峰在歙，曾为金家尊长作传二首。而今金榜为状元显贵，仍求老师之文，足见其推崇爱重。）

又有当年的汉旗弟子朱孝纯，中举入仕后，以才干能绩今已迁泰安郡守。其理政之余，仍孜孜于诗文耕耘而有声名。姚鼐辞官后访其于泰安，同上泰山登日观。当时共相感慨之际，孝纯亦如姚鼐一般而兴退隐之情，欲专心致志于诗文之进。闻听此节的海峰老人，甚不以为然，觉得以孝纯之能于宦途尚有作为，不必非作林下之思。嗣后，还在为其诗集所作序中，诲以劝之。

还有恭亲王永恩等一些在京的学生或私淑弟子，知姚鼐还乡，或附寄以书，或托其致讯，问先生安好，叙别后之况，表思念感慕之情。

自乾隆十八年离京，往昔交往从游者只间或闻其音讯，且简略不详。即程晋芳、金榜、朱孝纯等，亦阔别多年。此时自姚鼐处知悉情况，其或仕途有为，或称誉文坛，或文事自有精进，老人忆念感慨之下，自是情怀甚慰。

师生叙谈间，姚鼐尚给老人讲了一件事。

姚鼐说，他在四库书局时，程晋芳与历城翰林编修周永年，皆为编纂同仁。某日，三人在一起谈论清代以来古文创作成就，觉着海内称名家者虽不少，但认真说起来，其实真能为古文者并不多，"有所法而后能，有所变而后大"者更稀，惟桐城数人能当此誉。当时，程、周二人相谓慨叹说："昔有方侍郎苞，今有刘先生大櫆，天下文章，其出于桐城乎？"此议论后来流传开去，桐城文章之名一时大噪，人或以宗派视之。

听了弟子的叙说，老人也不免有些兴奋，且为之感慨。

他道："'天下文章，其出于桐城'，虽是推崇之语，却也道出了吾乡邦文学兴盛灿烂之事实：入明以来，吾邑文运昌盛，冠缨不绝，才人名家辈出，而能赋擅文者不知凡几，文献篇章，百韦千编，声振东南，煌然耀世。更有方浮山①钱田间等，于明季文学复兴之中，针砭时弊，倡其主张，为一时潮流之引领。惜乎诸贤遭逢乱世，救亡奔走不歇，未能浸心致力于文学深研。然其才学努力既在，遂各具成就，称誉文坛，而田间诗文更名动天下。迨至我朝，戴南山、吴井迁、方望溪在前，汝伯父南菁与为师以及汝辈才俊在后，沿此文绪而上，皆熔铸百家，各逞其能，遂能再塑乡邑文学的辉煌，而得有今时之称誉！"

① 方以智生平自号甚多，然以浮山愚者最著名常用，其文集也以浮山名。世人也多以浮公、浮山先生称之。

这一番话，却是事实真相，桐城的文学，诗歌也好，文章也罢，由明至清俱有一脉相承的发展史，并非突兀地出现于当今。只是岁月流逝世事迁移，当世之人不知晓罢了；又因文坛风习，平常说诗论文，只是溯源汉唐宋明的史上大家，而于乡土文脉文绪的传承，普遍却甚忽视。故眼下文坛人士对桐城之文的认识，也仅以方苞大櫆之崛起而论之。

但身为桐城人，却自知水有源，树有根。尤其关起门来自家人说话，更无法否认乡土文化的存在与影响。而海峰老人此时指出这点，自也是希望眼前这个最器重看好且已有所成就的弟子，重视这种薪火传承，将桐城之文学进一步发扬光大。

所以，当不久姚鼐再来探望时，因病足而行动不便的老人，倚在床榻之上，将自己近些年来对诗文之艺的体悟认识与总结，包括一些后来被人们称为"桐城家法"的内容，尽传授予弟子。又将自己的一些著述拿出来，与姚鼐一块研讨，听其意见。

大约自歙县书院始，在给学生们传授文章技艺的过程中，老人便已将课讲的内容笔记逐渐整理，后来形成了一卷关于古文写作的专著，题名《论文偶记》。书中不仅提出且阐明了他独特的"神气说"主张，也从文学审美的角度，对如何作好古文，将之写得更雅洁好看、更有波澜意境韵味，作了多方面的探讨，成为这个时代一部少见的文学议论专著，为古文的发展作出了重大的理论贡献。

回到故乡后，他另外的撰著，也在课教之余有了进展。为了助益于世人之诗文学习，为后学者开启认识门径，他依据自己的经验认识，很早就开始从诗、文两方面编纂选本，将古今名著篇章分类介绍，并加以评论。前些年他在歙县，姚鼐诗询其著述情况，应便指此。至现在，五十二卷的《历代诗约选》已宣告完成，而《古文约选》在数易其稿中，基本成形。

姚鼐对此一幕情景，感动中亦留下深刻印象。几年以后尚在文中很感伤地叙及："要我床前，强坐业业，犹有高言，记为上法，孰承遗著，竟委几榻。"而老师的传授以及著述，亦无疑进一步助益了其在文学道路上的前进攀登，使之后来将桐城之文推向了空前的鼎盛辉煌。

仲夏的一日，枞阳市镇显得比平常要更热闹。

打从上午起，市民人家便发现：有从四方赶来的士绅人物及学子文人，带着崇慕兴奋的神色，纷然现身于小城。

其后人们得知：这些各方人士，皆是奔着为寺巷里后的刘海峰夫子贺寿而来。原来当日（五月十四），是老先生的八十生辰，地方上便为这位名闻当今文坛的耆儒硕望发起了这场庆寿活动。参加者有邑中的乡绅名望与一时才俊，也有老人的一些旧识族亲，余则便是来自远近四方的一众刘门弟子及私淑学生。

老人过生日做大寿，亲朋好友来祝贺，本不足为奇。可像眼前这般牵动四方声势浩大的祝寿活动，平日却是鲜闻罕见。故镇上的人家固为之羡慕议论不已，而一众参与贺寿者，也俱在各自感受中浮想联翩，甚为感慨。

当然，最感慨的，还是寿翁本人了。

人生暮年，又且膝下寂寥的情形，却有众宾客好友与诸多弟子学生们来给自己庆祝生辰，教老人如何不深深为之感慨且感动？面对那一张张洋溢着真诚与崇敬的面孔，还有众人纷然热烈的奉觞称寿之情景，老人这日于感怀激动中，几度情难自已，湿润双睛。

他的一生，坎坷不遇，又志于诗文之进而轻世俗之浮华，以至抱才而屈穷困至老，世多有讥嘲鄙薄者，甚至因无显赫的科举功名，连才学声名亦曾被人所质疑。即使老归乡里，有时仍或见到这样的眼光与声音。他虽淡然待之，却也难免心境之黯然。然今日此时之贺寿，令他在感触那浓浓的情谊同时，也感受到了世人对他一生立身处世的认可，感受到了家乡与社会于他一生执着文学追求的肯定与勉励！

而更令他觉着激动欣慰的，是他从四方汇聚而来的众弟子门人身上，看到了自己诗文之艺的传承，看到了他穷尽一生之力而为之努力不懈的古文振兴发展之希望！

他的门人弟子，包括亦友亦徒的从学以及私淑者，人数众多，散布海内四方。而在故乡邻近的，也有一批人：除了家族中的刘琡、刘廷焕、刘先镒、刘幼文、刘隽芹、刘坦之、刘昌炽等人外，先后尚有江潏源（怀宁人）、王灼、朱雅、张敏求、张水容、陈家勉、谢庭、吴中兰、吴逢盛、吴白岩、许节、许国、许镶、李仙枝、杨家礼、杨含英、桂歆、方怀萱、左坚吾等一干人众。这日多数皆从四处赶来，而他们中的不少人，不仅天赋甚佳，且志趣坚定，其或能诗，或者擅文，未来荷薪努力驰骋文坛隐然可期！

当然，也有高足弟子不能亲至，然自千里之外为文以祷以贺，亦令他感触慰怀不已。

譬如远在扬州的门人姚鼐。

姚鼐上年，因朱孝纯迁擢两淮都转盐运使，被邀主讲扬州梅花书院。值师八十大寿，与孝纯书信共贺外，姚鼐尚做寿序一文。文中感师传艺之恩，彰师文坛盛誉，亦以京中人士评论"昔有方侍郎，今有刘先生，天下文章，其出桐城乎？"之语，为师门贺，为文坛庆，为故乡荣，而兼以勉励后进。

当其文示出，举座为之激昂欢欣，不仅为是日盛会生辉增彩，亦在事后口口相传，迅速传遍邑之内外与江之南北，方刘文章之名与夫桐城文学之胜，自此不翼而飞声响文坛……

贺寿过后不久，自海峰老人那里，又传出了一则令人欢欣鼓舞的喜讯：其倾注多年心血而卷帙浩繁（四十八卷）的《古文约选》编纂，在士林学子的翘首企盼中也宣告完成。

方苞当年，曾撰有《古文约选》，宣扬其"义法"之说。作为在古文观上与之认识主张有异的门人，海峰于兹选自然不甚满意，遂久有别选之努力。而他的弟子姚鼐，又据乃师之选，而另作选本（《古文辞类纂》）。是可见三位文学宗匠对此的重视与异同。

后来的桐城作家萧穆，在《刘海峰先生唐宋八家文选序》中有一段评议，有助于人们对此有个大致的判断了解：

"三先生所造之境不同，所选之本，皆卓卓传世行远。而侍郎之文主'义法'，约选之本最为严谨；先生论文主'品藻'，所选之本，广大宽博，评定精审；惜抱先生尤以识胜，其《古文辞类纂》所录八家之文，大约皆未出先生之范围也。"

他还在序文中，对海峰老人这方面的关注努力极是感慨："……自少至老，稿凡数易，行年八十，乃有定本。寝疾之时，犹皇皇厘定评录。"披露了选本形成的长达数十年的漫长过程，以及编选者当年对此撰述的极其重视用心，令人闻知不禁为之无限感触唏嘘。

其实，关于此选本，还有一些让人很感慨的事情。

在选本编定以后，老人曾专门致书其徒吴定，"冀其渡江商校"。

海峰归里后，其在徽地的一些情谊深厚的友徒，或亡或散，如汪梧凤已于乾隆三十年不幸故去，而程瑶田等亦为生计奔波异乡，皆不得见。惟吴定这个坚定追随的学生，在老师归里的次年，便踵迹而至，继续随侍师侧。中间因其父去世，居乡守服。嗣后几年，或过江看望，或书讯致问，不绝联系。

刘门诸弟子，师从海峰的情形各有殊异。然以追随之久诚，尤其是对师门的推崇而论，其尤者莫过于吴定。而海峰亦对这个品学俱佳得己亲传的弟子，甚是器重。故此际古文选本既定编，便希望吴定来作进一步的商校，此既见他对吴定的信用，亦反映出老人对此撰述的慎重求善态度以及所抱之期望。

此后两年，在古文约选之外，老人尚鼓衰残之精力，作了其他一些评选圈点诗文的努力。

据刘声木《桐城文学撰述考》记载：海峰的著述，除了世人熟知的诗文集、制艺、志书以及《历代诗约选》《古文约选》等外，尚有散见于民间与藏家手中的多种评选本。兹录如下：

《选评八家文序目》《归震川文集选本》《评点孟子》《评点左传》《评点庄子》《评点国语》《评点扬子法言》《评点钱笺杜诗》《评点古诗选》《评点唐人万首绝句》《评点诗经》《评点楚词》《五言正宗》《五七言古近体诗钞》《评点文选》《评点王阮亭诗集》《评点高季迪大全集》《评点茅坤唐宋八家文钞》

这些评选圈点，其中多应为先前已行之事。但有部分，或举之于这位从未停歇其文学努力的老人生命中最后的一段时间里。

感受与陪伴着老人这份努力的，除家人之外，还有附近几个随学的弟子。

那是家居枞阳的王灼、朱雅、张敏求诸子。

朱雅、张敏求年少而晚从海峰学习，但同王灼一样得受诗、古文法，后于诗歌古文各有成就，被称为枞阳三君子。数年间，几人不仅见证了乃师不顾老病折磨顽强治学撰著的努力，也各尽其责在老人身旁分担一些了检阅校抄的事务。

还有一人，尤值得一提。那是老人的外甥兼弟子的左坚吾。

左坚吾，字叔固，其父左周于乾隆三十四年成进士，授检讨，充国史馆纂修官，后转浙江道御史、户科给事中。坚吾幼随父亲在京生活，十七八岁时回故里。外公去歙返乡后，他常来省侍，同时亦从其治经及学习诗文。后来人评论其"为文尤能得古人文章深处，极似大櫆"。

在海峰晚年居枞的这一段时间里，陪伴在身边的这个外甥，给了老人很大的安慰。迫至老人殁后，左坚吾亦为整理海峰遗著，重刻文集及《古文约选》而四方奔走。

清乾隆四十五年庚子。

春间里，吴定挂念老师，再次渡江省视。

翻过年来已八十三岁的海峰老人，愈显苍老了些。然而见到弟子远至，仍是很兴奋，支撑着有些羸弱的身体与之讲说，还将自己生平的文章拿出来，嘱托吴定斟酌取舍，以为今后重刻文集。

刘门众弟子中，文章造诣以姚鼐吴定最高，老人平时自是很尊重他们的意见。但他此时将自己的文字嘱托于吴定删订去留，不仅是因其既在眼前，抑或还因其从学时间长，且在治学尤其是在文学观上，与自己非常一致，能更清楚地了解认识自己的文章与创作的孤心苦诣及得失所在。

海峰的弟子学生，无不推崇老师的文学与成就。然就受影响而言，却有两种类型情况的区别：一种像姚鼐，受影响虽大，却又另有自己的看法认识；一种如吴定，则是完全接受老师的主张，为其坚定的拥护者。之所以如此，有才情学识及个人生平经历生活背景等诸多因素，但主要的则缘于治学思想与文学观上的趋异不同。

以姚鼐而言，其治学本从他处，又甚推崇宋儒理学，且跻身士大夫行列，受社会主流思想的影响，这就使得他在古文的对待上，与方苞一样有着强烈的道统文统意识，重视文章的教化功用，明确义理而趋步宋儒。所以他师从海峰学文，承其"神气"之说，却又同时追崇方苞，重视其"义法"主张；加之他在文学风格上，又有阴柔的一面，与乃师的才雄气势殊别，遂使其在文学观上同而有异，有共鸣而又另有己见。

而吴定作为另一类型的弟子，在其家乡掀起推崇汉学贬低宋学的热潮中，他既非热衷宋儒之学，亦反对崇汉之太过，大致如他的老师一样，所追求的是天地自然之道，千古圣贤之道，而非宋儒一家之义理。思想如此，加上长期的从学经历，晓畅师门之本末，故其虽与姚鼐王灼等桐城同门俱很交好，但却不同意他们有意无意地渲染师门渊源，将方苞的"义法说"与师门的"神气音节之说"常常联系而论。他说老师"文章不由师传"，就是看到了方刘为文之殊异，尤其是论文主张的根本区别，不承认神气音节之说是由义法说承扬而来，而将之当作乃师探索古文之秘的独辟蹊径的杰出发明，亦作为师门的原始家法。正是在此意义上，他以为南宋以后七百多年的古文，是到了他老师这里才得以大振，而其师则"卓然为国朝古文之冠"！

　　或因此故，此时感到心力不济的海峰老人，乃将自己的文章取舍这样重大的事情，交由吴定这个弟子来完成。

　　在"芟茅植树，有蕉有梧，繁阴重碧"的老师家中，吴定待了一段时间。这期间，他与左坚吾王灼等师弟也谈论过老师的健康问题。

　　老人近年虽困于病足，人也清减不少，但精神依然矍铄，暇时还能挂着竹杖，或在附近走走，或去不远处的王灼家谈谈。因此，诸弟子皆认为以老人的状况表现，当是上寿之人，"百年可望"。

　　所以，吴定在逗留一段时间后，也较放心地离开了。他却想不到，这却是他与敬爱的老师的诀别。

是年十月初八，达观山下的庐舍中，一颗杰出的文学心脏停止了跳动①。

噩耗传出，枞水呜咽，四方为之伤悼。

海峰生平，与苦难穷困相伴，晚虽出为学官，亦不入士大夫之列。又性情直介，思想特立，愤世嫉俗，以致社会不喜。然而其高才固令世之惊叹，志行更持文人本色而不稍改，学识能启当时之蒙昧，而诗文著述更冠绝一时而良益于世。乃真才子，真学者，真文学宗匠大家也！

故斯人虽去，乡邑友徒之辈，固为之哀荣惋叹；而世人文坛，亦不能不钦其才学志行，而叙其以身自任至老不悔的振兴文学的不朽之功：

---

① 刘大櫆的生卒问题，学术界一直有异议。这源于其弟子关于卒年的不同记述。吴定在《海峰先生墓志铭》中说："其卒也以乾隆四十四年十月初八日，年八十二。"；然而姚鼐在《刘海峰先生传》中则称"卒年八十三"。这便导致了后世研究者的困惑，遂出现了关于刘大櫆生年的两种意见：一是维护吴定"年八十二"之说法，且依据资料反映（大櫆本人虽未明确说过自己的生年，但他在《祭张闲中文》中，曾称自己与张闲中交在"康熙之辛丑"，彼时他二十四岁。以之前溯，其出生当在康熙三十七年），认其生年在康熙三十七年；一是认为姚鼐为同乡弟子，情况更熟悉清楚，其既谓"卒年八十三"，以卒乾隆四十四年算，则生年当为康熙三十六年。这两种意见，前者未解决年纪矛盾；后者虽解决了这方面问题，却又与资料反映不合。故二者都不是令人信服的答案。而造成这种情况的症结，是人们依从姚异说而把注意力皆放在生年问题上（而生年其实是可推证而明的），忽视了二人异说还有一个可能的问题，即卒故年份的不同。姚鼐但言卒年八十三，却未说是哪年。人们因吴定指其是卒于乾隆四十四年，即以为姚鼐所说卒年亦在此年，那以可证的生年看，便自然是错了。却未曾想过，吴定的"卒于乾隆四十四年"，亦有可能出错。过去人们记时间，在年份后加干支，便是避免错讹的准确做法，因年份数字可能写错，而干支不容易写错。吴定但言年份而略干支，即易犯此病。事实也是如此。查阅大櫆这一支的《家谱》，它在刘大櫆小传下明确记载：生清康熙戊寅年五月十四日寅时，卒乾隆庚子年十月初八日卯时。戊寅即康熙三十七年，而庚子则为乾隆四十五年，是在吴定所说时间的下年，故姚鼐说卒年八十三并不错。《家谱》的人物资料由其子孙提供，应当准确可信。而大櫆又是家族中著名人物，其资料也受关注，讹错的可能性很小。且嘉庆二十五年修此谱时，主持的督修刘荪，为大櫆侄孙（大櫆曾欲为嗣孙者），櫆去世时已十六岁，另一位督修族孙刘清良，当櫆卒时四十三岁，俱有记忆，若大櫆后人提供生卒有误，当会纠之。故大櫆的卒年，当在乾隆四十五年，而非是吴定所说的四十四年。吴定的说法，有两种可能情况：一是他记错了年份，因他作墓志时，已是十九年后的嘉庆四年，他将卒年记忆为乾隆四十四年，故言"年八十二"；一是他笔误，将四十五年写成四十四年，而"年八十二"，则是指实际的年龄即周岁，而姚鼐所说则是虚岁。此也有证：《家谱》收录大櫆侄曾孙刘绳所作《叔曾祖海峰公传》便谓"公卒乾隆庚子，享年八十有二。"正是说的周岁。鉴于上述种种，本传乃将刘大櫆之卒从谱记姚说，改为此年。

呜呼！韩欧氏没，文章不传。陵兮衰微，遂七百年。先生之生，接续攸会。弦弦其声，岳岳其概。古称豪杰，无待犹兴。磅礴郁积，山川之英。纵其所为，剥经之旨。争雄斗奇，旁及子史。张乐广野，鏜然而鸣。涛矗云委，如洪河倾……天不慭遗，星陨山圮。惟其著述，炳烁巍峨。云汉昭垂，百祀不磨。（王灼《祭海峰先生文》）

　　天辟屯昧，文章炳宣。笃生俊雄，处之岩川。大纵厥闲，并智钩玄。出没今古，吐吞万千。龙飞凤翔，走云凌烟。神虎夜啸，昔闻九天。参伍韩欧，创为大篇。直空作者，七百余年。至于诗什，聊以寓情。然其所著，魁然集成。祖汉宗魏，师唐友明。倾江灌河，气盖八纮。（吴定《祭海峰先生文》）

　　上与《诗》《书》，应其宫徵。抉搜百家，掩取瑰玮。抑扬从心，不见端委。日丽春敷，虽妍不靡。世有斯文，千载之雄！（姚鼐《祭刘海峰先生文》）

　　"自古文亡于南宋，前明归太仆震川，暨我朝方侍郎灵皋继作，重起其衰，至先生大振。其才之雄，汇集庄、骚、左、史、韩、柳、欧、曾、苏、王之能，瑰奇恣睢，铿锵绚烂，足使震川、灵皋惊退改色。诗亦孕育百氏，供我使令。元明以来，辞章之盛，未有盛于先生者也。

　　国家用经义选天下士，而先生以振古之文，生于列圣相承、文教累洽之日，又有特权者为之引延，而卒沦溺下僚，不获展其才以没，则信乎命之穷也。然而富贵之荣，没则寂焉；斗筲之功名，亦泽竭则忘焉。天地之光华一日不掩，则先生之文章一日不磨。畀先生以旷世不数畀之才，而特假岩壑宽闲之岁月，以成先生千古之荣，天之眷佑之者至矣。即使先生数奇，屈于生复屈于死，卒致泯没于无闻，而先生之可不朽乎此生者自在也，其又奚怼焉?"（《海峰先生墓志铭》）

"大櫆虽游方苞之门，所为文造诣各殊。苞择取义理于经，所得文者义法。大櫆并古人神气音节得之。兼集庄、骚、左、史、韩、柳。欧、苏之长，其气肆，其才雄，其波澜壮阔。常著观化篇，奇诡似庄子；其他言理义者，又极醇正。诗能包括前人，镕诸家为一体，雄豪奥秘，挥斥出之……从游多以诗文鸣者，而姚鼐、吴定为最著。"（《国史文苑传》）

"大櫆少受业于同里吴直，故学有渊源，湛深经术，百氏之书无所不读，而工为词章……所为文沉迈博达，虽游方苞之门而不为苞所域；至其议论精卓义理名通，又与苞各极其胜而同归于是。乾嘉间为古文者咸宗之。同里姚鼐、王灼、歙吴定、武进恽敬张惠言其尤著者。诗宗杜甫，多豪宕之致。"（《道光桐城县志人物志》）

嘉庆四年，刘大櫆灵柩归山，葬于东乡梅子岭先茔之左（今枞阳县金社乡向荣村境内）。

刘大櫆去世以后，其弟子门人各有出处，或为宦，或为士，或执教，然皆能以诗文弘扬师门之道艺。又有王灼、钱伯坰（阳湖人）传师法于武进张惠言、恽敬等，遂使桐城海峰之古文倡兴于常州一带，世称"阳湖派"。同时姚鼐、吴定、朱孝纯、永恩、程晋芳、程瑶田、江潘源、朱雅、张水容、许节、张敏求等，亦于海内四方大力宣扬乃师"神气音节之说""因声求气之法"，以致乾嘉间为古文者，莫不以刘大櫆为宗。

迫至同治间，又有曾国藩为首的"湘乡派"，以及上元梅曾亮、管同，桐城后进刘开、方东树、吴汝纶等，亦皆深受海峰及其弟子姚鼐的影响，扬波而起，肆力弘扬桐城古文之法，乃使"桐城派"之名闻于天下，享誉海内文坛而百年不衰。

二〇二三年十一月完稿

二〇二四年八月定稿

后　记

这是我的第三部人物传记。

也是最耗费心神的一部传记作品。

决定作此传之前，我便知道难度不小，或甚过我之前作过的二传。原因很明显：

一是人物传记尤其是历史人物的传记，最忌传主生平不清楚、相关史料少。而刘大櫆的情况正有此例。他生平不显，经历多有不载，生活交游情况，也只散记在他自己或一些好友的诗文中。而他个人的诗文虽丰，但除了一小部分可知或可判断写作时间外，大多数都是不清楚的，需要综合各种情况去判断推定。这不仅影响对其生平经历的了解与传述，也影响作者对其思想情感心路历程的把握。

一是大櫆以文著名，其生平事迹却普通平常，无外乎是那个时代一个不得志的儒士文人的科举交游及课徒作幕为生计奔波的诸般琐事情形，没有什么吸睛动人的亮点故事。作为传记而言，这种情形，不仅增加了取材结构的难度，也带来了叙述描写的压力——因为传记作品既是史实亦是文学，既要真实不伪，又要有可读性，不能作流水账似的铺叙处理，使人看之琐碎，读之无味。

后来的情况，印证了这个担心。

2020年接受刘大櫆研究会的邀请进入撰写准备后，我虽花了不少工夫搜集资料研读刘著，但面对它们所反映的生平经历的模糊与寻常，很长一段时间都茫然不知如何取材构章。进入写作阶段后，更是边写边改，往往写了一章后却不知后面如何续写，又或写作中有新的发现带来新的认识，又要去修改或充实前面的内容，而遇到不清楚把握不定的地方，那只能放下写作，去再作考证研究了。整个的创作过程，基本都是在这样的情形中完成的。甚至在完稿后，又发觉传主年轻时期的思想治学以及生活方面一些情况尚没有交代清楚或有误舛，而对若干篇章重新回炉作了较大的修改。

这就在时间与辛劳上，大大超出了我初始的估计，直至完成封笔，已然浸心此中整整四年，让人感慨不已。好在虽多了付出，但也有慰藉回报——不管此传的其他表现如何，作为人物传记，我自觉还是尽力扫疑去误，基本厘清了传主素来较模糊的生平经历情况，且通过努力把握其在各个时期的思想情感脉络，还原了刘大櫆的生平面貌，将一个较清晰丰满的历史人物形象展现给了世人。

当然，本传之所以能克服困难著成，是与方方面面的关注支持和鼓励帮助分不开的。记得我刚决定要撰写《刘大櫆传》时，中央电视台科教频道来拍摄一期反映枞阳历史文化的片子，中共枞阳县委宣传部副部长方千同志便两次陪着记者来我家，做有关刘大櫆的访谈；县文联及作协主席谢思球对此传的创作，亦多有关注鼓励；安庆师范大学的汪孔丰教授与我并不相识，闻我创作消息，将他本人的研究文章、搜集的资料以及学界的研究论文，皆慷慨提供给我；友人陈靖、吴社教、韩双生、吴纯生、钱娇娇等，也热情提供资料与图片，还陪我去刘大櫆的故里故迹等所在考察。还有来自县刘大櫆研究会、陈洲刘氏祖地的先进村对本传写作的重视与支持，以及刘杏海会长和刘剑松、刘方等研究会同志积极为我提供家谱中有关家族的历史资料、有关刘大櫆的故事传说，给我提出一些建议。

在诸多支持帮助的人们中，有一个人我要特别地提及，这便是在我撰写前后一直关注鼓励此事的县刘大櫆研究会前会长刘继承。继承老与我曾为单位同事，多年前他便倡议我写刘大櫆。他是个对宗族与地方传统文化很尊崇重视的人，在积极主持筹建陈洲刘氏宗祠及刘大櫆研究会之后，便又数次郑重邀请我为刘大櫆作传。我后来下决心著刘传，除了对刘大櫆这个人物的个人敬慕热爱外，和有感于继承老一辈的情怀与热忱有很直接的关系。

在这里，我要向上述诸多方面的领导、学者与友人同志，以及所有曾关注我的创作的人们，表示衷心的感谢！感谢他们以热情关怀的温暖与力量，支持鼓励了我在《刘大櫆传》创作道路上的前行！

最后，在本书的出版过程中，安徽师范大学的王少仁博士曾热忱予以推荐。出版社总编辑戴兆国教授审稿之外，更不惮烦劳允请为序。还有编辑、校对、设计诸人亦从各方面付出辛劳。感荷在心，在此一并致谢！

乙巳夏记于莲花湖畔寓所

后

记